기독교문서선교회(Christian Literature Center: 약칭 CLC)는 1941년 영국 콜체스터에서 켄 아담스에 의해 시작되었으며 국제 본부는 미국 필라델피아에 있습니다.
국제 CLC는 59개 나라에서 180개의 본부를 두고, 약 650여 명의 선교사들이 이동 도서차량 40대를 이용하여 문서 보급에 힘쓰고 있으며 이메일 주문을 통해 130여 국으로 책을 공급하고 있습니다. 한국 CLC는 청교도적 복음주의 신학과 신앙 서적을 출판하는 문서선교기관으로서, 한 영혼이라도 구원되길 소망하면서 주님이 오시는 그날까지 최선을 다할 것입니다.

추천사 1

이 승 진 박사
합동신학대학원대학교 설교학 교수

호주 알파크루시스대학교(Alphacrucis University College)에서 구약신학 교수로 봉직 중인 최영헌 교수의 역작, 『계시록과 선지서』는 구약의 선지자적 전망(Old Testament Prophetic Perspectives) 속에서 요한계시록의 종말론을 이해할 수 있는 새로운 통찰을 제시하고 있다.

이 책의 부제(주제적 구조, 선지서의 시점 이동 그리고 종말 사건들)가 충분히 암시하는 바와 같이, 최영헌 교수는 구약의 대표적인 선지서인 에스겔서와 다니엘서, 이사야서, 요엘서 및 스가랴서, 예레미야서 및 나훔서의 선지자적 전망을 단순히 예수 그리스도의 초림으로 성취될 하나님 나라에 관한 예언에 국한하여 해석하지 않고, 요한계시록에서 계시하는 천년 왕국과 예수님의 재림 그리고 최종적으로 완성될 새 하늘과 새 땅에 관한 하나님 나라 완성과 연결하고 있다.

또한, 저자는 요한계시록의 천년 왕국(millennialism)이 단순한 문학적인 상징이나 은유라거나 비현실적인 개념으로 해석하는 입장을 거부하고, 천년 왕국에서의 예수 그리스도의 거룩한 통치의 역사적 실재성(historical realism)을 지지하는 입장에서 구약의 선지서와 요한계시록의 신학적 주제들이 의미론의 일관성을 가지고 점층적인 반복 및 심화(recapitulation)의 흐름을 취하고 있음에 주목하고 있다.

예를 들어, 종말론의 시간표와 관련해 저자는 다니엘서와 요한계시록이 저자가 위치한 실제 역사적 사건에 관한 서술로부터 임박한 미래의 사건에 관한 예언을 거쳐서 먼 미래의 사건에 관한 예언으로 진행하는 역사선형(逆斜線形)의 서술 패턴을 보인다고 한다.

또한, 이사야서가 펼쳐 보이는 종말론적인 전망을 요한계시록이 펼쳐 보이는 천년 왕국과 이후의 새 예루살렘에 관한 전망과 서로 비교하면서 해석해 보면, 성령 하나님이 신자들에게 펼쳐 보여 주기를 원하는 천년 왕국과 그 이후 새 예루살렘에 관한 자세한 전망을 더욱 선명하게 이해할 수 있다고 한다. 이사야서가 묘사하는 새 하늘과 새 땅은 여전히 사람들의 탄생과 죽음이 지속되고 있으며 가옥과 같은 건축물에 대한 건축 활동과 농산물 수확을 위한 농업 활동이 지속되고 있다고 한다.

이러한 지상 활동을 요한계시록의 전망과 비교해 보면 결국 이사야 선지자가 묘사하는 종말론적인 생활 모습은 요한계시록에서 묘사하는 새 예루살렘에서의 영원한 삶이라기보다는 그 이전에 천년 동안 지속될 천년 왕국에서의 삶을 구약의 언어로 미리 전망하고 있다고 한다.

이 책은 요한계시록에 등장하는 수많은 은유와 상징을 구약 선지서의 배경 아래 이해할 수 있는 탁월한 통찰을 제공하고 있다. 요한계시록 연구에 새로운 통찰의 빛을 던져줄 수 있으리라 기대하며 일독(一讀)을 권한다.

추천사 2

정성욱 박사
덴버신학교 조직신학 교수

오늘날 우리는 예수님 재림의 징조가 더욱 뚜렷이 나타나는 마지막 시대를 살아가고 있다. 그렇기에 더욱 깨어서 정신을 차리고 기도하며 주님의 재림을 대망해야 한다.

이 책은 구약 선지서와 요한계시록 간의 주제적, 구조적 유사성을 밝혀 줌으로 계시록에 대한 깊고 정밀한 해석을 제시하고 있다. 특별히 역사적 전천년주의 관점에서 저술된 탁월한 역작이다. 계시록을 더 총체적으로 이해하고자 하는 모든 사람이 반드시 읽어야 할 책으로 적극 추천한다.

계시록과 선지서

Revelation and Old Testament Prophetic Books
Written by Yung Hun Choi
All rights reserved.
Korean Edition Copyright ⓒ 2023 by Christian Literature Center, Seoul, Korea.

계시록과 선지서

2023년 9월 15일 초판 발행

지 은 이 | 최영헌

편　　집 | 도전욱
디 자 인 | 박성준, 서민정
펴 낸 곳 | (사)기독교문서선교회
등　　록 | 제16-25호(1980. 1. 18.)
주　　소 | 서울특별시 동대문구 천호대로71길 39
전　　화 | 02-586-8761~3(본사) 031-942-8761(영업부)
팩　　스 | 02-523-0131(본사) 031-942-8763(영업부)
이 메 일 | clckor@gmail.com
홈페이지 | www.clcbook.com
송금계좌 | 기업은행 073-000308-04-020 (사)기독교문서선교회
일련번호 | 2023-72

ISBN 978-89-341-2584-6 (93230)

이 책의 출판권은(사)기독교문서선교회가 소유합니다. 신저작권법에 의하여 한국 내에서 보호를 받는 저작물이므로 무단 전재와 무단 복제를 금합니다.

주제적 구조, 선지서의 시점 이동 그리고 종말 사건들

계시록과 선지서

최영헌 지음

Revelation and Old Testament Prophetic Books
*Thematic Structure, Movement of Prophetic Perspective,
and Eschatological Events*

CLC

목차

추천사 1 **이승진 박사** | 합동신학대학원대학교 설교학 교수   1
추천사 2 **정성욱 박사** | 덴버신학교 조직신학 교수   3

머리말   10

제1장 서론: 정경 선지서들의 문학적 문화와 요한계시록 해석   12

1. 이 책의 기본 입장들   12
2. 구조 이해의 준거(criteria)   22
3. 요한계시록의 문학적–신학적 구조: 하나의 예비적 통찰   29

제2장 요한계시록과 에스겔서   40

1. 들어가는 말   40
2. 에스겔서의 구조와 종말적 교회의 모습   41
3. 요한계시록 구조에 대한 기존 견해들   56
4. 주제들과 선지적 시점 이동으로 본 요한계시록 구조   61
5. 나가는 말: 교회의 최종 모습   103

제3장 요한계시록과 다니엘서   111

1. 들어가는 말   111
2. 다니엘서의 구조와 선지적 시점 이동   112
3. 다니엘서와 요한계시록 비교: 주제, 구조, 시간 이동   117
4. 70이레(단 9:24-27)와 관련된 의문들   127
5. 나가는 말: 다니엘 에인을 참조한 요한계시록의 다임라인   153

제4장 요한계시록과 이사야서 — 157

1. 들어가는 말 — 157
2. 이사야서의 구조와 종말적 사건들 — 161
3. 요한계시록 19-22장에서의 선지적 시점 이동과 문학적 구조 — 183
4. 이사야 65:17-25 및 요한계시록 20:1-10; 21:1-8 주해, 천년 왕국과 신천 신지 — 192
5. 나가는 말 — 220

제5장 요한계시록과 요엘서 및 스가랴서 — 223

1. 들어가는 말 — 223
2. 요엘서의 구조와 전쟁 예언 — 224
3. 스가랴서의 구조와 '전쟁' 주제 — 244
4. 나가는 말 — 267

제6장 요한계시록과 예레미야서 및 나훔서 — 269

1. 들어가는 말 — 269
2. 이사야서와 음녀 바벨론 — 271
3. 예레미야서와 음녀 바벨론 — 272
4. 나훔서와 음녀 니느웨 — 275
5. 나가는 말 — 291

머리말

생각하니, 내가 신학교를 졸업하고 고국을 떠나 뉴질랜드와 호주 여기 저기에 우거(寓居)한 지가 벌써 20년이 넘었다. 인생의 부침(浮沈) 속에서 신통한 구석이라곤 없는 자이지만, 오직 말씀을 붙잡게 하신 것은 모두 주님의 은혜다. 그 말씀을 공부하고 또 가르칠 수 있게까지 하신 것도 오직 하나님의 긍휼이다. 그간 연구하고 썼던 요한계시록 논문들이 이제야 작은 한 권의 책으로 엮였으니 나는 학문이 얕음을 자인(自認)한다.

이미 수많은 믿음의 선진이 요한계시록을 연구하였고 많은 훌륭한 책이 나온 것은 우리 모두가 잘 아는 바이다(물론 이단 사설들도 횡행[橫行]하였다). 진리는 같은 것을 거듭거듭 말해야 하나 연구와 저술은 진리를 찾아가는 작업이다. 옛날 연구한 것들을 단순히 반복하는 것은 뜻 없는 일인 것이 분명한데, 나는 이제 이 책을 통해 무엇을 말할까.

나는 이 책을 통해 독자 여러분과 구약 선지서들과 신약 예언들 특히 요한계시록을 왔다 갔다 하면서 깨닫게 된 것을 나누려 한다. 내가 알게 된 것은 구약 예언서 각 책의 주제적 신학적 구조(thematic-theological structure)와 선지자의 시점 이동 그리고 메시지가 서로서로 긴밀하게 연락(連絡)되었다는 것이다. 또한, 구약 선지서들의 이러한 면모가 신약 요한계시록에서도 아주 유사하게 나타난다는 것이다.

나는 이것을 이 책에 담았는데 바로 이것이 이 책의 새롭다면 새로운 면이다. 이것을 통해 나는 요한계시록을 상고하는 형제자매님들에게 조금이나마 도움을 드리고자 소망한다. 이러한 접근을 통해 특히 인과 나팔과 대접 재앙들, 144,000, 두 증인(1,260일), 휴거(rapture), 전쟁들, 천년 왕국, 새 하늘과 새 땅 등 끝날의 사건들과 영원한 복을 독자들께서 보다 적절히 이해하실 수 있기를 바란다. 더불어, 구약 선지서들에 대한 보다 세밀한 이해를 위해서는 곧 출판될 필자의 책 『구약 선지서의 구조와 신학』을 참조하시기 바란다.

  요한계시록은 A.D. 1세기의 '창녀' 로마(참고, '바벨론', 벧전 5:13)에서 '짐승들' 곧 황제들(적그리스도들)의 압제와 핍박을 받던 예수의 증거자' 요한이 기록한 언약과 역사, 예언과 약속과 지혜와 찬양의 책이다. 요한은 그 당시 환난을 당하던 소아시아의 일곱 교회에게 말씀을 전했고 또 미래 일들도 예언했다. 요한은 예수님의 재림이 확실하며 아울러 마귀·적그리스도·거짓 선지자 이 세 대가리(三頭)가 불못에 빠져 영원히 형벌을 받을 것도 틀림 없음을 우리에게 미리 보여 준다.

  2023년 현재 우리가 겪는 환난들(전쟁, 기근, 거짓 선지자, 지진, 코로나 염병, 쓰나미, 여러 짐승과 음녀로 인한 환난들 등)도 요한은 요한계시록에 적고 있다. 그 나라의 완성도 미리 보여 준다. 나는 이 책을 통해 우리가 주님의 고난에 동참하는 복음 전도자들과 성도들로서 더욱 인내하고, 참 예배자의 삶을 살고, 복음 증거에 더욱 힘쓰기를 바란다. 주님이 이미 이기셨고 전심으로 주를 의지하는 자들은 넉넉히 이길 줄 믿는다!

  나는 이 책을 쓸 수 있도록 도와 준, 함께 주의 길을 가는 가족 및 지인들께 감사를 표한다. 그리고 출판할 수 있도록 특별히 배려하여 주신 기독교문서선교회(CLC) 박영호 대표님과 편집부 직원들께 깊은 감사를 드린다.

2023년 1월 1일 여름 이상 기후 중
시드니에서 최영헌

제1장

• 서론: 정경 선지서들의 문학적 문화와 요한계시록 해석

1. 이 책의 기본 입장들

요한계시록 이해와 관련하여 필자가 먼저 언급하고 싶은 것들이 몇 가지 있다. 이것들은 필자의 요한계시록 해석에 있어서의 기본적인 입장들이기도 하다.[1]

첫째, 요한계시록은 외경을 비롯한 기타 세속('묵시') 문서들을 제외하고 정경의 범위 속에서만 해석해야 한다.
이 말은 세속(묵시) 문서들을 전혀 읽어보지 말라는 것이 아니라 정경(신구약 66권)인 요한계시록의 신학을 바르게 이해하기 위해서는 세속 문서들이 담은 정보들에 대해서는 배타적으로 다루어야 한다는 것이다. 외경(Apocrypha), 위경(Pseudepigrapha), 쿰란 공동체 작품들, 고대 근동의 작품들은 성령으로 감동된 책이 아니다.

---

[1] 이 책은 요한계시록 해석에 있어 박윤선, 『**요한계시록**』(서울: 영음사, 2011 [초판 1949; 개정판 1955]), 23-5에 있는 (5) 개혁주의의 성경 해석, (6) 예수님의 성경 해석법을 따른다. 요한계시록에 대한 주요 해석법에 대해서는 그레고리 K. 비일, 『**요한계시록 상권**』, 오광만 옮김 (서울: 새물결플러스, 2016), 109-48을 보라.

예를 들어, 쿰란 작품들을 보자. 쿰란 사람들은 메시아 예수께서 오셨어도 그분을 영접하지 않았다. 그들은 현재 유대교인들처럼 메시아 예수가 아닌 앞으로 올 '다른 메시아들'을 기다리고 있었다. 그들이 메시아 예수를 주로 시인하지 않았기 때문에 그들은 성령을 받을 수 없었고 그들의 작품은 그저 인간적 수준의 종교적 작품으로만 남아 있다. 그들의 작품들에 정경의 내용과 비슷한 것이 있다고 하여 정경이 이러한 작품들에 영향을 받았다고 주장하면서 정경의 내용을 이것들과 관련시켜 연구하는 것은 결국 정경의 내용을 오도하는 결과를 낳는다.[2]

좀 극단적으로 견준다면, 이는 마치 한국의 여러 이단이 취급하는 내용이 정경의 내용과 관련되었기 때문에 이단들의 주장을 수용하는 것과 같다. 정경은 성령의 감동하심을 받은 사람들이 하나님께 받아 말한 하나님의 말씀이다(벧후 1:21; 딤후 3:16).[3] 그 외의 책들은 그렇지 않다. 듀발(Duvall)은 "묵시는 다니엘서나 스가랴서 같은 구약 책들과 선지서들의 어

---

[2] "비평가들은 [묵시 문학을] '환상이나 천상 세계의 경험을 가진 양 꾸며서 날조한 예언을 담은 문헌'이라는 의미로 사용하며, 여기에는 '가경'에 속하는 유대인들의 묵시 문헌들은 말할 것도 없고, 정경의 일부인 다니엘서나 요한계시록까지 포함된다고 생각한다. 그렇지만 우리가 '묵시 문헌'이란 말을 사용할 때, 정경의 묵시 문헌과 가경에 속하는 유대인들의 묵시 문헌과 엄연히 구분해서 사용해야 한다. 유대인들은 다니엘서나 요한계시록을 모방하여 [묵시 문서들을] 날조하였는지 몰라도, 정경에 속하는 묵시 문헌들은 결코 '날조된 예언들'을 담은 책이 아니기 때문이다." 최종태, **『선지자에게 물어라』**(서울: CLC, 2003), 537-56.

[3] 정경은 '내'가 존재하여 그것을 주관적으로 판단하기 이전에 객관적으로 이미 있는 정확무오한 하나님의 말씀이다. 정경은 계시에 대한 증거(witness to revelation)가 아니라 자체로 하나님의 특별 계시다. 아담과 하와 이야기는 자게(Sage)가 아니라 역사적 사실의 기록이다. 그리스도의 십자가 사건, 부활, 승천 사건도 모두 실제 역사의 기록이다. 창조와 부활을 내가 보지 않았다고 해서 그것이 다른 일반적(역사적, 과학적) 사건들과 차별성 있는 사건으로 주어져 있는 것이 아니다. 특히 창조는 성령께서 성경 기자에게 알려주신 실제 역사적 사건이다. 정경은 인간의 기록이지만 성령이 저자이시기에 오류들(errors)이 없다. Contra Barth. 그러나 정경 외의 작품들은 수많은 오류와 인간의 마음이 만들어 낸 것을 담고 있다. 참조. 김용준, "칼 바르트의 성경관에 대한 개혁신학적 비판," **개혁논총** 35(2015): 73-98. 또한, John M. Frame, *A History of Western Philosophy and Theology*(Phillipsburg, NJ: P&R Publishing, 2015), 366ff을 보라.

떤 단락들(예, 사 24-27장; 겔 37-39장)에 등장한다. 이러한 유형은 B.C. 200년에서 A.D. 100년까지의 유대인들의 작품들에서 꽃을 피웠다(예, 에녹 1, 2서, 희년서, 바룩 2, 3서, 4 에스라서 및 아브라함의 묵시 등). 감람산 강화조차(마 24-25장; 막 13장) 묵시적 색채를 보여 준다"라고 하였다.[4] 나는 여기서 두 가지를 말하고 싶다.

먼저, 구약의 선지서의 세상 끝날에 대한 예언들은 세속 '묵시'와 유사한 점들을 나타내지만 이러한 장르 규정 자체는 구약 예언(혹은 환상[5]; 히브리어로 '하존'(חזון)을 적절히 해석하는 데 큰 장애로 작용한다는 것이다. 왜냐하면, 구약 예언은 현실에서 끝날까지를 '이어서' 다루며 이것은 구약 예언에 일반적인 것이기 때문이다. 예를 들어, 이사야 24-27장만을 뚝 떼어내어 소위 '이사야 묵시록'이라는 이름을 붙여 외경이나 위경 묵시들과 비교하는 것은 아주 위험천만한 행위라는 것이다.

신플라톤주의 철학자인 이단자 포르피리(Porphyry)의 영(靈)을 받아 지금도 B.C. 6세기의 다니엘 선지자의 예언을 B.C. 2세기의 조작된 문건으로 보며 세속 묵시와 궤를 같이하는 것으로 보는 자유주의자들은 다니엘서나 요한계시록 이해하기를 포기해야만 한다.[6] 그들은 정경이 무엇인지, 예언이 무엇인지, 예언/환상이 어떻게 현실 백성에 대한 설교에서 메시아를 통한 끝날에 하나님의 심판과 구원을 취급하는지,[7] 이것이 어떻게 성령의 사역을 통해 미래에 확실히 일어날 일들에 대한 계시로 자리매김 되는지에 대해 전혀 정확한 지식을 갖고 있지 않다.

---

4   J. Scott Duvall, *Revelation*, Teach the Text Commentary Series(Grand Rapids: Baker Books, 2014), 6.
5   요한계시록은 선지자(사도 요한)가 하나님께 받은 말씀 곧 '예언의 말씀'(1:3 'τοὺς λόγους τῆς προφητείας' [דברי הנבואה])이기에 예언인 동시에, '본 것 모두'(1:2 'ὅσα τε εἶδεν' [כל אשר ראה])이기에 환상(幻像)/이상(異像)이라고 할 수 있다
6   최종태, 『선지자에게 물어라』, 545-55.
7   Ibid., 539. "다니엘서나 신약의 요한계시록이 여타 외경이나 가경에 속하는 묵시 문학 작품들과 구분되는 중요한 특징은 유대인들의 가경이나 여타 묵시 문헌들이 하나님의 구속사의 흐름에서 벗어났다는 점이다."

이사야 24-27장을 한 단락으로 나눈 것도 정확한 단락 구분이 못 된다는 것이다. 5-27장이 한 단락을 이루고 있고 이는 현재에서 가까운 미래로, 먼 미래로, 끝날의 일들로 진전하고 있다. 5-27장이 어떻게 하위 병행 단락들을 휴대하면서 예언이 전개되는지를 연구해 보면 24-27장으로 절단하는 것이 오류임을 알게 된다. 이에 대해서는 필자의 졸저 『구약 선지서의 구조와 신학』(근간)의 이사야서의 체제에 대한 필자의 설명을 참조하라. 에스겔서 37-39장만을 끊은 것도 전혀 전후 문맥을 고려하지 않은 문단 나누기로 보인다.

다음으로 외경이나 위경 말고도 필자가 말할 것이 하나 더 있다. 우리는 요한계시록을 이해하기 위해 관련 세속 역사 서술들, 예를 들어, A.D. 1세기의 상황을 기록한 역사책 같은 것은 참조해야 한다는 것이다. 사도 요한이 살던 당시의 세계에 대한 이해 때문이다. 그러나 A.D. 1세기의 역사를 기록한 책을 보는 것도 어디까지나 참조요(고고학도 그러함), 우리는 그것을 요한계시록의 진리를 판정할 수 있는 자료로 삼을 수 없다고 필자는 역설하고 싶다.

세속 문헌들을 중심으로 요한계시록의 내용을 가늠하는 것은 상황 중심의 해석(context-oriented interpretation)의 늪에 빠지는 지름길을 택하는 것이다. 성령이 하신 요한계시록의 말씀은 요한계시록 자체 및 같은 성령으로 먼저 말씀하신 정경의 책들을 중심으로, 그러나 세속 역사책을 참조하여, 연구함으로 바르게 이해할 수 있다고 본다. 왜냐하면, 정경만이 하나님의 마음과 계획을 그대로 전달하기 때문이다.

하나님 나라의 원대한 계획을 담은 구약과 신약의 정경 책들 속의 언약의 약속들이 바로 정경 요한계시록에서 집성되기 때문이다. 요한계시록 이해에 '사람의 지혜'(참고, 고전 2:1-16)는 일절 사절이다. 외경, 쿰란 작품, 영지주의 문서 등등은 사람의 지혜에서 나온 '사람의 전통'이요 '세상의 초등학문'(골 2:8)임을 명심해야 한다. 역사책과 고고학 같은 것은 참조로 끝내야지, 그것을 요한계시록 내용(진리)의 판정 기준으로까지 삼아서는 안 된다.

둘째, 요한계시록은 정경에 속한 책들의 글쓰기-편집 습관을 이어받고 있으므로 이 습관을 알 때 우리는 요한계시록을 더 적절히 이해할 수 있다.

이 부분에 대해서는 아래에서 좀 더 상술하기로 한다.

셋째, 요한계시록에 비해 구약 예언들은 아직 예비적인 특성들을 나타낸다는 점을 주의해야 한다.

구약 예언들은 먼저, '구약의 언어'를 사용한다. 구약은 대체로 물질적인 것들을 통해 영적 실재를 예언하고, 구약의 성전이나 제사 제도나 제사 직분 같은 것들을 통해 신약 시대의 교회에 대해 예언한다. 다음으로 구약 예언들은 예수 그리스도께서 성육신하시기 이전의 예언들이기에 아직 예비적 성격을 띤다. 이 예언들은 아들이 올 것을 바라보고 있으나 아직은 어렴풋한 상을 제시하였다. 교회와 세상 끝날에 대해서도 구약 선지자들이 예언하였으나 그들이 제시한 예언들은 어렴풋한 특성들을 나타낸다.

아들의 초림과 그분의 말씀으로 그 어렴풋하던 것들이 성취-확증되었다. 아들의 죽으심과 부활이 역사적으로 성취되었고, 그것을 믿는 자들에게 예언-약속된 성령이 부어지심으로 신약적 의미의 교회가 탄생하였다. 성령의 가르치심과 사도들의 성령을 통한 구약의 해석에 의해 성도들은 구약 예언들에 대해 뚜렷한 이해를 할 수 있게 되었다. 말하자면, 그리스도로 인해 예언 이해는 옛 지평에 기초하면서도 새 지평에 도달하게 된 것이다.

그리스도 예수께서는 구약 예언과 연속을 나타내시면서 동시에 새 시대를 이루시는 분기점으로 작용하신다. 그리하여 그리스도 예수 이후의 책인 요한계시록은 이러한 새로운 지평에 서서 구약 예언보다 더 뚜렷한 무엇을 증거하고 있다. 우리는 마땅히 구약 선지서들과 요한계시록을 서로 비교해가면서 연구해야 하나 요한계시록을 기준으로 구약 예언들을 판단해야 한다. 물론 요한계시록이 장래 일어날 '모든' 것을 속속들이 말씀하고 있지 않지만 요한계시록(보다 넓게는 신약의 예언들)이 구약 예언들을 논구, 분별하는 기준이 되

어야 함은 분명하다.[8]

넷째, '민족적 이스라엘'에 대한 예언 중에는 여전히 앞으로 이루어질 것들이 있고, 민족적 이스라엘에 대한 예언들이 '영적 이스라엘'(=교회, 즉 이스라엘과 이방의 남은 자들)에 적용되어 성취될 것들이 있는데 궁극적으로는 후자가 '하나님 나라'의 완성과 밀접한 관련이 있다.

구약 선지서는 민족적 이스라엘과 영적 이스라엘 둘다에 대해 예언하였다.

먼저, 구약 선지서들은 민족적 이스라엘이라는 하나의 구체적인 대상에 대해 예언하였다(물론 다른 민족들에 대해서도 예언). 그리하여 일차적으로 그 예언들은 민족적 이스라엘에게서 성취된다(예, 세계 만국에 흩어진 이스라엘이 본토로 돌아가게 될 것). 이 예언들은 이루어진 것들도 있고, 이루어지는 과정에 있는 것들도 있고, 앞으로 이루어질 것들도 있다(예, 민족적 이스라엘의 많은 사람이 회심하게 될 것).

다음으로 구약 선지자들의 이스라엘에 대한 예언 중에는 단지 민족적 이스라엘을 넘어 실제로는 메시아와 영적 이스라엘인 교회(민족적 이스라엘과 이방인 중 남은 자들)에 적용되어야 할 예언들이 있다. 그리하여 이스라엘에 대한 예언 이해가 쉽지 않다. 여기서 두 부류의 사람이 나타난다.

한 부류는 민족적 이스라엘에 대해 앞으로 성취될 예언들이 남아 있는데 이것들을 모두 영적 이스라엘(=교회)에 적용하는 부류(대체신학자들)다. 다른 한 부류는 민족적 이스라엘을 강조하여 예수님의 재림 때에 이방인 교회

---

[8] "기독교 공동체는 구약성서와 신약성서의 관계를 신 중심(theocentric) 사고로 이해한다. 하나님이 구약성서에서 세상을 다스리시던 방식은 여전히 신약성서에서 유효하다. 그러나 구약성서에서 드러나지 않은 새로운 계시가 예수 그리스도를 통하여 새롭게 드러나는 가능성을 열어 놓는다. 그러므로 하나님의 구원사의 연속성이라는 측면에서 구약성서는 신약성서 계시의 기준이 되지만, 신약성서의 계시가 구약성서의 계시를 뛰어넘는 새 계시가 됨으로 구약성서와는 불연속적인 특징을 보여 준다." 배정훈, "구약성서와 신약성서의 관계: 다니엘서와 요한계시록을 중심으로," **구약논단** 24(2018): 31. 필자는 구약과 신약은 신중심이 아닌 '삼위 하나님 중심'(요 5:46; 6:39; 막 12:36; 행 1:16)이라고, 구약과 신약은 동일한 하나님의 말씀이라고, 구약은 신약의 토대 역할을 하는 반면 신약이 구약 계시를 판단하는 기준이라고 본다. 양자 사이에 불연속성이 없는 것은 아니나, 동시에 양자 사이에는 점진성이 있다고 본다.

가 유대인 교회의 지배를 받게 된다고 해석하는 부류다(일부 세대주의자들).

필자는 이 두 부류가 모두 잘못되었다고 본다. 하나님 나라의 완성은 교회 곧 유대인과 이방인의 남은 자들을 통해 완성되기 때문에, 민족적 이스라엘에 이루어질 예언들은 남아 있으나, 이 민족적 이스라엘도 그중에 믿는 자들이 주님 교회의 일부가 되어 그 나라의 완성을 향해 가게 될 것이라는 것이다. 즉, 교회라는 큰 물줄기에 민족적 이스라엘이라는 작은 물줄기(여기서 작다는 것은 결코 무시하는 것이 아니라, 하나님 구원의 원대한 계획의 한 '부분'을 차지한다는 뜻이다. 필자는 하나님의 사랑을 받은 민족으로서의 이스라엘을 오히려 존중한다)가 합류될(merging) 것이다.

이 큰 물줄기에 포함된 유대인들과 이방인들은 하나가 된다. 누가 잘나고 누가 못나고 하는 그런 상태가 되는 것이 아니다. 모두 주님의 백성, 주님의 자녀들이 된다. 민족적 이스라엘에 대해 이루어질 예언들이 남아 있으되, 교회에 이 민족적 이스라엘 중 회심한 자들이 통합됨으로 하나님 나라는 완성될 것이다.[9]

다섯째, 요한계시록의 표상들(숫자들을 포함)은 상징적으로 해석되어야 할 것들이 있으나 그 상징들은 실재들을 가리키고 있으며 어떤 표상들은 문자적으로 이해해야 할 것들도 있다.

전자에 대한 예를 들면, 요한계시록 13:1-10에 바다에서 올라온 짐승은 17:7-17에 해석이 나오는데, 이 짐승은 어떤 존재에 대한 상징이다. 후자에 대한 예는 요한계시록 20:1-10의 '천년'이라는 기간이다. 이 '천년'

---

[9] "…과거의 전통적 세대주의는 역사적 맥락을 너무 중요시하다 보니 구약의 예언들을 너무 민족적 이스라엘에 초점을 맞춰 해석하는 경향이 있었다. 그에 반해, 언약 신학은 신약의 성취에 너무 초점을 맞추다 보니 구약의 역사적 맥락을 무시하는 경향이 있었다. 왜 그렇게 한 쪽만을 신택해야 하는가? 다중 성취를 왜 인정하지 않는가? 다중적 패턴적 성취를 왜 인정하지 못하는가?" 곽철호, "전천년설과 무천년설에 대한 성서적 근거 고찰(천년 왕국론)," **성침논단** 11(2016): 9-10(곽철호의 강조). 필자는 천년 왕국 시기에 물리적 성전이 재건될 수 있다는 그의 견해에 대해서는 생각을 달리하나, 이 언급에 대해서는 동의한다.

은 창세기 15:13 예언의 '사백 년'이나 다니엘 9:24 예언의 '일흔 이레'처럼 어떤 상징적-신학적 의미를 담은 기간이나 실제적인 기간이라고 필자는 본다. 왜냐하면, 그저 상징적인 기간으로 주어지지는 않았고 완전히 문자적인 기간은 아니라 해도 대략적 문자적 기간을 지시한다고 생각되기 때문이다.

아브람에게 주신 예언에서 그 기간은 '대략적으로'(400년) 주셨으나[10] 출애굽기 12:40, 41에는 이스라엘이 애굽에 거주한 기간을 '430년'으로 명시한다. 또한, 예루살렘을 중건하라는 칙령이 내려질 때부터 일곱 이레와 예순두 이레가 지난 후 메시아=왕이 일어난다고 다니엘 9:25에 예언되어 있는데 나는 이 기간이 정확히 어떻게 계산될지는 다소 견해의 차이가 있을 수 있으나 대략적인 문자적 기간이라고 본다.

다만 이 일흔 이레는 포로 70년의 확대된 기간으로 볼 수 있는데 분명히 신학적인 의미를 지니는 기간으로 본다. 필자는 초대에서 중세 교회까지 유행했던 알레고리 해석은 반대하나, 요한계시록의 상징적 표상들과 숫자들은 그저 상징에 머물러 있는 것이 아니라(따라서 두루뭉술하게 상징적으로 해석해서는 안 된다고 본다) 실재와 연결되어 있다고 본다.

여섯째, 요한계시록은 구약 선지서들처럼 선지자가 처한 당시의 정치, 종교, 사회 속의 교회에 대한 메시지로 시작하나 가까운 미래와 먼 미래 그리고 끝날에 확실히 이루어질 일들을 미리 말한다.

요한계시록의 배경이 A.D. 1세기의 로마라 하여 요한계시록이 미래에 실제로 일어날 예언이 아니라 그 시대의 그림을 미래로 투영한 것일 뿐이라는, 요한계시록의 사건들은 A.D. 1세기에 끝난 것이라는 해석은 자연주의 해석이다. 자연주의 학자들은 성령을 받지 못하였기 때문에 성령을 통해 미래 일들을 보고 기록한 정경 선지자들의 예언들을 받아들이지 못한

---

10 창세기 15:13의 400년처럼 예레미야 25:11f. 29:10의 70년(단 9:2)도 다소 두루뭉술한 기간으로 보인다. 참고, 송병현, 『다니엘』, 엑스포지멘터리(서울: 도서출판 이엠, 2018), 275.

다. 또한, 그것들을 예언들로 받아들일 수도 없다.

자연주의자들은 역사에서 실제로 이루어진 예수님의 육체적 부활을 믿지 못하였듯이(예, 불트만), 예수님의 앞으로의 역사적 재림도, 하나님의 최후 심판과 의인의 영생과 불못에서의 악인 및 마귀의 영벌도 받아들이지 못하고 받아들일 수도 없다(예, 몰트만). 구약의 모든 정경 선지자 그들이 처한 당시의 백성에게 설교하고 그것으로 끝난 것이 아니라 미래의 심판과 구원을 미리 말하였듯이, 요한계시록은 당시 상황뿐만 아니라 아직 일어나지 않은 미래의 일들을 기록하고 있다.

그리고 그 예언한 것들이 지금 이루어지고 있고, 또 앞으로 반드시 이루어질 것이다. 자연주의자들이 예언의 진정성을 받지 못해 요한계시록의 '문'으로 들어가지 못하였고, 또 들어가려는 사람들도 들어가지 못하도록 그 '문'을 막았다. 예수님은 이 자연주의자들에게 죄를 물으실 것이다.

위에서 언급한 두 번째 사항에 대해서는 이제 상술하려 한다. 사실 이 책을 통해, 하나님의 은혜를 사모하며 요한계시록과 씨름하시는 독자 여러분과 정말 나누고 싶었던 부분이 이것이다. 많은 요한계시록 연구가가 이미 많은 훌륭한 연구 성과를 우리에게 주었다. 그러나 지금부터 말하려는 이 부분에 대해서는 그렇게 상세히 말하지 않은 듯하다.

구약의 책들을 연구하던 나는 구약 성경의 저자들에게 '문학적 문화' 곧 '특정한 글쓰기와 편집의 관습'이 있는 것을 알게 되었다. 그들은 그들만의 글쓰기와 편집의 방식을 통해 의미를 전달하였다. 구약의 책에서 옮겨와 신약의 책을 연구하던 나는 신약의 책이 구약 책의 문학적 문화를 공유함을 또한 알게 되었다. 나는 정경 기자들에게 이러한 '문학적 문화'가 있다는 결론을 내리게 되었다.

사실 이 책의 목적은 요한계시록을 더 잘 이해하는 것이다. 예수 그리스도의 초림으로 시작된 종말의 때 이 말씀을 더 잘 이해하여 이 말씀의 의미를 우리 삶에 적용하는 것이 이 책의 목적이다. 그런데, 나의 조그마한 발견은, 요한계시록이 구약의 문학적 문화의 유산을 물려받고 있다는 것이다.

요한계시록이 특히 많이 인용하고 있는 에스겔서, 다니엘서, 이사야서, 요엘서, 스가랴서 등은 요한계시록과 비슷한 외형을 입고 있다. 따라서 이 책의 목적을 더 구체적으로 진술하자면, 구약 선지서들의 문학적 문화를 충분히 이해하여 요한계시록의 문학적 습관을 이해하는 것이다.

물론, 여기서 간과해서는 안 될 또 하나 중요한 것이 있다. 그것은 요한계시록의 신학이 이러한 문학적 관습을 따라 구조화된 책의 외형과 깊이 연관되어 있다는 것이다. 세심한 관찰을 통해 내가 알게 된 사실은, 요한계시록과 구약 선지서들의 저자(혹은 최종 편집자)들은 원천적으로 이러한 문학적 문화를 드러내는 외형에, 그 외형 그대로를 따른(특정한 뼈대를 지닌) 신학의 전달을 꾀한다는 것이다. 이로 볼 때 형식과 내용은 하나이다.

동시에, 나는 여기서 성령의 사역을 말하고 싶다. 중요한 것은, 이러한 글쓰기와 편집 과정의 처음부터 끝까지 특정 메시지 전달을 위해 성령이 관여하셨다(벧후 2:20-21; 3:15)는 사실이다. 그리하여 일차적으로 성령이 정경의 저자요 편자시며, 정경은 당연히 성령이 판정하시고, 교회는 표준 문서 곧 독특한 문학적 문화를 나타내는 외형에 특정한 신학 사상이 연락(連絡)된, 이 세상의 어떤 다른 문서들과 구별되는 그러나(이 세상에) '실제로 존재하는'(tangible) 유일무이한 하나의 실재(a unique, real being)인 문서를 소유하게 된다.

교회가 정경을 권위 있는 문서로 판정하는 것이 아니라 정경이 하나의 영원한 인격적 실재로서 교회를 이끈다. 종합하여 말한다면, 이 책의 목적은 요한계시록의 문학적 체제(구조) 및 '그것과 연결된' 신학적 메시지를 보다 잘 이해하기 위해 정경 곧 성령께서 일하셔서 같은 문학 관습을 통해 신학적 메시지를 제시했던 구약 선지서들을 요한계시록과 함께 궁구하는 것이다. 그리하여 이 책은 요한계시록에 대한 정경적인 동시에 문학적-신학적 구조적 연구(a canonical and literary-theological structural study)이다.

필자는 요한계시록의 역사적 배경 이해가 필요함을 배제하지 않으나 공시적 읽기(a synchronic reading)에 초점을 맞추었다.

2. 구조 이해의 준거(criteria)

구조 이해의 준거(criteria)란 요한계시록과 구약 선지서들의 '형식-내용'의 체제를 이해하는 틀들이라고 할 수 있다. 이 틀들을 이해할 때 우리는 선지서 메시지의 핵심을 보다 잘 파악할 수 있다. 물론, 이러한 준거들은 정경 밖의 다른 어떤 것에서 나온 것이 아님은 두말할 나위도 없다. 이 준거들은 먼저 정경으로서의 성경이 증거하는 대로 하나님 말씀으로서의 성경의 진정성을 그대로 받는다는 성경적 전제의 토대 위에 있다.

또한, 이것들은 선지서들을 읽고 각 선지서의 배열을 점검하고 그것을 다른 선지서들의 배열과 비교하고, 그리하여 여러 선지서에서 관찰되고 추린 공통된 구조화의 요소들이다. 필자는 이 구조 인식의 준거들을 문학적인 면, 신학적인 면 그리고 여기에 한 가지를 더한다면, 선지서들의 시공에 대한 시각, 이 세 가지 측면에서 정리한다.

한편, 필자가 사용하는 요한계시록 본문은 Westcott and Hort / [NA27 and UBS4 variants]이며, 구약 선지서들은 BHS(히브리 맛소라 본문)인데[11] LXX(칠십인역)를 기준으로 하지 않는 이유는 특히 예레미야서의 연구를 통해 LXX(혹은 LXX가 번역 대상으로 삼은 히브리어 본문=Vorlage)가 문학적-신학적 구조에 있어 BHS보다 덜 일관적이라는 이유 때문이다(이는 잠언에서도 그러하다).

그러면 이제 구조 이해의 준거들을 다음과 같이 정의, 설명하고자 한다.

11　필자는 이 본문들을 읽고 연구하는 데 있어서는 biblehub.com의 신세를 많이 졌다.

첫째, 문학적 준거이다.

선지서 및 요한계시록을 읽을 때 필자가 본 것은 각 선지자가 특별한 주제들로 '전체로서의 한 책'을 구성한다는 것이다. 전체로서의 한 책은 어떤 특정한 구조를 통해 하나의 총체를 이루고 있고 이는 부분을 이해하는 것보다 중요하다. 부분을 통해 전체를, 전체를 통해 부분을 이해하는 것은 당연하나 전체를 먼저 알아야 부분의 의미를 더 정확히 알 수 있다. 이 전체의 모양새는 특정 주제들을 통해 이루어진다.[12]

어떤 주제들은 더 많이 반복되며 전체 책 흐름에 있어 중요한 사상을 전달하기 위해 사용되고 또 다른 주제들은 그러한 주요 주제들을 더욱 잘 드러내기 위해 보조적으로 사용되고 있다.

메시지가 보다 추상적인 어떤 사상을 가리킨다면 주제들은 그러한 사상을 드러내기 위해 사용한 구체적인 언어적 재료들이라고 할 수 있을 것이다. 저자(혹은 편저자)는 이러한 주제들을 반복하거나 형태론적으로 바꾸어 제시하되 어떤 중요한 전략적인 지점에 이것들을 배치함으로 저자의 사상을 전달하려고 한다. 여기서 필자가 사용하는 '주제'라는 말을 앞으로의 논의를 위해 정의하는 것이 좋을 것이다.

필자가 말하는 '주제'(theme)는 특정한 장소에 배치됨으로 어떤 책의 전체를 이루는 데 기여하는 문법적-문학적 구성 요소다. 단어, 구, 절, 혹은 어떤 절들의 묶음 등 다양한 문법적 단위들이 그 책이 말하고자 하는 특정한 의미(topic)를 지시하고 있을 때 필자는 그것을 하나의 '주제'라고 본다.

이 주제는 똑 같은 형태(morphologically identical)로 반복될 수 있고, 어떤 때는 같은 의미장(semantic field)에 속하는 단어(들)나 절(들)로 대치될 수도 있다. 예를 들어, 이사야서에 나타나는 '포도주'(곧 '술취함')의 주제는 이사야 1:22; 5:11; 28:7; 56:12에 똑같은 단어('포도주')로 나타나는 반

---

12   이 점에 있어 나의 연구는 Muilenburg의 수사 비평과 차이점을 나타낸다. J. Muilenburg, "Form Criticism and Beyond," *JBL* (1969): 1-18.

면, '불순(不純)'(혹은 '혼잡')의 주제는 "네 은은 찌끼가 되었고"(사 1:22); "좋은 포도 맺기를 바랐더니 들포도를 맺혔도다"(사 5:2); "모든 상에는 토한 것, 더러운 것이 가득하고 깨끗한 곳이 없도다"(사 28:8); "무녀의 자식, 간음자와 음녀의 씨 너희는 가까이 오라"(사 57:3) 등으로 다양하게 나타난다.

필자는 이러한 주제 중 주요 주제들(major themes)을 다음과 같이 정의한다. 즉, 주요 주제란 저자가 그의 특정 사상을 강조하기 위해 그 책에서 축자(逐字)적으로 혹은 변화를 주어 수다히 반복을 하는 주제들로서, 이것은 한 책의 내용 전개 및 구조화에 없어서는 안 될 필수적인 문학적 요소를 말한다. 필자가 관찰한 것은 주요 주제들이 하나의 집합을 이루어 하나의 단락(a section)을 이루고 그다음 단락은 다시 이 주요 주제들의 집합(혹은 덩어리; group or cluster)으로 구성된다는 것이다.

그리고 이런 식으로 제3, 제4 ⋯ 의 단락이 병행(parallel)을 이루며 형성된다는 것이다. 이때 어떤 주제들은 후속 단락에서 강조되고 확장되기도 하며 또 다른 주제들은 희미하게 되기도 한다.

사실, 하나의 문학적 단위(혹은 문단)라는 것은 어떤 전달하고자 하는 사상을 위해 여러 문법적, 문학적 요소들로 응집된 하나의 총체를 뜻한다. 예를 들어, 이사야 1:18-20은 회개 권고의 내용이 "여호와께서 말씀하시되 ⋯ 여호와의 입의 말씀이니라"의 전형적인 예언 전달의 프레임에 담긴 아주 작은 문학적 단위라고 할 수 있다. 또 예를 들어, 이사야 6장은 내러티브 형태로 주어진 이사야의 환상, 즉 성전의 신현에 대한 선지자의 반응, 여호와의 선지자 파송 그리고 여호와의 예언의 말씀 등의 계기적인 내용을 담은 보다 큰 문학 단위이다. 학자 중에는 6장을 따로 떼어 이사야서 전체 단락 중 하나의 단락(a division)으로 보는 사람도 있다.

그러나 필자는 본인의 논의상, 6장이 이사야서 전체에 있어 주요 주제들을 모두 포함하고 있지 않다면 단락(a section)으로 보지 않고, 다만 하나의 문학적 기초 단위(a unit)로 보고자 한다(사 1:18-20은 말할 것도 없이 하나의 유닛으로 봄). 또 만약 유닛들이 모여서 응집력 있는 보다 큰 단위를 이루더라도 그것이 아직 모든 주요 주제를 포함하고 있지 못하다면 필자는 그것을 단락(a section)이 아닌 하위 단락(a subsection)으로 보고자 한다.

예를 들어, 이사야 6장은 하나의 문학적 기초 단위가 될 수 있고, 이것에 아하스왕 때의 내러티브-예언(주로 이사야의 아들들 이름을 통한)인 7-8장을 더해 하나의 문단(a division)으로 볼 수 있다. 왜냐하면, 6-8장은 모두 내러티브-예언을 담은 같은 문학 형식의 장들이고 또한 공히 이스라엘이 심판 받을 것에 대한 내용을 지니기 때문이다.

그러나 필자는 이것을 아직 하나의 단락(a section)이 아닌 하위 단락(a subsection)으로 보고자 한다. 왜냐하면, 이사야서의 한 단락을 구성하는 데는 이것에 여러 주요 주제가 여전히 빠져 있다고 생각하기 때문이다.

단락(a section)의 정의에 있어 추가적으로 언급하고자 하는 것들이 2가지가 있다. 그중 하나는 완전 단락과 불완전 단락이다. 주요 주제들을 다 포함하는 단락은 완전 단락(a complete section) 그리고 주요 주제들을 한 두 개 결여하고 있지만 완전 단락에 가까운 단락을 불완전 단락(an incomplete section)이라고 부른다. 아직 불완전 단락일 때 필자는 그것을 단락(a section)이라고 부르지 않는다. 불완전 단락들이 합쳐짐으로 비로소 완전 단락이 되었을 때 필자는 그것을 단락(a section)이라고 부른다. 어떤 단락이 완전 단락인가 불완전 단락인지 쉽게 판정하는 방법은 서로 이웃하는 두 단락들을 비교해 보는 것이다. 그러면 그 단락에 있어 어떤 주요 주제가 빠져 있는지 그렇지 않은지가 쉽게 눈에 띄게 된다.

추가로 언급하고자 하는 다른 하나는 단락(a section)을 이루는 주요 주제들의 배열순서이다. 이 주요 주제들의 순서는 다소간 바뀔 수 있는데, 중요한 신학적 주제인 '죄'와 관련된 주제들은 대개 앞에 배열되고, '심판'이나 '구원'에 관한 주제들은 대개 뒤에 배열된다는 것이다.

마지막으로, 어떤 단락이(필자가 곧이어 논할) 신학적 준거와 관련해 우주적 심판-구원, 곧 역사의 끝을 지시하는 묵시적 차원으로 나아가 종료되었을 때 필자는 그것을 '부'(部; a part)로 정하고자 한다. 반대로, 어떤 단락이 비록 그 책이 지닌 주요 주제들을 다 포함하고 있어도 아직 우주적 심판-구원의 차원으로 나아가지 않았을 때는 아직 부가 아니며, 그 단락이 그 차원으로 아직 나아가지 않았어도 그 뒤에 연속하는 단락이 그 차원으로 마쳤다면 그것을 '부'로 부르고자 한다.

필자의 정의들을 따라 문단(literary division or delimitation)을 계층적으로 정리하면 다음과 같이 된다.

- 기초 단위(a unit): 하나의 주제를 전달하는 문법적-문학적 최소체
- 하위 단락(a subsection): 하나 이상의 유닛이 모여서 이루어짐
- 불완전 단락(an incomplete section): 하나 이상의 하위 단락이 모여서 이루어짐, 한 두 개의 주요 주제가 결여되어 있음
- 완전 단락 혹은 단락(a complete section = a section): 여러 하위 단락이 모여 이루어짐, 둘 이상의 불완전 단락이 모여 이루어짐, 모든 주요 주제를 갖추고 있음
- 부(a part): 하나 이상의 단락이 모여 이루어짐, 우주적 심판/구원으로 종결

또 예를 들어, 어떤 책이 구조화에 필수적인 주요 주제들(단락마다 위치가 다소 변동되어 나타나는) a, b, c, d, e 로 이루어졌고, 전체가 4개의 단락(section)으로 이루어졌으며 세 번째 단락은 2개의 불완전 단락(incomplete section)으로 이루어졌다면 다음과 같을 수 있다.

- 제1단락(주요 주제들 a, b, c, d, e)
- 제2단락(주요 주제들 a, b, d, c, e)
- 제3단락
  - 제1불완전 단락(주요 주제들 a, b, d, e)

- 제2불완전 단락(주요 주제들 a, c, d, e)
• 제4단락(주요 주제들 a, d, c, b, e)

이런 전개는 선지서에서 많이 관찰될 수 있는 구조의 문학적 측면이므로 이를 기억하면 선지서의 형식-내용의 윤곽을 파악하는 데 많은 도움을 입는다.

둘째, 신학적 준거다.

구약 선지서들 및 요한계시록의 구조는 문학적 준거뿐만 아니라 또한 신학적 준거에 의해 적절히 이해될 수 있다. '신학적'이라는 것은 '유대-이방 구원의 경륜적인 측면' 그리고 '선지자의 신론-죄론-구원론(심판/구원) 및 종말론'에 대한 측면 두 가지로 언급될 수 있는데 이러한 신학적 측면은 다분히 계기적(繼起的)인 것이다.

셋째, 선지서의 '시공에 대한 시각'의 준거다.

이는 선지서 내용은 시간에 있어 과거, 현재, 미래(미래는 가까운 미래, 먼 미래, 아주 먼 미래로 다시 나누어질 수 있음)로 진행하되 이것이 점진적으로 반복을 이루고 공간에 있어서는 이스라엘에서 이방 나라들로 그리고 여기서 다시 종말적 이스라엘과 종말적 세상 나라로 그리고 때때로 종국적으로는 우주적으로 진행한다는 것이다. 선지서 내용에 있어 시공적 측면은 신학적인 면과 깊이 관련되어 있다. 여기서 아주 먼 미래의 우주적 격변만을 떼어 장르 비평(혹은 자료 비평)을 통해 '묵시'라고 해 버리면 시공의 연속성 속에서 전달하려는 예언의 메시지가 단절되어 버린다.

특히, 세속 묵시와 비교 문학적 연구를 진행하여 세속 묵시와 같은 차원에서 그 본문을 다룰 경우 예언은 쉽게 픽션이 되어 버린다. 또한, 이것은 독자 반응 비평(수용 미학 같은 것)에 의해 자의적 이해의 첨단에 이르게 된다. 이런 일을 자유주의자들은 상습적으로 하고 있고 일부 복음주의자는 그들의 영향을 받아 이 일을 똑같이 따라한다.

이는 본문, 저자, 독자의 세 해석학적 요소에서 독자의 역할을 결코 무시하는 것이 아니라 현대의 독자 중심의 자의적 해석을 경고하는 것이다. 이는 본문, 저자, 독자의 세 해석학적 요소에서 독자의 역할을 결코 무시하는 것이 아니라 현대의 독자 중심의 자의적 해석을 경고하는 것이다.

이러한 요한계시록과 구약 선지서들의 구조 이해에 있어 주요한 준거들은 먼저는 개별 선지서들 및 요한계시록을 하나하나 연구해 여기서 원리를 뽑아내 정리한 것이다. 우리가 할 일은 이러한 원리를 가지고 또다시 개별 선지서에 접근해 그것이 모든 선지서의 구조를 아우를 수 있는 것으로 정리된 것인지 검토하는 일이다.

여기서 하나의 순환적인 연구 작업이 이루어진다. 기존의 많은 선지서 연구 방법론은 어떤 철학적 혹은 신학적 전제나 문학 비평, 역사 비평, 정경 비평[13] 이론들을 가지고 선지서에 접근해 그 방법론들에 의해 분석하는 것이었다. 즉, 어떤 외부적인 준거가 실제 각 선지서의 구조를 재단하는 잣대로 사용되어 온 것이다.

그러나 이렇게 하면 본문 자체가 증거하는 구조 그리고 그 구조와 배열을 따라 전달하는 선지서 최종 편집자 혹은 편집위원회의 메시지가 외부에서 결정되게 된다는 것이다. 외부의 준거에 따라 본문의 배열의 비논리성이나 편집 역사나 원자료에 대한 판정이 이루어지는데 심하게 말하면 몸무게를 재는 저울을 가지고 가슴둘레를 재려는 것과 같다. 따라서 선지서 자체에서 나온 구조 이해의 틀을 가지고 다시 개별 선지서의 구조를 가늠해야 한다는 것이다.

---

13 필자의 연구를 '정경적 접근'으로 말할 수 있는 반면, 차일즈(B. S. Childs)나 샌더스(J. A. Sanders)의 정경 비평과는 전혀 다름을 말하고 싶다. 필자의 『구약 선지서의 구조와 신학』(근간), 이사야서 구조에 대한 장을 참조하라.

3. 요한계시록의 문학적-신학적 구조: 하나의 예비적 통찰

위의 전제들과 예비적 이해를 따라, 나는 이제 요한계시록의 글쓰기 및 편집 습관에 대해 약간 말하고자 한다. 요한계시록은 구약 선지서들처럼 '병행 단락들'을 이룬다. 뒤에서 자세히 언급하겠지만, 요한계시록은 선지자(사도 요한) 당시 백성에 대한 설교에서 시작해 미래의 심판과 구원을 예언하는데 이 내용이 1-9장에 나타나고 또 10-22장에 나타남으로 큰 병행들(大竝行; macro-parallels)을 이룬다는 것이다. 이것은 반복이다.

왜 반복인가?

1장과 10장 모두 현재 시점의 사도 요한을 소개하기 때문이다. 1장에서 사도 요한은 예수님의 메시지를 받아 소아시아의 일곱 교회에 편지한다. 10장에서 사도 요한은 천사의 손에서 작은 두루마리(메시지)를 갖다 먹어 버린다. 천사는 사도 요한에게 '다시'[14] 예언(말씀)하여야 할 것을 말한다.[15] 그런데 이 반복은 단순한 반복이 아니라 점진적 반복, 점진적 병행이다.

왜 그런가?

1-9장은 현재에서 가까운 미래로 그리고 먼 미래로 나아가는데, 현재와 가까운 미래의 일을 강조한다. 반면 10-22장은 현재에서 시작하지만 먼 미래의 일들로 급격히 이동하며 이 먼 미래의 일들을 보다 자세히 제시한다. 그리하여 우리는 점진적 병행(progressive parallels)을 이루는 1-9장을 A로, 10-22장을 A′로 표현할 수 있다.[16] 더하여, 우리가 알 것들이 있다.

---

14 내러티브에서 '다시'(계 10:11, πάλιν)라는 말은 단락이 바뀔 때 자주 사용된다. 비교. '두 번째로'(욘 3:1, שנית), '또'(호 3:1, עוד).

15 계 10:11. "그가 내게 말하기를 네가 많은 백성과 나라와 방언과 임금에게 다시 예언하여야 하리라 하더라."

16 반복은 시빌 신탁(제3 시빌), 에녹의 비유(Similitudes of Enoch), 에스라 4서(3:1-9:22; 11:1-13:58)와 같은 유대 묵시 문학에서도 보인다. G. K. Beale, *The Book of Revelation: A Commentary on the Greek Text*(Grand Rapids: Eerdmans, 1999), 135-7. 권성수, 『요한계시록』(서울: 선교횃불, 1999), 543에서 재인용. Beale과 권성수는 정경의 중요성을 견지하는 가운데 '비교'를 위해 이러한 언급을 하였을 것이다. 정경 책들의 형

첫째, 이 두 큰 병행 단락 각각 안에도 병행을 이루는 단락들이 있다는 것이다. 이 단락들을 우리는 소 병행(小竝行; micro-parallels, 혹은 하위 병행; sub-parallels)들이라고 부를 수 있겠다.

둘째, 요한계시록은 맨 앞부분의 주제들과 맨 뒷부분의 주제들이 서로 대응을 이루고 있다(인클루시오; inclusio)는 것이다.

여기서 필자는 이러한 '점진적 병행'에 대해 좀 더 설명하고자 한다. 왜냐하면, 이 용어는 우리가 잘 아는 다른 요한계시록 학자도 이미 사용하였기 때문이다. 그러나 나의 이해가 그의 이해와 차이가 있기에 추가적 설명이 반드시 필요하다.

∴ 헨드릭슨과 필자의 이해의 차이

요한계시록에 대한 고전적 주석서라 할 수 있는 『요한계시록』(*More Than Conquerors*)에서 윌리엄 헨드릭슨(William Hendriksen)은 요한계시록이 '점진적 병행' 구조를 지닌다고 이미 말했다.[17] 그는 요한계시록을 통일성(unity)을 지닌,[18] 하나의 유기적 전체(an organic whole)를 이루고 있는 책

식과 내용을 서투르고도 어설프게 흉내낸 이러한 외경이나 위경의 책들(실제로 읽어보면 이것들은 정경이라 할 수 없는 수준의 책들이다)을 구약 선지서들이나 요한계시록과 비교하는 것은 전혀 타당하지 않다는 것이 나의 시각이다. 어떤 비평가들은 이러한 묵시가 마치 구약 예언보다 시간적으로 먼저고 또 그 질에 있어 우위에 있는 것처럼 보며 요한계시록이 이러한 묵시들을 가공했다고 보는데 이는 정경이 무엇인지도 모르는 사람들이다.

17   W. 헨드릭슨, 『**요한계시록**』, 김영익, 문영탁 공역(서울: 아가페출판사, 1983), 17-20; William Hendriksen, *More Than Conquerors: An Interpretation of the Book of Revelation*(Grand Rapids. Baker Books, 1940, 1967), 22-30. 특히, "To this conception of the book we give the name 'progressive parallelism'", Ibid., 44. 이하의 논의는, 최영헌, "단 9:24-27 '70이레' 해석: 예언의 '점진적 복층구조'를 적용하여"(아세아연합신학대학교 신학대학원 Th. M. 논문, 1999), 1-160을 참조하라.

18   Hendriksen, *More Than Conquerors*, 31-44.

으로[19] 보았고 나도 여기에 십분 동의한다. 그 주요 주제는 '교회의 중심에 계신 그리스도, 교회와 세상의 상충, 핍박자들에 대한 심판들, 그리스도를 통한 승리'로 보았다.[20]

나는 개인적으로 이 책은 학문적으로만 아니라 영적으로도 크게 '은혜되는' 책으로 본다. 헨드릭슨은 본서를 크게 1-11장과 12-22장으로 나누었고(필자의 용어로 말한다면 '대 병행') 이를 7개의 병행 단락(1-3장, 4-7장, 8-11장, 12-14장, 15-16장, 17-19장, 20-22장)으로 분석하였고(필자의 용어로 말한다면 '소 병행')[21] 각 단락은 그리스도의 초림에서 재림까지의 기간을 다룬다고 하였다.[22] 예를 들어, 그는 8-11장과 12-14장을 병행으로 본다(20장 이하도 병행으로 봄).

> [...] According to the third cycle(chapters 8-11) the main period here described is one of forty-two months(11:2), or twelve hundred and sixty days(11:3). Now, it is a remarkable fact that we find that same period of time in the next section(chapters 12-14), namely, twelve hundred and sixty days(12:6), or a time and times and half a time(3½). The three designations—forty-two months, twelve hundred and sixty days, time and times and half a time—are exactly equivalent. So the section on the trumpets(chapters 8-11) must run parallel with that which describes the battle between Christ and the dragon(chapters 12-14). A careful study of chapter 20 will reveal that this chapter describes a period that is synchronous with that of chapter 12. Therefore by this method of reasoning, parallelism is vindicated.[23]

19　Ibid., 40f.
20　Ibid., 32ff.
21　Ibid., 28f.
22　Ibid., 26. "Seven sections…are parallel and each spans the entire new dispensation, from the first to the second coming of Christ."
23　Ibid. 25f. "세 번째 사이클(8-11장)에 따르면, 여기에 서술된 주요 기간은 마흔두 달

이러한 단락들의 병행에 대해 말한 후에, 그는 점진성(a progress)에 대해 언급한다. 그는 1-11장보다 12-22장은 영적 갈등의 깊이와 강도에 있어 점진성을 나타낸다[24]고 하였다. 예를 들면, 그는 요한계시록에서 '심판' 은 앞단락들에서는 미미하게 다루어지다가 마지막으로 갈수록 확장되어 다루어진다고 하였다.

> Thus conceived, we notice that the final sections of the Apocalypse, though synchronous with the other sections and applicable to the entire course of history, describe especially what will happen in connection with the final judgment. So although all the sections of the Apocalypse run parallel and span the period between the first and second comings of Christ and are rooted in the soil of the old dispensation, yet there is also a degree of progress. The closer we approach the end of the book the more our attention is directed to the final judgment and that which lies beyond it. The seven sections are arranged, as it were, in an ascending, climactic order. The book reveals a gradual progress in eschatological emphasis…The final judgment is *first* announced, *then* introduced, *and* finally described. Similarly, the new heaven and earth are described more fully in the final section than in those that precede it.[25]

(11:2) 혹은 천이백육십 일(11:3)이다. 그런데, 그다음 단락(12-14장)에서 같은 기간 즉 천이백육십 일(12:6) 혹은 한 때와 때들과 반 때(3½ 년)(12:14)가 나타나는 것은 주목할 만하다. 세 개의 표현들 곧 마흔두 달과 천이백육십 일과 한 때와 때들과 반 때가 서로 꼭 같은 기간이다. 그래서 나팔들에 대한 단락(8-11장)은 그리스도와 용 사이의 전투를 묘사하는 단락(12-14장)과 병행으로 진행되는 것이 틀림없다. 20장을 조심스럽게 연구하면 이 장이 12장과 같은 시간대를 묘사한다는 사실이 드러난다. 그러므로 이러한 추리법에 의해 병행성이 입증된다."

24 Ibid., 29. "In the second we see the underlying conflict between the Christ and the dragon(Satan). The book of Revelation therefore reveals a progress in depth or intensity of spiritual conflict."

25 Ibid., 44. "이렇게 상고한바, 우리는 요한계시록의 마지막 단락들은, 비록 다른 단락들과 같은 시간대를 [망라하며], 역사의 전체 과정에 적용될 수 있기는 해도, 특별히 최

이와 같은 핸드릭슨의 이해를 그림으로 나타내면 다음과 같을 것이다. 일곱 개의 병행 단락들은 초림부터 재림까지를 나타내지만, 요한계시록의 둘째 부분(12-22장)의 세 개의 병행 단락들(15-16장; 17-19장; 20-22장)은 첫 부분(1-11장)과 달리 그 끝이 모두 '전쟁'(battle)으로 끝난다.[26] 그리고 이 네 개의 병행 단락들 중 마지막 단락인 20-22장은 초림에서 전쟁까지로 마치는 것이 아니라 더 나아가 신천 신지까지를 묘사한다[27]는 것이다.

후 심판과 연관되어 일어날 일들을 서술한다는 것을 알아채게 된다. 그래서 비록 요한계시록의 모든 단락이 병행으로 진행되고 그리스도의 초림과 재림 사이의 기간을 망라하며 그 이전[단락]의 시간대(the old dispensation)의 토양에 뿌리 내리고 있기는 하나, 여전히 어느 정도의 진전성이 있는 것이다. 책의 말미로 가까이 갈수록 더 우리의 주의는 최후 심판과 그 너머에 놓여 있는 것에로 이끌림 받는다. 일곱 단락들은, 말하자면, 하나의 상승하는, 고조되는 순서로 배열되었다. 이 책은 종말론적 강조에 있어 점진적인 진전성을 드러낸다 … 최후 심판은 **먼저는** [간단히] 선언되었고, **그다음에는** 소개되었고, **마지막으로는** [자세히] 서술되었다. 이와 비슷하게, 새 하늘과 땅도 마지막 단락에 선행하는 단락들에서보다 제일 마지막 단락에서 더 충분히 서술되었다"(이탤릭은 핸드릭슨의 강조).

26 Ibid., 27. "The section on the bowls of wrath(chapters 15-16) ends with a reference to a battle(see 16:14 where this conflict is called the battle of the great day of God, the Almighty). The next section(chapters 17-19) again ends with a battle scene(see 19:19) …Finally, in the closing section(chapters 20-22), we once more read 'to gather them together to battle'(see 20:8). All three sections, therefore, describe events that lead up to the same great battle of Jehova. They are parallel."(진노의 대접들에 관한 단락[15-16장]은 하나의 전쟁에 대한 언급으로 마친다 [하나님 곧 전능자의 큰 날의 그 전쟁으로 불리는 이 충돌이 나타나는 16:14을 보라] … 그다음 단락 [17-19장]은 다시 하나의 전쟁 장면으로 마친다[19:19를 보라] … 끝으로, 마무리하는 단락 [20-22장]에서 우리는 한번 더 '그들을 함께 전쟁으로 모은다'[20:8을 보라]는 구절을 읽게 된다. 그리하여, 세 단락 모두는 동일한 여호와의 큰 전쟁으로 이끄는 사건들을 묘사한다. 그것들은 병행을 이룬다.)

27 Ibid., 28. "It is very clearly provided by the book itself, each section ending, as we have shown, with at least a reference to the coming of Christ in judgment. This is true even with respect to the final section(chapters 20-22; see 22:20), though this reaches out beyond the final judgment and descries the new heaven and earth(cf. 7:9ff.)."(우리가 보았듯이, 적어도 심판하러 오시는 그리스도에 대한 언급과 함께 그것은 책 자체에 의해 매우 분명하게 제시된다. 비록 이것이 최후 심판 저 너머로 뻗어나가며 새 하늘과 새 땅을 묘사하지만[비교, 7:9ff], 이것은 심지어 마지막 단락[20-22장; 22:20을 보라]과 관련해서도 참이다.)

병행   단락 A¹ 초림→ 재림   ────────
↓   단락 A² 초림→ 재림   ────────
     단락 A³ 초림→ 재림   ────────
갈등의 심화   단락 A⁴ 초림→ 재림   ────────
(12-22장)   단락 A⁵ 초림→ 재림(전쟁)   ────────
     단락 A⁶ 초림→ 재림(전쟁)   ────────
↓   단락 A⁷ 초림→ 재림(전쟁)+신천 신지   ────────

>>> **필자의 시각**

그러나 필자는 요한계시록의 구조에 대해 헨드릭슨과 다른 분석을 낸다. '점진적 병행'이라는 용어 및 그것이 의미하는 바에 있어서는 헨드릭슨을 따르나, 다음 사항들에 있어서는 다르다.

첫째, 헨드릭슨은 1-11장과 12-22장을 대 병행 단락들로 보지만 나는 1-9장과 10-22장으로 본다. 여기에 대해서는 위에서 이미 언급했다(A'는 A보다 시작 시점과 종결 시점이 더 진전해 있음).

     A 1-9장 ────────
     A' 10-22장 ──────────────

10장이 요한계시록의 큰 구도에 있어 둘째 병행 단락을 시작하는데, 헨드릭슨을 포함해 수많은 학자가 8-11장까지를 하나의 단락으로 묶어버린다. 이로써 병행 단락의 시작을 알리는 10장의 기능이 아주 무시된다. 나는 이것이 요한계시록을 해석하는 데 하나의 치명적 걸림돌로 작용한다고 본다.

둘째, 선지자가 예언을 시작하는 시점을 보면(그것들이 서로 같을 수도 있지만) 첫 예언보다는 둘째 단락에서 시작하는 시점이 진전해 있다고 주장한다.

즉, 1-9장의 시작인 1장보다 10-22장의 시작인 10장이 그 시점에서 약간 더 진전해 있다. 이 두 병행 단락의 끝부분도(서로 같을 수 있지만) 두 번째 병행 단락의 끝부분이 가리키는 시간이 더 진전해 있을 수 있다는 것이다. 사실, 10-22장은 현재에서 급격히 종말의 사건들을 지시하며 진행된다.

헨드릭슨과 달리 필자가 이해하는 요한계시록의 구조는 아래와 같다. 1-9장과 10-22장의 두 대 병행 단락 안에는 소 병행 단락들이 나타난다. 뒤에서 더 자세히 논하겠지만, '요한', '삼위 하나님' 등 주요 주제와 더불어 '찬양들'이 요한계시록의 각 병행 단락의 서두를 장식한다.

필자는 모든 찬양들이 서론 역할을 한다고 본다(일부 서론 역할과 동시에 결론 역할을 하는 찬양들도 있음). 주목할 것은, 찬양은 그다음에 오는 심판 사건 곧 앞으로 벌어질 하나님의 역사(특히 심판)를 내다보면서 부르는 찬양으로 보인다는 것이다.

아래의 그림에서 유의할 것은 소 병행 단락들이 같은 주제들로 시작하기에 병행 단락들로 표시되었지만, 그 시점은 진전한다는 사실이다. 예를 들어, 10-22장에서 10-18장과 19-22장은 시작하는 주제들이 비슷하기에 병행을 이루지만, 19-22장의 내용은 재림과 그 이후의 사건들을 보여 준다는 것이다.

한편으로, 10-22장에서 14장은 짐승 세력에 대한 심판과 재림 예수님의 성도들과 함께하는 통치를 보여 주는 그 이하의 장들의 서론 역할을 한다. 아래의 도표는 헨드릭슨의 점진적 병행적 구조 이해와는 큰 차이를 나타내는 점진적 병행 구조 이해를 보여 준다.[28]

---

28 뒤에서 다시 언급하겠지만 아래의 도표에서 여섯 째 인 재앙은 일곱 대접들이 쏟아질 때와 겹칠 것으로 필자는 이해한다.

A 1–9장	a 1:4–3:22	요한 당시; 예수의 죽음과 부활 언급(땅의 임금들 머리가 되심), 재림 예시 1–3장 일곱 교회				
	a' 4–9장		교회 시대 4–6장 일곱 인	7년 환난 시기 144,000 및 흰옷 입은 환난에서 나오는 자들 7–9장 일곱 나팔		
A' 10–22장	a 10–18장	요한 당시 10장 작은 책		1,260일(전 3년 반) 두 증인 사역; 짐승이 두 선지자를 죽임 11:3-13		
		12장 여자의 아들 해산, 예수의 승천	교회 시대 12장 용의 여자 핍박	짐승이 성도들을 죽임 (마흔두 달) 13장		
					환난 후 심판 시기 15–16장 일곱 대접; 17–18장 음녀 심판	
	a' 19–22장				재림의 때 19장 짐승과 거짓 선지자 심판	천년 왕국 및 용 심판과 최후 심판 20장; 신천 신지 21–22장

전체로서 요한계시록의 내용 흐름을 보여 주는 이와 같은 구조를 보면 요한계시록에는 다음과 같은 아주 '대조적인 순서'가 나타난다.

영원하신 하나님
    그리스도의 죽음-부활 → 두 선지자의 죽음-부활 →
       성도(거룩한 어린양의 신부)의 죽음-부활
       음녀(불신자들)의 죽음 →
    적그리스도와 거짓 선지자가 불못에 던져짐 →
    마귀가 영원한 형벌을 받음(불못)

이러한 이해를 따라 판단하면, 19장의 아마겟돈 전쟁과 20장의 곡과 마곡의 전쟁은 시간적 선후를 나타내는 서로 다른 전쟁인 것이 분명하다.

나는 헨드릭슨이 20장의 시점을 초림으로 분석한 것은 심각한 오류라고 본다. 19장이 예수님의 재림을 보여 주고 있건만 그다음 나타나는 천년 통치를 돌연 초림의 시점이라고 봄은 헨드릭슨이 선지자의 시점 이동을 제대로 이해하지 못하였기 때문으로 본다. 그런데 이로 인해 짐승의 핍박을 견딜 것을 재림 후에 부활한 성도들이 누릴 왕적 통치(주님의 통치에 참여함)의 상급으로 도전하시는 예수님의 요한계시록 메시지가 마치 수증기처럼 증발해 버린다.

본 요한계시록의 구조는 다음 장에서부터 더 자세히 소개할 것이다. 각 단락에서 파란색으로 표시한 부분은 송영(doxology)이나 찬양(praises)이다. 가는 실선은 소 단락을 의미한다.

1부 A 1-9장
 완전 단락 a 1:4-3:22 삼위 하나님, **요한 예언 사역** 주제로 시작; 요한의 송영(頌榮)
    (1:1-20)
    음녀, 사탄의 회당, 교회의 핍박 받음 등을 다룸,
    그리스도의 일곱 교회의 책망과 칭찬을 통해 믿음의 싸움을 촉구함
    이기는 자들에게는 종말의 상급을 약속함(2-3장)
 완전 단락 a´ 4-9장 삼위 하나님, 네 생물, 24장로, 요한; 네 생물과 24장로들의 새 노래(4-5장)
    어린양의 인 떼심, 일곱 인 재앙(6장)

    이스라엘 144,000 인침, 큰 환난에서 나오는 이방인들과 모든 천사의 찬양;(7장)
    일곱 나팔 재앙-이 시점에서 임시적 종료(8-9장).

2부 A´ 10-22장
 완전 단락 a 10:1-18:24 **요한 예언 사역**; 일곱째 천사의 나팔 붊 예고(10:7); 두 증인의 죽음(10:1-11:13);

    일곱째 천사가 나팔 붊(11:14)

하나님 보좌; 큰 음성들 및 24장로의 찬양(11:14-19)

여자, 사탄/용, 아들, 성도 죽음, 다른 짐승, 우상, 짐승 표 받는 자들(12:1-13:18)

어린양이 시온산에 서심; 보좌 앞에서144,000의 새 노래 부름(14:1-5);

세 천사. 바벨론과 짐승의 표 받은 자들 심판(진노의 포도주. 14:8, 10, 19; 19:15)29 예고,

흰 구름, 구름 위의 인자 같은 이의 곡식 추수, 포도 거둠(14:6-20).

일곱 천사가 일곱 재앙을 가짐(15:1),

짐승 … 을 이기고 벗어난 자들의 찬양(15장)

일곱 대접(16장, 여섯 째 대접 아마겟돈 예시, 일곱 째 대접 음녀 멸망),

음녀 멸망 자세히 설명(17-18장);

완전 단락 a′ 19:1-22:21 허다한 무리의 찬양, 하나님, 24장로, 네 생물, 요한(19:1-10), 예수 재림(아마겟돈), 짐승과 거짓 선지자 유황불못, 천년 통치, 곡과 마곡 , 사탄 유황불못, 새 예루살렘(19:11-21:8), 새 예루살렘 자세히 설명(21:9-22:5); 후기(22:6-21)

독자 여러분께 바라기는 필자의 이 책을 읽으실 때『구약 선지서의 구조와 신학』(근간)을 참조하시길 바란다. 그 책은 이사야서부터 말라기까지 각 책의 구조를 보다 자세히 논한 책이므로 요한계시록의 구조와 메시지를 이해하시는 데 더 많은 도움을 받으실 수 있기 때문이다.

---

29 14장의 '진노의 포도주'는 음녀 바벨론 심판뿐만 아니라 최소한 19장의 아마겟돈 심판까지 미친다. 15:1, 7; 16:1; 18:3 등도 참조.

참고 문헌

곽철호. "전천년설과 무천년설에 대한 성서적 근거 고찰(천년 왕국론)." **성침논단** 11(2016): 5-71.

권성수.『요한계시록』. 서울: 선교햇불, 1999.

김용준. "칼 바르트의 성경관에 대한 개혁신학적 비판."**개혁논총** 35(2015): 73-98.

박윤선.『요한계시록』. 서울: 영음사, 2011(초판 1949; 개정판 1955).

배정훈. "구약성서와 신약성서의 관계: 다니엘서와 요한계시록을 중심으로." **구약논단** 24(2018): 12-38.

비일. 그레고리 K.『요한계시록 상권』, 오광만 옮김. 서울: 새물결플러스, 2016; Beale, G. K. *The Book of Revelation: A Commentary on the Greek Text*. Grand Rapids: Eerdmans, 1999.

송병현.『다니엘』. 엑스포지멘터리. 서울: 도서출판이엠, 2018.

정성욱.『정성욱 교수의 밝고 행복한 종말론』. 서울: 큐리오스, 2016.

최종태.『선지자에게 물어라: 언약사신인 이스라엘의 선지자들』. 서울: CLC, 2003.

헨드릭슨, W.『요한계시록』. 김영익 문영탁 공역. 서울: 아가페출판사, 1983; Hendriksen, William. *More Than Conquerors: An Interpretation of the Book of Revelation*. Grand Rapids: Baker Books, 1940; 1967.

Duvall, J. Scott. *Revelation*. Teach the Text Commentary Series. Grand Rapids: Baker Books, 2014.

Frame, John M. *A History of Western Philosophy and Theology*. Phillipsburg, NJ: P&R Publishing, 2015.

Muilenburg, J. "Form Criticism and Beyond." *JBL*(1969): 1-18.

제2장

요한계시록과 에스겔서

1. 들어가는 말

    요한계시록의 '곡과 마곡'(20:8), '하늘에서 내려오는 새 예루살렘'(21:2), '요한이 작은 두루마리를 받아먹음'(10:10), '이마에 하나님의 인으로 인침을 받는 하나님의 종들'(7:2-3) 등은 어떻게 해석해야 할까?
    요한계시록의 독자들은 이러한 난해한 표현들과 실로 오랫동안 씨름하여 왔다. 필자도 이 힘겨운 씨름에 가담하되, 특별히 이런 표현들이 먼저 나오는 구약 에스겔서(곡, 새 성전, 에스겔이 두루마리를 먹음, 이마에 표를 그림)를 살피려 한다.
    에스겔서의 문학적-신학적 구조, 선지자의 시점(視點)[1] 이동 등을 면밀히 살피되, 이러한 구약 선지서와 신약 요한계시록 사이에 존재하는 언어적 표현의 차이에 주의하려 한다. 필자는 정경(正經)의 울타리 속에서(외경이나 세속 묵시 문학은 제외함[2]), 이 두 책 사이에 존재하는 유사점(두 책은 예언

---

1 선지자의 시점(視點, perspective)이 여러 시간대를 왔다 갔다 하기에 그의 눈은 곧 시간적 지점늘(時點, temporal point)이 된나.

2 얼마 되지는 않지만, 필자가 그동안 맛소라 본문과 쿰란 사본을 연구한 결론은, 쿰란 공동체는 유대교의 한 이단 종파며 그들의 해석이 신약 기자들의 해석에 영향을 주었을 가능성은 없다는 것이다. 즉, 필자는 신약은 성령의 인도하심에 따라 사도들과 선지자들이 구약 예언을 이어받아 하나님의 구속 역사를 예수 그리스도 안에서 보도하고 해

전개 방식에 있어 아주 유사한 점을 드러낸다)과 차이점을 상고할 것이다. 다만 에스겔서의 종말론은 제한적으로 다루고, 현시대의 큰 관심사인 요한계시록의 종말론을 보다 자세히 다루려 한다.

2. 에스겔서의 구조와 종말적 교회의 모습

1) 에스겔서의 전체 구조

에스겔서는 그것의 연대기적 표시들과³ 아울러 그 구조는 뚜렷하다고 본서를 연구하는 거의 모든 학자들이 말한다. 그들은 대체로 1-24장은 이

석한 것이고, 외경 혹은 위경 묵시나 쿰란 문헌 같은 것은 이러한 정경의 내용을 흉내 낸 인간의 작품들에 지나지 않는다고 본다(contra Beasley-Murray). 어떤 학자들은 신약성경과 유대교 문학작품의 유사성을 따라 전자가 후자의 영향을 받았다고 하는데 나는 이러한 견해를 배격한다. 비교종교학의 수준에서 이와 같은 주장이 나타날 수 있겠지만, 나는 이러한 주장은 아직도 '정경'에 대한 기본적 이해에도 미치지 못한 판단으로 본다. See, G. R. Beasley-Murray, *The Book of Revelation: Based on the Revised Standard Version*(Eugene, OR: WIPF & STOCK, 2010), 17; 김추성, "천년 왕국(Millenium)에 대한 재 고찰: 요한계시록 20:1-6을 중심으로," **신학정론** 32(2)(2014), 250. "요한은 매우 창조적이며 또한 독창적으로 이러한 당대의 자료들을 각색해서 사용했을 가능성이 있다 … 당대의 신화적인 내용을 각색해서 요한은 새로운 메시지를 전달하고 있다." 전혀 입증되지 않은 이러한 견해를 나는 거절한다. 다른 예로는 박창건, "새 하늘, 새 땅, 새 예루살렘: 요한계시록 21, 1-22, 5의 해석," **신학과 세계** 41(2000): 68.

3   "Ezekiel's book is unique among the prophetic books of the Bible by being arranged in almost perfect chronological order … The chronological sequence of the prophecies also works effectively alongside the broader structuring of the book."(에스겔 책은 거의 완전히 연대 순서로 배열되었기에 성경의 예언서 중에서 독보적이다. 예언의 연대 순서는 또한 이 책의 보다 광범위한 구조화와 효과적으로 발맞춰 작용한다.) Christopher J. H. Wright, *The Message of Ezekiel*, The Bible Speaks Today(Leicester: Inter-Varsity Press, 2001), 40-1. "Ezekiel is unique among the Old Testament prophets for his orderly sequence of dates for many of his oracles."(에스겔은 그의 많은 예언을 질서 있게 날짜 순서대로 함에 있어 구약 선지자 중 독보적이다.) John B. Taylor, *Ezekiel*, Tyndale Old Testament Commentaries(Leicester: Inter-Varsity Press, 1969), 36. Also, Daniel I. Block, *The Book of Ezekiel Chapters 1-24*, NICOT(Grand Rapids: Eerdmans, 1997), 26-7.

스라엘에 대한 심판, 25-32장은 이방 나라들에 대한 심판, 33-48장은 이스라엘의 회복으로 구분한다.[4] 이러한 구분도 가능하겠지만, 필자는 이 구분에 전적으로 동의하지는 않는다. 나는 다음과 같은 점들에 유의할 때 에스겔서의 구조를 보다 잘 이해할 수 있다고 생각한다.

첫째, 1-24장이 두 개의 병행 단락으로 이루어진다는 것이다.

1-7장과 8-24장이 둘다 그 서두의 '하나님의 나타나심'(신현; theophany)에 의해서 병행을 이룬다는 것이다. 7장은 '끝'이 이르렀다는 예언이 나타남으로 임시적 종결을 이루고 8장부터는 두번째 신현이 나타나기에 이 두 단락을 병행으로 보아야 할 것이다.[5] 8-24장은 다시 8-19장과 20-24장이 특정 주제들로 병행을 이루는데, 20-24장은 1-24장의 결론 역할을 한다.

둘째, 1-24장은 심판이 주조를 이루나 간간이 이스라엘의 종말적 회복 내용도 들어 있음을 주의할 필요가 있다.

그리고 33장 이하는 구원이 주조를 이루나 얼마간은 이스라엘과 이방에 대한 심판 내용도 들어 있다. 이것은 선지서들의 내용 전개의 특징이다. 종래 역사 비평학자들은 정경 예언 문헌들의 문학적, 신학적 관습(conventions)에 무지하여, 심판 속에 들어 있는 회복을 후대의 삽입으로, 회복 속에 들어 있는 심판도 가필로 보았다.[6]

---

4 예, Otto Kaiser, *Introduction to the Old Testament: A Presentation of its Result and Problems*, trans. John Sturdy(Oxford: Basil Blackwell, 1975), 250. 33-48장을 다시 33-39장과 40-48장으로 나누는 사람들도 있다.

5 Tyler D. Mayfield, *Literary Structure and Setting in Ezekiel*, Forschungen zum Alten Testament 2. Reiche 43(Tübingen: Mohr Siebeck, 2010), 119. 에스겔서 전체의 난락들을 문학 형식을 따라 내러티브+신탁(oracle/s)으로 나누었다. 그는 1-7장과 8-19장을 각각 내러티브와 신탁들로 이루어진다고 하였는데 필자와는 다른 요소로 구분하였지만, 그의 구분은 결과적으로 필자의 구분과 일치한다.

6 Ibid., 251-5를 보라.

이러한 첨예한 분리는 왜 일어났는가. 그것은 그들이 심판과 회복이 한 하나님의 경륜과 섭리 속에서 일어나는 거의 동시적인 일들임을 보지 못하였기 때문이었고 이 두 다른 주제를 하나로 결합해 제시하는 선지자들의 텍스트 배열 방식을 몰랐기 때문이었다.[7]

셋째, 1-24장과 25-32장을 하나로 묶어볼 수 있다는 것이다.

왜냐하면, 1-32장, 즉 이스라엘과 이방의 묶음은 33장 이하에서 종말의 이스라엘과 이방으로, 즉 시점만 다르지 하나의 내용의 반복으로 이루어지기 때문이다. 1-32장이 현재에서 가까운 미래로 나아가지만, 33장 이하에는 현재의 이스라엘에서 급격히 먼 미래로 선지자의 시점이 이동한다. 그런데 1-32장처럼, 33장 이하도 이스라엘의 심판만 있는 것이 아니라 이방의 대표인 세일(에돔)에 대한 심판도 나타난다. 그리고 이러한 대립 구도는 종말의 하나님의 대적자들[8]과 종말의 하나님의 백성(새 이스라엘?) 사이의 대립 구도로 다시 발전된다.

문학적으로도 33:1-20에 '파숫군,' '의인과 악인'의 주제가 1-32장의 초입에 이미 나타났던 것[9]을 반복하기에, 1-32장을 A로, 33-48장을 A′로 볼 수 있다. 이것은 기존의 구조 이해와는 다른, 문학적-신학적 주제들의 병행과 선지자의 시점 이동을 모두 보는 필자만의 분석이다.[10]

---

7   예, 왕대일, "곡의 멸망·곡의 무덤, 종말에 이르는 이정표(겔 39:1-20)," **신학과 세계** 88(2016.12.31), 12. 왕대일은 38-39장이 에스겔의 저작임을 부인한다.
8   마곡 땅의 로스와 메섹과 두발 왕 곡; 바사와 구스와 붓과 고멜과 도갈마 족속 등. 에스겔 38:2, 5-6.
9   이 수제들은 구체적으로는 1-7장에 보인다.
10 거시적 단락 구분에 있어 외양으로는 카일도 필자와 같은 구분을 한다. 카일은 "예언들의 모음집인 본서가 하나의 통일된 전체로 결합되었음"을 말하면서(Die Sammlung der in dem Buche zu einem einheitlichen Ganzen verbundenen) 먼저 에스겔서를 크게 "이스라엘과 이방 나라들에 대한 심판 선언들"(1-32장)과 "이스라엘의 구원에 대한 선언들"(33-48장)로 나눈다. 그러나 그의 단락 구분은 1-32장을 심판으로, 33장 이하를 구원으로 보기 때문에 심판-구원의 병행으로 보는 필자와 그 이해가 다른 것이다. 또한, 그는 1-32장을 다시 "선지자직에 대한 에스겔의 엄숙한 헌신(1장-3:21)과 "예루살렘과 이스라엘에 대한 심판 예언들"(3:22-24장)과 이방 나라들에 대한 심판 예언들"(25-32장)로 세분하고, 33-48장을 다시 "이스라엘의 구속과 회복에 대해 내다

넷째, 37, 40-48장에 다시 '신현'이 보이기에 에스겔서는 전체로 볼 때 이 주제로서 수미쌍관(inclusio)을 이루고 있다고 하겠다.

이렇게 주제들의 반복, 선지자의 시점의 이동을 따라 에스겔서의 구조 분석을 하다 보면, 뒤에서 자세히 살펴보겠지만, 에스겔서와 요한계시록 이 유사한 구조를 보인다는 것이다. 즉, 요한계시록도 1-9장과 10-22장이 에스겔서의 1-32장과 33-40장처럼 병행을 이룬다. 1-9장은 '선지자 요한,' '삼위 하나님'으로 시작하고, 10-22장도 '선지자 요한,' '삼위 하나님' 주제로 시작한다.

둘 다 심판과 구원을 전시하나, 첫 단락의 내용은 사도 요한의 시점의 소아시아 일곱 교회에서 시작해 가까운 미래(인 재앙) 그리고 보다 먼 미래의 것(나팔 재앙[11])으로 이해되지만,[12] 둘째 단락의 내용은 사도 요한의 시점에서 시작하지만(작은 두루마리를 먹음), 급격히 적그리스도의 출현과

봄들 및 이방의 세상-권력의 몰락"(33-39장)과 "하나님 나라의 변혁(re-formation) 과 고양에 대한 예언적 그림"(40-48장)으로 나누었다. 따라서 그의 구조는 '이스라엘-이방'과 '현재-미래-먼 미래' 등과 같은 요소들을 통한 구분이라기보다는 특정 주제에 의한 구분으로 판단된다. C. F. Keil, *Ezekiel, Daniel* vol IX in C. F. Keil and F. Delitzsch, *Commentary on the Old Testament in Ten Volumes*, trans. James Martin(Grand Rapids: William B. Eerdmans, 1988), 7-8; *Biblischer Commentar über den Propheten Ezechiel*(Leipzig: Dörffling und Franke, 1868), 5. 카일과 비슷한 구조 분석은 박경철, "그들 가운데 선지자가 있다: 에스겔서 최종 형태 구성의 신학과 책의 자리(Sitz im Buch)," **신학연구** 73(2018), 88; 91-93에도 보인다. 그도 1-32장과 33-48장으로 나눌 수 있다고 본다. 그러나 이 두 단락을 병행으로 보지 않고, 각각 심판과 구원 신탁으로 본다. 다만, 그 자신의 통찰력은 1) 본서 전체가 네 개의 환상 단락들(1:1-3:15; 8-11장; 37:1-14; 40-48장)로 구성되었고 이 중 앞의 두 개는 심판 선언 단락 중에, 뒤의 두 개는 구원 선언 단락에 나타난다. 2) 심판 신탁 단락의 시작과 구원 신탁 단락의 시작에 세 가지 관용구가 나타난다고 본 점이다. 박경철은 본서가 이러한 구성과 표현들을 통해 예레미야서의 마지막 부분을 읽는 독자가 제기할 세 가지 질문(하나님의 임재 장소 문제, 포로민들에게 하나님의 말씀을 전할 선지자는 참 선지자인가?, 포로민들에게 구원의 가능성은 있는가?)에 대해 답을 주려고 했다고 보았다. Ibid., 94 이하. 그러니 필자는 먼저 에스겔서 자체 내에서 에스겔서가 제기하는 답을 찾는다.

11 적그리스도 출현 시 나타날 심판으로 보이나 대접 재앙보다는 이전에 일어날 재앙.
12 각 재앙은 차서적이다. 그러나 중첩되는 부분들도 있다고 본다. 세 시리즈의 심판은 나중 것일수록 그 강도가 더 높아진다. 이에 대해서는 뒤에서 더 자세히 다룰 것이다.

성도들의 죽음 그리고 그 적그리스도가 통치하는 세상에 대한 심판(대접 재앙) 그리고 예수님의 재림 어간으로 이동한다는 것이다. 요컨대, 거시적 관점에서 보면 요한계시록은 A 1-9장; A′ 10-22장으로 분석된다.[13]

주제들의 반복과 선지자의 시점 이동을 따라 에스겔서를 자세히 분석한 것을 도표로 나타낸다면 아래와 같다. 아래의 표에서는 이방 주제들은 생략하고 이스라엘 관련 주제들을 중심으로 정리하였다.

---

13 물론 이 큰 단락 안에는 여러 하위 병행 단락들이 있다. 이것에 대해서는 뒤에서 더 자세히 살펴볼 것이다.

주제들 분석을 통한 에스겔서의 구조

A(1-24장)+(25-32장) 이스라엘과 이방에 대한 심판; 본 단락에서 이스라엘 회복은 부분적으로만 언급됨			A'(33-48장) 종말의 이방 (대적들)에 대한 심판과 종말의 이스라엘(교회)의 회복
a(서론: 1-7장)	a'(8-19장)	a''(20-24장)	
(1) 여호와의 손(1:3)	(1) 여호와의 손(8:1)	(5) 슬퍼하지 말고 조용히 탄식하며 (24:17)	(1) 여호와의 손(33:22; 37:1; 40:1)
(2) 신(神)(2:2)	(2) 주의 신, 하나님의 신(8:3; 11:1, 24)	(6) 의인과 악인(21:3, 4)	(2) 그 신(37:1), 성신(43:5)
(3) 여호와의 영광(1:28)	(3) 이스라엘 하나님의 영광, 여호와의 영광(8:4; 9:3; 10:4, 18, 19; 11:23)	(7) 너희가 에스겔의 행한 바와 같이…사람의 식물을 먹지 아니하며(24:22)	(3) 이스라엘 하나님의 영광(43:2), 여호와의 영광(43:5; 44:4)
(4) 얼굴이 뻔뻔하고 마음이 강퍅(2:4; 3:7)	(4) 너희 마음에서 일어나는 것(11:5), 일치한 마음, 새 신, 굳은 마음, 부드러운 마음(11:19), 마음과 영(18:31)	(8) 칼(21:9, 16), 불(20:47; 21:31, 32; 22:31; 23:47; 24:10-12)	(4) 마음은 이욕을 좇음이라(33:31), 새 영, 새 마음, 새 신(36:26, 27), 내 신(37:14; 39:29)
(5) 애가, 애곡, 재앙(두루마리 책)(2:9,10)	(5) 애가(19:1, 14)	(9) 내 율례, 내 규례, 언약의 줄(20: 1-44)	(5) 하몬곡(38:11)
(6) 의인, 악인 회개(파수꾼 사명)(3:17-21)	(6) 의인, 악인, 돌이켜 떠나(18:1-32)	(10) 애굽의 우상들(20:7), 장자를 다 화제로(20:26),우상들(20:31), 내 성소를 더럽히며 내 안식일을 범하였도다(23:38)	(6) 파수꾼, 의인, 악인(33:1-20)
(7) 양식을 끊음(4:9-17; 5:16)	(7) 그들이 근심하면서 그 식물을 먹으며(12:19)	(11) 모든 우상으로 스스로 더럽혔으며(23:7), 애굽…앗수르…바벨론 사람이…음란으로 그를 더럽히매, 음란히 이방을 좇고…내 성소를 더럽히며…음행으로(23장), 장자를 화제로(20:26, 31; 23:37, 39), 산 위에서 제물을 먹는 자(22:9),	(7) 좋은 꼴로 먹이고(34:14), 곡식으로 풍성하게 하여(34:28)
(8) 온역, 악한 짐승, 기근, 칼, 흩음, 불 등(5:1-4; 5:17; 6:11,12; 7:15)	(8) 칼(11:8-10; 12:14), 이방인 가운데서 흩음(12:14, 15), 칼과 기근과 사나운 짐승과 온역(14:21), 불(15장; 19:12-14)		(8) 칼, 온역(33:27), 이방의 노략거리, 땅의 짐승의 삼킨 바 되지 아니하고(34:28; 36:3, 6, 19)
(9) 내 규례를 거스림, 이방인보다 악을 더 행함(규례는 언약체결시 주어진 것; 5:5-7)	(9) 언약하여 너로 내게 속하게 하였으니라(16:8), 너와 세운 언약을 기억하고…영원한 언약을 세우리라(16:60), 규례…율례(18:17)		(9) 화평의 언약, 영원한 언약(34:25; 37:26), 내 율례, 내 규례(36:27)
(10) 미운 물건, 가증한 일로 내 성소를 더럽힘(5:11)	(10) 제단 문 어귀 북편에 그 투기의 우상(8:5), 각양 곤충과 가증한 짐승과…모든 우상(8:10), 북문…담무스(8:14), 여호와의 전 안뜰에…동방 태양(8:16)	(12) 모든 땅 중의 아름다운 곳으로 그들을 인도하여 들이지 아니하리라(20:15), 내가 그들을 이방인 중에 흩으며(20:23)/ 죄악의 끝 때니라(21:25), 네 날이 가까왔고(22:4), 보응하는 날(22:14), 진노의 날(22:24)	(10) 우상들(33:25), 이방인을 내 성소 안에 있게 하여 내 전을 더럽히므로…레위 사람도 그릇하여 그 우상을 좇아(44:6-10)
(11) 산당, 제단, 태양상, 우상, 음란(성적 이미지 사용; 6:1-9)	(11) 행음, 색스러운 산당, 남자 우상, 네 자녀를…불살랐느니라, 애굽사람과…앗수르 사람과…갈대아까지 심히 행음, 이 음란과 네 모든 가증한 일(16장)	(13) 허무한 것을 보며…거짓 복술(21:29), 그 선지자들이…회를 칠하고…허탄한 이상을 보며 거짓 복술을 행하며(22:28)	(11) 이는 내 보좌의 처소…다시는 내 거룩한 이름을 더럽히지 아니하리라(43:7), 이방인은 내 성소에 들어오지 못하리라(44:9)
(12) 끝, 날, /악한 이방인의 점령, 성소가 더럽힘, 오예물(7:1-25)	(12) 멀리 이방인 가운데로 …흩었으나…열방에서 내가 잠깐 그들에게 성소가 되리라(11:16), 이방인 가운데로 흩으며 열방 중에 헤친 후에야(12:15)	(14) 그 제사장들은 내 율법을 범하였으며 나의 성물을 더럽혔으며(22:26)	(13)-(18) 자기만 먹이는 이스라엘 목자(34장), 제사장, 이스라엘의 치리자들, 이스라엘 왕(45-46장), 이스라엘 온 족속(37장)
(13) 선지자에게 묵시를 구하나 헛될 것임(7:26)	(13) 허탄한 묵시, 복술, 우매한 선지자, 허탄한 것, 거짓된 것, 회칠한 담, 자기 마음에서 나는 대로 예언하는 부녀들, 점복(13장)	(15) 이스라엘 장로들…내게 묻기를 내가 용납지 아니하리라(20:3)	
(14) 제사장에게는 율법이 없을 것임(7:26)	(14) 약 이십오인(제사장; 8:16)	(16) 바벨론 왕…이스라엘 왕아…곧 죄악의 끝 때니라(21:19, 21, 23, 25)	
(15) 장로에게는 모략이 없어질 것임(7:26)	(15) 장로 칠십인(8:11, 12) 장로 두어 사람…이 사람들이…내게 묻기를…용납하랴(14장)	(17) 그 방백들은…불의의 이를 취하려고(22:6, 27)	
(16) 왕은 애통하고(7:27)	(16) 바벨론 왕이…왕과 방백을 사로잡아(17장), 그 높은 새 가지 끝에서 연한 가지를 꺾어…이스라엘 높은 산에 심으리라(왕 심판 예너와 함께 나타나는 메시야 예언 17:22, 23)	(18) 이스라엘 족속아(20:44), 이 땅 백성이(22:29) 등	
(17) 방백은 놀람을 옷 입듯 하며(7:27)	(17) 이스라엘 방백들(19:1)		
(18) 거민의 손은 떨릴 것임(7:27)	(18) 유다 족속(8:17), 예루살렘 거민(11:15), 이스라엘 족속(12:9) 등		

이 장의 목적이 요한계시록과의 비교를 통해 에스겔서의 끝날의 사건들, 특히 교회의 미래를 이해하려는 것이기에 에스겔서에서 종말론이 우세한 33장 이하[14]를 좀 더 자세히 살펴본다면 다음과 같다.

우선, 33-34장은 이스라엘의 죄와 심판 그리고 회복이 그 내용이다. 여기서는 1장처럼 에스겔 당시의 시점에서 시작한다(33:21). 물론 예루살렘 성이 바벨론에 함락된 시점이니 1장보다는 좀 나중의 시점인 것은 확실하다. 그런데 이 시점이 예수 그리스도의 초림의 시점까지 이동한다. 왜냐하면, 34장의 '한 목자', '내 종 다윗'은 바로 예수 그리스도에게서 성취되기 때문이다. 33장과 34장이 각각 죄론에서 시작함으로 병행을 이룬다.

이 단락에 이어지는 것은 가까운 미래의 에돔 심판으로 다시 초림보다는 과거로 거슬러 올라간다. 먼저, 35-36장이 하나의 하위 단락을 이룬다. 이것은 이방 에돔에 대한 심판의 내용인 A 35장과 A′ 36장이 두 병행 단락으로 구성되는데, 36장은 다시 a 36:1-15와 a′ 36:16-38로 나타난다. 36장의 첫째 하위 단락은 에돔 심판에서 이스라엘의(가까운 미래의) 회복을 예언하고, 둘째 하위 단락은 이스라엘의 회복을 예언하되 그 시점이 초림 (36:26-27)에까지 이른다.

여기서의 에돔은 에스겔 당시의 이스라엘의 대적이었던 에돔을 가리키는 동시에 이방 세력들의 대표로서 예수님 재림 어간의 대적 세력도 시사할 수 있다. 즉, 동일한 에돔 심판이 서로 다른 두 시간대로 투사(投射)될 수 있다는 것이다. 왜냐하면, 이 에돔은 이사야서의 마지막 단락인 56:9-66장에서 나타나는 에돔(63:1)과 비교될 수 있기 때문이다. 구체적으로, 이사야 63:1-3과 요한계시록 14:10, 17-20; 19:13, 15를 비교하여 보라. 요한은 예수님의 재림 시의 대적들을 묘사할 때 이사야 63장의 그림을 사용한다.

---

14   이 단락은 크게 이스라엘 죄와 심판-[종말의] 이방 죄 심판-이스라엘 회복으로 '하나의 전체'를 이루고 있다.

그리하여 필자는 에스겔 35-36장의 에돔 심판을 재림 예수님의 아마겟돈 심판의 예시로 볼 수 있다고 생각한다. 이어지는 37장의 이스라엘의 포로귀환(부활의 그림으로 보여줌)은 예수님의 재림 어간(아마겟돈 전쟁 전일 것으로 봄)에 있을 '새 이스라엘'의 부활을, 유다와 에브라임(의 남은 자)의 연합도 재림 예수 안에서의 이스라엘의 12지파의 남은 자들의 하나 됨을 예시하는 것으로 볼 수 있다.

여기서 우리는 37장의 시점이 34장(메시아 초림)이나 36:26(이 예언은 오순절의 성령강림 사건으로 성취된 것으로 보임)보다도 더 진전함을 알 수 있다. 그다음에, 38-39장과 40-48장을 하나로 묶어서 보자. 이 장들은 각각 '말년'(38:8) 혹은 '끝날'(16절)의 곡에 대한 심판과 이스라엘(새 이스라엘의 예시)의 새 성전 및 땅 분배(땅을 유업으로 줌)와 관련된 것인데 이는 35:1-36:6의 에돔 심판보다 더 진전된 시점으로 보인다.

40-48장의 새 성전은 종말의 교회(새 예루살렘)의 완성을 예시하는 것으로 보이는데 이것은 38-39장의 곡 심판 이후의 시점이 될 것이다. 곡 심판은 재림 전 어간에 문자적(민족적) 이스라엘에게 이루어질 일로 보이기도 하고(일차적) 요한계시록에 나타나듯 천년 왕국이 마칠 때 성취될 일로도(이차적) 보인다. 도표로 정리하면 아래와 같은데, 이에 대해서는 뒤에 좀 더 살펴보기로 한다.

장절	겔 35-36장 에돔 심판과 이스라엘 회복 예언	겔 37:1-14 마른 뼈 환상	겔 37:15-28 유다와 에브라임 연합	겔 38-39장 곡의 침략과 멸망 예언	겔 40-48장 새 성전 등 환상
일차적 해석	에돔 심판과 이스라엘 회복(에스겔 선지자로부터 가까운 미래)	민족적(문자적) 이스라엘의 포로에서의 귀환	민족적 이스라엘의 하나됨(초림과 재림 사이/재림 가까운 시기)	곡 연합군의 문자적 이스라엘 침략(초림과 재림 사이/재림 가까운 시기)	천년 왕국 시의 거룩한 예배와 생명의 삶(생수)으로 예비적 성취(문자적 성전 제사로의 복귀가 아님)
이차적 해석	예수 재림 시 아마겟돈에서 불신세력 심판	아마겟돈 전쟁 전 모든 믿는 자들의 부활	재림 예수 안에서 민족적 이스라엘의 남은 자의 하나됨; 이스라엘과 이방의 남은 자들의 하나됨도 내다봄	천년 통치 후 곡과 마곡이 성도를 공격함	새 예루살렘에서의 예배와 그들이 받아 누릴 영원한 기업으로 온전한 성취를 이룰 것임

33-48장의 구조에 대한 위의 설명은 다음과 같이 제시될 수 있다. 특히, 문학적으로 병행 단락들, 하위 병행 단락들에 유의해 분석하면 아래와 같은 결과가 나타난다.

- 이스라엘의 죄와 심판/회복

  33-34장 이스라엘 죄와 심판에서 초림의 회복까지 시점이 뻗침

  A 33:1-20 이스라엘 죄들, 의인/악인, 파수꾼, 성의 함락, 입이 열림. 21-33절 우상 숭배 등-황무지

  A´ 34장 a 목자들 죄-자기만 먹임 9-16절 내가 양을 찾는다.

  　　　　　　a´ 17-22절 숫양, 수염소 죄 23-31절 한 목자, 내 종 다윗-평화의 (새)언약

- 이방의 심판과 이스라엘의 회복

  35-37장 에돔 심판과 이스라엘 회복→ 가까운 미래에서 신자들의 부활 시기까지 시점이 뻗침

  A 35:1-15 에돔심판

  A´ a 36:1-15절 에돔 및 이방심판+이스라엘 회복(생육 중다)

  　　a´ 16-20절 이방을 통한 이스라엘 심판; 21-38 회복(새언약 내용 반복) 내 영

  　　　　　α´ 37:1-14 이스라엘 포로회복(부활 환상) 내 영, 먼 미래의 부활 예시

  　　　　　α´´ 15-28절 이스라엘 회복. 한 왕 다윗 한 목자(남북 연합) 화평의 (새)언약. "내 성소가 영원토록 그들의 가운데 있으리니"

  　　　　　　(40-48장 먼 미래의 새 성전과 '여호와 삼마' 예시)

  38-48장 끝날(재림전?)의 이방의 심판→ 먼 미래(천년 왕국 혹은 그 이후?)에서 교회의 완성까지 시점이 뻗침

  　　a 38장 곡(과 많은 백성)의 죄와 심판-그들이 나를 여호와인줄 알리라.

  　　a´ 39장 곡(과 열국)에 대한 심판 21-29절 이스라엘 회복, 내 영, 여호와인 줄 앎

  　　　　　40-48장 회복된 성전, 제사장과 왕의 규례, 백성(지파 별)땅 분배

단지 주제별로 33-39장과 40-48장으로 나누는 것보다 위와 같은 선지자의 시점을 고려한 문학적-신학적 구조 분석을 통해 우리는 에스겔의 종말 사건들에 대해 훨씬 분명한 이해에 이를 수 있다. 1-32장과 연관해 볼 때, 이러한 시점 이동들 속에서 에스겔서가 강조하는 것은 다음과 같다.

첫째, 가증한 우상 숭배들로 더러웠던 성전과 거룩한 새 성전 간의 첨예한 대조다.

에스겔 33:25; 44:6-10; 44:9는 이 새 성전이 더러운 우상과 '이방인'을 결코 용납하지 않음을 우리에게 보여 준다. 여기서 '새 성전'이나 '이방인'을 문자적으로 보는 것은 잘못된 해석에 이르는 지름길이다. 구약 선지서의 끝날의 예언은 구약적 언어로 영적 실재를 지시하기 때문이다. 여기서 이방인은 불신자를 뜻한다.

둘째, 이 새 성전을 우리가 교회의 완성된 모습이라고 본다면, 이 완성은(에스겔 선지자의 시점에서 볼 때 미래에 오실) 왕이요 목자이신 예수님(34:23-24)을 통해서만 이루어진다.

예수님이 초림하시고(34장), 성령을 주시고, 우상(36:25)과 더러움(36:29)과 죄악(36:33)을 제거함을 통해서만 그리고 그분의 재림으로 이방 세력의 대표인 에돔(35-36장)과 끝날의 곡(38-39장)을 심판하심을 통해서만 이 교회는 거룩한 예배를 드리고 거룩한 땅을 유업으로 받게 된다는 것이다(40-48장).[15]

---

15 첫 단락인 1-32장에서 이러한 미래 교회의 청사진은, 가는 베 옷을 입고 서기관의 먹 그릇을 찬 사람이 성도들의 이마에 표를 그리는 행위를 통해(겔 9장; 계 7장에서 종말적 사건으로 제시됨), 여호와께서 이스라엘에게 새 영을 주심을 통해(11:19), 영원한 언약을 맺으심을 통해(16:60-63) 그리고 이스라엘을 여러 나라에서 나오게 하셔서 이스라엘의 거룩한 산에서 예배를 드리게 하심을 통해(20:33 이하) 제시된다. 이것이 33장 이하의 둘째 단락에서 더 구체적으로 제시된다. 필자는 김래용처럼 에스겔서에시 '거룩'이 책의 핵심 메시지를 구성하는 요소이며 여호와의 행위의 근거가 되며 또한 인지문구(認知文句)와 함께 책의 목적을 형성함을 인정한다. 김래용, "에스겔서의 메시지와 거룩," **구약논단** 24(3), (2018), 259. 그러면 에스겔의 목적과 핵심 메시지는 무엇일까? "이스라엘의 거룩(혹은 이스라엘의 하나님인지)은 오직 거룩하신 하나님이 세우시는 목자 '다윗'과 '새 영'을 통해 이루어진다"—필자는 이것이 본서의

필자는 에스겔서가 하나님 나라의 완성된 모습을 새 성전, 그 새 성전에서의 제사, 그 새 성전에서의 왕의 경배, 그 새 성전에서의 사독 계열 제사장의 사역 그리고 지파들에게의 땅의 분배 등과 같은 구약적인 언어로 표현한다고 본다.[16]

이러한 구약적 언어를 신약 시대와 그 시대의 끝에 전적으로 문자적으로 이루어질 일들로 보는 것은 잘못된 해석에 이르는 지름길을 택하는 것이다. 재림하신 예수님으로 말미암아 의의 통치가 이루어질 때 동식물을 포함한 자연과 인간은 큰 변화를 맞이할 것인데, 이것은 천년 통치 기간에는 예비적으로, 새 하늘과 새 땅에서는 완전한 성질에서의 변화가 이루어질 것이다.

나는 천년 통치의 시기는 아직 물리적이요 지상적인 것들이 존재하는 시기요, 새 하늘과 새 땅은 영원성의 때인데 이때는 첫 창조에 속해 더럽혀진 것들이 소멸될 뿐 아니라 물리적인 것이 영적인 것에 완전히 지배되어 그것의 완전한 상태로 회복되어 그것의 완전한 목적에 봉사하는 상태에 이르는 때로 본다. 나는 에스겔서 40-48장의 그림이 천년 왕국에서 예비적으로, 새 하늘과 새 땅에서 완성된 모습으로 성취될 것으로 본다.

2) 에스겔 40-48장의 세부 구조와 끝날에 대한 그림

본 섹션에서는 에스겔 40-48장의 구조에 대해 좀 더 살펴보려 한다. 필자의 분석에 따르면 이 단락의 구조는 독특하다. 물론, 이러한 독특한 구조를 통해 에스겔서의 편저자는 특정한 종말적 메시지를 의도했을 것으로 필자는 추측한다.

핵심 메시지(언약의 목적이 달성됨)라고 본다.
16 예, 이사야 56:1-8도 종말의 회복에 대한 그림인데 첫 언약의 언어를 사용함.

첫째 단락은 40-42장(성전 '척량')이다.

40:1-4은 서론으로서 "너는 본 것을 다 이스라엘 족속에게 고할지어다"라는 여호와의 말씀이 뒤에 올 모든 내용을 이끈다. 이 단락의 주요 내용들은, 여호와의 손이 에스겔을 이스라엘 땅으로 데려가시고 극히 높은 산 위에 내려놓으신다. 그리고 놋 같이 빛난 사람이 '성전 척량하심'을 에스겔에게 보여 주신다. 이 분은 바깥문으로 들어가서 성소와 지성소를 척량하고 다시 밖으로 나오신다. '규례'에 대한 내용이 약간 붙어 있다.

이는 다음과 같이 요약될 수 있다.

> 40장 이스라엘 땅으로 → 극히 높은 산 위에 → 성읍 형상 같은 것 → 담 → 동향한 문; 41장 성소 → 내전(지성소); 42장 북편 뜰의 거룩한 방들(제사장 의복 갈아입는 곳) → 사면 담.

둘째 단락은 43장-45:8 및 45:9-46장이다.

이 단락의 주요 내용은 성전의 '법'(규례, 법도, 율례)과 제사장 '규례' 및 '땅 분배'(거룩한 땅, 제사장, 레위인, 왕, 백성)이다. 43:1-11은 이 단락의 서론인데, "이 전을 이스라엘 백성에게 보여서 … 그 모든 규례를 지켜 행하게 하라"는 말씀이 뒤따라 오는 내용을 이끈다. 이 단락에서 여호와의 영광이 동문을 통해 전으로 들어가신다.

그리고 그 '사람'이 제단의 '척수'를 일러주신다. 동향한 바깥문 관련 언급이 있고, '규례들'과 '기업'에 대한 내용이 나온다. 여기에 여호와께서 전 안으로 들어갔다가 나오심이 있고, 끝에 규례에 대한 내용이 많이 붙고, 기업에 대한 내용은 약간 붙음을 보인다. 정리하면 다음과 같은데 2개의 병행되는 소단락들로 구성됨을 볼 수 있다.

> a 43장 동향한 문 → 제단 척수 → 사독의 자손 제사장의 제단 봉헌 규례; 44장-45:8 동향한 바깥문(닫아 둠) → 이스라엘이 규례를 지키지 않았다는

여호와의 말씀 → 왕에 대한 규례, 이방인 출입 금지, 레위인 규례 → 사독의 자손 제사장들의 규례(강조됨)→거룩한 땅, 제사장들의 기업, 레위인, 왕, 백성의 기업(45:1-8).

a′ 45:9-46장 이스라엘 치리자들에게 강포와 겁탈을 제하라는 여호와의 말씀, 백성들의 규례, 유월절, 대속죄일, 안식일, 월삭에 대한 규례, 왕의 규례 → 왕의 기업에 대한 규례(46:16-18).

셋째 단락은 그 사람이 제사장들의 부엌을 보여 주고, 성전 동문의 물과 동향한 바깥문의 물과 땅의 경계 및 분깃을 보여 주신다.

즉, 그는 안에서 밖으로 나오시고, 밖으로 나오면서 성전에서 스며 나온 물을 '척량'이라는 주제로 연결하여 소개하신다. 이 단락의 끝에 '기업'에 대한 내용이 많이 붙는다. 정리하면, 다음과 같다.

46:19-24 제사장의 북향한 거룩한 방 → 제사장들의 부엌; 47:1-12 성전 동문 문지방 밑에서 물이 나옴 → 동향한 바깥문 우편에서 물이 나옴 → 매 일천 척씩 나아가 물의 깊이를 헤아려 봄; 47:13-48장 땅의 경계 → 일곱 지파의 분깃 → 중앙에 여호와의 성소, 제사장 분깃, 레위인의 분깃, 속된 땅과 그중앙의 성읍, 왕의 분깃 → 다섯 지파의 분깃 → 성읍의 문과 이름.

필자는 40-48장의 이런 구조가 우리에게 시사해 주는 바가 적지 않다고 본다. 이 단락 속의 특정 내용들의 분량을 따라서 보면, '성전 척량'의 내용은 많다가 적다가 없어지며, '규례'에 대한 것도 적다가 많다가 없어지며, '기업'에 대한 것은 없다가 조금 있다가 끝에 많아진다. 즉, 단순히 성전 척량, 규례, 기업 순으로 기록하지 않고 이 내용적 요소들을 골고루 배분하여 전체를 유기적 하나로 구성한 것이다.

우선적으로 생각할 수 있는 것은 이 세 요소가 서로 긴밀히 관련되었다는 것이다. 이것은 마치 출애굽기-레위기-민수기에서 제사법과 제사장법, 도덕법, 레위인 관련 규례 및 세부적 민법 등이 출애굽기 1-40; 레위기 1장-민수기 6장; 민수기 7-36장의 세 거대 병행 단락에서 기술적으로 서로 연관성 있게 배열된 것에 견줄 수 있다 할 것이다.[17]

에스겔 33-48장의 이런 구조의 토대 위에서 강조되는 사항들을 정리하면 아래와 같다.

(1) 성전이 이스라엘 땅의 중앙에 있다는 것이 강조되었다.
(2) 그 성전에 여호와의 영광이 다시 임하시는 것이 강조되었다.
(3) 사독 자손 제사장의 신실함과 그들의 임직이 강조되었다.
(4) 땅의 경계와 제비뽑기를 통한 분배, 기업의 유지, 중앙 성소는 여호수아-다윗-솔로몬 시대에 잠정적으로 완성되었던 하나님 나라로서의 이스라엘을 생각나게 한다.
(5) 에스겔 33-48장의 문맥 속에서 볼 때 본 장들에서 율례와 규례 준수는 새 언약(평화의 언약, 영원한 언약) 속에서 부여된 '여호와의 영'의 임함을 통한 준수를 의미한다고 보아야 한다. 따라서 이 장들은 이스라엘이 모세 언약 속에서 준수하지 못한 율례와 규례를 앞으로 준수하게 될 것을 보여 준다. 이 내용은 33-48장에서 전혀 새로운 것이 아니고, 1-24장의 문맥에서 이미 예시되었던 것이다.

특히, 11장 후반부에 여호와의 영이 임하시고 이스라엘은 율례와 규례를 지키게 되며 그들이 하나님의 백성이 되리라는 예언이 나타난다. 1-24장의 문맥에서 보인 소망의 싹이 33-48장의 문맥에서 확대

---

17 Yung Hun Choi, *Patterns of Movement in the Hebrew Psalter: A Holistic Thematic Approach with an Exemplar, Psalms 69-87*(New York, etc: Peter Lang, 2021), 170-1. 첫 번째 병행 단락은 출 1에서, 세 번째 병행 단락은 민 7장에서 시작-이는 본고에서 수정한 부분이다.

되는 것이다.
(6) 여호와의 대리자인 '놋같이 빛난 사람'은 에스겔서의 전반부에서 이스라엘의 남은 자들의 이마에 표하는 분으로 나타났다.
이 분이 이제는 성전과 성전에서 스며나오는 '물' 그리고 '여호와의 규례'와 '여호와 자신'으로 나타나는데, 구약의 다른 곳에 나오는 '여호와의 사자'와 같은 분이며 성육신 전의 '그리스도 예수'시다. 33-34장; 35-37장의 문맥에서 이 분은 '한 목자' 혹은 '한 임금' 혹은 '다윗'으로 나타나는데 38-48장에서 '성전을 재는(남은 자의 거룩을 완성시키는) 분'으로, '생수를 재는(생명을 충일시키시는) 분'으로 재현된다.
(7) 새 성전과 새 이스라엘 땅, 그리고 여호와의 임재를 보여 주는 에스겔 40-48장의 내용은 비평가들이 말하는 것처럼 33-39장의 문맥과 격리된 것이 아니다. 위의 전체적 분석에서 이미 제시하였듯이, 40-48장은 이미 33-39장의 문맥, 특히 37:15-28("내 성소가 영원토록 그들의 가운데 있으리니")에서 예시된 것으로 40-48장에서 확장되고 있을 뿐이다.
(8) 33-48장의 내용은 1-24장과 내용적 대조를 이루고 있는데 그중에 가장 대조적인 것은 11:22-24(여호와의 영광이 떠나가심)과 40:1-2; 43:2-5 (여호와의 영광이 성전에 들어가심)의 대조다.

에스겔서는 이렇게 그 끝부분 40-48장의 특별한 디자인을 통해 구약의 표현들로서 영원하고도 거룩한 성전과 규례(궁극적으로는 '말씀') 준수의 필요성과 복된 기업, 이 세 가지의 상관성을 보여 준다.
이러한 그림은 요한계시록에서는 어떻게 나타나는가?
요한계시록은 어떤 구조를 우리에게 보이며, 어떤 교회의 미래를 우리에게 보여 주는가?

3. 요한계시록 구조에 대한 기존 견해들

먼저 필자가 언급하고 싶은 것은 요한계시록의 구조 이해가 어렵다는 것이다. 여기에는 몇 가지 이유가 있다.

첫째, 하나님의 심판에 관한 내용인 일곱 인, 일곱 나팔, 일곱 재앙이 나타나는데 이것이 차례대로 연속하는 것이 아니라 중간에 다른 내용이 보인다는 것이다. 구체적으로 말하자면, 일곱 인(6장)과 일곱 나팔(8-9장) 사이에 144,000 및 아무도 셀 수 없는 큰 무리(7장)가 나타나며, 일곱 나팔(8-9장)과 일곱 대접(16장) 사이에 요한(작은 두루마리)과 두 증인에 대한 내용이 10-11장에, 여자, 아들, 용, 다른 짐승, 144,000, 곡식 추수와 포도 거둠의 내용이 12-14장에 나타남으로 세 시리즈로 된 재앙의 내용 흐름을 자연스럽게 만들지 않는다는 것이다.

둘째, 마지막 재앙인 일곱 대접 재앙의 일곱 째가 음녀 바벨론의 멸망인데(16:17-21) 이 재앙의 내용을 17-18장에 걸쳐서 자세히 묘사하고 19장 이후에는 예수님의 재림과 어린양의 신부 새 예루살렘에 대한 내용이 자세히 나타나는데 이 부분을 구조적으로 이해하는 것이 쉽지 않다는 것이다.

셋째, 여기저기 나타나는 송영(doxology)과 찬양[18]을 앞 내용의 결론으로 이해해야 하는지, 아니면 뒤의 내용의 서론으로 이해해야 하는지의 결정이 어렵다는 것이다.

넷째, 책의 전체적인 구조와 관련된 사항인데, 학자들은 이런 저런 배열 원리를 제시하지만, 필자에게 그것들은 아직 책 전체를 이해하는 데는 다소 불충분해 보인다는 것이다.

---

[18] 요한계시록에 나타나는 찬양들은 1:4-6; 4-5장; 7:10-12; 11:14-19; 15:1-4; 19:1-10 등이다. 14:3에는 실제적인 찬양은 나타나지 않으나 144,000이 "새 노래를 불렀다"는 내용이 있다.

학계에 잘 알려진 요한계시록 주석가들의 구조 분석은 다음과 같다.

첫째, 헨드릭슨(Hendriksen)의 견해다.[19]

앞에서 잠간 살펴본대로, 그는 요한계시록의 주요 일곱 단락들이 각각 예수님의 초림부터 재림까지를 다룸으로 '점진적인 병행'을 이루고 있다고 본다(1-3장, 4-7장, 8-11장, 12-14장, 15-16장, 17-19장, 20-22장). 그의 '점진적 병행'은 필자가 선지서들을 이해하는 데에 많은 도움을 주었다. 그러나, 요한계시록과 관련하여 생기는 의문은 15-16장, 17-19장, 20-22장을 각각 초림부터 재림까지 사건으로 볼 수 있는가 하는 것이다. 특히, 예수님 재림(19장) 이후의 천년 통치가 보이는 20장을 초림부터 나타나는 예수님의 통치(영적으로 해석)로 보는 것은 납득되지 않는다.

둘째, 래드(Ladd)의 견해이다.[20]

그는 네 개의 일곱 시리즈(일곱 교회, 일곱 인, 일곱 나팔, 일곱 대접)가 있고 17-21장은 결론적 내용을 담고 있다고 보며 '와서 보라'(1:9, 4:1, 17:1, 21:9)는 구절에 따라 크게 4개의 환상(1-3장; 4-16장; 17:1-21:8; 21:9-22:5)으로 이해한다. 필자는 래드가 음녀 바벨론의 멸망-아마겟돈 전쟁-예수 재림-천년 통치 등등을 계기적으로 본 것에 동의하나, 일곱이라는 숫자 때문에 일곱 교회를 나머지 세 개의 심판 시리즈와 합쳐 네 개의 일곱 시리즈로 봄은 적절하지 않다고 본다.

셋째, 아우네(Aune)의 견해이다.

그는 4:1-22:9까지를 하나로 묶는다.[21] 아래에서 보캄(Bauckham)의 구조와 관련하여 약간 더 언급하기로 한다.

19　William Hendriksen, *More Than Conquerors: An Interpretation of the Book of Revelation*(Grand Rapids: Baker Books, 1940; 1967).

20　George Eldon Ladd, *A Commentary on the Revelation of John*(Grand Rapids: Eerdmans, 1972).

21　David E. Aune, Revelation 1-5, 6-16 and 17-22 *WBC* 52A-C(Dallas, Texas: Word Books, 1997-8);『요한계시록』(상)(중)(하), *WBC* **성경주석**(서울: 솔로몬, 2003-5).

넷째, 비일(Beale)의 견해다.

그는 1-3; 4-7; 8:1-11:14; 11:15-14:20; 15-16; 17:1-21:8; 21:9-22:21 혹은 1-3; 4-7; 8:1-11:14; 11:15-14:20; 15-16; 17:1-19:10; 19:11-21:8; 21:9-22:21, 이 둘 중에 어느 것을 택할지 모르겠다고 한다.[22]

다섯째, 보캄(Bauckham)의 견해가 있다.

래드와 비슷하게, '엔 프뉴마티'(1:10; 4:2; 17:3; 21:10)로 네 개로 구분하는데 4-5장은 16장까지의 심판과 연결되어 있고, 17장 이후에는 이중적 결론이 있다고 한다.[23] 보캄의 구조에서 두드러진 것들은 다음과 같다.

(1) 1:9 이하와 4:1 이하가 각각 일곱 교회와 세 번의 일곱 시리즈를 관장하는 비전이라는 것,

(2) 일곱 인 재앙에 삽입이 들어 있고(1부터 4인까지를 하나로 묶어봄; 인재앙과 7장의 144,000을 묶음), 일곱 나팔 재앙에도 삽입이 있으나(1부터 4나팔까지도 하나로 묶어봄; 나팔 재앙과 사도 요한이 작은 두루마리를 받아먹는 내용인 10:1-11:19를 묶음), 일곱 대접 재앙에는 삽입이 없다는 점(대접 재앙은 4대접+3대접으로 봄),

(3) 바벨론 심판과 새 예루살렘 두 대조적 내용 사이에 내용 전이를 보이는 단락(19:11-21:8)을 관찰한 점 등이다.

여기서 보캄은 4:1 이하의 하늘 비전이 세 개의 일곱 재앙 시리즈를 관장(16장까지)한다고 보는데[24] 이는 4장부터 22:9까지를 한 묶음으로 본 아우네의 주장과 비교된다. 보캄의 분석에서 한 가지 생각해 볼 것은, 나팔

---

22 Gregory K. Beale, *The Book of Revelation: A Commentary on the Greek Text*(Grand Rapids; Cambridge: Eerdmans, 1999); 『요한계시록』, 상, 하(서울: 새물결플러스, 2016), 218.

23 R. Bauckham, *The Climax of Prophecy: Studies on the Book of Revelation*(Edinburgh: T&T Clark, 1993), 21-2.

24 보캄의 구조를 적극 지지하는 학자로는 이필찬이며 그의 저서, 『요한계시록 어떻게 읽을 것인가』(서울: 성서유니온선교회, 2000)에 두루 보캄의 구조 이해가 반영되어 있다.

재앙(8-9장) 및 그 이후 사도 요한이 작은 두루마리를 받아먹는 내용과 두 증인의 사역 내용(10:1-11:14)을 하나로 묶어서 보는 것이 적절한가 하는 것이다.

필자는 10:1 이하를 그 이전 내용과 구분해서 보는 것이 필요하다고 본다. 왜냐하면, 10장 이하는 주제로 보면 새로운 큰 단락을 알리고 11장, 13장의 시점도 8-9장의 대부분의 인 재앙들(1-4 인 재앙)이 시행되는 시기보다 더 나중으로 생각되기 때문이다. 특히, 두 증인의 사역은 적그리스도가 권세를 잡기 전 3년 반에 이루어질 것으로 보이고, 마지막 나팔에 의한 일곱 대접 재앙도 대부분의 인 재앙들(1-4 인 재앙) 보다 더 나중에 일어나는 심판들로 보이기 때문이다.

필자가 재삼 강조하고 싶은 것은, 위에 소개한 학자들은 모두 10장을 새로운 시작으로 보지 않는다는 것이다. 그러나, 10장을 요한계시록의 새로운 큰 단락의 시작으로 이해하는 것은 너무나 중요하다고 필자는 보는데[25] 이것에 대해서는 뒤에 더 자세히 다룰 것이다. 또한, 필자는 19:11-21:8의 내용은 앞의 7대접들 중에서 여섯 째 대접에서 예시되었던 '아마겟돈 전쟁'이 실제로 시행되는 대목으로 이해한다.

보참은 이것을 '바벨론에서 새 예루살렘으로의 전이(轉移)'로 보는데 바벨론과 새 예루살렘 사이의 내용으로 본 것은 좋으나, 나는 이 부분의 계기성(sequential feature)을 잘 이해해야 한다고 본다. 그렇지 않으면 많은 혼돈이 생긴다. 즉, 순서대로 본다면, 1, 2, 3 … 6(이 여섯 째 대접에서 아마겟

---

[25] 노우호 목사는 요한계시록의 구조에 있어서 일곱째 나팔의 중요성, 12장이 다시 과거로 거슬러 올라감 등을 주목한다. 그는 천사가 일곱째 나팔을 불려고 할 때(계 10:7)와 그 마지막 나팔을 실제로 불 때(11:15)를 휴거 나팔로 본다. 이 나팔을 통해 요한계시록 기자는 세 카메라를 사용해서 세 장면을 보여 준다고 한다. 즉, 12-14장은 과거에서부터 휴거까지를 보여 주고, 15장은 불이 섞인 유리바닷가에 서 있는 휴거된 성도들을 보여 주고, 16장은 땅에 남은 사람들(7대접 재앙)을 보여 준다고 한다. 노우호, "에스라 성경강좌 요한계시록" 2017. 9. 13. https://www.youtube.com/watch?v=NZ7EoMr_IKg (2021. 12. 14 접근). 필자는 그의 견해를 모두 수용하는 것은 아니나, 마지막 나팔과 12장의 시점에 대한 그의 이해는 주목할 만한 것이라 본다.

돈 전쟁 예시), 일곱 째 대접(바벨론 멸망) → 바벨론 멸망에 대한 자세한 설명(17-18장) → 아마겟돈 전쟁 실제 발발(19장) → 예수 재림 → 적그리스도, 거짓 선지자 불못에 던짐 → 마귀 결박, 천년 왕국(20장)→ 마귀 놓임, 곡과 마곡 전쟁→ 마귀 불못에 던져짐→ 크고 흰 보좌에서의 하나님의 심판[26]→ 새 하늘과 새 땅 및 새 예루살렘→(21:9-22:15은 새 예루살렘의 자세한 설명)[27]이다.

여섯 째 대접에서 마귀와 적그리스도와 거짓 선지자의 입에서 나온 귀신의 영이 천하 왕들을 아마겟돈에 모은다는 내용이 나오는데(16:13-16) 이것이 19:11 이하(즉, 아마겟돈 전쟁의 실현)에 계기적으로 연결된다는 것이다.

차서를 이루는 이러한 내용들을 명확히 정리하지 못하기 때문에 20장의 예수 재림 후 천년 통치 사건을 초림 사건으로 보는 오해에 빠지게도 된다고 필자는 생각한다.

그러면 이제 좀 더 요한계시록을 자세히 들여다보도록 하자.

---

[26] 하나님의 최종 심판은 새 하늘과 새 땅(새 예루살렘)과 시점이 거의 겹치게 되는 동시에, 새 예루살렘은 영원성의 새 질서로 나아가는 듯하다.

[27] 21:1-22:15(21:1-8; 21:9-27; 22:1-15)의 세 병행 단락에 대한 설명은 이 책의 '요한계시록과 이사야'에 대한 장을 참조하라.

4. 주제들과 선지적 시점 이동으로 본 요한계시록 구조

1) 전체 구조

상술하였듯이, 필자는 요한계시록을 1-9장과 10-22장, 크게 두 부분으로 나눌 수 있다고 본다. 8장 이하는, 표면적으로 8-9장의 나팔 재앙이 여섯 째 나팔까지로 마치고 10-11장에는 일곱 째 나팔에 대한 내용(10:7; 11:15)이 나오므로 서로 연결해서 읽을 수밖에 없는 듯이 보인다. 그런데 문제는 이 일곱째 나팔(11:15) 전에 요한이 작은 두루마리(10:2)를 받아먹는(10:8-11) 사건[28]과 아기의 승천에 이어지는 여자의 핍박 받음의 사건(꽤 많은 지면을 할애하여 기록)이 각각 1-6 나팔 재앙들(8-9장)이 있기보다는 훨씬 이전의 시점으로 거슬러 올라간다는 점이다.

필자는 일곱 나팔들을 부는 시점을 정확히 알 수 없으나 칠 년 환난 기간이 아닌가 한다(뒤에 좀 더 언급). 그렇다면 나팔 심판의 시점은 요한이 작은 두루마리를 받아먹는 시점 보다는 훨씬 미래의 일로 생각된다.

게다가, 우리는 1-9장과 10-22장의 각각 그 시작하는 부분에서 동일한 주제들('요한'과 '삼위 하나님')을 관찰할 수 있다. 요한계시록의 계시 주체 자이신 성자와 그 계시를 받는 요한을 중심으로, 그 예언의 내용이 가리키는 시점을 주의하여 이 두 단락을 이해한다면 아래의 표와 같이 된다.

---

[28] 요한은 지금까지 예언해 온 선지자였다. 1:2에, "요한은 하나님의 말씀과 예수 그리스도의 증거 곧 자기가 본 것을 다 증언하였느니라"고 되어 있다. 그런데 10:11에서 천사는, "네가 많은 백성과 나라와 방언과 임금에게 '다시'(πάλιν, 비교, 호 3:1, עוֹד) 예언하여야 하리라"고 하신다. 이는 시간적으로 1장과 10장이 이어지되, 문학적으로는 새로운 단락을 알리는 서사(敍事)적 표시로 볼 수 있다. 필자는 호세아서를 1-2장과 3-14장으로 구분한다. 1장의 내러티브는 2장이 아니라 3장에 이어진다. 3장은 '다시'(호 3:1 'עוֹד')에 의해 새로운 시작을 알리고, 1장과 3장 각각은 선지자의 설교(2장; 4-14장)를 휴대한다. 따라서 호세아서의 구조는 크게, A 1-2장; A' 3-14장으로 볼 수 있다.

병행 단락 1-9장과 10-22장의 비교

A 1-9장	A' 10-22장
· 요한이 메시지 전달을 명령 받음(두루마리/편지)	· 요한이 메시지 전달을 명령 받음(작은 두루마리)
· 인자 같은 이: 그의 발은 풀무불에 단련한 빛난 주석 같고 … 그 얼굴은 해가 힘있게 비치는 것 같더라; 보좌 위에 앉으신 이: 또 무지개가 있어 보좌에 둘렸는데	· 힘 센 다른 천사: 그 머리 위에 무지개가 있고 그 얼굴은 해 같고 그 발은 불기둥 같으며[29]
· 네가 본 것과 … 장차 될 일을 기록하라	· 일곱 우레가 말한 것을 인봉하고 기록하지 말라
· 시점이 현재(요한) 혹은 과거(예수님의 죽음과 부활 1:5)에서 미래(일곱 인, 일곱 나팔)로 이동	· 시점이 현재(요한) 혹은 과거(예수님의 탄생과 승천 12:1ff)에서 먼 미래(전 3년 반의 두 증인, 후 3년 반의 짐승 통치)로 이동
· 현재와 가까운 미래를 자세히 기록하고 먼 미래(여섯째 인 6:12-17; 인침 받은 자 7:1-17)는 대강 기술	· 현재에서 먼 미래로 급격히 이동하되 먼 미래 특히 대 환난과 그 이후의 내용을 자세히 기술

이 도표에서 선지자 요한이 두 병행 단락의 초두에 나타남은 에스겔서의 두 병행 단락의 초두에 에스겔이 파수꾼의 사명이라는 주제와 연결되어 나타남에 견줄 수 있다. 다른 점이 있다면, 요한계시록에는 두 번째 병행 단락에서 요한이 작은 두루마리를 먹는데, 에스겔서에서는 첫 번째 병행 단락에서 에스겔이 두루마리를 먹는 것이다.

이것은 아래와 같이 정리할 수 있다.

---

29 여기서 '무지개'는 앞 단락의 1장에서는 성부에게 적용된 표상인데 이곳 뒷단락의 10장에서는 천사(사자; 필자는 이 천사를 성자로 봄)에게 적용된 점이 흥미롭다. 나는 사도 요한(저자를 장로 요한으로 보지 않음)이 의도적으로 예수님의 신성을 이런 식으로 나타낸다고 본다. Beale도 그의 『요한계시록』 863에서 "… 그래서 이 천상적인 존재는 신적 품성을 지닌 그리스도 자신이든지 야웨의 신적 권한을 지닌 천사다"라고 했고, 또한 984에서 "10:1에서 천사의 모습을 한 그리스도가 '하늘에서 내려오고' 그곳에서 '큰 소리로 부르짖었다'"라고 하였다. 이에 대한 반대 의견은, Leon Morris, *The Revelation of St. John* (Grand Rapids: Eerdmans, 1978), 137을 보라.

A 요한계시록 1-9장 시작: 요한의 선지적(복음 전파자) 사명: 아시아 일곱 교회에
A′ 요한계시록 10-22장 시작: 요한의 선지적(복음 전파자) 사명: 많은 백성 등에(작은 두루마리 먹음)

A 에스겔 1-32장 시작: 에스겔의 선지적 사명(파숫군 및 의인과 악인 주제; 두루마리 먹음: 2-3장)
A′ 에스겔 33-48장 시작: 에스겔의 선지적 사명(파숫군 및 의인과 악인 주제: 33장)

한편, 요한계시록의 두 큰 병행 단락을 시작하는 이러한 주제들(요한, 삼위 하나님 등) 외에 또 중요한 것이 있으니 그것은 '찬양들'이다. 필자는 요한계시록 전체에 두루 나타나는 찬양들을 서두로 인식한다. 어떤 찬양은 결론 역할도 하는 것이 있으나(예, 19:1-2[30]), 필자의 판단으로 볼 때 모든 찬양들이 서론 역할을 한다. 흥미로운 것은, 찬양을 부르는 사람들은 성도들인데, 이 찬양은 그다음에 오는 심판 사건 곧 앞으로 벌어질 하나님의 역사 (특히 심판)를 내다보면서 부르는 찬양으로 보인다는 것이다. 각 단락에서 파란색으로 표시한 부분이 송영(doxology)이나 찬양(praises)이다. 점선은 소단락을 의미한다.

• 요한계시록의 두 구분과 하위 단락들에서 송영/찬양의 위치

A 1-9장

  a 1:4-3:22 삼위 하나님, 요한 예언 사역 주제로 시작; 요한의 송영(頌榮)(1:1-20)
                음녀, 사탄의 회당, 교회의 핍박 받음 등을 다룸.
                그리스도의 일곱 교회의 책망과 칭찬을 통해 믿음의 싸움을 촉구함
                이기는 자들에게는 종말의 상급을 약속함(2-3장)

---

30 17-18장의 음녀 바벨론 멸망에 대해 하나님을 찬양하는 것이 19장 처음 부분의 찬양이다. 즉, 이 찬양은 앞서 일어난 사건에 대해 결론 짓는 것 같다는 인상을 준다. 물론 그 뒤의 내용을 보면 앞으로 벌어질 어린양의 혼인 잔치를 내다보는 찬양이다. 따라서 서론 역할을 하는 것이다.

a´ 4-9장 삼위 하나님, 네 생물, 24장로, 요한; 네 생물과 24장로들의 새 노래(4-5장)

어린양의 인 떼심, 일곱 인 재앙(6장)

이스라엘 144,000 인침, 큰 환난에서 나오는 이방인들과 모든 천사의 찬양;(7장)

일곱 나팔 재앙-이 시점에서 임시적 종료(8-9장).

A´ 10-22장

a 10:1-18:24 요한 예언 사역; 일곱째 천사의 나팔 붊 예고(10:7); 두 증인의 죽음(10:1-11:13);

일곱째 천사가 나팔 붊(11:14)

하나님 보좌; 큰 음성들 및 24장로의 찬양(11:14-19)

여자, 사탄/용, 아들, 성도 죽음, 다른 짐승, 우상, 짐승 표 받는 자들(12:1-13:18)

어린양이 시온산에 서심; 보좌 앞에서 144,000명의 새 노래 부름(14:1-5);

세 천사. 바벨론과 짐승의 표 받은 자들 심판(진노의 포도주. 14:8, 10, 19; 19:15)[31] 예고,

흰 구름, 구름 위의 인자 같은 이의 곡식 추수, 포도 거둠(14:6-20).

일곱 천사가 일곱 재앙을 가짐(15:1),

짐승 … 을 이기고 벗어난 자들의 찬양[32](15장)

일곱 대접(16장, 여섯째 대접 아마겟돈 예시, 일곱째 대접 음녀 멸망),

음녀 멸망 자세히 설명(17-18장);

a´ 19:1-22:21 허다한 무리의 찬양, 하나님, 24장로, 네 생물, 요한(19:1-10),

예수 재림(아마겟돈), 짐승과 거짓 선지자 유황불못,

천년 통치, 곡과 마곡 , 사탄 유황불못, 새 예루살렘(19:11-21:8),

새 예루살렘 자세히 설명(21:9-22:5); 후기(22:6-21)

---

31 14장의 '진노의 포도주'는 음녀 바벨론 심판뿐만 아니라 최소한 19장의 아마겟돈 심판까지 미친다. 15:1, 7; 16:1; 18:3 등도 참조.

32 짐승의 수를 이긴 자들은 불 섞인 유리 바닷가에 서 있는데 이들이 모세의 노래, 어린양의 노래를 부르는 것과 이어서 일곱 대접을 통한 하나님의 의로운 심판을 예상하는 것을 볼 때 이들은 일곱 대접 전에 휴거되어 올라간 자들로 봄 직하다.

이는 요한계시록의 찬양들이 서론 역할을 하는 것으로 본 구조다. 요한계시록의 찬양들은 하늘에서 이루어지는 것처럼 보인다.[33] 예를 들어, 4-9장의 단락에는 찬양이 두 부분에 집중하여 나온다. 즉 4-5장과 7장이다. 4-5장에서는 성부, 성자, 성령이 나오시고 네 생물, 이십사 장로들, 수많은 천사들이 나오는데 이들의 찬양이 있다. 7장은 144,000과 수많은 흰옷 입은 자들이 나오며 이 흰옷 입은 자들이 보좌 앞과 어린양 앞에 서서 찬양을 드린다. 4-5장과 7장(9-17절)의 장소를 보건대(삼위 하나님과 구속받은 성도들) 그 세팅이 천상임을 알 수 있다.[34]

그런데 이 찬양들 다음에 오는 일곱 인 재앙이나 일곱 나팔 재앙은 지상에 이루어지는 심판이다. 이렇게 찬양이 주로 '하늘'을, 그다음에 오는 심판은 주로 '땅'을 그 공간적 배경으로 함을 인식하는 것이 요한계시록 구조 이해의 필요 사항들 중 하나다(각 찬양의 성격에 대해서는 각주들을 참고).

이 구조 표를 통해 필자가 추가로 설명할 것은 다음과 같다. 일부 위에서 이미 설명한 내용들도 아울러 다시 한번 정리한다.

---

[33] 1장의 송영(요한의 송영)을 제외하고 요한계시록의 모든 찬양은 하늘에서 이루어지는 것 같다. 이러한 하늘의 모습은 4-5장만이 아니라 도표에서 보듯 여러 장에 나타난다. 그런데 이 하늘의 모습을 보도록 땅에서 하늘로 이끌려 올라간 요한을 '교회'로 보고 이것을 휴거로 보는 것은 무리다(세대주의적 전천년설). 만약 4장의 시점을 휴거로 본다면 책의 다른 여러 곳에서 하늘의 모습이 나타나는데 그 각각의 시점도 휴거로 보아야 할 것이다. 그리고 4-5장에 이어지는 6장은 다시 '땅'에서 이루어질 심판인데 이때 요한이 땅의 심판을 보러 땅으로 내려왔다면 휴거되었던 교회도 땅으로 내려와야 한다는 말이다. 특히, 10장은 요한이 '땅'에서 작은 두루마리를 먹는 장면인데 세대주의적 전천년설은 이를 어떻게 설명할 것인가? 4장에서 하늘에 '휴거'되었던 요한(=교회)이 다시 땅으로 내려온 것인가? 다른 한편으로 4-5장의 하늘 비전을 중심으로 심판 시리즈가 16장까지 이루어지는 것을 가지고 4-16장을 하나로 묶어 처리하면 중간중간에 나타나는 찬양의 서론적 기능들은 무시되고 만다. 물론 이로써 10장이 1장과 병행을 이루는 측면도 살아나지 않는다.

[34] 물론 인치는 사역 자체는 땅에서 시행될 것이다(계 7:1-8. 비교, 겔 9장).

첫째, 요한계시록 1장의 내용은 10:1-11:13과 병행을 이룬다.

둘 다 모두 요한이 살고 있는 당시의 시점을 지시하고, 둘 다 메시지 전달을 명(命) 받은 선지자 '요한'을 다룬다. 시점을 따져 보아도, 9장의 나팔 재앙은 먼 미래의 사건을 말하였는데, 10장은 다시 '현재'의 요한으로부터 시작해 11:3 이하에 급격히 전 3년 반에 있을 복음 전도(두 증인) 사역으로 나아감으로 9장이 지시하는 시점과는 큰 대조를 보인다. 에스겔 33-48장의 단락도 에스겔 당시에서 급격히 예수님의 초림과 재림의 시점까지 이동한다.

이는 1-32장이 대체로 에스겔 당시에서 가까운 미래로 움직이던 것과는 큰 대조를 보인다. 이 점에서 에스겔서가 요한계시록의 시점 이동을 상고하는 데 도움을 준다. 더하여 생각할 것은, 10-22장 단락의 초입에는 이런 언급이 있다는 점이다.

> 일곱째 천사가 나팔을 불려고 할 때 하나님의 그 비밀이 이루어지리라(계 10:7).

이는 어떤 중요한 사건을 시사한다. 따라서, 일곱째 천사의 나팔 붊과 이십사 장로의 찬양이 나타나는 11:15-19도 10:1-11:13의 요한의 예언 사역과 더불어 요한계시록의 두 번째 부분 10-22장의 시작을 알린다. 아래 도표는 두 병행 단락의 초입에 그 각각의 '시작을 알리는 주제들'이 유사함을 보여 준다.

1-9장의 시작을 알리는 주제들	10-22장의 시작을 알리는 주제들
1:9-20 선지자 요한	10:1-11:2 선지자 요한
2:1-3:22 일곱 교회, 그리스도, 사탄	12:1-17 여자, 아이(=그리스도 12:10), 용
2:13 충성된 증인 안디바	11:3-13 두 증인
4:1-11 보좌 위에 앉으신 이, 24장로, 찬양	11:14-19 하나님, 24장로, 찬양

이 두 단락 중 특별히 첫째 단락의 2-3장에 나타나는 주제들이 둘째 단락의 초입에서 다시 나타남을 주목할 필요가 있다. 말하자면, 10장 이하에

서 교회가 적그리스도에게 핍박받는 시기와 관련해 나타나는 주제들은 알고 보면 이미 앞에서 선지자 요한 당시의 일곱 교회와 관련해 언급했던 주제들이라는 것이다.

12:9의 큰 용은 2:10에서 마귀로, 13:1의 바다에서 나온 한 짐승은 2:13에서 사탄의 권좌(로마 황제 권력?)로, 13:11의 땅에서 올라온 다른 짐승 곧 16:13의 거짓 선지자는 거짓 가르침으로 올무를 놓는 2-3장에서의 거짓 사도, 거짓 선지자(발람, 이세벨, 니골라당 등)로 나타난다. 이러한 적그리스도와 거짓 선지자가 하는 일은 교회로 하여금 우상 숭배 곧 영적 간음(실제 간음으로 이어짐)을 하도록 조장하는 것이다.

또한, 17-18장의 음녀 바벨론(곧 로마 제국의 불신자들)은 2-3장에서 악한 자들, 자칭 유대인(경건과 율법 준수를 가장하나 참믿음은 없는 자들), 사탄의 회당(결국은 마귀를 숭배하고 마귀 짓을 하는 사람들), 니골라당의 교훈을 지키는 자들(영지주의적 영육 이원론 주장자들, 율법 파기론자들, 도덕적 타락자들을 말함), 거짓말하는 자들로 표현되어 있다.

이것들은 구약 예를 들어, 아합 시대(아합은 적그리스도적, 이세벨과 바알 숭배자들은 음녀적, 바알 선지자들은 거짓 선지자들적인 인물들로 볼 수 있음)나 초림 예수 시대(예수님을 유혹한 마귀가 있었고, 헤롯은 적그리스도적, 유대교 지도자들은 거짓 교사적, 불신 유대인들은 음녀적인 인물들로 볼 수 있음)에 있어 왔다. 이러한 1-3장의 주제들(도표)은 요한계시록 후반부(10-22장 중 특히, 12장과 그 후속 장들)에 보다 자세히 개진되고 있다.

주제들/7교회	에베소	서머나	버가모	두아디라	사데	빌라델비아	라오디게아
사탄		마귀 2:10	사탄 2:13	사탄(의 깊은 것) 2:24			
적그리스도			사탄의 권좌 2:13				
거짓 선지자	자칭 사도 2:2 니골라당 2:6		발람 2:14 니골라당 2:15	자칭 선지자라 하는 이세벨 2:20			
우상			우상의 제물, 행함 2:14	행음, 우상의 제물 2:20			
바벨론/음녀	악한 자들 2:2	자칭 유대인, 사탄의 회당 2:10	니골라당의 교훈을 지키는 자들 2:15	이세벨과 그 추종자들	죽은 자 3:1	사탄의 회당, 자칭 유대인이라 하나 그렇지 아니하고 거짓말하는 자들	

둘째, 요한계시록 1-9장과 10-22장의 두 병행 단락의 중간에 위치하여 예언 전개의 양상이 어떠한지를 일러주는 내용이 있으니 그것은 바로 '144,000'에 대한 것이다. 7장과 14장은 두 병행 단락의 '중간축'을 이룬다. 이 두 장의 144,000에 대한 언급이 21장에서 정리된다고 볼 수 있을 것이다. 요한계시록의 마지막 부분인 21:12-17에서 12(지파), 12(사도), 12,000스타디온, 144규빗 등의 숫자들이 나타나기 때문이다.

이 144,000에 대한 해석은 여기서 다른 견해들을 소개하기보다 필자의 생각을 제시하는 정도로 그치려 한다. 왜냐하면, 너무나 많은 다양한 해석이 존재하기 때문이다. 먼저는, 7장의 144,000은 '이스라엘 자손의 각 지파 중에서 인침을 받은 자들'이라고 되어 있다. 즉, 이 사람들은 이방인 성도들이 아니라 혈통적으로 이스라엘 사람 중 구원받은 사람들이다. 12지파 곱하기 12,000명=144,000명이다. 이것이 상징적인 수이든 문자적인 수이든 '이스라엘 사람들'인 것이 분명하다.

이는 이어지는 단락 7:9-17에서 나타나는 "아무도 셀 수 없는 큰 무리"와 구별된다. 왜냐하면, 이 무리는 "각 나라와 족속과 백성과 방언에서 나오는" 무리이기 때문에 이방인들로 보이기 때문이다. 그래서 일차적으로 생각할 수 있는 것은 요한이 유대인 성도들과 이방인 성도들을 크게 구분하고 있다는 것이다.

이러한 생각은 본문을 표면적으로 바라볼 때 많은 사람이 할 수 있는 생각이다. 그러나 본문이 우리로 하여금 읽고 추리해 낼 수 있도록 하는 의미는 우리가 생각하는 것보다 한층 깊은 것 같다. 요한계시록 7:1-8의 이스라엘 남자들에 대한 인 침은 하늘이라기보다는 '땅에서' 시행되는 일로서, 하늘에서 일어나는 일인 9-17절의 사건보다 먼저 일어나는 일로 보인다. 말하자면, 9-17절의 이방인들은 '큰 환난에서 나오는 자들'(14절)로, '보좌 앞과 어린양 앞에 서 있기'(9절) 때문에 1-8절의 일보다는 나중에 일어나는 일로 보인다.

그리하여 이스라엘 사람들을 전도함(1-8절)을 통해 그들에 대한 구원 역사가 일어나고, 이 이스라엘 성도들이 9-17절의 "아무도 셀 수 없는 큰 무리"에 포함되어 하나님 보좌 앞에 서게 되는 것이 아닌지 생각할 수 있게 된다. 왜냐하면, "각 나라와 족속과 백성과 방언"에는 모든 이방 족속/나라에 이스라엘 족속/나라도 포함시켜 생각할 수 있기 때문이다.

이렇게 생각할 수 있는 또 하나의 이유는, 7:15-17과 21:3-4이 아주 유사하기 때문이다. 전자는 아무도 셀 수 없는 무리이고 후자는 새 예루살렘(이스라엘 이방 가릴 것 없이 모든 구원 받은 성도)인데 이 양자가 누리게 되는 은혜와 위로가 아주 유사하다(7:15-17; 21:3-4). 그렇다면 이 아무도 셀 수 없는 무리를 이방인 성도들만이라고 단정할 수 있는지 의문이 생긴다. 이 무리에 1-8절의 인맞은 이스라엘 사람들도 포함된 것이 논리적으로 옳다.

한편, 이와 같은 해석의 가능성 외에 더 생각해 볼 것이 있다. 그것은, 7장의 144,000은 "이스라엘 자손의 각 지파 중에서 인맞은 자들"(4절)이라고 되어 있는데 그보다 먼저 "우리 하나님의 종들"(3절)이라고 되어 있다는 것이다. '종'은 하나님과 예수 그리스도를 믿는 모든 사람을 가리킬 것이다. 그런데 한편으로는 흥미롭게도, 요한계시록의 여러 곳에서 '종'이란 표현은 '선지자', '증인'과 동의어로 쓰인다.

먼저, 예수님이 "충성된 증인"으로 지칭되시며(1:5; 3:14), 요한도 "증인"이나 "종"으로 불린다(1:1; 19:10; 22:6; 참조, 1:2, 9; 10:11). 버가모 교회의 안디바도 "내 충성된 증인"으로 불리며(2:13), 두 "증인"은 두 "선지자"로 불린다(11:3, 10). 이 사람들은 모두(일반) '성도들'과는 요한계시록에서 어느 정도 구별되어 제시되어 있다. 이것은 마치 사도 바울이 "복음의 동역자들"과 "성도들"을 구별하는 것과 같다(고전 3:9; 고후 4:7-15; 6:1-13 등의 "우리"와 "너희"의 구별).

이 종/선지자들이 하는 일은 죽음을 무릅쓰고 예수님의 환난에 동참하며 복음을 전하는 일(혹은 말씀 전하는 일, 예언하는 일, 증언하는 일)이다(참고, 1:9). 7장에 계수된 144,000은 민수기 1-2장과 26장에 계수된 "이스라엘 중 20세 이상으로 싸움에 나갈만한 모든 자"를 떠올리게 한다.

만약, 144,000이 영적 전쟁의 최전선에서 복음으로 싸우는 종들을 의미한다면 이들은 복음 전도 때문에 반드시 환난을 당하는 사람들이다(계 1:9; 11:7-9; 12:11, 17; 16:6; 18:24; 고후 1:6-9). (일반)성도들 역시 환난을 당하지만, (계 16:6; 18:24), (일반)성도들의 싸움은 보다 소극적 형태에 머무른다(계 13:10; 14:12). 요한계시록 7장에서 이 144,000이 영적 싸움을 위해 계수 받은 자들이라면, 이들이 수다한 흰옷 입은 사람들과 구별되어 있다면, 이들은 11장의 "두 증인", "두 감람나무", "두 등잔대", "두 선지자"와 동일시될 수 있다.[35]

요한계시록 12-13장에서 이들이 "우리 형제들"(12:10-11), '그녀의 씨의 나머지들'(12:17. τῶν λοιπῶν τοῦ σπέρματος αὐτῆς='하나님의 계명을 지키며 예

---

[35] "… 마지막 대 환난 기간에 나타날 참 선지자들을 의미하는 십사만 사천과 두 증인은 동일한 존재를 가리킨다고 보입니다." 정성욱, 『정성욱 교수의 밝고 행복한 종말론』 (서울:큐리오스, 2016), 202.

수의 증거를 가진 자들')이고 "여자"가 교회의 일반 "성도들"(13:7, 10)이라면, '14:1-5의 144,000'은 '복음의 일선에 섰던 자들'(이들은 7장에서와는 달리 이제는 하늘에 올라가 있다) 일 것이요, 14:14-16의 "곡식"은 (일반) "성도들"일 수 있다. 왜냐하면, 14:1-5의 144,000은 복음의 '정예부대'를 시사하는 표현을 휴대하기 때문이다. 즉, 그들은 "어린양이 어디로 인도하는지 따라가는 자"(14:4)다.

두 그룹은 구별되어 제시된 듯 보이는즉, 복음의 일선에 섰던 자들이 짐승에게 죽임을 당했다가 '먼저' 하늘에 올림 받아 새 노래를 부르고(14:3), '뒤이어' 짐승에게 절하지 않고 믿음을 지키다가 추수된(14:14-16) 일반 성도들이 역시 하늘에 올라가 유리 바닷가에 서서 모세의 노래, 어린양의 노래를 부름으로 양자 간 순서를 보이는 듯하다(15:2-4). 천년 통치 기간과 새 예루살렘에서도 비록 이들은 함께 예수님의 통치에 참여하지만 서로 간 어느 정도 구별되어 있는 것처럼 보인다.

20장의 천년 통치에서 선지자 그룹은 "예수를 증언함과 하나님의 말씀 때문에 목 베임을 당한 자들의 영혼들'로, 일반 성도 그룹은 '짐승과 그의 우상에게 경배하지 아니하고 그들의 이마와 손에 그의 표를 받지 아니한 자들"로 보인다(20:4). 이 두 부류가 접속사 '그리고'(καί)로 연결되어 있다.

선지자 요한은 그냥 '성도'라고 하면 될 것을 20:4에서 왜 이렇게 장황하게 그리고 굳이 접속사를 사용하여 이 두 부류를 구별하고 있을까?

이 둘은 분명 서로 중첩되지만 서로 구별될 수 있다. 21장에서, 새 예루살렘성의 장과 광과 고가 '12,000 스타디온'으로 같다는 언급을 통해는 '모든 성도들'을, 성곽(rampart)이 '144 규빗'이라는 언급을 통해서는 '선지자들'을 생각하게 된다. 왜냐하면, 이 144가 7장과 14장에서 나왔던 144,000을 되돌아보게 하고, '성곽'이 (영적)전투를 시사하는 시설이기 때문이다. 이렇게 144,000은 7장과 14장에서 점진성을 띠면서 요한계시록 1-9장과 10-22장의 두 병행 단락의 두 중간축을 형성하는데 그것이 21장에서 완성 형태로 나타나는 것이다.

필자가 읽는 대로는 전 3년 반의 '복음 전도의 일선에 선 선지자들'(144,000 혹은 두 증인)의 사역과 죽음이 있고, 그다음 후 3년 반의 '성도들'의 인내와 죽음이 있다. 즉, 7년 중간에 선지자들의 부활-휴거(만약 11:11-12를 휴거로 본다면)가 있고 7년 끝에 성도들의 부활-휴거가 있는 듯하다.

여기서 주의할 것은 이 두 그룹은 함께 머리이신 예수님의 몸을 이룬다는 것이다. 선지자 그룹이 자기들을 일반 성도들보다 특별하고 우월하다고 자랑할 것이 없다. 말씀을 증거함으로 싸워 승리의 개가를 부른 자들이나 소극적으로 자기들 믿음을 지킨 자들이나 다 같은 새 예루살렘의 구성요소이기 때문이다. 죽었다가 들림 받든 육체가 살아 있는 상태에서 들림 받든, 이들은 죽음의 고난을 당하시고 부활 영광에 들어가신 예수님의 여정에 다 같이 참여한다.

영적 전쟁의 최전선에서 싸워 승리한 자들은 그 영적 전리품을 보다 후방에 있던 지지자들과 나눔으로 새 예루살렘의 일치를 이룬다(삼상 30장, 특히 23-25절). 부르심의 특별성/다양성은 주께로부터 말미암은 것이니 자랑할 것이 없는 반면, 각각에 대한 상은 주님이 알아서 주실 것이다(계 11:18; 고전 3:8).

셋째, 요한계시록 11:13에 "두 증인"의 승천 후 지진에 죽지 않고 "남은 사람들"(οἱ λοιποί)이 하나님에게 영광을 돌리는데, 이를 '문자적 이스라엘 사람들'로 한번 생각해 보자.

이들의 이러한 반응은 전 3년 반이 종료된 시점(두 증인은 1,260일을 예언하고 죽임을 당하고 승천함. 11:3, 7)에서 나타난다. 만약 이 "남은 사람들"이 유대인들이라면, 또는 이 사람들 중에 유대인들이 섞여 있다면, 이 유대인들은 1,260일간 두 증인의 예언/증언이 사실이고 적그리스도에게 속은 것을 깨닫게 될 것이다. 왜냐하면, 두 증인은 예언과 그 예언이 참임을 확증하는 표적 그리고 적그리스도에게 죽임 당함과 승천으로 그들이 누구인가를 증명했고, 적그리스도는 그 이레의 절반에 유대인이 그동안(전 3년 반 동안) 드려왔던 '제사와 예물'을 금지할 것이고, 하나님을 공개적으로 대적할 것이고, 우상을 세울 것이기 때문이다.

적그리스도는 그동안 유대인에게 인심을 얻기 위해 제3 성전 건립과 그 성전 제사를 장려했었을 수 있다. 그러나 하나님 반대편에 서서 교만의 극점에 있는 이 적그리스도가 그의 본심을 오래도록 숨길 수는 없는 것이다. 그는 '제사와 예물'을 장려하다가 이내 증오심이 끓어올라 그것들을 금지하고 '때와 법'까지 바꿀 것이다.

요한계시록 11:13의 "남은 사람들"이 유대인들이라면[36] 혹은 이들에게 유대인들이 포함되어 있다면 이 유대인들은 두 증인의 증언과 승천, 한편으로는 이 적그리스도의 돌변한 태도와 참람한 언행을 보며, 회개에 이를 것이다 … 이러한 해석은 마지막 때 유대인들의 큰 회심이 있을 것이기에 (롬 9-11장; 슥 12:10-14), 생각해 볼 수 있는 해석이기는 하다.[37]

반면, 이 "남은 사람들"을 유대인들로 보는 것이 쉽지는 않다. 11:8에 두 증인의 시체가 "큰 성" 길에 있었다고 한다.

그런데 이 성이 예루살렘인가?

같은 절에 이 성은 "영적으로 하면 소돔이라고도 하고 애굽이라고도 하니 곧 그들의 주께서 십자가에 못 박히신 곳"이라고 부연 설명되어 있다. 래드는, "이 성이 예루살렘 성이라는 것이 명백하다 … 예수께서 십자가에 못 박히신 장소가 예루살렘이라는 사실은 문자적인 예루살렘을 지칭하고 있는 듯하다 … 예루살렘은 이스라엘 백성들을 메시아께로 돌리도록 하기 위해 하나님의 보내심을 받은 두 선지자들의 증거를 철저히 거절하였다"

---

36 래드, 『요한계시록』, 204. "두 증인이 소생하여 하늘로 끌려 올라가고, 뒤따라 지진이 발행하자 그 결과 예루살렘의 남은 자들은 회개하게 되었다. 이것은 유대 백성들 전체의 회개를 묘사하고 있는 요한의 표현방식이다".

37 필자는 유대인의 대규모 회심은 아마겟돈 전쟁(계 19장) 및 요엘서(3:9 이하)와 스가랴서(12장과 14장)의 소위 '예루살렘 전쟁' 어간에 이루어질 것으로 본다. 이 책의 요한계시록의 전쟁과 요엘 및 스가랴의 전쟁 부분을 참고하라.

라고 주석한다.[38]

그러나 그 "큰 성" 곧 "그들의 주께서 십자가에 못 박히신 곳"을 영적으로 보면 그곳은 소돔이나 애굽이나 다를 것이 없는 이 세상의 도시를 말할 수 있다.[39] 즉, 이 장소는 문자적 예루살렘은 아니고, 이곳 저곳을 말할 수 있겠으나 "큰 성 바벨론"(18:2, 10) 곧 "선지자들과 성도들"(18:24)의 피흘린 바벨론성으로 해석하는 것이 더 옳아 보인다. 즉, 문자적 예루살렘이 아니라 온 세상의 불신자들이 거하는 도시들(=큰 성) 중 십분의 일을 큰 지진으로 무너뜨리고 7,000(많은 수)이 죽게 되면 그 남은 자들은 "두려워하여 영광을 하늘의 하나님께 돌리게" 될 것이다(11:13).

물론 세상 불신자 중에는 유대인들도 포함되기 때문에 위에서 시도해 본 바와 같이 유대인들과 관련해 해석할 수 있으나, 이 본문을 교회와 세상이라는 범위에서 해석함이 마땅해 보인다. 왜냐하면, 요한은 많은 경우들에 있어 전 세계적, 범우주적 범위에서 심판과 구원을 언급하기 때문이다. 즉, 전 3년 반의 두 증인/선지자의 복음 전파는 "땅"에 있는 불신자들에게는 괴로움이 될 것이다(계 11:10; 왕상 18:17 "이스라엘을 괴롭게 하는 자여 너냐"). 적그리스도는 세상을 속이고 교회마저 속여 예배를 장려할 것이다.

그러나 더 이상 참지는 못하고 전 3년 반이 마치면서 두 증인=말씀 전파자들을 죽이고 교회의 예배('제사와 예물'; 유대인에게는 제3 성전에서의 희생 제사)를 전면 금지하고 때와 법을 바꿀 것이다. 두 증인에게 생기가 들어가 그들은 살아나고 하늘로 취함을 받을 때 큰 성 곧 세상 나라에 큰 지진으로 사람들의 사망 사건이 생길 것이다. 이것을 목격한 남은 세상 사람(유대인 포함) 중에는 회심자들이 있게 될 것이다 … 이 해석이 옳다고 본다.

---

38 Ibid., 200-1.
39 비일, 『요한계시록』, 972-3. "세상 도시는 영적으로 예루살렘과 같다. 예루살렘은 그리스도를 죽임으로써 다른 불경건한 나라들같이 되었다. 아니, 더 불경건했다. 박해는 그 도시의 주요 특징이다 … 요한 당시의 '큰 성'은 우선적으로 로마와 로마의 동맹국들을 가리켰을 것이다."

넷째, 요한계시록 12-13장의 단락에서 12장은 여자와 아이(12:5)로 시작되는데 필자는 이들을 (구약) 교회와 예수 그리스도로 이해한다.

왜냐하면, 왜 마귀가 적그리스도를 세워 신약 교회를 공격하는지(13장) 그 이유를 요한이 이 12장에서 먼저 제시하려 했다는 추리 때문이다. 마귀는 먼저 구약의 경건한 백성을 통해 '출산'된 메시아 예수를 멸하려 했다(사 66:7-9; 비교, 롬 9:5[40]). 그러나 하나님이 아들을(다시 살리사) 당신의 보좌 우편에 앉히셨다(12:5 "… 그 아이를 하나님 앞과 그 보좌 앞으로 올려가더라").

그동안 마귀는 밤낮 하나님 앞에서 "우리 형제들"(12:10-11)을 참소했었다. 이 형제들은 여자(신약 교회)에 속해서 "어린양의 피와 자기들의 증언하는 말씀"으로 마귀를 이긴 복음의 일꾼들로 보인다. 마귀는 이 형제들과 또 미가엘과 그 사자들에게 패하여 땅으로 떨어진다. 그러자 마귀는 크게 화가 나서(12:12) 이제는 여자를 박해한다. 여자는 큰 독수리의 두 날개를 받아 광야 자기 곳으로 날아가서 마귀의 낯을 피해 "1,260일" 혹은 "한 때와 두 때와 반 때"(12:6, 14. 신약 시대 혹은 이것이 집약된 기간 즉 전 3년 반)를 양육 받는다. 마귀가 입으로 물을 토해 여자를 멸하려 했으나 땅이 도와서 강물을 삼킨다. 12장의 마지막은 마귀의 행동과 관련해 이렇게 마친다.

> 그 여자의 씨의 남은 자들 곧 하나님의 계명을 지키며 예수의 증거를 가진 자들과 더불어 싸우려고(μετὰ τῶν λοιπῶν τοῦ σπέρματος αὐτῆς, τῶν τηρούντων τὰς ἐντολὰς τοῦ θεοῦ καὶ ἐχόντων τὴν μαρτυρίαν Ἰησοῦ)(계 12:17).

여기서 "여자의 씨의 남은 자들"은 12:11의 "우리 형제들" 곧 신약 시대 동안 참소하는 마귀들과 싸우다가 생명까지 잃은 복음의 용사들 뒤에

---

40 요한계시록의 문맥 때문에 여자를 구약 교회가 아닌 유대인들(롬 9:5)로 보기는 어렵다. 왜냐하면, 이 여자는 음녀와 대치되기 때문이고 불신 유대인들은 여자가 아니라 음녀이기 때문이다.

남은 자들(말하자면, 전 3년 반의 기간 동안 사역할 복음의 일꾼들)을 말하는 것으로 필자는 이해한다. 왜냐하면, 이들은 '예수의 증거/증언을 가진 자들'로 소개되고 있기 때문이다. 정리하면, "우리 형제들"은 12:11에 "어린양의 피와 자기들이 증언하는 말씀으로써 그를 이겼으니 그들은 죽기까지 자기들의 생명을 아끼지 아니하였도다"로 소개된다.

즉, 마귀가 신약 교회 복음의 증인들을 참소하여 많이 죽였으나 이제 그가 하늘에서 쫓겨나 땅에 떨어지고 자기의 때가 얼마남지 않은 것을 알고 남은 복음의 증인들까지 말살하려 한다는 것이다. "그 여자의 씨의 남은 자들"이 용과 싸움의 태세에 있으므로 이 사람들은 일차적으로는 전 3년 반(1,260일) 동안 굵은 베옷을 입고 하나님의 권능과 함께 "예언" 곧 복음 사역을 하다가 이 전 3년 반이 끝나는 시점에 적그리스도에게 죽음을 당하는 두 증인(11:3, 7)을 가리킨다고 본다.

그리고 요한계시록 12:14의 "여자"는 후 3년 반(=마흔두 달, 13:5) 동안 적그리스도에게 말살 당하는 성도들(13:10, 15)을 가리킬 것이다.

그러면, 후 3년 반의 여자는 누구인가?

요한계시록 13:4, 12에 따르면 용과 짐승에게 경배하지 않는 자들이고, 13:15에 따르면 짐승(적그리스도)의 우상에게 경배하지 않는 자들이며, 13:16에 따르면 오른 손에나 이마에 짐승의 표(=짐승의 이름이나 그 이름의 수)를 받지 않는 자들이다.

요컨대, 여자가 왜 적그리스도의 핍박을 받게 되었는지(13장) 그 이유를 말하기 위해 요한은, 하나님이 교회를 통해 아이를 낳으셨고, 아이가 하늘로 올라가자 용이 땅으로 떨어졌고, 떨어진 용이 여자를 죽이려고 적그리스도에게 권세를 주었다는 말을 12장에서 먼저 말할 필요가 있었다고 필자는 본다. 그렇다면 이 여자의 아이는 '휴거된 이긴 성도들'로 보기는 어렵고 '예수 그리스도'로 보는 것이 옳다는 것이다.

이 아이를 휴거된 이긴 성도로 보는 이유는 '장차 철장으로 만국을 다스린다'라는 요한계시록 2:26-27의 표현이 12:5의 이 아이에게도 나타나기 때문이지만, 이 아이는 그리스도를 가리킨다. 12:10이 이를 확증한다.

다섯째, 필자는 '여자'를 교회로 본다.

여자는 구약과 신약의 전 시대에 걸쳐 있다. 성부께서는(비유적으로 말한다면; figuratively) 구약 교회를 통해 아들을 낳으셨고, 이 아이를 전하다가 형제들이 신약 시대 전체에 걸쳐 핍박을 받고, 이 전도자들(두 증인)에 대한 핍박은 전 3년 반 동안 그리고 그 기간이 마쳐가면서 극점에 달하고, 후 3년 반에는 적그리스도가 여자와 싸워 이긴다. 이러한 여자에 대한 일련의 과정과 그 결말(12-13장)은 요한계시록의 후반부에서 "또다른 여자"(=음녀)의 역사와 그 결말(17-18장)과 대조된다.

첫째 여자는 태양을 옷 입고, 그녀의 발아래에는 달이 있고, 그녀의 머리에는 열두 별의 면류관이 있었다(12:1). 둘째 여자는 "… 자주 빛과 붉은 빛 옷을 입고 금과 보석과 진주로 꾸미고 손에 금 잔을 가졌는데 가증한 물건과 그의 음행의 더러운 것들이 가득" 했다(17:4). 둘째 여자는 일곱 머리와 열 뿔이 있는 붉은 빛 짐승을 탔고(17:3), 첫째 여자는 마귀를 피할 때 큰 독수리의 두 날개를 받아 광야 자기 곳으로 날아갔다(12:14).

첫째 여자는 어린양에 대한 믿음을 지키다가 적그리스도에게 죽거나 사로잡힌다(13:8, 10). 둘째 여자는 의탁했던 열 뿔과 짐승의 미움을 받아 벌거벗김을 당하고 살이 먹히고 불사름을 당한다(17:16). 둘째 여자는 "선지자들"과 "성도들"을 죽인 자(18:24)이고 첫째 여자는 "선지자들"이 나온 바 된 "성도들"이므로 이 둘은 완전히 서로 다른 존재이나 이상하게도 똑같이 적그리스도에게 해를 받는다. 요한계시록 12-13장과 17-18장에 대조적으로 나타난 이 두 여자는 요한계시록 끝(20-22장)에서 완전히 서로 다른 두 가지의 영원한 운명(destiny as to eternity)에 처한다.

둘째 여자는 "이 땅에 사는 자들"로 그 정체가 드러나는데, 이들은 "죽임을 당한 어린양의 생명책에 창세 이후로 이름이 기록되지 못한 사람들"로, "다 그 짐승에게 경배한 사람들"(13:8)이다. 이들 곧 "생명책에 기록되지 못한 자"들은 모두 불못에 던져진다(20:15). 반면에 첫째 여자는 살아서 예수님의 천년 통치에 참여하며 새 예루살렘(21:9 "신부 곧 어린양의 아내")에서 "세세토록 왕 노릇"(22:5)하게 된다.

여섯째, 둘째 단락 요한계시록 10-22장의 시점 이동은 급격하다는 것이다.

왜냐하면, 10-13장을 시점으로 보면 대략 초림에서 시작하되 그 초점은 전 3년 반(두 증인)과 후 3년 반의 사건(적그리스도의 압제)을 다루기 때문이다. 14장에서부터 새 하위 단락이 시작되는데, 이 서론적 역할을 하는 장도 급격히 먼 미래의 사건을 예시한다. 곧, 14:1-5는 전 3년 반이 마치는 시점의, 하늘의 144,000(들림 받은 두 증인으로 봄)의 모습을, 14:6-20은 후 3년 반 '말미' 혹은 '이후'의 사건의 모습으로 생각된다.

요한계시록14:6-20의 바벨론 멸망 예시, 인자 같은 이의 곡식 추수, 하나님 진노의 포도주 등은 후 3년 반 기간 뒤의 사건들이 틀림없어 보인다. 이 14:6-20이 후반기 3년 반 다음(직후?)에 벌어질 일들을 나타낸다고 보고 그다음에 오는 내용들을 정리하면 다음과 같다.

14장 이하의 일들 전개 방식[41]

14:1-5 144,000의 새 노래(서론적)

14:6-20 복음을 가진 '다른 천사'의 심판 예고, 바벨론 멸망 예고, 하나님 진노의 포도주

  예고, 주 안에서 죽는 자들의 복, '인자 같은 이'의 곡식 추수, 다른 천사의 포도 추수

15:1-8 '**하나님의 진노**' 일곱 재앙 서론(찬양: 본 찬양은 직전 단락의 결론적 성격도 띰)

16:1-21 일곱 대접 '하나님의 진노'

  1대접, 2, 3 … 여섯 째 대접(아마겟돈 전쟁 예시), 일곱 째 대접(바벨론 멸망) →

    (17-18장, 일곱 째 대접, 바벨론의 죄와 멸망에 대한 자세한 설명)

  19:1-10 서론(찬양: 본 찬양은 직전 단락에 대한 결론적 성격도 띰)

  19:11-21:8(아마겟돈에서 새 예루살렘까지 연결되어 있음)

  → 아마겟돈 전쟁 발발 → 예수 재림 → 적그리스도, 거짓 선지자 멸망

  → 마귀 결박, 천년 왕국 → 마귀 놓임, 곡과 마곡 전쟁

  → 마귀 불못 → 크고 흰 보좌에서의 심판

  → 새 하늘과 새 땅 및 새 예루살렘

  (21:9-22:15, 새 예루살렘에 대한 자세한 설명)

---

41 요한계시록 12장 이후에 대해서는, 비록 필자의 분석과 완전히 일치하지는 않으나 박윤선 박사의 내용과 구조 이해가 필자의 것과 유사하다. 그는 12-13장을 "교회의 수난"으로, 14장을 "성도의 위안과 끝날 심판에 대한 예고"로, 15:1-19:10을 "마지막 재앙"으로, 19:11-20:15를 "그리스도의 재림과 심판"으로, 21:1-22:5를 "무궁 안식 세계"로, 22:6-21을 "결론"으로 분석한다. 박윤선, 『**신약주석**』, 36, 『**요한계시록**』(수원: 영음사, 1949 초판, 1955 개정), 40(필자의 밑줄). 여기서 보면 우선은 그가 14장 후반부를 끝날 심판에 대한 예고로 분석한 것이 눈에 띈다. 같은 책 262쪽을 보면, 그는 14장을 "앞으로 될 일들에 대한 전주곡인 동시에 11-13장의 결론"이라 하는데 놀라운 분석이다. 그뿐만 아니라 6-20절에 대해서는 "성도들을 핍박하던 악도들은 심판받아 멸망하리라는 것이 이 부분의 요지다"라고 언급하는데 이 부분도 역시 뛰어난 분석이다. 같은 책 288쪽을 보면 15:1-19:10에 대한 분석이 나온다. 1. 일곱 대접 재앙들을 던지려는 천사들의 준비(15:1-8), 2. 여섯 가지 대접 재앙(16:1-16), 3. 일곱째 대접 재앙(16:17-19:10) (1) 서론적 상징(16:17-21), (2) 바벨론과 짐승(최후의 적그리스도)에 대한 역사적 설명(17:1-18), (3) 바벨론의 멸망(18:1-19:10).

144,000의 서론적 새 노래(14:1-5) 다음에, 6-20절은 인자의 곡식 추수와 포도 거둠의 구원과 심판이 서술된다. 이 단락은 음녀 바벨론 및 아마겟돈의 심판(진노의 포도주) 예고를 함으로 15-18 및 19장에 대한 서론 역할을 한다. 이 단락 후에 두 군데에서 찬양이 나타나는데 그 하나는 15장이요 다른 하나는 19:1-10이다. 첫 찬양 15장 다음에는 7개의 대접(16장)이 쏟아지는데, 음녀 바벨론의 심판(17-18장)으로[42] 하나의 단락이 마무리된다.

그리고 요한계시록 19:1-10의 찬양 바로 다음에는 아마겟돈, 천년 왕국, 곡과 마곡의 전쟁 후, 마귀 멸망이 오고, 새 예루살렘으로 책의 마무리 부분이 이루어진다. 새 예루살렘은 21:9-22:15에서 자세히 설명된다. 즉, 각 단락은 차례로 벌어질 일들을 제시하되, 하나를 부각해 전시하고 임시적 마무리를 한 다음, 서론적 역할을 하는 찬양을 넣고 그다음 이어지는 사건 하나를 또 부각해 전시하되 임시적인 마무리를 하고 … 이런 식으로 하다가 최후에는 종결을 넣는 것이다. 이 단락들 속에서 이렇게 '부각된' 사건들을 우리는 차서 대로 바라보아야 논리적 납득을 하게 된다.[43]

만약 헨드릭슨처럼 요한계시록 8-11장, 12-14장, 15-16장, 17-19장, 20-22장 등을 각각 초림부터 재림까지로 보면 종말의 시간적 계기성을 이루는 사건들의 이해가 혼란의 미궁 속으로 들어가게 된다. 12장의 용에 의한 핍박이 13장에서 임시적 마무리를 이루고, 14:1-5에서 144,000의 새 노래로 새 단락을 알리고, 13장의 짐승 핍박 후에 벌어질 인자의 곡식 추수 사건(14:14-16)을 부각시키는데, 헨드릭슨의 주석에서는 이러한 이해가 드러나지 않는다(12-14장을 합쳐서 봄).

---

42 요한계시록의 음녀 바벨론의 모습은 구약에서 두로, 바벨론, 앗수르의 니느웨 등에 대한 예언의 내용(사 23:17; 47:1-15; 나 3:4-7; 렘 51:7-8; 겔 27:1-36 등)과 유사하다.
43 "비일과 캠벨[G. K. Beale and David Campbell]은 전천년설을 지지하는 사람들이 20:1의 접속사(καί, 그리고)를 근거로 20:1-6이 19:11-21 다음에 와야 함을 주장한다고 생각한다. 그러나 그 순서는 접속사 하나에 근거해서 주장하는 것이 아니라, 논리적 순서에 의해 주장하는 것이다." 곽철호, "전천년설과 무천년설에 대한 성서적 근거 고찰," 17(곽철호의 강조).

짐승의 수를 이긴 자들이 유리 바닷가에 서서 찬양을 드리고(15장), 일곱 대접이 쏟아지는 내용(16장)이 초림부터 재림까지 기간에 벌어지는 사건들인가?

20장의 사건이 초림에서 시작한다고 보는 헨드릭슨의 견해도 쉽게 받아들이기 어렵다.

요한계시록 20장은 짐승과 그의 우상에게 경배하지 않은 자들이 죽었다가 살아나서 예수님의 통치에 함께 참여한다는 것인데 이것이 초림의 상황인가?

예수님 초림과 로마 제국이 지속되는 동안 목 베임을 당한 자들이 있었던 것은 틀림없는 사실이나(20:4 "καὶ τὰς ψυχὰς τῶν πεπελεκισμένων"), 그 시점에서 '아직 나타나지 않은' 적그리스도와 그의 우상에게 절하지 않고 그들의 오른손과 이마 위에 그 표를 받지 않은 자들(20:4 "καὶ οἵτινες οὐ προσεκύνησαν τὸ θηρίον οὐδὲ τὴν εἰκόνα αὐτοῦ καὶ οὐκ ἔλαβον τὸ χάραγμα ἐπὶ τὸ μέτωπον καὶ ἐπὶ τὴν χεῖρα αὐτῶν·")이 살아났고(ἔζησαν, "they came to life", NASB) 예수님과 함께 다스렸는가?

예수님이 초림하셨을 때부터 재림 때까지 천년 동안 마귀는 완전 저항 불능 상태로 무저갱에 갇혀 있는가?

또한, Henriksen이 아마겟돈과 곡을 같은 전쟁으로 보는 것에 대해서도 의문이 들게 된다.

아마겟돈 전쟁의 결과를 보면 아직 마귀는 불못에 던져지지 않았는데, 이 아마겟돈 전쟁을 그 마귀가 불못에 던져지는 곡과 마곡의 전쟁과 어떻게 똑같은 전쟁으로 볼 수 있을까?

그의 생각 속에서는 모두 같은 내용인데 앞에 보여 줬던 것을 뒤 단락에서는 좀 더 보여 주고, 그 뒤 단락에서는 그것보다 더 보여 준다는 것이다. 특히, 여기서 문제는 아마겟돈 전쟁의 묘사와 곡과 마곡의 전쟁의 묘사가 다르다는 것이다. 아마겟돈 전쟁은 예수님과 성도의 군대가 출정하나, 곡과 마곡의 전쟁에서는 하늘에서 불이 내려온다. 아마겟돈 전쟁의 세력들은 마귀, 적그리스도, 거짓 선지자의 영의 선동으로 움직이나(16:13-14), 곡과 마곡 전쟁에 나서는 불신 세력은 단지 마귀의 미혹(20:7-8)으로 움직인다(적그리스도와 거짓 선지자는 이미 불못에 가 있는 상태). 아무튼 가장 이해하기 어려운 것은, 곡과 마곡의 전쟁은 그에 따르면 재림하신 예수님의 천년 통치 후가 아니라 예수님의 재림 전(!)에 일어난다는 것이다.[44]

필자는 이 곡과 마곡의 전쟁은 아마겟돈 전쟁과 천년 통치가 있고 난 다음의 사건으로 본다. 그리고 에스겔서의 곡의 전쟁은 아마겟돈 전쟁이 아니라 요한계시록의 천년 통치 다음의 곡과 마곡의 전쟁과 연결되는 것으로 본다. 즉, 사도 요한이 에스겔서의 곡의 전쟁을 천년 통치 전이 아니라 후의 전쟁을 위해 인용하였다고 보는 것이다.

우리가 에스겔에 나오는 곡의 전쟁과 요한계시록의 곡과 마곡의 전쟁을 비교해 보면 양자 모두 불 심판(겔 39:6 "וְשִׁלַּחְתִּי־אֵשׁ"; 계 20:9 "κατέβη πῦρ")에 대한 표현, 전쟁에 참여한 사람들이 많다는 표현(겔 39:11-16, "하몬=무리. הָמוֹן"[45]; 계 20:8 "그 수가 바다의 모래 같으리라"(ὧν ὁ ἀριθμὸς αὐτῶν ὡς ἡ ἄμμος τῆς θαλάσσης)이 서로 일치한다.

---

44   Hendriksen, *More than Conquerors*, 213(강조는 Hendriksen의 것): "… [B]ear in mind that these armies of Gog and Magog were very numerous. So they could adequately symbolize worldwide opposition to the Church in the days just preceding Christ's second coming. … In other words, we have here in Revelation 20:7-10 a description of the same battle—not "war"—that was described in Revelation 16:12ff. and in Revelation 19:19. In all three cases we read in the original, the battle. Thus 16:14: "to gather them together for the battle of the great day of God, the Almighty." Again, Revelation 19:19: "gathered together to make the battle against him." Similarly, here in 20:8: "to gather theme together to the battle." In other words, these are not three different battles. We have here one and the same battle. It is the battle of Har-Magedon in all three cases. It is the final attack of anti-Christian forces upon the church. The "new" thing that Revelation 20 reveals is what happens to Satan as a result of this battle."

45   비교, 욜 3:14(הֲמוֹנִים הֲמוֹנִים).

그러나 이 주장을 어떤 학자들은 쉽게 동의하지 않는다. 왜냐하면, 에스겔서의 곡의 전쟁과 관련한 '하나님의 큰 잔치에 새들과 짐승들을 초대함'(겔 39:4, 17-20)이 요한계시록의 곡의 전쟁이 아닌 아마겟돈 전쟁에 관한 서술(계 19:17-18)에 거의 그대로 사용되었기 때문이다. 아울러, '곡'이란 말은 요한계시록 20장의 전쟁과 관련해 나타나기에 어떤 학자들은 요한계시록의 아마겟돈 전쟁와 곡과 마곡의 전쟁을 반복된 같은 전쟁으로 이해한다.

권성수는 파울러 화이트(Fowler White), 마이클 윌콕(Michael Wilcock) 등이 이런 관찰로부터 요한계시록의 아마겟돈 전쟁과 천년 왕국 다음에 나타나는 곡의 전쟁이 반복(recapitulation)이라고 주장한 내용을 그의 책에서 소개하였다.[46] 그는 화이트의 주장에 대한 반론이 해롤드 회너(Harold Hoehner)에 의해서 나타났었고 이에 대해 화이트가 재 반론하기도 하였다고 적고 있다.[47]

그러나 필자는 에스겔서에서 곡의 전쟁과 관련해서 나타나는 "하나님의 잔치에 새들과 짐승들을 초대함"은 하나님이 꼭 곡의 전쟁과 관련해서만 언급하시는 내용이 아니라는 것을 말하고 싶다. 예를 들어, 예레미야는 하나님이 이스라엘을 심판하실 때도 백성의 시체를 공중의 새와 땅의 짐승의 밥

---

[46] R. Fowler White, "Reexamining the Evidence for Recapitulation in Rev 20:1-10," *Westminster Theological Journal* 51(1989), 326-7; Michael Wilcock, *I saw Heaven Opened: The Message of Revelation*(London: InterVarsity, 1975), 191-2. 권성수, 『요한계시록』 (서울: 선교횃불, 1999), 646과 658-9에서 재인용. 또한, Beale, 『요한계시록』, 1626-33을 보라.

[47] Harold W. Hoehner, "Evidence from Revelation 20," in *A Case for Premillennialism: A New Consensus*, eds. D. K. Campbell and J. T. Townsend(Chicago: Moody, 1992), 235-62; R. Fowler White, "Making Sense of Rev 20:1-10?: HAROLD HOEHNER VERSUS RECAPITULATION," *Journal of Evangelical Theological Society*(1994): 539-51. 권성수, 『요한계시록』, 646 및 각주 10과 11에서 재인용. 그의 책은 근래 한국에서 발간된 가장 비중 있는 요한계시록 강해 중 하나일 것이다(강해뿐 아니라 논문들도 실려있음). 그는 무천년설의 입장에 있으면서도 역사적 전천년설자인 래드의 원근통시법(遠近通時法; prophetic foreshortening. 선지자가 현재/가까운 미래 사건과 궁극적 종말 사건의 두 초점을 동시에 보는 것)을 참조해서 요한계시록을 해석해야 된다고 하였다. Ibid., 518-20 및 각주 20.

이 되게 하실 것이라고 여러 번 예언한다(렘 16:4; 19:7; 참고, 15:3). 따라서 요한이 아마겟돈 전쟁에서 예수님의 심판을 언급할 때 이러한 모습을 사용하지 말라는 법이 없다. 심판의 상황에서는 이런 모습이 흔한 것이다.[48]

반면, 어떤 목적에서인지 불분명하나 사도 요한이 곡과 마곡의 전쟁에서는 이 모습을 의도적으로 생략하였다. 또한, 눈에 띄는 것은 사도가 에스겔서를 인용할 때 그 전쟁의 모든 디테일을 다 인용하지도 않는다는 것이다. 대적들의 무기를 "일곱 해 동안 불태우리라"(겔 39:9); 곡의 매장지로 "이스라엘 땅 곧 바다 동쪽 사람이 통행하는 골짜기"(겔 39:11 "하몬곡의 골짜기")가 될 것; "이스라엘 족속이 일곱 달 동안에 그들을 매장하여 그 땅을 정결하게 할 것이라"(겔 39:12)와 같은 내용들을 요한은 모두 생략하였다.[49]

게다가 양자 사이에 차이도 있으니 곧 에스겔은 "마곡 땅에 있는 로스와 메섹과 두발 왕 곡"(겔 38:2)으로, 요한은 "땅의 사방 백성 곧 곡과 마곡"(계 20:8)으로 언급함으로 서로 간의 차이를 보인다.

이런 난점들을 지닌 우리가 그럼 어떤 기본적 태도를 표해야 하는가?

첫째, 필자는 우리가 보다 뚜렷하게 제시하는 요한계시록을 기준으로 구약의 계시들을 이해해야 한다고 본다. 왜냐하면, 구약과 신약도 하나님의 말씀이나 계시는 신약에 와서 더 뚜렷해지고 확실해졌기 때문이다(히 1:1; 엡 2:20).

---

[48] 마태도 예수님의 재림(24:27-28 "인자의 임함도 그러하리라 … 주검이 있는 곳에는 독수리들이 모일 것이니라") 시 곧(곡과 마곡의 전쟁이 아니라) 아마겟돈 전쟁과 관련하여 새가 시체를 먹을 것을 언급한다. 누가도 예수님의 재림 및 휴거 시 곧 아마도 아미겟돈 전쟁과 관련해 새가 시체를 먹을 것을 언급하는 것 같다(17:30-37 "인자가 나타나는 날 … 두 여자가 함께 맷돌을 갈고 있으매 하나는 데려감을 얻고 하나는 버려둠을 당할 것이니라 … 주검 있는 곳에는 독수리가 모이느니라").

[49] 반면, 어떤 구절은 요한이 에스겔에서 직접 인용하는 것 같다(예, 겔 39:6 "내가 또 불을 … 내리리니").

둘째, 필자는 에스겔서는 에스겔서 자체의 목적, 요한계시록은 요한계시록 자체의 목적을 위해 각각의 형식적 내용적 '차이'가 있음도 충분히 고려해야 할 것으로 본다.

부가적으로 필자는 에스겔서의 곡의 전쟁에 대해 또 하나의 해석적 가능성을 말하고자 한다. 우리는 곡의 전쟁이 현 이스라엘 역사와 관련해 천년 왕국 이후가 아닌 예수님의 재림 전에 일어날 가능성도 인정해야 할 것이다. 왜냐하면, B.C. 6세기의 다니엘이 B.C. 2세기에 발생할 안티오쿠스 에피파네스 사건을 예언했을 때 그것은 B.C. 2세기에 실제로 성취되었으나, A.D. 70년 로마 장군 디도의 공격에 의한 예루살렘 멸망으로 성취되었다고도 볼 수 있고, 또 이것은 말세의 적그리스도의 성도 핍박 사건에 대한 예언의 재료로 쓰여지기 때문이다.

선지서의 어떤 예언이 이중적 혹은 다중적 성취를 염두에 두고 있는 것이 사실이라면, 곡의 전쟁도 최소한 이중적으로 성취될 수 있다고 보는 것이다. 따라서 필자는 에스겔 38-39장의 곡의 전쟁이 예수님 재림 전/중에 민족적 이스라엘에 대한 일군의 동맹 세력의 공격으로도, 천년 왕국 이후의 마귀의 선동으로 일으키는 마지막 전쟁 둘 다로 볼 수 있다는 입장이다.

이러한 주장의 이유는, 로스와 메섹과 두발 왕 곡(겔 38:3)이 이스라엘을 공격하기 위해 "이스라엘 산"에 이를 때 이스라엘의 상태가 천년 왕국 후의 상태가 아닌 듯 보이기 때문이다. 에스겔 38:8은 이렇게 보도한다.

> … 그 땅 곧 오래 황폐하였던 이스라엘 산에 이르리니 그 땅 백성은 칼을 벗어나서 여러 나라에서 모여 들어오며 이방에서 나와 다 평안히 거주하는 중이라(겔 38:8).

이 상태는 천년 동안의 그리스도의 샬롬의 통치를 이미 받은 낙토의 이스라엘의 모습이라고 하기보다는 오히려 온 세계에 흩어져 있다가 고토로 돌아와 황폐하였던 그 땅을 조금씩 복구시켜 가는, 예수님 재림 전의 이스라엘의 상황을 가리킨다고 말할 수 있을 것이다. 에스겔 38:8과 유사한 묘사는 38:12에도 "… 황폐하였다가 지금 사람이 거주하는 땅과 여러 나라에서 모여 짐승과 재물을 얻고 세상 중앙에 거주하는 백성 …"으로 나타나는데 천년 왕국 후보다는 전을 가리키는 것 같다.

다음 그림과 같이 요한계시록 10-22장을 이해할 때 우리는 헨드릭슨의 구조가 야기하는 혼란을 피할 수 있게 된다. 사도 요한 시각의 초점에 들어와 있는 각 사건은 서로 겹치는 부분도 있으나 순차적이고 각 순차적 사건은 재림 어간의 사건으로 임시적 마무리를 이룬다.

요한계시록 10장 이하 종말 사건들의 전개 방식

신약 시대	전3년 반	후3년 반	예수 재림	천년	곡 마곡	신천 신지
10-11장 요한의 전도 사역(10:8-11)→ 요한은 신약 전도자들을 대표할 수 있음 하나님의 성전과 제단과 그 안에서 경배하는 자들 측량 성전 바깥 마당은 마흔두 달 동안 이방인이 짓밟음(11:2) 이방인의 짓밟음은 후 3년 반까지	→1,260일의 두 증인의 예언 사역으로 집약됨(11:3) → 짐승에게 죽임 당했다가 살아나 하늘로 올라감 (부활-휴거?)					
12장 여자(구약 교회)가 아들 낳음(초림) → 여자가 광야로 도망, 1,260일(신약 시대인듯) 동안 하나님이 예비한 곳에서 양육 받음(12:6) 광야 자기 곳으로 가서 한 때, 두 때, 반 때를 양육 받음(12:14)		→ 성도들(교회)이 핍박 받음 마흔두 달 짐승 권세(13:5, 10)	부활(20:5), 휴거(14:14-16; 15:2), 예수님과 지상으로(19:8, 14)	예수님과 왕 노릇(20:4, 6)		새 예루살렘, 세세토록 왕 노릇(22:5)
12-13; 20장 마귀=큰 용=옛 뱀=사탄(일곱 머리, 열 뿔. 12:3, 9);예수님 승천 후 땅으로 쫓겨남; 이후 재림 어간까지 여자(교회) 공격	여자의 씨의 남은 자들과 싸우려고 바다 모래 위에 섬(12:17)	→ 적그리스도에게 권세를 줌(13:4)		결박 당하여 무저갱에 갇힘(20:1-3)	땅의 사방 백성 미혹	→ 불못(20:10)
13; 19장 바다에서 나오는 짐승=적그리스도(열 뿔, 일곱 머리. 13:1)	→ 전 3년 반 끝에 무저갱에서 올라와 두 증인 죽임(11:7)	→용에게서 마흔두 달 일할 권세 받음(13:5)	아마겟돈에서 심판받음 → 거짓 선지자와 함께 불못에 넌서심(19:20)			
17-18장 음녀 바벨론=짐승(일곱 머리, 열 뿔)을 탔음 (구약→신약, 재림전까지)			→ 일곱 째 대접으로 멸망(16:17-21)			→ 부활, 심판받고 불못

2) 1-9장과 10-22장 그리고 요한계시록의 타임라인

이상의 이해를 따라, 요한계시록의 내용을 타임라인으로 만들어 보면 다음과 같을 것이다. 전체 내용을 한꺼번에 타임라인으로 만들어 버리면 이해가 어려우므로 단계별로 제시하는 것이 좋을 것이다.

첫째 단계로, 요한계시록 1-6장까지 내용은 아래와 같이 표현할 수 있을 것이다.

아래에서 인 재앙(특히, 1-4인 재앙들; 네 가지 색깔의 말들로 표현됨)은 신약시대 전체를 통해 나타나는데 다섯째 인(계 6:9-11)은 아직 두 증인의 활동 - 죽음이 있기 전, 전무후무한 마흔두 달(계 13:5, 후 3년 반)의 핍박이 있기 전에 먼저 순교한 자들이 하나님에게 질문하는 말이라고 생각되고 여섯째 인(계 6:12-17)은 후 3년 반이 끝날 무렵 혹은 직후에 일어날 것으로 보인다.

왜냐하면, 여섯째 인은 1-6나팔 재앙으로 일어나는 자연계와 인간의 1/3에 대한 심판과 중첩되면서도 보다 더 진전해 있기 때문이다. 구체적으로 말하자면, 넷째 나팔 재앙 때문에(계 8:12) 해, 달, 별들의 1/3이 어두워지고 낮과 밤의 1/3의 비추임이 없게 되는데, 이는 전체적으로 어두워지는 여섯째 인 재앙(큰 지진, 해, 달, 별들, 하늘, 산과 섬에 대한 총체적 재앙으로 보임)과 비슷하지만 아직 그보다는 미약한 단계이기 때문이다. 이 여섯째 인의 내용은 마태복음 24:29-31(막 13:24-27)와 연결된다.[50]

---

50 계 6:12-17 "내가 보니 여섯째 인을 떼실 때에 큰 지진이 나며 <u>해가 검은 털로 짠 상복 같이 검어지고 달은 온통 피 같이 되며 하늘의 별들이 무화과나무가 대풍에 흔들려 설익은 열매가 떨어지는 것 같이 땅에 떨어지며 하늘은 두루마리가 말리는 것 같이 떠나가고 각 산과 섬이 제 자리에서 옮겨지매</u> … 그들의 진노의 큰 날이 이르렀으니"; 마 24:29-31 "그 날 <u>환난 후에 즉시 해가 어두워지며 달이 빛을 내지 아니하며 별들이 하늘에서 떨어지며 하늘의 권능들이 흔들리리라 그 때에 인자의 징조가 하늘에서 보이겠고</u> 그 때에 땅의 모든 족속들이 통곡하며 그들이 <u>인자가 구름을 타고</u> 능력과 큰 영광으로 <u>오는</u> 것을 보리라 그가 큰 나팔소리와 함께 천사들을 보내리니 그들이 그의 택하신 자들을 하늘 이 끝에서 저 끝까지 사방에서 모으리라."(필자의 강조)

이 둘을 연결해 보면, 이러한 천체의 변화(특히, 해가 어두워짐)는 언제 일어나는 것인지에 대한 답을 찾는 데 몇 가지 단서를 얻는다. 즉, 이때는 '환난 후'이며 '예수님이 하늘에 오심의 징조가 보이고 그분이 구름을 타고 오시는 때'이고 또한 '큰 나팔 소리가 나는 때'이며 '천사들이 하늘 이 끝에서 저 끝까지 사방에서 성도들을 모으는 때'다. 줄여 말하면, 환난 후, 공중 강림 때, '휴거의 때'라 할 것이다.

이 여섯째 인 때가 휴거의 때인데 큰 환난 후에 일어난다. 환난은 3년 반 동안이지만 만약 그날들을 감하신다면 후 3년 반이 다 끝나기 전에 휴거가 이루어질 것이다. 그러나 이 감하시는 기간은 하나님의 주권에 달려 있는 것이므로 우리는 그 기간을 알 수 없다(도표에서 물음표로 표시).

이 내용을 다니엘서[51]에 나타나는 기간들과 관련지어 표를 만들어 보면 아래와 같다.

요한계시록 1장부터 일곱 인 재앙까지 타임라인

신약 시대 (예수님 십자가 부활, 요한 유배)→ 진행	1이레 단 7:25; 9:27; 12:7		1,290일;1,335일 단 12:11,12	1,000년	새 예루살렘
	전 3년 반 1,260일	후 3년 반 마흔두 달			
일곱 교회; 사단, 사단의 위, 사단의 회당, 발람, 이세벨, 니골라당 인 재앙(1-4인)		6인?	여섯 째 인: 큰 지진; 해가 상복같이 검어지고, 등등; 하늘 떠나감; 진노의 큰 날 마 24:29-31: 환난 후, 해가 어두워지며 등등, 예수님 공중 강림, 큰 나팔, 휴거		
순교자 탄원(5인)					

둘째 단계로, 대접 재앙까지의 타임라인을 생각해 보려 한다.

위에서 언급하였듯이, 나팔 재앙 중 넷째 나팔 재앙은 해, 달 등이 어두워져 낮과 밤 1/3이 어두워진다. 나는, 이러한 상태가 더 악화되어 결국

---

51 다니엘서의 종말론적 기간들에 대해서는 최영헌, "단 9:24-27 '70이레' 해석," **아세아연합신학대학교 신학대학원** Th.M. 논문(1999) 및 Richard S. Hess, "The Seventy Sevens of Daniel 9: A Timetable for the Future?," *Bulletin for Biblical Research* 21.3(2011), 315-30을 참조하라.

온 세상이 여섯째 인 재앙에서 완전히 어두워지는 것으로 본다. 이 여섯째 인 재앙은 요한계시록 16장에서 다섯째 천사가 대접을 짐승의 왕좌에 쏟을 때 그 나라가 곧 "어두워진" 것(계 16:10)과 다시 연결될 수 있다. 땅에서는 여섯째 인과 대접 재앙(특히, 다섯째 대접)으로 세상이 캄캄해지고 천체의 격변과 큰 지진이 나고 음녀 바벨론이 망하는 동안, 성도들은 여섯째 인 시점에 큰 나팔 소리와 함께 공중으로 들림 받게 될 것 같다. 이 나팔이 요한계시록 11:15과 일곱째 '나팔'[52]과 고린도전서 15:51의 "마지막 나팔" 및 데살로니가전서 4:16의 "하나님의 나팔"과 관련 있는 듯 보인다.

　이때를 정확히는 말할 수 없겠지만, 내 생각에는 휴거가 여섯째 인의 시점, 일곱 대접보다는 먼저가 아니겠는가 한다. 왜냐하면, 14:14 이하에 인자 같은 이의 곡식 추수=성도 추수와 포도 거둠=진노의 심판이 함께 거론되는데 곡식 추수가 먼저 놓였기 때문이고 곡식 추수가 먼저 있고 포도 거둠은 16-18장의 심판으로 이어지기 때문이다.

　또한, 추수된 곡식('짐승과 그의 우상과 그의 이름의 수를 이기고 벗어난 자들'로 봄)은 15:2에 찬양을 하고 있고, 15:5 이하는 포도 거둠이 시행되는 모습이 보이는데 여기서도 이 둘 사이에 먼저와 나중의 순서가 제시되어 있다고 보이기 때문이다. 휴거의 시기에 대해서는 아래에서 좀 더 논할 것이다. 다만 요한계시록과 성경의 다른 구절들을 종합해 볼 때 선지자적 사역을 하던 두 증인은 후 3년 반의 시작점에 하늘로 올라가고(이것을 휴거로 볼 수 있다면 1차 휴거라고 할 수 있을 것이나 '휴거'라는 용어가 동반되어 있지는 않다) 일반 '성도'의 휴거는 후 3년 반이 마칠 무렵(환난 날들을 감하실 경우)이나 끝난 직후가 될 것 같다.

52　이 일곱째 나팔이 곧 일곱 대접 재앙의 시작을 알리는데, 일곱 대접 재앙이 있기 전에 인자의 추수 곧 성도의 휴거에 대한 내용이 요한계시록 14:14-16에 보인다.

그래서 필자는 '성도들'에 대한 '전 3년 반 직전의 휴거',[53] '전 3년 반과 후 3년 반 중간의 휴거'[54] 주장은 무리가 아닌가 한다. 7대접 재앙들까지를 중심으로 요한계시록의 내용들을 도표로 만들어 보면 아래와 같다 (이해를 위해 대접 재앙들 이후의 사건들도 약간 삽입함; 파란색은 교회 중심).

---

[53] 이는 일부 세대주의자들의 주장으로서, 교회가 환난을 통과하지 않고 들림 받아 공중에서 예수님과 7년간 혼인잔치를 한다고 하는데 요한계시록의 내용과 전혀 맞지 않다. 역사적 전천년설 입장에서 세대주의 비판에 대해서는, 한정건, 『**현대 종말론의 성경적 조명**』(서울: CLC, 1991) 및 idem., 『**종말론 입문**』(서울: CLC, 1994)을 보라.

[54] 이는 두 증인이 죽임을 당하고 난 후 3일 반이 지나 그들에게 생기가 들어가 하늘로 올라가게 되는 것을 교회의 휴거와 동일시하는 주장인데(박윤선, 223), 이것도 맞지 않다. 왜냐하면 두 증인을 죽이는 자는 무저갱(11:7. 이 무저갱을 20:7에서는 '옥獄'으로 칭함), 혹은 바다(13:1)에서 올라오는 짐승(적그리스도)인데 이 적그리스도가 올라와 마흔두 달 권세를 받아 성도들을 다 죽이게 되는데 그러면 두 증인을 교회(성도)로 보는 것이 이치에 맞는가 하는 것이다. 두 증인은 복음 전도의 제일선에 선 자들로 보는 것이 더 적합하다. 그들이 먼저 희생을 당하고 성도들은 그들을 이어서 후 3년 반의 환난에 죽임을 당할 것이다. 또 두 증인의 사역시기를 후 3년 반으로 보는 것이 어려운 또다른 이유가 있다. 그 이유는, 이때는 짐승의 늑세 기간으로, 예배 드리는 사체가 금지될 것이고(단 9:27; 12:11; 참고, 11:31, 계 12:8, 11-18), 예배는커녕, 적그리스도와 우상에게 경배할 것을 강요당하고 경배하지 않는 자들은 다 죽임을 당하는 때일 것이기 때문이다. 그러면 어떻게 이 두 증인이 이 기간 동안 활발히 예언 사역을 할 수 있겠는가.

1장-대접 재앙까지 타임라인

	두 증인 하늘로(휴거?) ↑		↓ 예수님 공중 강림 성도들 부활 후 휴거 ↑	예수님과 성도들 지상 강림 ↓		
신약 시대(예수님 십자가 부활, 요 한 유배)→ 진행	1 이레 단 7:25; 9:27; 12:7		후 3년 반+30일 까 지 우상이 존재 단 12:11	후 3년 반+ 30일+ 45일까지 기다리는 자가 복 있음[55]	1,000년 통치	새 예루살렘
	전 3년 반 1,260일	후 3년 반 마흔두 달				
소아시아 7교회 복음 전파 (마 24:14) → → →	두 증인의 전도와 죽음	성도 권세 깨짐 (큰 환난)	예수님 공중 강림, 큰 나팔, 휴거 (마 24:29-31; 눅 17:34-35)	지상 재림		이기는 자[56] 144,000+곡식[57] 새 예루살렘
사탄, 사탄의 위, 사탄의 회당, 발람, 이세벨, 니골라당 인 재앙(1-4인) 순교자 탄원(5인)		여섯 째인?	여섯 째인: 큰 지진; 해가 상복같이 검어지고, 등등; 하늘 떠나감; 진노의 큰 날 마 24:29-31: 환난 후, 해가 어두워지며 등등			
		나팔 재앙[58] 1, 2, 3, 4나팔 5나팔=1화 6나팔=2화	3 화=1-7 대접 재앙 들(여섯 째 대접=아 마겟돈 준비), 일곱 째 대접=음녀 멸망	아마겟돈 전쟁 발발, 짐승과 거짓 선지자 는 불못으로 던져짐	1,000년 끝에 '곡 마곡'전쟁	

---

55 다니엘서의 관련 구절 12:12 "기다려서 천삼백삼십오 일까지 이르는 그 사람은 복이 있으리라"는 말은 그때까지 기다려야 되다는 당위성에 대한 말이라기 보다(이미 성도들은 후 3년 반의 핍박에서 거의가 다 죽었기 때문에 살아 남아서 기다릴 사람은 거의 없어 보임), 그 때가 성도의 휴거와 예수님의 지상 재림이 이루어지므로 그 때(정확히 말하면 음녀가 멸망하고 아마겟돈 전쟁에서 적그리스도와 거짓 선지자 및 세상 불신 세력이 심판을 받은 직후)에 예수님 앞에 설 사람은 복이 있다는 말로 이해하는 것이 적절하다.

56 사도 요한은 당시 A.D. 1세기의 소아시아의 일곱 교회에 편시하시만 각 교회에 보내는 편지의 끝부분에 나타나는 내용은 역사의 끝에 있을 일을 예언한다. 예, 3:12 "이기는 자는 내 하나님 성전에 기둥이 되게 하리니 그가 결코 다시 나가지 아니하리라. 내가 하나님의 이름과 하나님의 성 곧 하늘에서 내 하나님께로부터 내려오는 새 예루살렘의 이름과 나의 새 이름을 그이 위에 기록하리라."(개역개정)

57 7장에서는 144,000(복음의 일선에 선 자들 곧 계수된 군대로 보임)과 흰옷 입은 셀 수 없는 무리(교회 곧 모든 성도들로 보임)로 나타나고, 14장에서는 144,000(어린양이 어디로 인도하는지 따라가는 자들; 보좌 앞에서 새 노래를 부름)과 인자에 의해 추수 된 곡식(모든 성도로 보임)으로 나타난다.

58 1-4 나팔 재앙은 3분의 1이 특징인데, 4분의 1인 인 재앙(넷째 인 재앙; 넷째 인 재앙

3) '성도들'의 휴거(rapture)의 시기

휴거의 시기에 대하여는, 이 휴거가 대 환난 전에 있을 것으로 보는 사람들의 주장을 먼저 약간 언급할 필요가 있다. 요한계시록 3:10에 빌라델비아교회에 주님이 주시는 은혜가 있다. '작은 능력을 가지고도 내 말을 지킨' 빌라델비아 교회에게 주님은 '내가 또한 너를 지켜 시험의 때를 면하게 하리니"라고 말씀하셨다. 이 말씀은, '장차 온 세상에 임하여 땅에 거하는 자들을 시험할 때' 빌라델비아 성도들을 지켜주시겠다는 약속이다.

어떤 사람들은 이것을 대 환난 전 휴거의 증거구절로 주장하는데, 이는 말씀을 지킨(ἐτήρησας) 사람들에게는 시험/유혹의 때로부터(ἐκ τῆς ὥρας τοῦ πειρασμοῦ) 지켜주실(τηρήσω) 것이라는 말이지 휴거 시키겠다는 말씀으로 볼 수 없다. 구약 선지서에는 '무엇을 했으므로 무엇을 하여 주시겠다' 혹은 '무엇을 하지 않았으므로 무엇을 하지 않겠다'라는 직접 대응적 표현을 통한 보응이 많이 나타난다(예, 역대하 12:5; 호 4:6; 신약에도 예, 마 10:32-33). 이 점에서 요한계시록('지켰으므로' 내가 '지켜줄 것이다')은 구약 선지서와 연속성이 있는 것이다.

또 환난 전 휴거설자들은 요한이 4:1에 "이리로 올라오라"라는 음성을 들어 하늘에 올라가게 된 것을 휴거로 보는데 이는 앞에서 다루었으니 참고하기 바란다. 그리고 이들이 주장하는 마지막 하나는 마태복음 24:37-44와 누가복음 17:26-36에 의한 것인즉, 노아와 롯이 환난에서 건짐 받았듯이 성도들도 인자가 나타나는 날 환난을 겪지 않고 휴거될 것이라고 말

은 첫째부터 셋째 인 보다 강도가 높으며 그것들을 합해 놓은 것 같다는 인상을 받음. 6:7-8 보다는 시기적으로 나중의, 심화된 재앙으로 보인다. 또한, 대접 재앙보다는 시기적으로 먼저 일어나고(무시무시한 재앙들이기는 하지만), 그 재앙의 강도가 대접 재앙보다는 약하다고 볼 수 있다. 나팔 재앙들의 시기에 대해서는 필자는 "모른다"고 말한다. 다만 필자는 나팔 재앙의 시기를 추측할 뿐인즉, 전-후 3년 반 시기일 것으로 되 넷째에서 여섯째 나팔까지는 후 3년 반의 끝 무렵이 아닌가 한다.

한다. 여기에 대해서는 뒤에서 좀 더 언급한다.

부가적으로, 환난 전 휴거와 관련해, 에녹의 승천에 관해 언급하여야 할 것이다. 우리가 에녹에 대해 말할 때 주의할 것은 에녹은 하늘로 들림 받았으나 그것은 휴거의 예표는 될 수 있으나 데살로니가전서 4:15-17이 가리키는 휴거와는 다르다는 것이다. 이 본문의 휴거는 부활과 공중으로 들림 받음이 연속으로 이루어지는 것이다. 육체적으로 죽은 성도든 살아있는 성도든 몸이 부활체로 변화되어 올라가는 것이 데살로니가전서 4장이 말하는 휴거다.[59]

그러나 에녹(과 엘리야)의 경우는 그들의 몸의 변화에 대한 서술이 없다. 필자는 우리가 에녹과 엘리야처럼 언제든 하나님의 권능으로 들림 받을 수 있다고 믿으나, 이것을 데살로니가전서 4장의 휴거와 동일시하지 않는다.

휴거의 때에 대해 분명하고도 확실하게 말할 수 있는 것은, 그것이 예수님의 강림의 때(살전 4:15-17)에 일어난다는 것 그리고 이 예수님의 강림 때는 '환난 후'(막 13:24-27; 마 24:29-31)라는 것이다. 이 '환난 후'의 때는, 믿는 자가 육체적으로 이미 죽었든 아니면 살아 있든, 그들의 육의 몸이 부활체로 변해서 공중으로 들림 받는 때다.

필자는 앞에서 "두 증인"(144,000으로 봄)의 하늘로 올라감에 대해서는 꽤 다루었다. 두 증인에게 생기가 들어가서 그들이 발로 일어섰다

---

59 "데살로니가전서 4:17은…믿는 자들이 주를 만나기 위해 공중으로 '끌어 올려'(catching up)가는 것이 언급된 유일한 구절이다. 여기에서 '아판테시스'(apantesis)가 그리스도와 만나는 것에 사용되었는데, 이것은 보통 코이네 헬라어에서 귀한 손님이나 고귀한 사람의 방문이 있을 때, 또는 승리를 거둔 장군을 맞이해 환영 잔치를 하기 위해 집과 마을로부터 밖으로 나아가 그들과 함께한 사람들을 맞아 다시 돌아오는 경우에 사용되었다 … 이러한 표현은 … 믿는 자들이 구름을 타고 내려오시는 주를 만나기 위해 이 땅에서 붙들려 하늘로 올라가, 승리 가운데 이 땅에 오시는 주님을 모시는 모양이다. 이것은 오직 환난 후 휴거설과만 조화를 이룬다." 크레이그 L. 블롬버그, "신약성경의 환난 후 재림설: '레프트 비하인드'를 두고 떠나기," **『역사적 전천년설』**(A Case for Historic Premillennialism), 크레이그 블롬버그, 정성욱 편, 조형욱 옮김 (서울: CLC, 2014; Eng, 2009), 190-2.

(계 11:11). 이는 에스겔 37:4과 아주 비슷하다.

> … 생기가 그들에게 들어가매 그들이 곧 살아나서 일어나 서는데 극히 큰 군대더라
> (겔 37:4).

두 증인이 "구름을 타고 하늘로 올라"갔으므로 우리가 휴거라고 생각할 수 있는 반면, 이들이 부활체로 변했는지는 본문에 서술되어 있지 않으므로 휴거에 의문부호를 달아서 처리하였다. 만약 이들이 후 3년 반 끝 언저리(환난 날들을 감해 주실 경우) 혹은 후 3년 반 직후 휴거되는 것으로 보이는 일반 성도들 보다 먼저 휴거된 것으로 보면 두 번의 휴거가 이루어지는 것이다. 그러나 두 증인의 올라감을 휴거로 보지 않는다면 휴거는 한 번만 있다.

그러면 이러한 '일반 성도들'의 휴거는 언제 일어날 것인가?

짐승의 핍박을 당해 육체적으로 죽은 성도들과 육체적으로 살아남은 성도들(아주 소수가 살아남을 것으로 예상)은 언제 부활체로 변하여 공중으로 취함을 입을 것인가. 휴거 사건은 앞에서 보았듯이 여섯 째 인 재앙 및 마태복음 24:29, 곧 환난 후 즉시 해가 어두워지는 사건과 관련되어 있다. 이들의 휴거는 요한계시록 14:14-16의 인자의 곡식 추수 사건으로 보이고, 이는 "일곱째 나팔"=일곱째 대접이 부어지는 사건(특히, 다섯째 대접)과 또한 연결된 것 같다.

이것이 첫 번째 가능성이 있는 시기이니 곧 큰 환난의 날들을 감해 주신다면(마 24:22) 후 3년 반이 마칠 무렵 혹은 후 3년 반이 차기까지 큰 환난이 지속된다면 후 3년 반 직후이다. 이 시각은, 성도들은 위로부터 취함을 입고 짐승 경배자들은 땅에서 일곱 대접을 받는다는 시각인데 다시 말하면, 휴거 후 일곱 대접이 땅에 쏟아진다는 시각이다. 일곱 대접은 우리가 읽는 대로는 성도들이 아니라 짐승과 그 경배자들에게만 해당되는 재앙들로 보인다.

우리가 고린도전서 15:51-52을 보면, 성도들의 부활의 시점은 '마지막 나팔'의 시점이다. 헬라어로 '엔 테 에스카테 쌀피기'(ἐν τῇ ἐσχάτῃ σάλπιγγι)로 되어 있는 원문은 '그 마지막 나팔에'(at the last trumpet)라고 직역이 된다.

이는 요한계시록 10:7과 관련된다.

> 일곱째 천사가 소리 내는 날 그의 나팔을 불려고 할 때에 하나님이 그의 종 선지자들에게 전하신 복음과 같이(그의 종들 곧 선지자들에게 선언하신 것처럼) 하나님의 그 비밀이 이루어지리라(계 10:7).

사도 요한은 여기서 일곱째 나팔(그 마지막 나팔)의 때를 "하나님의 그 비밀"과 관련시킨다. 놀라운 것은 사도 바울도 '그 마지막 나팔에'를 말할 때 시작하는 말은, "보라 내가 너희에게 비밀을 말하노니"(고전 15:51)이라는 것이다. 바울과 요한 두 사도가 "비밀"(μυστήριον, 뮈스테리온)과 "그 마지막 나팔"을 똑같이 관련시킨다.

그런데 눈에 띄는 것은, 이 구절 요한계시록 10:7은 11:15과 연결된다는 점이다. 11:15는 "일곱째 천사가 나팔을 불매 하늘에 큰 음성들이 나서 이르되"라고 되어 있고 19절에는 "이에 하늘에 있는 하나님의 성전이 열리니 성전 안에 하나님의 언약궤가 보이며 또 번개와 음성들과 우레와 지진과 큰 우박이 있더라"고 되어 있다.

마지막 나팔의 비밀은 요한계시록 14:14의 '인자의 곡식 추수'로 실현되는 것 같다. 즉, 마지막 나팔의 시점이 고린도전서 15:51-52에서 말하는 부활의 시점이라면 그리고 요한계시록 14:14 이하의 "구름 위에 앉으신" 인자 예수님의 곡식 추수를 휴거의 실현으로 본다면(살전 4:17 "… 구름 속으로 끌어 올려 공중에서 주를 영접하게 하시리니"), 그리고 마태복음 25:29-31의 "환난 후", "해가 어두워짐", "인자의 임하심", "큰 나팔"을 고린도전서 15:51의 "마지막 나팔" 시점과 같은 시점으로 본다면, 휴거의 시점은 여섯 째 인 재앙과 겹치고 일곱 대접의 재앙 직전이 된다.

이러한 시각으로부터 우리는 후반기 3년 반의 끝 언저리 혹은 직후에 성도들은 죽음에서 살아나서 혹은 살아있는 상태에서 홀연히 영광스러운 몸으로 변화하여 휴거되고, 온 세상은 흑암으로 덮이게 되며 불신자들은 일곱 대접 사건을 겪게 됨을 예측할 수 있다. 이 성도들(=교회)은 먼저 올라간 두 증인과 함께 예수님이 아마겟돈 전쟁을 위해 이 땅에 강림하실 때 세마포를 입은 하늘 군대(19:8, 14., τὰ στρατεύματα)로 예수님을 모시고 함께 강림하여 천년 통치(20:4, 왕 노릇)를 하게 될 것이다.

그러니까, 이들이 휴거되어 공중에 오래 있는 것이 아니라 땅의 불신자들의 심판 받은 동안 그곳에서 빼내심을 입는 것이다. 그리고는 곧 예수님의 심판 집행(아마겟돈)에 함께 참여하여 이들이 땅으로 내려오는 것이다.

휴거 시기에 대한 두 번째 가능성은, '여섯 째 대접이 쏟아지는 어간'(아마겟돈 전쟁 준비 기간)이다. 왜냐하면, 이 여섯 째 대접 내용이 나타나는 구절들 속에 아직 예수님의 재림이 이루어지지 않고 있는 듯한 것을 나타내는 구절이 삽입되어 있기 때문이다. 그 구절은 바로 요한계시록 16:15다.

> 보라 내가 도둑 같이 오리니 누구든지 깨어 자기 옷을 지켜 벌거벗고 다니지 아니하며 자기의 부끄러움을 보이지 아니하는 자는 복이 있도다(계 16:15).

그렇다면 대접 재앙들(특히, 여섯 째 대접)이 쏟아지는 도중에도 성도들이 땅에 있다는 말이 아닌가!

물론 이 구절은 이 시기에 아직 성도들이 땅에 남아 있고 그들에 대한 경계의 말씀이 아니라 불신자들에게 대한 경고로 볼 수 있다. 왜냐하면, 데살로니가전서 5:1-5[60] 때문이다. 또는 이 말씀은 요한계시록을 읽는 요

---

[60] "형제들아 때와 시기에 관하여는 너희에게 쓸 것이 없음은 주의 날이 밤에 도둑 같이 이를 줄을 너희 자신이 자세히 알기 때문이라 그들이 평안하다 안전하다 할 그 때에 임신한 여자에게 해산의 고통이 이름과 같이 멸망이 갑자기 그들에게 이르리니 결코

한 당시의 독자들에게 경계하는 말씀일 수도 있다.

어쨌든 우리는 휴거가 위에서 언급한 때 곧 환난 후의 여섯째 인 재앙 때보다 더 나중에 일어날 가능성도 생각해 볼 수 있다는 것이다. 고린도 전서 15:51의 '마지막 나팔'은 일곱 대접 재앙들이 쏟아지기 전에도 소리를 내겠지만, 예수님과 성도들의 '지상 강림 때'에도 소리를 낼 것이기 때문이다.

예수님 지상 강림의 때는 하늘 군대를 데리시고 강림하시는 시간인데, 하나님이 부시는 나팔 곧 이때의 나팔은 아마겟돈 전쟁을 통한 심판을 위해 하나님이 부시는 '전쟁 신호의 나팔'로도 이해할 수 있을 것이라는 것이다. 그러면 이때는 당연히 마태복음 24:29-31의 환난 후 즉시 해가 어두워짐의 시점보다 나중, 곧 '아마겟돈 전쟁이 있기 직전(여섯 째 대접) 혹은 전쟁 시작의 시간대(일곱 째 대접 후)'가 된다.

> 주께서 호령과 천사장의 소리와 하나님의 나팔 소리로 친히 하늘로부터 강림하시리니 그리스도 안에서 죽은 자들이 먼저 일어나고 그 후에 우리 살아 남은 자들도 그들과 함께 구름 속으로 끌어 올려 공중에서 주를 영접하게 하시리니 그리하여 우리가 항상 주와 함께 있으리라(살전 4:16, 17).

여기서 "호령으로"(ἐν κελεύσματι, 엔 켈류스마티)는 NIV에서 'with a loud command'로 번역했고, "천사장"은 'archangel'로 나타나니 곧 '미가엘'을 말한다(참고, 유 1:9). 이는 곧 '전쟁'을 위한 호령, '전쟁'을 위한 천사장의 개입처럼 보인다. 그렇다면 이것은 비슷한 주제들인 '미가엘', '대 환난', '부활'[61] 등을 나타내는 다니엘서 12:1, 2과도 연결된다고 할 것이다.

피하지 못하리라 형제들아 너희는 어둠에 있지 아니하매 그 날이 도둑 같이 너희에게 임하지 못하리니 너희는 다 빛의 아들이요 낮의 아들이라 우리가 밤이나 어둠에 속하지 아니하나니 …"(필자의 밑줄)

61 이 부활이 휴거와 이어질 것임은 의심의 여지가 없다.

이는 요한계시록과 관련해서는 19:11-21의 아마겟돈 전쟁과 이 본문에 대한 인접 본문 20:4-6(부활에 대한 언급)과 함께 생각해 볼 수 있다. 즉, 나팔과 큰 음성들(11:15)은 일곱 대접 전에 나는 것으로 요한계시록에 나오지만, 아마겟돈 전쟁의 시작 시점에도 울릴 것으로 추측된다는 것이다.

이 소리들과 함께 예수님(계 19:11-13, 15-16)은 그분을 따르는 "하늘에 있는 군대들" 곧 "희고 깨끗한 세마포 옷을 입"은 자들을 데리고 강림하시어 지상의 짐승과 그 군대들을 멸하고[62] 천년 통치를 시작하실 것이다.

이렇게 두 가지로 생각해 볼 수 있겠지만, 필자는 아무래도 전자가 옳아 보인다. 즉, 일곱 대접 전에 휴거가 있을 것으로 본다. 오래 참으시던 하나님이 결국 불신자들에게 물과 불의 심판을 쏟으실 때 노아와 롯을 건져주셨듯, 애굽에는 열 가지 재앙의 심판을 내리시고 이스라엘은 재앙으로부터 지켜 주셨듯, 출애굽 때도 애굽 군대는 홍해에 몰살하시고 이스라엘은 건너가게 하셨듯(출 15:1-21; 비교, 계 15:2-4 "… 유리 바닷가에 서서 … 모세의 노래, 어린양의 노래를 불러 이르되 …") 마지막 일곱 대접(애굽에 쏟았던 재앙들과 비슷)을 쏟으실 때도 성도들은 해를 받지 않게 공중으로 올리시고 악인들은 멸하실 것으로 보기 때문이다.

필자는 휴거의 시기에 대한 결정적 증거를 누가복음 17:22-37(마 24:27-44)에서 찾는다. 이때는 예수님이 "번개가 하늘 아래 이쪽에서 번쩍이어 하늘 아래 저쪽까지 비침같이"(공중에) 오시는 때(24절)이며 노아의 홍수 때(27절)나 소돔의 멸망 때에 비견되었다. 누가복음 17:29 "롯이 소돔에서 나가던 날에 하늘로부터 불과 유황이 비오듯 하여 그들을 멸망시켰느니라"에서 보듯이 롯은 재앙을 피해 나가고 소돔의 악인들에게는 불이 쏟아짐이 아주 선명하게 대조되어 있다.

---

62 짐승(적그리스도)과 거짓 선지자는 산 채로 유황불 붙는 못에 던져지고(계 19:20), 그 나머지는 죽임을 당한다(계 19:21).

이어지는 34-35절에 " …하나는 데려감을 얻고 하나는 버려둠을 당할 것이니라"가 두 번 반복되어 있다. 이 휴거 사건에 뒤이어 아마겟돈 전쟁이 일어나게 되고 짐승의 추종자들의 시체를 독수리가 뜯어먹을 것이다(37절). 즉, 재림-악인 심판-의인 휴거-전쟁 등이 22-37절에 함께 나타나므로 거의 동시적 사건들로 보는 것이다.

그리하여, 필자는 마지막 단계로, 10-22장의 내용, 곧 휴거와 일곱 대접 재앙을 포함한 그 이후의 사건들에 대한 타임라인을 제시해 본다.

도표에서 보면 필자는 요한의 예언 사역 시기 곧, 마흔두 달(11:2, 이방인이 거룩한 성을 짓밟는 기간)을 신약 시대 전체로 볼 수도 있고, 또 그것의 집약의 시기인 후 3년 반 곧 적그리스도의 통치 시기로 볼 수도 있다고 생각한다. 요한의 사역은 신약 시대 복음 사역자들의 전도를 대표한다.

그리고 두 증인(단 두 명인지 아니면 이 두 명이 일군의 사람들을 집합적으로 표현한 것인지는 불분명하나 후자로 봄; 이 '두 증인'이 7장에서는 144,000의 영적 전사들로 계수되었다고 봄)의 예언 사역(11:3, 1,260일)은 사도 요한의 사역이 종말론적으로 집중된 형태로 본다. 이들은 전 3년 반 동안에 사역을 하다가 무저갱에서 올라온 짐승에게 죽임을 당해 먼저 하늘로 올라간다.

두 증인 승천 후의 후반기 3년 반은 다니엘서 7:25[63]과 12:7[64]에도 나타나는 그야말로 "큰 환난"(계 7:14)의 시기이며 이때 나팔 재앙들(특히, 4, 5, 여섯 째 나팔들)이 쏟아질 것이다. 짐승(적그리스도)은 이 시기에 마귀에게 권세를 부여받아 온 세상의 성도들을 다 잡아 죽일 것이다(계 12:5, 7, 10[65]).

---

63 단 7:25 그가 장차 지극히 높으신 이를 말로 대적하며 또 지극히 높으신 이의 성도를 괴롭게 할 것이며 그가 또 때와 법을 고치고자 할 것이며 성도들은 그의 손에 붙인 바 되어 한 때와 두 때와 반 때를 지내리라.
64 단 12:7 내가 들은즉 그 세마포 옷을 입고 강물 위쪽에 있는 자가 자기의 좌우 손을 들어 하늘을 향하여 영원히 살아 계시는 이를 가리켜 맹세하여 이르되 반드시 한 때 두 때 반 때를 지나서 성도의 권세가 다 깨지기까지이니 그렇게 되면 이 모든 일이 다 끝나리라 하더라.
65 계 12:5 또 짐승이 과장되고 신성 모독을 말하는 입을 받고 또 마흔두 달 동안 일할 권세를 받으니라; 12:7 또 권세를 받아 성도들과 싸워 이기게 되고 각 족속과 백성과 방

이 후반기 3년 반에 30일 더한 기간, 즉 1,290일간 성전에 우상이 있게 될 것이며(단 12:11), 정확히 알 수 없으나 이 무렵에 일곱 대접이 쏟아질 것이다. "기다려서 1,335일까지 이르는 사람은 복이 있다"는 다니엘 12:12의 기간은 위에서 언급하였듯이 복된 자가 되기 위해서는 이때까지 꼭 '육신적으로' 살아남아 기다려야 된다는 말이라기보다 예수님의 재림 때가 되어 부활의 영광을 입을 성도들이 복이 있다는 말로 이해하는 것이 더 온당할 것이다.

바로 이때(1,335일; 언제인지 자세히 알 수는 없지만)가 예수께서 휴거된 성도들을 거느리시고 강림하사 아마겟돈 전쟁에서 승리를 거두시고[66] 천년 통치를 시작하시는 시기로 이해된다(계 19-20장).

언과 나라를 다스리는 권세를 받으니; 12:10 사로잡힐 자는 사로잡혀 갈 것이요 칼에 죽을 자는 마땅히 칼에 죽을 것이니 성도들의 인내와 믿음이 여기 있느니라.

[66] 이 아마겟돈 전쟁 어간이 유대인의 회심 시기일 것으로 필자는 추측한다. 요한계시록, 요엘서, 스가랴서의 전쟁에 대한 장을 참조하라.

요한계시록 전체 내용의 타임라인

```
              두 증인        ↓ 예수님 공중 강림    예수님과
              하늘로         성도들 부활 후 휴거    성도들 지상 강림
                ↑              ↑                    ↓
```

신약 시대 → 진행	1 이레 단 7:25; 9:27; 12:7		30일? 단 12:11	45일? 단 12:12	천년	곡과 마곡	크고 흰 보좌	새 예루살렘
	전 3년 반 1,260일	후 3년 반 마흔두 달						
여자가 광야에서 1,260일 계 12:6, 14 요한의 예언 (성전 측량; 요한의 예언은 신약 시대 두 증인 사역으로 투사, 집중화 됨)	두 증인 1,260일 예언, 순교, 승천	성도 권세 깨짐	그리스도 공중 재림 성도 부활 (겔 37장), 휴거	그리스도 지상 재림 (유대인 민족적 회개)	그리스도와 부활한 성도의 통치			신부; 어린양의 아내 21:9
이방인이 거룩한 성을 마흔두 달 짓밟음. 계 11:2 (신약 시대로 볼 수 있음; 후 3년 반에 집중적으로 이루어질 것임)		넷째 나팔 여섯 째 인? 짐승과 거짓 선지자 통치, 666표 받음	여섯 째 인 1-7 대접, 회개않음 음녀 멸망	아마겟돈 =에돔 심판. 겔 35:1-36:6; 짐승, 거짓 선지자 불못	마귀 결박	곡의 전쟁 겔 8-39장 마귀 불못	죽은 자 심판	겔 40-48장 교회의 완성과 유업

이 도표로 전 3년 반과 후 3년 반 어간의 사건들을 최종적으로 정리하자면, 전 3년 반에 두 증인의 전도가 있고 이 사람들은 후 3년 반의 시작점에 순교했다가 생기가 들어가서 승천하며(10:1-11:13), 후 3년 반에는 적그리스도와 거짓 선지자의 통치가 있고 성도들은 죽임을 당한다(11:14-13:18).

여기까지 크게 보면, '복음 사역자들'(10-11장) 그리고 그다음에 '일반 성도들'(12-13장)의 순서가 매겨진다. 그리고 14-15장의 내용을 보면, 또 '복음 사역자들'(14:1-5) 그리고 그다음에 '일반 성도들'(14:14-16; 15장)의 순서가 매겨진다. 즉, 일곱 나팔과 일곱 대접 재앙 사이의 삽입/삽경(intercalation)이 왜 이런 배열로 이루어졌는지에 대한 하나의 답변이 제시될 수 있다.

거슬러 올라가서, 일곱 인과 일곱 나팔 사이의 삽입인 7장의 내용도 동일한 방식으로 이해할 수 있는 것이다. '복음 사역자들'(144,000) 그리고 그다음에 '성도들'(셀 수 없는 흰옷 입은 무리)의 순서가 관찰되는 것이다. 그리고 이 두 그룹의 순서가 20:4에 정리되어 있다. 이 두 그룹 중에 먼저 배열된 그룹에 자기들이 속해 있다고 하며 계급적 우월성을 주장하는 이단 집단들이 있는데 이들을 경계해야 할 것이다.

그리스도와 부활한 선지자들 및 성도들의 천년 통치, 마귀의 선동에 의한 곡과 마곡의 반란(20:7-8), 마귀가 불못에 던져짐(20:10), 크고 흰 보좌 심판(20:12, 죽은 자들), 죽음과 음부(ὁ θάνατος καὶ ὁ ᾅδης)도 불못에 던져짐(20:14)이 타임라인의 마지막에 위치한다. 이 불신자들과 죽음과 음부가 불못에 던져지는 것이 곧 '둘째 죽음'(ὁ θάνατος ὁ δεύτερός)이다.[67] 그리고 최종적으로 새 하늘과 새 땅 및 새 예루살렘(21:1-8; 21:9-22:15에서 자세히 설명)이 있게 된다. 도표에 에스겔서의 사건들을 삽입하였다.

에스겔 37장의 성도 부활(요한계시록의 부활-휴거 시점)은 에돔 심판(겔 35:1-36:6, 요한계시록의 아마겟돈으로 봄) 다음에 배열되어 있는데 이 둘을 거의 동시적 사건으로 보면 요한계시록의 휴거-아마겟돈이 이해가 된다. 에스겔 38-39장의 곡의 전쟁=요한계시록의 곡과 마곡은 도표에서 천년 통치 뒤에 오는 것으로 표시되었다.

에스겔 40-48장의 새 성전과 성전 문지방 밑에서 나오는 물(강), 땅 분배는 요한계시록의 새 예루살렘, 하나님과 및 어린양의 보좌로부터 나오는 생명수(강), 신천 신지의 유업에 대응하는 것으로 필자는 이해한다(물론 이러한 모습은 요엘서와 스가랴서의 유사 내용에서 보듯 아마겟돈 전쟁 후의 천년 왕

---

67 이 불못이 마태복음 25:41에는 "영원한 불"(τὸ πῦρ τὸ αἰώνιον)로 표현되었다. 그리고 이 영원한 불은 다시 "영벌"(25:46, κόλασιν αἰώνιον)이라고 언급된다. 자유주의자들(오리겐의 후예들)은 지옥을 믿지 않으나 본인들이 실제로 이 영원한 불에 들어가 영원한 형벌을 받을 때 지옥이 실제로 있다는 것을 알게 될 것이다.

국에서 이미 시작될 것이다).[68] 요한계시록에서도 에스겔과 마찬가지로 거룩하고 영광스러운 교회의 모습이 최종부에 놓인다.

에스겔서 초반의 성전 모습이 가증한 우상들을 숭배하는 것이었으나 마지막 부분의 성전 모습이 거룩한 새 성전, '여호와 삼마'(יהוה שמה)의 모습인 것처럼, 요한계시록 초반의 일곱 교회는 죄와 더러움이 있는 모습이었으나 새 예루살렘은 거룩과 영광과 하나님-어린양 임재의 모습이다. 우상과 복술로 더럽혀진 음녀의 모습은 완성된 교회에서 온전히 제거되었다.

5. 나가는 말: 교회의 최종 모습

본 장에서 필자는 교회의 미래 최종 모습을 에스겔서와 요한계시록의 비교를 통해 알아보았다. 문학적-신학적 구조의 분석과 선지자들의 시점 변화에 주목하고 아울러 구약과 신약의 예언 언어의 특성 차이에 유의하였다. 에스겔서의 33-48장처럼 요한계시록 10:1-22:21은 현재에서 급격히 세상 끝날로 이동한다.

요한계시록의 두 번째 단락 내용 중 특히 11장은 두 증인/선지자들의 하늘로 올라감, 15장은 특히 휴거(15:2)와 더불어 음녀 바벨론 멸망→ 그리스

---

[68] 요엘 3:18 "여호와의 성전에서 샘이 흘러나옴", 스가랴 14:8 '예루살렘에서 솟아나는 생수'에 대하여는, 이 본문들이 아마겟돈 전쟁 다음의 예루살렘의 회복의 상태를 보이기에 필자는 천년 왕국에서부터 있을 종말의 영적인 생명의 실재(spiritual reality of life)에 대한 묘사로 본다. 이 영적인 실재는 동시에 물질적 부요와 이 왕국에 살게 될 거주민들의 실제적 안녕을 시사하는 것 같다. 물론 이것들은 새 하늘과 새 땅(계 21-22장)의 완성된 하나님 나라에 대한 예시이기도 할 것이다. 물론 '성전'이라는 표현은 비유적으로(metaphorically) 기능할 것이 분명하다. 왜냐하면, 재림 예수와 그분 안에 연합된 성도들이 구약의 성전을 대치하기 때문이다. 이 두 본문들과 비슷한 에스겔 40-48장의 새 성전에서 흘러나오는 물에 대해 언급한다면, 이것은 천년 왕국의 모습도 가리키겠지만, 필자는 이 본문이 곡의 전쟁 다음에 놓이기에, 보다 새 하늘과 새 땅(계 21-22장)과 연결된다고 본다. 물론 이 새 성전이 천년 왕국 때 건립될 문자적 구약적 성전이요, 여기서 드리는 희생 제사는 문자적 제사라는 해석은 거절한다.

도의 재림(아마겟돈)→ 적그리스도와 거짓 선지자 불못에 던져짐→ 천년 왕국→ 마귀 불못에 던져짐→ 새 예루살렘 완성이 계기적으로 이어져 있다.

특히, 요한계시록 19:1부터는 중요 주제들인 선지자 요한, 삼위 하나님, 찬양 등이 나타나면서 전체 책의 '결론적 역할'을 한다. 19장은 재림 예수의 아마겟돈에서의 심판 곧 10-13장에서 아들의 승천 후 땅으로 내쫓겼던 마귀가 두 증인을 죽이고 또 그의 수하들 곧 적그리스도와 거짓 선지자를 세우고 그들과 합세하여 교회를 핍박하고 하나님을 훼방하였던 극악한 일들에 대한 하나님의 복수(復讐)의 심판을 보여 준다. 이는 먼저 순교를 당했던 성도들의 간구(계 6:10)에 대한 응답이다.

그 응답은 곧 하나님의 의로운 심판이다. 이 의로운 심판은 12-13장에서 보였던 용=마귀에게도 시행된다. 적그리스도와 거짓 선지자가 불못에 던져진 이후에 천년(상징적이지만 긴 일정한 기간) 동안 무저갱에 결박되었다가 놓여난 마귀는 곡과 마곡을 미혹해 전쟁을 일으키고, 결국 불못에 던져진다.

이러한 요한계시록의 종말 사건들은 에스겔서의 종말 사건들과 상응한다. 에스겔서의 에돔 심판(참조, 사 63장의 에돔 심판)은 요한계시록의 아마겟돈 전쟁과 상응하고, 에스겔서에서 이스라엘의 "극히 큰 군대"(겔 37:10, חיל גדול מאד-מאד)로의 부활은 요한계시록의 11:11의 두 증인의 살아남에 일차적으로 적용되고, 그다음 14:14의 곡식 추수와 19장의 예수님을 따르는 '군대' 그리고 20장의 성도 부활과 상응(20:4-6)하는 것으로 보인다.

또한, 에스겔서의 곡 심판은 재림 전 이스라엘을 공격하는 이방에 대한 심판을 가리킬 수도 있고 요한계시록의 천년 왕국 후의 곡과 마곡 전쟁과 상응하기도 하는 듯하다. 그리고 에스겔서의 새 성전(성전과 희생 제사는 문자적으로 해석할 수 없다)과 성전에서 흘러나오는 생수는 거룩의 예배와 생명의 삶을, 지파별 땅 분배는 성도의 누릴 기업을 보여 주는데 이것들은 천년 왕국에서 예비적으로, 새 예루살렘(계 21-22장)에서 온전히 성취될 것으로 보인다.

요한계시록에서 이 새 예루살렘은 성도들을 나라와 제사장으로 삼으신 하나님의 목적이 완성된 상태로 나타난다. 또한, 이 새 예루살렘은 창조의 목적이 성취된 상태 곧 새 하늘과 새 땅에 존재한다. 구약의 언어로 표현된 에스겔서의 새 성전, 사독 계열의 제사장, 희생 제사, 율법, 왕, 땅 분배 등에 대한 언급은 이제 요한계시록에서 신약의 언어로 제시되었다.

우리가 구약 종말론을 이해할 때 주의해야 할 것이 몇 가지 있다.

첫째, 신약에 와서 정경이 완성되었기에 신약 종말론에 비추어 구약 종말론을 이해해야 된다는 점이다. 신약에 와서 재림 관련 계시가 더 분명해졌다.

둘째, 에스겔의 어떤 종말론적 예언들은 하나의 민족으로서 이스라엘에 성취될 것들도 있다는 것이다.

'새 이스라엘 곧 교회'에서 이루어질 것이 있고, '이스라엘 곧 유대 민족'에게서 이루어질 예언이 있다는 것이다. 예를 들어, 곡의 심판은 예수님 재림 전에 이스라엘 민족과 관련된 예언일 수 있고, 천년 왕국 끝에 있을 교회를 대항하는 마귀 세력에 대한 심판일 수 있다는 것이다. 또 예를 들어, 온 세계에 흩어진 이스라엘 사람들을 모으신다는 예언은 현재 하나의 민족 유대인에게서 구체적으로 이루어지고 있는 예언으로 볼 수 있다.

또한, 이를 교회로 해석하여 온 세계의 믿는 자들-유대인이나 이방인이나-을 하나님이 그분의 나라로 모으신다는 예언으로 볼 수 있다.

셋째, 선지서의 상징은 상징에 그치지 않고 언제나 실재를 가리키고 있다는 것이다.

에스겔서의 예언들 예를 들어, 미래의 팔레스타인 땅의 새 성전이 미래의 신천 신지의 새 예루살렘의 하나님 및 어린양=성전을 가리킨다고 해서 그 실재가 상징적인 것만을 지시하지는 않는다는 것이다.

에스겔서의 회복된 이스라엘이 예수님 재림 시의 새 이스라엘=새 예루살렘=유대인들과 이방인들의 남은 자들 곧 예수 믿고 구원받은 사람들을 가리킴을 우리는 인지해야 하고 나아가서 이 새 예루살렘은 구체적이고 유형적인 장소적 실재라는 사실도 인식해야 할 것이다. 영적이나 동시에 물리적인 장소적 실재가 새 예루살렘이다. 이것을 부인하는 사람들은 하늘과 땅의 구속의 진정한 의미를 놓친 사람들이다. 성도들의 부활은 육신/몸의 부활을 포함하듯, 새 예루살렘은 물리적 장소적 실재를 포함한다.[69] 예를 들어, 그곳의 길은 정금으로 되어 있다!

즉, 요한계시록은 문자적으로 해석될 표현들과 상징적 언어들을 모두 포함하는데, 상징적 언어들이 어떤 관념(예를 들어, 권선징악 같은 교훈)만을 전달하기 위해 사용된 것이 아니라 모두 실재와 연결되어 있다는 것이다.

에스겔서와 요한계시록을 적절히 이해하기 위해서 필자는 그 책들의 문학적-신학적 구조를 적절히 파악할 것을 강조한다. 각 단락과 하위 단락들이 어떻게 주제들의 반복적 진행을 담고 있으며, 그 단락들 속에서 시간적 계기성은 어떻게 이루어지고 있는지 면밀하게 살필 것을 제안한다.

구조와 시점을 상고할 때, 필자는 '환난 후 휴거설'(즉, 후 3년 반 끝 무렵 혹은 직후의 휴거, Posttribulationism)과 '역사적 전천년설'(historic premillennialism)이 옳다고 보며,[70] 헨드릭슨의 주장과 달리 아마겟돈 전쟁과 곡과 마곡의 전쟁은 서로 다른 전쟁으로 이해한다.

---

69 김추성은 N. T. Wright의 자유주의적 요한계시록 주해에 대해 탁월한 비판을 제공한다. "요한계시록 21-22장의 새 예루살렘: 장소인가, 공동체인가" **신학정론** 33(2),(2015): 109-30.
70 특히, G. E. Ladd, *The Blessed Hope: A Biblical Study of the Second Advent and the Rapture* (Grand Rapids: Eerdmans, 1956); Blomberg and Sung Wook Chung, *A Case for Historic Millennialism*; Moo, Douglas J. "Posttribulation Rapture Position," in *Three Views on the Rapture* (Grand Rapids: Zondervan, 2010), 171-211을 보라.

결론은, 선지자('나비')인 동시에 선견자('호제')인 에스겔과 요한의 책들은 예언(預言-豫言)[71]과 (감각적) 환상(幻像)/이상(異像)[72]으로 거룩하고 영광스러운 미래 교회의 완성된 모습을 우리에게 보여 준다. 이 거룩한 교회는 오직 예수 그리스도의 심판/구원 사역과 성령의 사역을 통한 하나님의 일하심으로 이루어진다. 에스겔서는 이분을 목자, 왕(34:23; 37:25. '다윗')으로 제시하며, 계시록은 죽은 자들 가운데서 먼저 나시고 땅의 임금들의 머리가 되신 분(1:5), 처음이요 마지막[73](1:17; 2:8; 22:13), 다윗의 뿌리(5:5; 22:16) 등으로 언급한다.

예수 메시아의 사역으로 적그리스도와 그의 추종자들은 심판을 받고, 믿음으로 끝까지 견디는 자들은 구원을 받는다. 성도들은 예수님의 심판에 동참하는 군대가 되며, 이들은 영적이며 동시에 물리적 실재인 천국을 유업으로 받는다. 어린양의 신부 곧 그의 거룩한 교회는 하나님이 통치하시는 나라와 제사장이 되고 또 영원히 아버지와 아들의 통치에 참여한다.

- 71 두 선지서는 하나님이 맡기신 말씀(預言)인데 많은 미래에 될 일들(豫言)을 담고 있다. 자유주의자들은 선지서에 있는 미래 일들이 앞으로 일어날 것을 믿지 않기 때문에 예언을 전자만으로 보나(후자는 틀린 것이라고 강조하나) 모든 선지서가 미래 일들도 담고 있기 때문에 전자와 후자를 병기함이 적절하다.
- 72 환상(히, 하존)은 영어로 vision으로 번역될 수 있다. 이는 '본 것'인데 하나님이 열어서 보여 주셨기에 계시라고 옮길 수 있으나(헬, 아포칼륍시스. 이런 취지에서 '계시록'이라 한 것이다) 우리말 계시가 시각적 의미를 적게 담고 있으므로 환상(幻像)이나 이상(異像)이 더 적절한 번역이라 볼 수 있다. 한편, 묵시(默示)라는 번역은 자유주의자들이 예언과 묵시를 첨예하게 분리하기 때문에 사용하기 힘들게 되었다. 또한, 묵시 문헌(apocalyptic literature)을 '묵시 문학'이라 하는 것도 아주 세속적인 냄새가 나는 번역이다. 이사야, 요엘, 에스겔, 다니엘, 스가랴 등 선지자들이 끝날에 될 일들을 보게 되는데 이것들은 넓게는 예언에 포함된다. 물론 '세상 끝날에 대해 본 것'이므로 이를 구별하여 예언 속의 하존/아포칼륍시스로 지칭할 수도 있다. 반면 자유주의자들은 이런 묵시의 기원을 중간에 새로 생긴 장르 곧 미래에 대한 현재의 희망을 문학화한 것으로 보기 때문에 결과적으로 예언의 진정성을 부정하게 된다. 자유주의자들이 말하는 묵시 부분들이 후대에 생겨나서 정경에 덧붙여진 것이 아니라 정경의 선지서들의 주요 단락 끝부분이 처음부터 세상 끝날에 대해 '본 것'을 담고 있었는데 그것을 세속 작가들이 흉내 내 픽션을 창작한 것이다.
- 73 알파와 오메가(22:13; 비교, 1:8)로도 나타난다. 이 알파와 오메가는 성부와 성자를 모두 지칭하는 표현이며 요한은 이를 통해 성자가 하나님이심을 독자들에게 알린다.

반면, 혼합주의, 자유주의 신학, 종교다원주의, 우상 숭배, 적그리스도의 전체주의와 적그리스도 숭배, 복술과 속임, 영육 음행(동성애 포함)과 세속주의 등에 속한 자들은 회개하지 않으면 이 거룩한 교회에 들어올 수 없고 영원히 불못에서 형벌을 받는다.[74]

필자는 우리가 전쟁, 기근, 지진, COVID-19 같은 것(1-4인)의 시대에 처해 있고, 복음이 전 세계적으로 전파되는 시기에 살고 있다고 본다. 두 증인 곧 '두 선지자'('이마에 인침 받은 우리 하나님의 종들')의 활동 시기, 적그리스도와 나팔 재앙들(1-4나팔)의 때가 아주 가까왔다고 본다. 겸손히 금식기도 하면서 회개하고 힘써 복음을 전하자. 그리하지 아니하면 예수님이 오셔서 우리 '메노라'(燈臺)를 그 자리에서 옮겨버리실 것이다.

참고 문헌

권성수. 『요한계시록』. 서울: 선교횃불, 1999.

김래용. "에스겔서의 메시지와 거룩." **구약논단** 24(3),(2018): 232-65.

김추성. "천년 왕국(Millenium)에 대한 재 고찰: 요한계시록 20:1-6을 중심으로." **신학정론** 32(2)(2014): 237-62.

____. "요한계시록 21-22장의 새 예루살렘: 장소인가, 공동체인가" **신학정론** 33(2),(2015): 109-30.

노우호. "에스라 성경강좌 요한계시록" 2017. 9. 13. https://www.youtube.com/watch?v=NZ7EoMr_IKg(2021. 12. 14 접속).

박경철. "그들 가운데 선지자가 있다: 에스겔서 최종형태 구성의 신학과 책의 자리(Sitz im Buch)." **신학연구** 73(2018): 81-107.

박윤선. 『요한계시록』. 박윤선 주석 36. 서울: 영음사, 1949, 1955.

박창건. "새 하늘, 새 땅, 새 예루살렘: 요한계시록 21,1-22,5의 해석." **신학과 세계**

---

[74] 참고, 요한계시록 22:15 "개들과 술객들과 행음자들과 살인자들과 우상 숭배자들과 및 거짓말을 좋아하며 지어내는 자마다 성 밖에 있으리라."

41(2000): 66-86.

왕대일. "곡의 멸망·곡의 무덤, 종말에 이르는 이정표(겔 39:1-20)." **신학과 세계** 88(2016.12.31): 7-36.

이필찬. 『**요한계시록 어떻게 읽을 것인가**』. 서울: 성서유니온선교회, 2000.

정성욱. 『**정성욱 교수의 밝고 행복한 종말론**』. 서울: 큐리오스, 2016.

최영헌. "단 9:24-27 '70이레' 해석." 아세아연합신학대학교 신학대학원 Th.M. 논문. 1999.

한정건. 『**현대 종말론의 성경적 조명**』. 서울: CLC, 1991.

____. 『**종말론 입문**』. 서울: CLC, 1994.

Aune, David E. *Revelation 1-5; 6-16; 17-22. Word Biblical Commentary*. vols. 52A-C. Dallas, TX: Word Books, 1997-8; 『**요한계시록**』(상)(중)(하). WBC **성경주석**. 서울: 솔로몬, 2003-2005.

Bauckham, R. *The Climax of Prophecy: Studies on the Book of Revelation*. Edinburgh: T&T Clark, 1993.

Beale, Gregory K. *The Book of Revelation: A Commentary on the Greek Text*. Grand Rapids; Cambridge:Eerdmans, 1999; 『**요한계시록**』. 상, 하. 서울: 새물결플러스, 2016.

Beasley-Murray, G. R. *The Book of Revelation: Based on the Revised Standard Version*. Eugene, OR: WIPF & STOCK, 2010.

Blomberg, Craig L. and Sung Wook Chung, eds. *A Case for Historic Premillennialism: An Alternative to "Left Behind" Eschatology*. Grand Rapids: Baker, 2009; 『**역사적 전천년설**』. 조형욱 옮김. 서울: CLC, 2014.

Hess, Richard S. "The Seventy Sevens of Daniel 9: A Timetable for the Future?" *Bulletin for Biblical Research* 21.3(2011): 315-30.

Hendriksen, William. *More Than Conquerors*. Grand Rapids: Baker Book House, 1939.

Hoehner, Harold W. "Evidence from Revelation 20." In *A Case for Premillennialism: A New Consensus*, edited by D. K. Campbell and J. T. Townsend, 235-62. Chicago: Moody, 1992.

Kaiser, Otto. *Introduction to the Old Testament: A Presentation of its Result and Problems*. Translated by John Sturdy. Oxford: Basil Blackwell, 1975.

Keil, C. F. *Ezekiel, Daniel* vol IX In C. F. Keil and F. Delitzsch, Commentary on the Old Testament in Ten Volumes. Translated by James Martin. Grand Rapids: William B.

Eerdmans, 1988; *Biblischer Commentar über den Propheten Ezechiel*. Leipzig: Dörffling und Franke, 1868.

Ladd, G. E. *A Commentary on the Revelation of John*. Grand Rapids: Eerdmans, 1972; 래드, G. E. 『요한계시록. 반즈 신구약 성경주석』. 이남종 역. 서울: 크리스챤서적, 1993.

_____. *The Blessed Hope: A Biblical Study of the Second Advent and the Rapture*. Grand Rapids: Eerdmans, 1956.

Mayfield, Tyler D. *Literary Structure and Setting in Ezekiel*. Forschungen zum Alten Testament 2. Reihe 43 Tübingen: Mohr Siebeck, 2010.

Moo, Douglas J. "Posttribulation Rapture Position." In *Three Views on the Rapture*, 171-211. Grand Rapids: Zondervan, 2010.

White, R. Fowler. "Reexamining the Evidence for Recapitulation in Rev 20:1-10." *Westminster Theological Journal* 51(1989): 319-44.

_____. "Making Sense of Rev 20:1-10?: HAROLD HOEHNER VERSUS RECAPITULATION." *Journal of Evangelical Theological Society*(1994): 539-51.

Wilcock, Michael. *I saw Heaven Opened: The Message of Revelation*. London: InterVarsity, 1975.

제3장

요한계시록과 다니엘서

1. 들어가는 말

   요한계시록에 나타나는 "뿔이 열이요 머리가 일곱인 짐승"(13:1), "마흔두 달"(13:5), "인자 같은 이"(14:14) 등은 어떻게 해석해야 하는가?

   현재 요한계시록 해석에서 큰 이슈가 되고 있는 이러한 표현들은 사실 이미 다니엘서에 나오는 것들이다. 다니엘서는 신앙의 여러 도전들을 직면한 하나님의 사람들이 역사의 주관자이신 하나님을 끝까지 의지해야 할 것을 보여 주는 책이다.

   그런데 이 책 안에는 우리가 쉽게 이해할 수 없는 이러한 표현들이 나타난다. 다니엘서의 이런 표현들에 대해 보다 심도 있는 연구가 이루어지면 요한계시록 이해가 보다 용이해지리라고 본다. 물론, 종래에도 다니엘서와 요한계시록의 관련성에 대한 연구들은 있었다. 그러나 필자는 특별히 이 장에서 요한계시록을 이해하기 위해 다니엘서의 문학적-신학적 구조, 다니엘의 예언적 시각의 움직임 등을 더욱 주의 깊게 살피고자 한다.

   이는 이러한 연구가 요한계시록을 보다 정확하고 바르게 이해하는 데에 디딤돌이 되리라 보기 때문이다. 물론 다니엘-요한계시록 연구는 신구약의 다른 책들과도 연관되어 있기에, 필자는 이 장에서 필요하다 싶으면 다른 신구약 책들도 언급하였다.

2. 다니엘서의 구조와 선지적 시점 이동

요한계시록 이해를 위해 우리는 다니엘서를 먼저 연구할 필요가 있다. 이 다니엘서의 구조는 이해하기가 쉬운 것 같으나 그렇지 않다. 다니엘서 구조를 위해서는 필자가 따로 작성한 논문("구약 선지서의 구조와 신학" 근간)을 참조하기 바란다. 아래에서는 그 논문의 핵심 사항을 소개하면서 특히 다니엘의 미래에 대한 예언을 요한계시록과 관련해 어떻게 이해해야 하는지를 제시하였다.

전체 구조를 도표로 제시하고 설명을 부가하자면 다음과 같다.

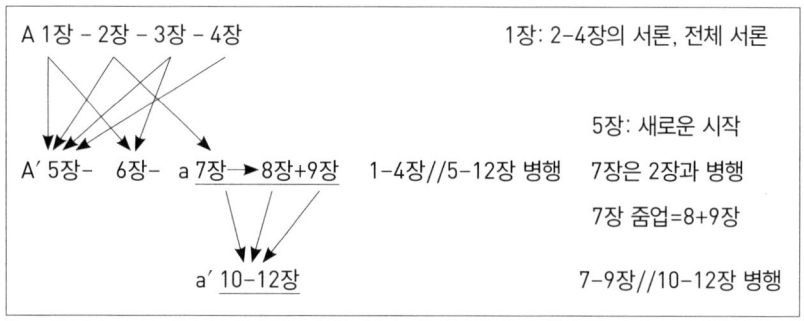

필자의 다니엘서 구조 이해는 문학적-신학적 주제들과 선지적 시점을 따른 것이다. 먼저, 1장은 전체 책의 서론 역할을 한다. 1장이 보여 주는 주제들은, '환란을 이김; 믿음의 궁극적 승리'(1:8이하), '낮추기도 하시고 높이기도 하시는 주권자 하나님'(2, 9, 15, 17절), '적그리스도의 모형적 인물들 대 경건한 사람들'(1, 7, 8절), '하나님의 상급들'(15, 17, 20절), '꿈과 그것의 해석'(17절) 같은 것들이다.

이 주제들이 2-4장에 일차적으로, 그다음 5-12장에 이차적으로 병행을 이루며 나타난다. 1장의 주제 중에서, '환란을 이김; 믿음의 궁극적 승리'는 특별히 3장에, '낮추기도 하시고 높이기도 하시는 주권자 하나님'은 4

장에, '꿈과 그것의 해석'은 2장에, '적그리스도의 모형적 인물들 대 경건한 사람들' 및 '하나님의 상급들'은 2-4장에 두루 나타난다. 그런데 5장에 와보면, '낮추기도 하시고 높이기도 하시는 주권자 하나님', '꿈과 그것의 해석'(여기서는, 손가락 글씨와 그 해석)의 주제들이 재차 나타나며 책의 후반부가 시작된다.

5장은 연대기적으로 볼 때는 1-4장에 이어져 있지만, 5장은 앞에 나왔던 주제들을 반복, 요약하여 진술하므로 5-12장의 서두로 인식된다. 5장 1-9절(하나님 성소에서 사용하던 기명으로 술을 마심)은 사실 1장에 이미 보였던 내용(1:1-2)이다. 5:5-9의 내용은 앞에서 나왔던 2:1-13 및 4:4-7과 아주 유사하다. 5장의 왕비의 말(개역개정, 5:11-12)은 4:9을, 5:17-24은 2:37-38; 4장 전체; 1:2와 3장 전체의 내용을 돌아보는 언급이다. 5:25-28에는 글자 해석이 나오고 29절은 다니엘이 높임 받는 내용이 나오는데 이는 1:19-20; 2:46-49; 3:30 등을 반영한다.

6장은 다리오왕 때 다니엘이 왕의 금령을 어기고 하나님에게 기도하는 이야기인데, 이 주제는 그 '신앙적 시험'(과 그에 따른 환난)으로 볼 때 1장과 3장 모두와 연결된다. 6장에서 총리들과 고관들의 음모는 3:8의 어떤 갈대아 사람들의 참소와 비슷하다. 6장의 다니엘의 구원 받음은 1장과 3장의 하나님의 은혜와 구원과 연결된다.

또한, 6:25-27의 다리오가 하나님을 찬양하는 칙령은 2:19-23, 47; 3:28-29; 4:34-37의 하나님 찬양들을 이어받고 있다. 7장은 교차 대조로 보든, 혹은 병행으로 보든, 2장과 분명히 연결성을 가지고 있다. 필자는 7장이 2장과 병행적 구성, 즉 1-4장// 5-12장 속에 놓여 있다고 보되, 7장이 8-12장들과 특별한 관계에 놓여 있다고 분석한다. 연대기적으로 볼 때 7장은 2장과 6장 사이의 어디엔가 자리를 잡아야 하는데 연대기를 거슬러서 6장 다음에 놓인 것은 이상하게 보인다.

필자는 7장의 위치는 전체 다니엘서에서 중요한 전환을 이루고 있는 5장 때문에 되어진 위치라고 본다. 즉, 5장으로서 다니엘서 전체가 갈라지기 때문에 7장의 주요 주제인 "꿈과 그 해석"이 2장과 병행을 이루기 위해서는 5장 다음 어딘가에 와야 한다. 그런데 6장은 5장과 마찬가지로 궁정에서 벌어진 이야기라는 장르로 되어 있어 5장과 연결되고 또 5장과 연대기적 순서에 있기에 5-6장이 온 다음에 7장이 온 것이다.

결국, 전체적으로 보아 7장이 5장 이전에 와버리면 5장의 전환을 이루는 문학적 기능이 무용지물이 되고, 두 개의 병행을 이루는 단락들(1-4장// 5-12장) 속에서 7장이 2장을 종말론적으로 더 자세히 설명하는 점진성의 병행 관계도 와해되어 버린다.

더우기, 7장은 8장과 9장 전에 와야만 하는데 왜냐하면 7장을 확대경(擴大鏡)으로 본 것이 8장과 9장이기 때문이다. 또한, 7-9장 전체는 10-12장 전에 와야만 하는데 그 이유는 10-12장은 7-9장과 병행을 이루면서 결론을 형성하고 있기 때문이다. 10-12장은 7-9장에서 다루었던 중요한 주제들을 종합적으로(그러나 선지적 시점으로 보면 더 종말론적임) 정리하고 있기 때문에 7-9장 다음에 와야만 한 듯하다. 논리적 연쇄를 이루는 이러한 사고 속에서 우리는 이런 질문들에 대답할 수 있게 된다.

"왜 7장이 연대기 순서를 거스르면서 6장 다음에 왔는가?"
"왜 아람어로 쓰인 7장 다음에 히브리어로 쓰인 8-9장이 와야 했는가?"
"왜 10-12장이 전체를 종결하는 지점에 놓이게 되었는가?"

첫째, 1-4장과 5-12장의 병행 속에서 먼저 우리는 2장과 7장의 주제적 대응을 주목하게 된다.

2장과 7장의 주된 대응은 무엇인가?

그것은 네 세상 나라의 성쇠 그리고 종국의 메시아를 통한 하나님 나라의 승리다. 2장에서 메시아 또는 메시아 왕국은 '뜨인 돌'로 예시되고 있는데, 7장에서는 '인자'(13절)로 명시되고 9-22절에서 그 인자 때문에 성도들의 승리가 확실히 예언된다.

둘째, 그러면 7장 다음에 나타나는 8-12장은 어떤 내용인가?

우선, 7장 다음의 8장은 메대-바사로 시작해 헬라 시대의 나라들 간의 각축과 안티오쿠스 에피파네스(안티오쿠스 4세)에 대한 예언이다. 7장이 바벨론에 대한 예언에서 시작(첫째 짐승)하여 메대-바사로, 헬라 시대로, 로마 시대로 진행한다고 볼 때 8장은 7장 보다는 뒤의 시기 곧 메대-바사를 예언하는 데서 시작한다(참고, 8:20-21).

또한, 카메라를 줌업(zoom-up) 시켜서 안티오쿠스 에피파네스에 의한 유대인 박해를 비교적 소상하게 예언한다. 그런데 8장의 특징은 하나님 나라의 승리가 약간은 예시되어 있지만, 앞장인 7장에 비해서는 거의 나타나지 않는다는 것이다. 메시아에 대한 예언은 없다 해도 과언이 아니다. 결론적으로 8장은 7장에 이어진 장으로 메대-바사 시대와 헬라 시대의 왕들의 전쟁 및 안티오쿠스 에피파네스에 초점을 맞추고 있다는 것이다.

그러면 7장의 후반부에 보이는 메시아와 하나님 나라의 종국적 승리에 대한 내용은 어디서 확대되고 있냐면 9장에서다.

셋째, 9장은 메시아의 출현과 사역, 그의 끊어짐을 강조하는 예언이다.

물론 이 예언은 그 바로 앞에 다니엘 그 자신과 이스라엘 백성에 대한 길고 간절한 통회 다음에 주어진다. 이 회개 기도는 예레미야의 예언 곧 이스라엘은 70년간의 포로 후에 회복될 것이라는 예언을 다니엘이 깨달은 다음에 드린 기도였다. 그런데 하나님은 이 '70'이라는 포로 회복의 숫자를 다시 영원한 회복을 위한 예언을 위해 사용하신다. 즉, '70의 7'(이레)이 지나면 '지극히 거룩한 자'(혹은 지극히 거룩한 것)가 기름 부음을 받게 된다는 것이다. 이에 따라 죄악이 영원히 속함을 받게 된다. 9:25는 메시아=왕에 대한 예언이 명시적으로 나타난다.

7장의 '메시아와 그 왕국' 주제는 9장에서 소상히 예언되는 것이다. 그래서 여기까지 정리하면 7장의 '이방 나라들의 성쇠와 메시아를 통한 하나님 나라의 종국적 승리'는 8-9장에서 줌업되어 제시된다는 것이다. 다만, 흥미로운 것은 70이레 중 7이레와 62이레가 지난 다음 메시아가 끊어지고 '한 왕의 백성'의 출현으로 성읍과 성소가 무너진다는 것이다. 그리고 9:27의 '그'는 많은 사람과 한 이레(즉, 70이레 중 마지막 한 이레)의 언약을 굳게 맺을 것인데 그 한 이레의 절반(즉, 전 3년 반이 지난 시점)에 '제사와 예물'을 금지할 것이라는 예언이 나타난다는 것이다. 여기서 질문이 생긴다.

9장은 메시아로 인해 영원한 의가 드러날 것을 말하는데 그 메시아가 끊어진다는 것은 무슨 뜻인가?

그 메시아 다음에 한 왕의 백성 때문에 성읍과 성소가 무너지고, 또 '그'로 인해 제사와 예물이 금지되면 어떻게 메시아로 인한 하나님 나라의 종국적 승리가 이루어진다는 것인가?

넷째, 마지막으로, 우리는 이러한 질문들에 대한 답변을 바로 다음에 오는 10-12장의 내용을 상고함으로 얻을 수 있다.

10-12장을 읽고 내릴 수 있는 결론은 10-12장이 앞장들 7-9장의 내용들을 총괄하면서 진행하고 있다는 것이다. 이는 위에서 보았듯이 마치 5장이 앞의 1-4장을 총괄하였던 것과 같다. 10-12장에는 7장에서 출현하였던 '인자 같은 이'가 훨씬 더 자세히 묘사되고 있고, 8장에 나타났던 바사 왕국과 헬라 왕국에 대한 예언이 표현이 좀 다르기는 하지만 다시 나타난다.

특히, 8:23-25의 안티오쿠스 에피파네스 예언(본문은 헬라의 '한 왕'으로 제시되었음)은 11:21-35에 보인다(36절 이하는 논란이 많고 40절 이하의 해석에 대해서도 그러하다). 이 예언에서 안티오쿠스 에피파네스는 9:27의 메시아가 끊어진 뒤에 나타났던 '그'가 행했던 죄악과 일맥상통한다. 즉, 11:36 이하의 이 왕에 대한 예언은 B.C. 2세기의 안티오쿠스 에피파네스뿐만 아니라 9장의 질문 즉 메시아가 끊어진 다음 나타나는 '그'(9:27)의 존재를 설명하는 기능을 한다. 이 사람이 득세하다가 결국 멸망한 다음 성도들의 승리(12장)가 확실히 이루어질 것이라는 말이다.

12:7의 "한 때와 두 때와 반 때를 지나서 성도의 권세가 다 깨지기까지", 11절 "매일 드리는 [제사]를 폐하며 멸망하게 할 가증한 것을 세울

때부터"라는 표현이 성도들의 연단(12:10)과 부활과 승리(12:1-3)에 대한 구절들에 인접해 나타나는 것으로 볼 때 그것들이 안티오쿠스 에피파네스가 아닌 성도들의 종국적 승리 직전에 나타날 적그리스도의 핍박의 때라는 것을 강하게 드러낸다.

결론적으로 10-12장은 7장의 세상 나라들, 작은 뿔(적그리스도), 인자, 성도들의 승리, 8장의 세상 나라들과 안티오쿠스 에피파네스, 9장의 메시아, 메시아의 끊어짐, '그'의 죄악 행함 등의 주제들을 다시 기술하되 특히 10-12장의 11장 이하는 8장의 바사-헬라 시대로부터 다시 시작해 북방 왕(안티오쿠스 에피파네스)을 강조하고, 이 왕과 관련된 표상을 종말의 적그리스도로 적용하고 종국적 성도들의 연단, 부활, 승리를 강조하고 있는 장들(선지적 시점으로 따지면 끝날)이라고 말할 수 있다.

이상 네 가지가 다니엘서의 구조, 그 구조를 통한 내용 전개를 이해하는 데 핵심이라고 필자는 본다.

그러면 이 네 가지 사항은 요한계시록과 어떻게 관련되는가?

필자는 주제, 구조, 시간 이동 등과 같은 요소에 주의하면서 다니엘서와 요한계시록의 종말 사건들을 서로 비교해 상고해 보기로 한다.

3. 다니엘서와 요한계시록 비교: 주제, 구조, 시간 이동

1) 다니엘서 2장과 7장 그리고 요한계시록

2장과 7장은 장르가 서로 다르지만 많은 점에서 병행을 이룬다. 2장은 "이 여러 왕들의 시대에 하늘의 하나님이 한 나라를 세우시리니"(44절)라고 되어 있는데 이것은 철로 표현된 로마 시대에 예수 그리스도께서 오심으로 하나님 나라가 본격적으로 시작되는 것으로 이해할 수 있다. 그리스도는

"돌"로 표현되어 있고 이 돌은 우상을 쳐서 모두 부수어 버린다(2:35 상).

그리고 그 돌은 "태산을 이루어 온 세계에 가득"하게 된다(2:35 하). 2장이 순금을 비롯해 여러 금속으로 이방 나라들을 표현하는 데 반해 7장은 여러 짐승으로 표현한다. 세상의 관점으로 볼 때는 이방 나라들은 금속들처럼 귀한 듯 보이지만(나중에는 철과 진흙이 섞인 상태[1]), 하나님 관점으로 볼 때 그것들은 짐승들처럼 이성 없는 존재들에 불과하다.

다니엘 2장에서 하나님이 세우는 한 나라는 "돌"을 통해 세워지는데, 7장에서 그 나라는 '인자 같은 이'를 통해 설립된다. 하나님은 이분에게 권세와 영광과 나라를 주셨는데, 그의 권세는 영원한 권세요, 그의 나라는 멸망하지 않는 나라다. 7장이 2장과 다른 점은 이 나라가 완성되기 전에 "작은 뿔"이 나타남을 알린다는 것이다. 이 뿔은 말로 하나님을 대적하고 하나님의 성도들을 "한 때, 두 때, 반 때" 동안 괴롭게 할 것이다. 그는 열 뿔 중에 세 뿔(세 왕)을 복종시킬 것이다.

그러나 결국은, "지극히 높으신 이의 성도들이 나라를 얻으리니 그 누림이 영원하고 영원하고 영원할" 것이다(7:18). 2장과 7장의 예언적 시점의 공통점은 세계의 네 제국으로부터 '급격히' 그리스도의 재림 어간으로 시점이 이동한다는 것이다. 2장이 다니엘 당시부터 미래 제국들의 흥망의 축도를 제시하듯, 7장도 그러하다. 7장은 2장을 시각을 달리하여 반복하는데 뒤에 올 8-12장의 여러 예언을 위한 기초의 역할을 한다.

---

[1] 금속들의 가치는 점점 낮아진다. 신상의 종아리는 철로 되어 있으나 발과 발가락은 얼마는 진흙이요 얼마는 철로 되어 있다. 다니엘의 해석으로 볼 때 마지막 나라는 언제든 분열될 소지가 있는 나라로 보인다. "…그들이 다른 민족과 서로 섞일 것이나 그들이 피차에 합하지 아니함이 쇠와 진흙이 합하지 않음과 같으리이다"(단 2:43)

단 2장			순금	은	놋	철 한 나라	철과 진흙의 발 (발가락)	돌(2:45) → 태산
단 7장			사자	곰	표범	강한 짐승-	10뿔+작은 뿔(3뿔 뽑힘) 한 때, 두 때, 반 때	인자 같은 이 (7:13)
계 13장, 17장	1머리	2머리	3머리	4머리	5머리	6머리	7머리 (8머리) 마흔두 달 10뿔의 짐승	백마 탄 자 (19:11)
해석	애굽	앗수르	바벨론	메대-바사	헬라	로마 그리스도 초림	적그리스도 10왕	그리스도 재림

위의 표와 같이 다니엘서 2장과 7장은 병행을 이루며, 이 둘 중 7장의 넷째 짐승은 계 13장과 17장에 묘사된 짐승(13:1; 17:3)과 얼마간 병행을 이룬다. 구체적으로 말하자면, 다니엘서 7장의 "작은 뿔"이 하는 짓들은 요한계시록 13, 17장의 바다에서 올라온 짐승(13:1)[2]이 하는 짓들과 병행을 이룬다. 흥미로운 점은 요한계시록의 적그리스도는 마귀(12:3)를 빼닮았다. 말하자면, 적그리스도는 마귀를 닮아서 머리가 일곱이고 뿔이 열이다.[3]

한편, 요한계시록의 적그리스도의 '일곱 머리'에 대한 해석은 쉽지 않다. 이 일곱 머리는 "일곱 산"이요 또 "일곱 왕"이라고 요한계시록 17:9-10에

---

2 이 짐승은 또한 '무저갱'에서 올라온다고 되어 있다(11:7). 두 증인이 1,260일 동안 (11:3) 그 증언/예언을 마칠 때 무저갱에서 올라온 이 짐승이 그들을 죽인다.

3 흥미로운 점은, 성부와 성자가 서로 닮은 부분들이 있다는 것이다. 성부의 모습은 에스겔 1:26-28; 8:2; 다니엘 7:9-10; 요한계시록 4:2-3에, 성자의 모습은 다니엘 10:5-6, 요한계시록 1:13-16 등에 나타나 있다. 성부 관련 표현인 "그의 머리털은 깨끗한 양의 털 같고"(단 7:9)가 성자에게 "그의 머리와 털의 희기가 흰 양털 같고"(계 1:13)로 나타나고, 성부 관련 표현인 "내가 보니 그 허리 위의 모양은 단 쇠 같아서 그 속과 주위가 불 같고 내가 보니 그 허리 아래의 모양도 불 같아서 사방으로 광채가 나며"(겔 1:27)가 성자에게 "그의 몸은 황옥 같고"(단 10:6)로 나타난다. 황옥(topaz)은 불과 비슷한 색깔이므로 성부와 성자의 몸 색깔도 서로 닮았다. 따라서 한 유(類)인 사탄과 적그리스도가 비슷한 모습인 것은 이상한 일이 아니다. 또 하나 흥미로운 점은 적그리스도가 그리스도와 닮아 보이도록 한다는 것이다. 어린양에게 일곱 뿔이 있었고(계 5:6), 다니엘 7장의 넷째 짐승에게 있던 열 뿔 중 세 뿔이 작은 뿔 앞에서 뿌리까지 뽑혀(7:8) 일곱 뿔만 남게 되었는데 이 점에서 양자의 뿔 수가 같다. 적그리스도가 그리스도를 흉내 내 거짓 것이 참 것처럼 보이도록 하는데, 요한계시록에서 이같은 예들은 뿔의 수 말고도 여러 가지가 더 있다.

해석되어 있을 뿐 이것이 어떤 존재 인지에 대해 본문은 침묵하고 있다. 필자는 헹스텐버그(E. W. Hengstenberg), 세이스(J. A. Seiss), 래드(G. E. Ladd), 월우드(J. F. Walwood)를 따라 일곱 머리 각각을 애굽, 앗수르, 바벨론, 메대-바사, 헬라, 로마, 아직 이르지 아니하였으나 이르면 잠시 동안 머무를 나라, 그리고 여덟째 왕으로 본다.[4] 일곱 머리에 대한 구체적 서술은 17:11에 보인다.[5]

> 전에 있었다가 지금 없어진 짐승은 여덟째니 일곱 중에 속한 자라 그가 멸망으로 들어가리라(계 17:11).

즉, 머리 중에 일곱째는 잠시 있게 될 것이고 그다음에 여덟째가 오는데 그 여덟째는 '전'에 있었다가 '지금'(곧 로마 제국의 때)에는 있지 않다고 했으니 사도 요한이 사는 시대 즉 로마 제국보다는 앞선 다섯 제국 곧 첫째 머리에서 다섯째 머리 중에 속한 자로 보인다. 이 사람은 순서상으로는 여덟째이지만 이미 있던 일곱 머리 중에 속했으므로 여전히 일곱째로 순서 매김이 가능하다.[6]

---

[4] E. W. Hengstenberg, *The Revelation of St. John* II(New York: Carter, 1853), 245-6; J. A. Seiss, *The Apocalypse: A Series of Special Lecturers on the Revelation of Jesus Christ*(Grand Rapids: Eerdmans, 1966), 391-3; G. E. Ladd, *A Commentary on the Revelation of John*(Grand Rapids: Eerdmans, 1972), 227-9; J. F. Walwood, *The Revelation of Jesus Christ*(London: Marshall, Morgan, and Scott, 1966), 251-4. 그레고리 K. 비일, 『**요한계시록**(하)』, 오광만 옮김(서울: 새물결플러스, 2016), 1462, 각주 91에서 재인용. 비일(Beale)은 이 해석을 그대로 받아들이지는 않고, "일곱 교회가 실제 있었던 일곱 교회를 가리키지만 동시에 보편적인 교회를 상징했듯이, 일곱 머리와 일곱 산은 역사상 존재했던 일곱 나라, 로마의 모든 황제를 비유적으로 대표하는 로마의 일곱 황제를 가리킬 수 있다. 로마의 모든 황제는 역사 내내 존재하는 모든 나라를 상징한다"라고 주석한다.

[5] καὶ τὸ θηρίον ὃ ἦν καὶ οὐκ ἔστιν. καὶ αὐτὸς ὄγδοός ἐστιν καὶ ἐκ τῶν ἑπτά ἐστιν, καὶ εἰς ἀπώλειαν ὑπάγει.

[6] "The angel adds(ver. 11), 'The beast that was and is not, even he is the eighth(king), and is of the seven, and goes into perdition.' By that which is called 'even the eighth' can properly be meant only the seventh." C. F. Keil, *Ezekiel, Daniel* vol. IX, Three Volumes in One, C. F. Keil and F. Delitzsch, Commentary on the Old Testament in Ten Volumes, trans. M. G. Easton(Grand Rapids: Eerdmans, 1988), 279.

다니엘 7장과 비교해 보았을 때, 요한계시록의 짐승은 다니엘 7장의 첫 세 짐승의 모습을 종합해 놓은 듯한 모습이다. 요한이 본 짐승은, "표범과 비슷하고 그 발은 곰의 발 같고 그 입은 사자의 입"(13:2) 같았다. 무엇보다도 이 대목에서 이 짐승이 '표범'과 비슷하다는 것은 다니엘 7장의 셋째 짐승 곧 헬라 제국과 관련이 있지 않을까 추측한다.

다니엘 7장은 '세상 제국들의 흥망성쇠,' '메시아,' '세상 끝에 올 적그리스도'와 '그 적그리스도에게 한 때와 두 때와 반 때 동안 핍박받을 성도들,' '하나님의 심판과 성도들이 나라를 얻음' 등 일련의 주제들을 독자들에게 제시해 주는데, 뒤에 올 내용들에 대한 아웃 라인과 같은 역할을 한다.

이 7장에 이어지는 8장은 메대-바사 제국과 헬라 제국 간의 전쟁을 묘사하면서 세상 끝에 나타날 적그리스도(7장)가 바로 다니엘로부터[7] 약 400년 후에 유다를 괴롭힌 헬라의 한 왕(곧 시리아를 다스렸던 안티오쿠스 에피파

---

[7] 포르피리(Porphyry)이래로 그의 영을 받은 자유주의자들은 예언의 진정성(authenticity of prophecy)을 받아들이지 않고 다니엘서의 편집 연대를 마카비 시대로 보나 필자는 카일을 따라 B.C. 6세기로 본다. Ibid., 39ff. 39ff. 배정훈은 326에서 다니엘 7-12장을 "주전 2세기 공동체를 위한 다니엘의 예언"으로 제목을 붙인다. 배정훈에게 있어 다니엘서의 '예언적 요소'는 B.C. 2세기 안티오쿠스 4세 시대의 역사적 성취로 끝난 것으로 보인다. 다니엘서의 예언이 그에게는 예수님의 초림이나 재림과 아무런 상관이 없는 것 같다("… 주전 2세기를 위한 종말에 대한 계시가 완전히 드러난 것은 10-12장에 이르러서이다", 341). 그가 자주 사용하는 말은 예언의 '재해석'이라는 말이다. 332에서 그는 다니엘 2장의 계시가 바벨론 멸망 후에 "네 왕국을 상징하는 것으로 '재해석'되었다"고 언급한다. 이것은 받아들이기에 힘든 언급이다. 주제들의 병행에 의한 예언을 굳이 '재해석', '조정', 혹은 '발전'되었다고 볼 아무런 합당한 이유가 없다. 그의 주장은, 쉽게 말하면 시대에 따라 어떤 예언이 이렇게 저렇게 바뀐다(이현령비현령, 耳懸鈴鼻懸鈴)는 이야기다. 이러한 해석 입장은 다른 논문에서도 그대로 발견된다. 왕대일, "묵시 문학 다니엘서의 종말론 - 그 신학적 이해," **신학과세계** 37(1998): 7-37. 11쪽에서 "… 더 이상 하나님이 역사 속에 계시지 않는 것같은 혼돈한 세상의 한 복판에서 묵시 문학의 저자는 하늘이 비밀스럽게 한 지식을 전해 주었음을 꿈과 환상으로 가르치게 된 것이다. 여기에서 우리는 묵시 문학의 삶의 자리가 옛 예언자들이 가르쳤던 역사에 대한 가르침을 다시 연구하고 재해석해서 거기에서 파악된 오늘의 삶에 대한 신앙적 각성을 글로써 기록하고자 했던 '서기관적인 활동'(scribal activity)임을 확인하게 된다 …"라고 왕대일이 언급하는데 '재해석'이라는 말이 눈에 띈다. 옛 예언을 새 시대 상황에 맞추어 새 시대에 유행하는 문학 장르를 가지고 교묘히 조작하는 것이 서기관의 콜링인가?

네스)과 유사함을 독자들에게 알려준다. 이 사람이 바로 '표범'의 나라에 속한 인물이다. 그리고 9장은 메시아를 중심한 예언들이 나옴으로 7장의 메시아 주제를 더 자세히 설명해 준다.

- 7장은 2장과 병행; 8장 이하의 아웃라인 역할(안티오쿠스 혹은 적그리스도는 색깔 처리)

단7장 벨사살 원년	사자 (바벨론)	곰 (메대-바사)	표범 (헬라)	강한 짐승 (로마)	작은 뿔 한 때, 두 때, 반 때	인자 같은 이가 나라를 받으심 (7:13-14)

- 8장의 포커스는 안티오쿠스 에피파네스(7장에 대한 확대 설명: 8-9장)

단 8장 벨사살 3년	숫양과 숫염소 (메대-바사 v. 헬라) 숫염소4뿔 작은 뿔 2300 주야					

- 9장의 포커스는 메시아이지만 적그리스도에 대한 예언도 포함

단 9장 다리오 원년	70이레+62이레 =69이레 성 중건령에서 메시아/왕까지 (69이레 후 메시아 끊어짐)	한 왕이 성, 성소 멸망시킴 ('작은 뿔'의 1차 성취: 디도의 예루살렘 파괴)	26절. 끝까지 전쟁이 있을 것; 황폐할 것들이 작정되었음	'그'가 한 이레 동안의 언약 맺음; 그 이레 절반에 제사와 예물 금지 ('작은 뿔'의 최종 성취)	'코데쉬 카다쉼'[8]에 대한 기름 부음이 이루어짐	

- 10-12장은 애굽과 시리아 간의 쟁투를 다루나 끝날 대 환난도 포함(7-9장과 병행을 이룸)

단 10- 12장 고레스 3년	바사 왕들	한 능력있는 왕 남방 왕들 v. 북방 왕들 한 비열한 사람/ 북방 왕 11:21-45 (נבזה)		대 환난 한 때, 두 때, 반 때; 1,290일, 1,335일 부활	인자 같은 이가 나라를 받음 (7:13-14)	

---

8   다니엘 9:24의 "ולמשח קדש קדשים" '코데쉬 카다쉼'을 지극히 거룩한 분(사람, 대상 23:13), 지극히 거룩한 것(물건, 출 29:37; 레 21:22), 혹은 지극히 거룩한 곳(장소, 즉 지성소, 출 26:33; 대하 3:8, 10)으로 번역할 수 있다. 헹스텐베르그는 이러한 '지극히 거룩한 것의 기름 부음'이 '거룩한 곳의 황폐됨'과 대조됨을 우선 지적하였다. 그는 기름 부음이 비유직으로 '성팅의 은혜를 나누어 줌'을 뜻한다고 보았으니, 이것이 새 언약의 교회, 주님의 새 성전이 성령의 은혜로 채워지는 것을 의미한다고 주장했다. 이것을 그리스도 보다 교회로 해석해야 하는 이유는 이렇다. 첫째, 이것은 일반적으로 참 성전의 이미지인 그리스도로 보는 것이 가능하다는 것은 부인될 수도 없고, 부인되어서도 안된다고 그는 말한다. 하지만 구약에서는 그것이 나타나지 않고, 반면에 지극히 거

2) 다니엘서 8장과 9장 그리고 요한계시록

다니엘 8장은 숫양과 숫염소의 환상인데 이 짐승들은 각각 메대-바사 왕들 및 헬라 왕(8:20-21)이라고 해석되어 있다. 숫염소에게 있는 큰 뿔(알렉산더 대왕으로 봄)이 꺾이고 현저한 넷(알렉산더 휘하의 네 장군)이 하늘 사방을 향하여 났고(8:8-9), "그중 한 뿔에서 또 작은 뿔 하나가" 났다(8:9)고 되어 있다. '작은 뿔'이 한 짓은 8:10-14에 자세히 기록되었고, 23-25절에 해석이 되어 있는데, 그가 이스라엘과 성소를 짓밟는 기간은 2300주야[9](13절)로 나타난다.

8장 이하는 2장과 7장 보다 이스라엘에 초점이 있다. 왜냐하면 여러 표현들, '영화로운(땅),' '하늘 군대,' '군대의 주재,' '매일 드리는(제사),' '성소,' '군대'(개역개정, 백성), '진리' 등이 이스라엘 및 이스라엘의 하나님을 시사하기 때문이다(8:9-14). 7장이 아람어로 기록되었고 전(이방)세계의 나라들을 다루는 반면, 8장 이하는 히브리어로 기록되었고 이방 나라들에 대한 예언들을 전달하기는 하지만 이스라엘 성소와 군대(sanctuary and host, קדש וצבא) 등에 초점을 맞춘다.

룩한 것은 주님의 교회를 의미한다는 가정은 많은 유비들을 가지고 있다고 하였다. 둘째, 이사야 11:1에서 보듯이 이것을 그리스도에게 적용할 경우, 그리스도가 그의 직임을 수행하심으로 성령의 은사를 나눠 주시는 것 외에는 어떤 다른 것으로 이해될 수 있는 것은 없다. 곧 이것은 그가 세례받으실 때 일어난 것이다. 그러나 이것은 69이레 후에 중단된 것이다. 메시아가 기름 부음 빋음은 하나의 특별한 행동이지 과정적으로 지속되는 것이 아니다. 그것은 70이레의 종결점까지 도달하는 것이 아니다. 그러나 언약 백성에게는 이것이 끝까지 적용된다. 즉, 헹스텐베르그는 '지극히 거룩한 것'이 그리스도에게 적용될 수 있지만 보다 정확하게는 신약 시대의 영적 성전인 주님의 교회에게 그대로 적용된다고 하였다. E. W. Hengstenberg, *Christology of the Old Testament*(Grand Rapids: Kregel, 1970), 426-7; **『구약의 기독론』**, 원광연 역(서울: 크리스천다이제스트, 1988). 최영헌, "단 9:24-27 '70이레' 해석"(신학석사학위논문, 아세아연합신학대학교 신학대학원, 1999), 77-8에서 재인용. 이하 이 책 내용의 많은 부분은 이 논문에서 재인용 혹은 수정 보완한 것이다.

9 1달을 30일로 계산할 경우, 6년 4개월 20일.

다니엘 8-9장을 한 묶음으로 보면 가까운 미래(안티오쿠스 에피파네스)에서 먼 미래(그리스도의 초림과 A.D. 70년의 성소 파괴[10])로 이동하고, 10-12장은 가까운 미래(바사 왕들, 헬라 제국에 속한 이집트와 시리아 왕들)에서 아주 먼 미래(세상 끝날)를 내다본다. 특히, 8장의 안티오쿠스 에피파네스를 통한 환난은 11-12장에서 안티오쿠스 에피파네스(11:21-39)뿐만 아니라 그의 표상을 가지고 적그리스도(11:40-45)와 그 적그리스도를 통한 대 환난(12:1, 7)까지를 내다보고 있다.

9장의 70이레에 대한 이해는 공관복음, 바울서신, 요한계시록 등과 관련하여 좀 더 논할 필요가 있으므로 뒤에 다시 다룬다.

3) 다니엘서 10-12장 그리고 요한계시록

다니엘 10-12장은 바사 시대와 헬라 시대의 알렉산더와 4국 분열 후에 있을 왕들 간에 벌어질 전쟁 그리고 특별히 안티오쿠스 에피파네스와 이스라엘이 서로 관련된 전쟁에 대한 예언이 11:39까지 계속된다. 10:1은 다니엘이 "큰 전쟁"(NIV, a great war; ESV, a great conflict; צבא גדול)에 관한 것을 확실히 깨달았다고 했고, 그 때 세 이레를 금식했고(2-3절), 세마포 옷을 입고 우바스 순금 띠를 띤 한 사람이 임하여(5-9절), 다니엘을 위로하고(10-12절), '말일에(באחרית הימים) 다니엘의 백성의 당할 일'을 다니엘에게 깨닫게 하러 왔다는 취지를 밝힌다(14절).

그리고 다음 11장부터는 바사 시대부터 왕들 간의 '전쟁'이 비교적 자세히 예언되어 있다.

그러면 다니엘 11장의 초점은 무엇인가?

---

10 그리스도의 재림 어간에 대해서는 약간만 언급한다. 9:26 "… 또 끝까지 전쟁이 있으리니 …" 및 9:27은 적그리스도에 대한 예언으로 보인다.

그것은, 5-20절에 걸쳐서 나타나는 애굽과 시리아 간의 전쟁이 진행되는 동안 형인 셀류코스 4세의 뒤를 이어 시리아의 왕 위에 오른 안티오쿠스 에피파네스(안티오쿠스 4세)의 통치와 그의 범죄에 대한 것 그리고 그의 최후에 대한 예언이다(21-39절). 특히, 28-35절까지는 그와 이스라엘이 서로 관련된 예언이다.

그가 행했던 범죄의 골자는 무엇인가?

제이차 애굽 원정에 성공한 안티오쿠스 에피파네스가 애굽 원정을 마치고 돌아가는 길에 이스라엘과 맺은 평화조약(거룩한 언약; 28, 30, 32절)을 깨뜨리고 유대인을 공격해 야손 대신 자기가 지명한 메넬라우스를 대제사장으로 복위시키고 성전 기물을 노략질하며 예루살렘 성안에 이방인 부대를 주둔시킨 것이 28절에 나타나며, 29-30절a는 그의 제3차 애굽 원정에 대한 내용이며, 30절 b-35절까지는 그의 본격적인 유대교와 유대인들에 대한 박해에 대한 예언이다.

그러나 그는 8:25에 "만왕의 왕을 대적할 것이나, 그가 사람의 손을 말미암지 않고 깨어지리라"고 되어 있고, 9:26에 "그의 끝은 홍수와 함께"(קצו בשטף)라고 되어 있다. Keil은 11:44에 대한 주석에서 그가 바사에서 바벨론으로 돌아오던 중에 바사의 도시 Tabae에서 죽었다고 하였다. 즉, Keil 은 40-45절(특히 44, 45절)을 안티오쿠스 에피파네스의 죽음으로 보지 않고, 끝날의 하나님 대적자에 대한 예언으로 취급한다.[11] 여기에 대해서는 뒤에 약간 더 언급할 것이다.

이러한 전쟁(10:1, '큰 전쟁')에 관한 주제는 우리로 9:26을 되돌아보게 하고(עד קץ מלחמה, 끝까지 전쟁이 있을 것이다) 12장의 말세에 있을 대 환난에 관한 예언으로 이끄는데, 11:40 이하부터(특히, 44, 45절) 12장은 그 시점이 최종의 미래로 옮겨간다. 12장을 안티오쿠스 에피파네스 때에 적용해 설

---

11 "… while Antiochus, according to Polybius and Porphyry, died in the Persian city of Tabae on his return from Persia to Babylon." 44-45절의 예언과 실제 역사 사이에 나타나는 차이에 대한 비평은 Keil, *Ezekiel, Daniel*, 472-3, 479을 보라.

명하기 쉽지만 그러나 몇 가지 이유에서 12장은 종말에 관한 예언으로 봄이 합당하다.

첫째, "개국 이래로 그 때까지 없던 환난"(12:1 상)이요, "그 때에 네 백성 중 무릇 책에 기록된 모든 자가 구원을 얻을 것이라"(12:1 하)는 종말적 언급이다. 안티오쿠스 에피파네스 때 환난이 일어났으나, 그보다 더한 환난은 A.D. 70년의 환난이고, 이것을 A.D. 70년 환난보다 더 큰 환난으로 이해할 수밖에 없는 것은 책에 기록된 모든 자가 구원을 얻을 것이라는 언급 때문이다.

A.D. 70년은 물론 그 때도 구원 받을 자는 받겠지만, 우리가 생각할 때, 주로 구원보다는 심판에 관한 것이 아닌가?

둘째, 다니엘 12:2의 부활에 대한 언급이다.

이것은 안티오쿠스 에피파네스 때 일어난 일이 아니다. 부활은 종말에 있을 사건임에 틀림없다. 이렇게 종말에 있을 사건을 투사하고 있는 12장은 7절과 11-12절에 각각 의미 있는 기간들을 제시하면서 끝맺음하고 있다. 7절에는 "한 때, 두 때, 반 때를 지나서 성도의 권세가 다 깨어지기까지"가 나타나며, 11절에는 "매일 드리는 제사를 폐하며, 멸망케 할 미운 물건을 세울 때부터 1,290일을 지낼 것"이 나타나며, 12절에는 "기다려서 1,335일까지 이르는 그 사람은 복이 있다"는 언급이 나타난다.

즉, 7절의 한 때, 두 때, 반 때를 3년 반으로 볼 경우, 그것은 한 달을 30일로 계산하였을 때 1,260일(달로 하면 마흔두 달)이 되며, 11절의 1,290일은 여기에 30일을 더한 기간이며, 12절의 1,335일은 여기에 또 45일을 더한 기간이 되는 것이다.

우리가 선지적 시야(prophetic perspective)를 가지고 10-12장을 정리해 보면 11장의 가까운 미래의 일이 12장의 보다 먼 미래의 일로 투사되고 있음을 알 수 있다. 즉, 11장의 안티오쿠스 에피파네스와 관련해 겪는 이스라엘의 환난=전쟁은 말세에 부활의 시기 어간에 있을 대 환난으로 전환되고 있다는 사실이다.

다니엘서 전체를 '적그리스도' 주제, 장르, 선지적 시점 이동을 따라 다음과 같이 도표화하는 것이 가능하다.

내러티브/환상	→	환상	→	환상
다니엘 당시의 적그리스도		가까운 미래의 적그리스도		먼 미래의 적그리스도
4장: 느부갓네살(교만)		8장: 안티오쿠스 에피파네스		7장: 작은 뿔
↓		↓		↓
5장: 벨사살(참람한 행동)		11:20-39: 안티오쿠스 에피파네스		9장; 11:45-12장: 황폐케 하는 자

또한, 다니엘서 전체를 '환난' 주제와 선지적 시점 이동으로 아래와 같이 도표화할 수 있다.

내러티브	→	환상	→	환상
다니엘 당시의 환난		가까운 미래의 환난		먼 미래의 대 환난
1장: 왕의 진미와 관련		8장: 안티오쿠스 에피파네스와 관련		7장: 적그리스도와 관련
↓		↓		↓
3장: 신상 경배와 관련		11:20-39: 안티오쿠스 에피파네스와 관련		9장: 적그리스도와 관련
↓				↓
6장: 하나님 경배 금지와 관련				11:45-12장: 적그리스도와 관련

4. 70이레(단 9:24-27)와 관련된 의문들

다니엘서 9장에 나타난 70이레 예언은 이해가 쉽지 않다. 이해를 위해 기본적 질문과 추가적 질문이라는 항목을 통해 답을 제시해 본다.

1) 기본적 질문들

첫째, 70년 포로 기간과 70이레는 어떻게 관련되는가?

이스라엘의 바벨론 포로 기간이 70년으로 종결될 것을 예언한 사람은 예레미야였고(렘 25:11-12; 29:10), 하나님은 이 연수(年數)를 깨닫고 죄를 회개한 다니엘에게 70이레의 계획을 알려주신다(단 9장). 70년이라는 기간을 통해 바벨론은 심판하시고 죄로 바벨론에 끌려가 징계를 받았던 이스라엘은 돌아오게 하시겠다는 계획은 70이레라는 기간을 통해 확대되고 완성된다.

하나님은 이 70이레를 통해 소극적으로는 "허물이 그치며 죄가 끝나며 죄악이 용서"되게 하시고, 적극적으로는 "영원한 의가 드러나며 환상과 예언이 응하며 또 지극히 거룩한 곳/이가 기름 부음을 받"게 하신다(9:24).

제7일 안식일, 제7년 안식년, 제7 곱하기 7+1년=희년 등이 영적 상징적 의미를 띠면서도 실제적, 문자적 의미(하나님이 이스라엘에게 주신 규례들인데 실제적 기간들을 의미)를 나타내는 것처럼, 이것의 확대인 70년도 상징적-문자적 의미를 모두 나타낸다고 본다.

또한, 이와 같이 70이레도 영적 상징적 의미와 실제적 문자적 의미를 모두 갖는다고 본다. 70년의 시작점(terminus a quo)과 종결점(terminus ad quem)이 있듯이 70이레도 그러하리라 본다. 70이레도 하나님의 실제적 심판과 실제적 회복의 실제적-영적 기간이다.

70이레의 종결점 곧 9:24의 지극히 거룩한 곳/이가 기름 부음을 받게 될 때는 7:18과 연결된다("지극히 높으신 이의 성도들이 나라를 얻으리니 그 누림이 영원하고 영원하고 영원하리라"). 이 7:18은 실제적 하나님 나라의 완성이 이루어짐을 우리에게 보여 주는 바, 이는 동시에 하나님의 반대 세력인 적그리스도에 대한 실제적 심판을 전제로 한다. 하나님은 '그' 곧 '황폐케 하는 자'에게(진노를) 쏟으실 것이다(9:27). "… 심판이 시작되면 그는 권세를 빼앗기고 완전히 멸망할 것"이다(7:26).

둘째, 그러면 70이레의 시작점과 종결점은 언제인가?

70이레의 시작점에 대해서는 다음과 같은 설 등이 있다.[12]

① 고레스 설(B.C. 538)
② 다리오 1세 설(B.C. 520)
③ 아닥사스다 1세 7년 설(B.C. 457)
④ 아닥사스다 1세 20년 설(B.C. 445/4)

고레스는 실제적으로 예루살렘성이 아니라 성전을 건축하라는 명령을 내렸으므로(대하 36:22-23; 스 1:1-4) 70이레의 시작(9:25 "예루살렘성을 중건하라는 영이 날 때부터 …") 시점으로 볼 수 없겠으나, 이사야서에 있는 고레스 예언을 볼 때는 성전뿐만 아니라 예루살렘성 중건령도 고레스가 내리는 것으로 나와 있기에(사 44:28) 고레스 설을 무조건 배척할 수만은 없다.

이사야 44:28의 고레스의 사역은 45:13에서 '그' 곧 메시아의 사역으로 연결되어 예언된다. 흥미로운 것은, 고레스처럼 메시아의 사역도 '성읍'을 건축하는 것으로 제시되어 있다. 반면 아닥사스다 1세 20년 설을 따라, 성읍 중건령부터(B.C. 445/444) 69이레를 계산한 학자들이 있다.

R. 앤더슨 경의 계산은 태양력을 기준으로 한 것도 아니고 태음력을 참고한 것도 아니다. 그는 요한계시록 11:2-3과 관련해 예언에 있어 1달은 30일이고 1년은 360일이라는 것을 참고해 다니엘 예언의 연대 계산도 그러한 산정 기준을 따라야 한다고 생각했다.

앤더슨은 아닥사스다 20년, 즉 주전 445년 3월 14일(느 2:1; 니산월 1일로 봄)에서 예수님이 십자가에 달리시기 며칠 전 예루살렘에 입성하신 때인

---

12 "주전 457년은 아닥사스다왕 7년이 되는 해인데, 이때의 귀환령은 예루살렘성의 중건을 위한 것이 아니라 재건된 예루살렘 성전에 봉헌물을 드리기 위한 귀환령이었습니다. 한편, 주전 445년은 아닥사스다왕 20년이 되는 해인데, 이때의 귀환령은 진정 예루살렘성을 재건하라는 명령이었습니다. 그리고 이때 예루살렘성의 중건령을 받은 사람은 다름 아닌 느헤미야였습니다(느 1:1, 2:1). 따라서 필자는 445년설을 취합니다." 정성욱, 『정성욱 교수의 밝고 행복한 종말론』(서울: 큐리오스, 2016), 257-8.

A.D. 32년 4월 6일(니산월 10일로 봄)까지 예언적 연수인 483년이 흘렀음을 계산하였다. 이것을 날수로 계산하면 483년×360일＝173,880일이 된다.[13] 회너는 이를 재검토하였다.[14] 그는 예수님이 죽으신 연대를 A.D. 33년으로 산정한다(앤더슨은 A.D. 32년).

아닥사스다 20년은 회너에 의하면 주전 444년 3월 5일이고 예수님의 예루살렘 입성일은 A.D. 33년 3월 30일이다(각각 니산월 1일과 10일).

그러면 회너는 어떻게 이 예언 년(prophetic year, 1년=360일)과 태양력(1년 365일)의 차이를 조화시킬 수 있었는지 보자. 주전 444년부터 A.D. 33년까지는 476년이다(주전 1년과 A.D. 1년 사이는 1년). 이 476년에다가 365일을 곱하면 173,740일이 된다. 여기에 116일과 24일을[15] 다시 더하면 173,880년이 산출된다. 이렇게 되면 예언적 연대를 통해 계산된 날수와 태양력에 의해 계산된 날수가 173,880으로 일치하게 된다. 이러한 연대 계산에 대한 하젤의 평가는 다음과 같다.

① 앤더슨 경의 시작점은 주전 445년인데 이 연대는 회너의 계산으로 볼 때 잘못으로 나타난다. 느헤미야 1:1; 2:1에서 아닥사스다의 조서가 내려진 연대는 444년이다.

---

13 Sir Robert Anderson, *The Coming Prince*(London: Hodder & Stoughton, 1895), 51-129, 특히 128.
14 Harold W. Hoehner, *Chronological Aspects of the Life of Christ*(Grand Rapids: Zondervan Publishing House, 1977), 138-9.
15 여기서 116일에 대해 설명하자면, 476년 동안 윤달이 119번인데 이 중에서 3번을 제해야 한다는 것이다. 왜냐하면, 100년마다 3번을 제해야 하기 때문이고 400번째는 윤달이 없기 때문이다. 24일에 대해서는, 회너는 24일간의 차이를 해결하기 위해 시작점을 주전 444년 니산월 1일(3월 5일)로 가정함으로 해결하였다. 그러면 종착점은 A.D. 33년 니산월 10일(즉, 3월 30일)이 된다(476년에 태양력 1년인 365.24219879일을 곱하면 173855.28662404일이 되고, 예언적 연대 계산법은 173,880일이다. 즉, 태양력 계산 날 수에 25일 정도를 더해야만 예언적 연 계산과 일치시킬 수 있었던 것이다). Ibid., 139.

② 앤더슨과 회너가 시작점으로 주장하는 니산월 1일은 순전히 가정된 (hypothetical) 시간이다. 느헤미야에는 그러한 언급이 없다.
③ 예언적 연대 계산법의 허점이다. 대략적인 연대인 예언적 연대를 태양력에 맞추려고 하는 시도는 위험하다.
④ 고대의 어느 나라도 360일을 1년으로 계산하지 않았다. 이스라엘의 경우, 열왕기나 역대기 어디를 보아도 완전한 태양력을 사용했다는 사실을 인정해야 한다.
⑤ 세대주의자들은 69이레의 종착점을 A.D. 32/33년으로 보고 있는데 이것은 세속 역사가들의 연대를 따르고 있다는 것이다.[16]

필자는 성 중건령이 고레스에게서 시작되었다고 보나(사 44:28) 구체화된 것은 아닥사스다 1세 20년(느헤미야 시기)으로 추측한다.[17] 이때로부터 "기름 부음 받은 자 곧 왕"(이 일어나기)까지(단 9:25) 7이레와 62이레가 흐른다고 본다. 즉, 69이레의 시점에 '예수님의 세례/침례'가 이루어진다고 보는데 왜냐하면 세례/침례시에 실제적인 의미에서 예수님이 성령으로 기름 부음 받으셨기 때문이고(마 3:16; 막 1:10; 눅 3:21, 22; 요 1:32-33) 이어 "왕"(마 1:1; 2:2, 6)의 복음 사역이 시작되었기 때문이다(마 4:17; 눅 4:16-19).

이 69이레 '후'에 기름 부음을 받은 자 곧 예수님이 "끊어져 없어질 것"으로 본다. 이는 예수님의 십자가의 죽으심이다. 나머지 "한 이레"(9:27)에 대한 것이 남아 있는데 이는 아래에서 더 살펴보기로 한다.

---

16 G. F. Hasel, "Interpretations of the Chronology of the Seventy Weeks," in *The Seventy Weeks, Leviticus, and the Nature of Prophecy* vol. 3, ed. F. B. Holbrook, Symposium on Daniel: Introductory and Exegetical Studies(Washington, D.C.: Biblical Research Institute General Conference of Seventh-day Adventists, 1986), 19-25.
17 그렇다고 이 연대를 절대적으로 지지하지는 않는다.

2) 추가적 질문들

첫째, 다니엘 9:27의 "한 이레 동안의 언약"을 어떻게 이해해야 하는가?

우리는 앞에서 8장이 B.C. 2세기 유다를 괴롭힌 안티오쿠스 에피파네스에 대한 예언임을 살펴보았다. 특히, 8:9-14, 23-27절이 그에 대한 예언이다. 이 안티오쿠스 에피파네스가 행하는 일들은 예수 그리스도의 죽음 이후에 나타날 존재(9:26, '한 왕'=로마의 디도 장군 A.D. 70) 그리고 부활 및 대환난과 연관되어 나타날 존재(12:7, 11-12)를 '예시'하고 있다. 우선 8, 11장의 시간대와 9:27의 시간대를 비교해 보라. 이것은 서로 다른 시간대다. 또한, 8, 11장의 시간대와 12장의 시간대를 서로 비교해 보면 이 둘도 서로 엄청난 차이가 나는 시간대인 것이 분명하다.

그런데 9장에는 '한 이레' 및 '그 이레의 절반에'라는 표현이 나오고 (27절), 12장에는 한 이레의 반에 해당하는 시기 곧 "한 때, 두 때, 반 때"라는 표현(12:7)이 나타난다. 12:11-12에 1,290일과 1,335일의 표현이 있는데 이들은 7년의 절반에 각각 30일, 또 여기에 45일을 더한 시기임이 드러난다. 즉, 1달을 30일로 계산하였을 때, 7년의 반인 1,260일(한 때와 두 때와 반 때)에서 더 기다려야 할(12:11-12) 시간들로 제시되고 있다. 12장에서 한 이레의 절반을 말하고 있다면, 그리고 그것이 시리아왕 안티오쿠스 에피파네스의 시기를 가리키고 있지 않다면 마땅히 9:27과 연결시켜 생각해야 한다.

다니엘 9:27의 '그'는 많은 사람과 맺은 한 이레(동안)의 베리트(언약/계약)를 확약한(לרבים שבוע אחד והגביר ברית) 사람이다. 그러면 9, 12장의 보다 먼 미래의 존재를 예시/예표하고 있는 문맥인 8, 11장에 이러한 베리트의 확약에 대한 언급이 있는지를 먼저 살펴 보아야 한다. 8장에 베리트는 나타나지 않는다.

11장에는 28-32절에 4번 나타난다. "그는 마음으로 거룩한 언약을 거스리며"(28절), "거룩한 언약을 한(恨)하고 임의로 행하며"(30절), "돌아가서는 거룩한 언약을 배반하는 자를 중히 여길 것이며"(30절), "그가 또 언약을 배반하고 악행하는 자를 궤휼로 타락시킬 것이나"(32절) 등.

이렇게 11장에서 사용된 말 중 언약과 관계되어 보이는 낱말 중에 "자의로 행하여"(8:12, 24)와 "궤휼에 능하며"(8:23)와 "그가 꾀를 베풀어 제 손으로 궤휼을 이루고"(8:25)는 8장에도 동일하게 나타난다. 이러한 안티오쿠스 에피파네스의 역사상의 행동들이 '종말의 안티오쿠스 에피파네스라고 할 수 있는 적그리스도'를 예시/예표할 수 있음은 충분히 가능한 일이다.

그러면, 종말의 적그리스도는 누구와 언약을 맺겠는가?
민족으로서의 이스라엘인가?
아니면 영적인 이스라엘=교회(예수 그리스도를 믿는 유대인+이방인)인가?
아니면 예수 그리스도를 믿는 이스라엘인들인가?

이 책은 두 번째일 것으로 본다. 로마서 9-11장을 참고해 볼 때 예수를 그리스도로 고백하는 많은 이스라엘이 미래에 하나님의 긍휼로 구원받게 될 것을 인정하지만, 이 적그리스도는 이방 성도들에게도 적그리스도이고, 믿는 이스라엘 사람에게도 적그리스도이기 때문이다. 2-7장은 믿는 자들을 표현할 때 "모든 백성과 나라들과 각 방언하는 자"(7:14, אמיא ולשניא כל עממיא) 지극히 높으신 분의 "성도"(קדישי, 18, 21, 25, 27, '거룩한 사람들') 등의 표현을 쓴다.

이 사람들은 누구인가?

유대인을 제외한 이방인들에게 강조점을 둔 표현으로 보이는데, 그러나 지구상의 모든 나라, 모든 언어를 사용하는 믿는 자들을 가리키는 것으로 보아 이 사람들 속에서는 유대인도 포함되는 것이 분명하다.

그러나 8-12장은 "거룩한 백성"(עם־קדשים, 8:24), "당신의 성과 당신의 백성을 위하여"(9:19, על־עירך ועל־עמך), "하나님을 아는 백성"(11:32, ידעי עם אלהיו), "백성 중에 지혜로운 자"(11:33, משכילי עם), "네 백성 중 무릇 책에

기록된 모든 자"(12:1, עמך כל־הנמצא כתוב בספר) "성민의 권세=거룩한 백성의 손"(12:7, יד־עם־קדש) 등 이스라엘 "백성"(='עם') 관련 표현을 쓴다.

즉, 2-7장은 "각 나라, 각 방언"에서 구원 받은 자들을 제시한다면, 8-12장은 "백성"(곧 유대인)이란 말을 가지고 구원 받은 유대인과 구원 받은 모든 사람을 동시에 보여 준다.

다시 말하면, 8-12장에서의 이 "백성"이란 표현은 "유대인 성도"만을 가리키는 동시에 일종의 제유법적 기능을 하므로 대표자인 유대인 성도를 통해 모든(유대인+이방인) 구원 받은 자도 가리킨다고 보는 것이다. 요한계시록 7:4-8 "이스라엘 자손 각 지파 중에서"(ἐκ πάσης φυλῆς υἱῶν Ἰσραήλ) 인맞은 자들과 9-10절 "각 나라와 족속과 백성과 방언에서"(ἐκ παντὸς ἔθνους καὶ φυλῶν καὶ λαῶν καὶ γλωσσῶν) 아무라도 능히 셀 수 없는 큰 무리의 구분이 나타나는데 이는 일차적으로는 이스라엘과 열방을 대조해 놓은 듯 보인다.

그러나 우리는 전자를 제유법적인 견지에서 대표인 이스라엘 자손을 통해 모든 성도를 가리키는 것으로 볼 수 있고, 후자는 유대인 성도가 포함된 모든 열방의 성도로 볼 수 있겠다는 것이다. 물론 전자는 '하나님의 종'으로 지칭되어 있으니 특별히 요한계시록의 문맥에서는 '복음의 일선에 선 일꾼들'로 또한 보아야 할 것이다. … 이러한 이해에서 본다면 적그리스도는 다른 누구도 아닌 모든 믿는 자의 대적이며, 믿는 자는 그리스도의 사람들이므로, '종말의 안티오쿠스 에피파네스'= 적그리스도는 교회와 거짓 언약을 맺었다가 파기하고 전쟁을 일으키면서 큰 환난을 조장하리라 본다.

그러나 구약 예언이 민족으로서의 이스라엘에게 이루어질 성취에 대해 완전히 배타적이지 않게 적그리스도가 문자적인 유대인들과 계약을 맺을 가능성도 여전히 존재한다.

한편, 이 한 이레의 언약을 맺는 주체를 그리스도로 보는 것은 다니엘서의 문맥에는 없는 것이다.

(1) 70이레가 물론 하나님의 신실한 언약에 기초한 것임은 두말할 나위도 없지만, 다니엘서에서 자주 등장하는 그리스도와 관련해서는 이러한 언약은 보이지 않는다는 것이다. 오히려 9:27의 "언약을 굳게 정하는 것", "이레의 절반"(=한 이레의 한 때와 두 때와 반 때가 지난 시점), "제사와 예물의 금지", "미운 물건이 날개 위에" 등의 표현과 12:7의 "성민의 권세가 깨어지기까지", 12:11의 "매일 드리는 제사를 폐하기", "멸망케 할 미운 물건을 세울 때부터 1,290일(=한 때, 두 때, 반 때+30일)", "기다려서 1,335일(한 때, 두 때, 반 때+30일+45일)까지 이르는 그 사람은 복이 있으리라" 등은 그리스도가 아니라 모두 적그리스도(일차적으로 헬라의 4국 때 나타날 안티오쿠스 에피파네스)와 관련된 술어들이라는 사실이다.

(2) 이것을 그리스도가 맺은 언약으로 볼 경우, 26절의 메시아의 끊어짐이나 디도에 의한 예루살렘의 멸망과의 시간적 차서가 이해되지 않는다. 그리스도 예수의 십자가의 죽으심과 성읍/성전이 파괴된 다음 27절에 다시 예수님이 많은 사람과 더불어 언약을 맺을 수 있을까 하는 것이다.

(3) 어떤 이는 27절의 "그 이레의 절반에 제사와 예물을 금지할 것이며"를 스데반의 죽음의 시점(후 3년 반)=교회의 핍박과 흩어짐이라고 주장한다. 그러나 이러한 사건으로 70이레 전체가 종결된다는 것이 70이레의 목적(9:24)과 부합하는가 하는 것이다. 70이레는 '네 백성과 네 거룩한 성'의 완전한 회복을 위한 것인데, 비록 베드로의 설교를 통해 3,000명, 5,000명이 믿게 되었다고 할지라도, 여전히 많은 이스라엘 백성이 복음을 거부하고 스데반을 돌로 치는 상황인데 이것을 70이레의 종결점(마지막 한 이레가 끝나는 시기)으로 볼 수 있겠는가 하는 것이다.

(4) 아마도 앗수르의 심판과 관련된 이사야의 예언에서 본 27절과 비슷한 언급이 나온다는 것이다. 이사야 33:8은 "대로가 황폐하여 행인이 끊치며 대적이 조약을 파하고(He has broken the covenant; NASB) 성읍

들을 멸시하며 사람을 생각지 아니하며"라고 하여(그리스도가 아니라) 이스라엘의 대적이 조약을 맺고 파기할 수 있음을 시사한다.

둘째, 위와 관련된 질문인데, 적그리스도가 그리스도로 인해 폐지된 제사와 예물(זבח ומנחה)을 어떻게 또다시 그치게 할 수 있는가?

적그리스도가 교회와 거짓 언약을 맺을 수 있고, 성도(유대+이방)의 신앙을 훼방하려는 음모를 꾸몄다면, 그는 분명 성도의 가장 중요한 신앙의 표현인 예배를 금지시킬 것이다. '제사와 예물'이 예배나 어떤 하나님을 섬기는 행위를 뜻한다면 적그리스도는 그 성격상 충분히 제사와 예물을 중단시킬 수 있다. 이는 다니엘서의 문맥과 너무나 잘 조화된다.

1장에서는 왕의 진미가 하나님을 제대로 섬기지 못하게 하는 어떤 요인으로 나타났다. 3장에서는 금 신상에 절하는 것 곧 우상 숭배의 요구가 하나님에게 대한 참된 예배를 막았다. 6장에서는 왕 외에 어느 대상에게든 기도하지 말라는 조서가 다니엘로 하여금 하나님에 대한 기도의 예배를 억제시켰다.

즉, 안티오쿠스 4세가 "강한 신을 공경하고"(11:38), "스스로 높여 모든 신보다 크다 하며 그의 조상들의 신들과 여자들이 흠모하는 것(겔 8:14, 담무스?[18])을 돌아보지 아니하며"(11:37), "매일 드리는 제사를 폐하며 멸망하게 하는 가증한 것을 세울 것이며"(11:31) 등은 분명히 하나님 예배 금지다. 이것은 요한계시록 13장의 짐승이 하나님을 훼방하고(6절), 어린양이 아닌 자기를 경배하도록 하는 것(8절)으로 재현된다.

한편, 장차 적그리스도가 "유대인들"과 7년의 언약을 맺고 처음에는 그들이 지은 새 성전(이를테면, '제3성전')에서 '실제 짐승 희생 제사와 예물

---

[18] "안티오쿠스와 본문을 연결하는 사람들은 여자들이 흠모하는 신이 담무즈 아도니스(Tammuz-Adonis, cf. 겔 8:14) 혹은 디오니시우스(Dionysius)를 의미하는 것으로 풀이한다. 담무즈와 디오니시우스는 많은 이집트 사람이 숭배한 신들이다. 안티오쿠스는 이 신들을 무시했을 뿐만 아니라, 자기 조상들의 신들에게도 등을 돌렸다." 송병현, 『다니엘, 엑스포지멘터리』(서울: 도서출판 이엠, 2018), 343.

드리는 것'을 허용했다가 7년의 중간에 그 언약을 깨고 그 성전에 앉아 자칭 하나님이라 할 것이라고 주장하는 사람들이 있다.[19]

이 가능성도 생각할 수는 있으나 짐승이 "하늘에 사는 자들을 비방할 것이고"(계 13:6, βλασφημῆσαι...τοὺς ἐν τῷ οὐρανῷ σκηνοῦντας), "성도들과 싸워 이기게 될 것이고"(13:7, ποιῆσαι πόλεμον μετὰ τῶν ἁγίων καὶ νικῆσαι αὐτούς)라는 표현과 이어지는 "죽임을 당한 어린양의 생명책에 창세 이후로 이름이 기록되지 못하고 이 땅에 사는 자들은 다 그 짐승에게 경배할 것이라"(13:8, καὶ προσκυνήσουσιν αὐτὸν πάντες οἱ κατοικοῦντες ἐπὶ τῆς γῆς, οὗ οὐ γέγραπται τὸ ὄνομα αὐτοῦ ἐν τῷ βιβλίῳ τῆς ζωῆς τοῦ ἀρνίου τοῦ ἐσφαγμένου ἀπὸ καταβολῆς κόσμου)는 표현을 볼 때 그가 맺을 언약은 유대인들이 아니라 교회(유대인과 이방인 중 믿는 자들)와 맺는 언약으로 생각된다.

그러나 필자는 그 가능성을 전혀 부정하지는 않는다. 왜냐하면, 적그리스도가 그리스도인뿐만 아니라 예수님이 오신 육신적 민족인 이스라엘도 증오하기 때문이다.

셋째, "가증한 것들"(단 9:27, שקוצים)은 무엇인가?

이는 '혐오스러운 것들' 혹은 '미운 것들'(실쿠침)이다. 개역개정이 "가증한 것들"로 번역하였는데 한글개역처럼 '미운 물건'으로 번역하는 것이 더 좋았을 것이다. 왜냐하면, 한글성경에서 '가증한 것들'은 보통 '토에보트(תועבות, 토에바 תועבה의 복수)에 대한 번역으로 제시되기 때문이다. 예레미야 16:18 " … 그들이 그 미운 물건의 시체로 내 땅을 더럽히며 그들의 가증한 것으로 내 기업에 가득하게 하였음이라" 여기서 "그들의 미운 물건들의 시체"(필자의 직역, נבלת שקוציה)는 실쿠침이 생명 없는 우상들이기 때문에 '시체'라는 말로 빗댄 것 같다.

---

19 적그리스도와 관련된 구절 중 데살로니가후서 2:4 "그는 대적하는 자라 … 하나님의 성전에 앉아 자기를 하나님이라고 내세우느니라"가 있는데 여기에 보이는 하나님의 성전을 물리적 성전으로 보는 견해다. 유대인들이 예루살렘이든 어디든 제3성전을 건립한다면 그리고 처음에 유대인들을 속이고 평화조약을 맺었다가 배반하고 후 3년 반을 적그리스도가 다스린다면 이 건물을 이용할 가능성도 있다.

따라서 '그들의 죽은 미운 물건들'이라고 번역할 수도 있다. 이 쉬쿠침은 본 절 하반절에 있는 '그들의 가증한 것들'(תוֹעֲבוֹתֵיהֶם)과 병행을 이루고 있다. 상반절의 쉬쿠침이나 하반절의 토에보트 모두 우상들을 의미한다. 이 우상들은 그 숭배자들을 더럽게 한다. '내 땅을 더럽게 하며'에서 사용된 동사는 'חַלְּלָם'(Piel, Inf. with suffix 3mp; 강의형, 부정사에 3인칭 남성 복수 접미사 붙음)인데, 영어로는 desecrate, profane, defile로 번역된다(참고, 겔 5:11; 8:3, 5, 16; 7:2, 3, 6 등). 마귀, 적그리스도, 거짓 선지자가 모두 더럽기 때문에(계 16:13, ἀκάθαρτος) 더러운 우상을 만들어 경배하게 하고 이 우상에게 절하는 음녀 바벨론/불신자들도 더러운(계 18:2, ἀκάθαρτος) 곳에 사는 것이 당연하다.

27절의 히브리어 본문에는 이 '쉬쿠침'(미운 물건들) 앞에 '알 케나프'(날개 위에 혹은 날개를 의지하여)가 있고 뒤에 '메쇼멤'(멸망하게 하는)이 붙어 있다(עַל כְּנַף שִׁקּוּצִים מְשֹׁמֵם). 이것을 직역하면 '멸망케 하는 미운 물건들이 날개 위에/날개를 의지하여'이다. 개역개정에는 '메쇼멤'(멸망케 하는)의 번역이 빠져 있다. LXX에도 '멸망케 하는'이 있는데 이것을 빼고 번역하면 안된다(LXX, Swete, 1930. βδέλυγμα τῶν ἐρημώσεων). 개역개정은 11:31의 '하쉬쿠츠 메쇼멤'(הַשִּׁקּוּץ מְשׁוֹמֵם LXX, Swete, 1930. βδέλυγμα ἐρημώσεως)을 '멸망하게 하는 가증한 것'이라고 하여 '멸망케 하는'을 번역한 반면 이번에는 정관사를 빠뜨리고 번역하였다.

필자가 직역한다면, '멸망케 하는 그 미운 물건'이 되겠는데, 9:27은 쉬쿠침이 복수였으나 11:31에서는 단수가 쓰였기 때문이다. 12:11은 다시 정관사가 빠져서 'שִׁקּוּץ שֹׁמֵם'(멸망케 하는 미운 물건; LXX, Swete, 1930. τὸ βδέλυγμα τῆς ἐρημώσεως)으로 쓰였다. 마태복음 24:15에 "멸망의 가증한 것 (τὸ Βδέλυγμα τῆς ἐρημώσεως)이 거룩한 곳에 선 것을 보거든" 즉, LXX 다니엘서[20](12:11)를 축자적으로 인용하신 예수님의 말씀을 우리는 발견한다.

---

20   A. T. Steele, *An Expositor's Field Manual with Sentence Diagrams and Koine Greek Charts:*

이는 일차적으로 디도가 예루살렘을 공격할 때 그의 군사들이 성전을 불태웠고 성전 제단에 독수리 문양의 군기를 꽂음으로 성취되었다고 본다. 이 "멸망의 가증한 것"의 최종 형태는 요한계시록 13:14-15에 보이는 그 짐승의 '우상'이다.

끝까지 전쟁과 환난 속에서 짐승들과 우상들이 나타나되, 그 마지막은 적그리스도의 우상으로 한 이레의 후 3년 반의 예언에 대한 최종적 성취가 이루어질 것이다. 즉, 다니엘서 내에서, 3장에 나타난, 두라 평지에 자기 위세를 떨치기 위해 세운 느부갓네살의 금 우상은 우상으로서 하나님이 아닌 적그리스도 자신을 경배케 하기 위해 고안된 우상의 첫 번째의 것이었고, 8, 11장의, 안티오쿠스 4세가 예루살렘의 성소에 설치해 유다로 하여금 섬기게 했던 헬라의 최고신 제우스 신상은 하나님에 대한 경배를 중단시킨 두 번째의 우상이었고 9, 12장에서 그 우상은, 다니엘에게는 그보다 더 미래에 있을 적그리스도의 우상이 나타날 것에 대한 예언의 재료가 되었다.

넷째, "또 이미 정한 종말까지 황폐하게 하는 자 위에 그것이 부어질 것이다"(단 9:27)는 무슨 뜻인가?

이는 "제사와 예물(זבח ומנחה)을 금지"하고 "가증한 것이 날개를 의지하여"(על כנף שקוצים) 서게 한 적그리스도의 운명에 관한 질문이다. 하나님은 하나님의 성전과 성읍, 하나님의 백성을 파괴한 자들에 대해 철저히 복수하신다. 이미 하나님은 이사야서에 예루살렘을 공격하였던 앗수르에 대한 심판을 말씀하셨다. 앗수르인은 마음에 이렇게 말하였다.

> 내 손이 이미 신상을 섬기는 나라에 미쳤나니 그 조각한 신상이 예루살렘과 사마리아의 신상보다 우승하였느니라. 내가 사마리아와 그 신상에게 행함같이 예루살렘과 그 신상에게 행치 못하겠느냐(사 10:10-11).

Matthew 24 & 2 Peter(iUniverse.com, 2009), 48-9, quoted in H. B. Swete, *An Introduction to the Old Testament in Greek*(Peabody, MA: Hendrickson, 1989).

이러한 교만에 대해 하나님은 다음과 같이 말씀하셨다.

> 내가 불구에 네게는(이스라엘에게는) 분을 그치고 노를 옮겨 그들을 멸하리라(사 10:25).

다시 말해 하나님의 진노가 앗수르 왕과 그 군대에게 쏟아 부어질 것이다. 예레미야서에 하나님은 이스라엘의 성소와 성읍을 유린한 바벨론 왕과 갈대아인들을 벌하실 것을 예레미야를 통해 예언하신다. 그 내용은 예레미야 25:12과 열방을 치는 예레미야의 설교 46-51장 가운데서 50-51장에 주로 나타난다. 하나님은 느부갓네살이 성전을 파괴한 것에 대해 즉 이스라엘의 예배를 종식시킨 것에 대해 진노하심으로 복수하실 것을 50:15, 28; 51:6, 11, 56 등에서 표명하신다. 50:17-19은 이렇게 말씀한다.

> 이스라엘은 흩어진 양이라. 사자들이 그를 따르도다. 처음에는 앗수르 왕이 먹었고, 다음에는 바벨론 왕 느부갓네살이 그 뼈를 꺾도다. 그러므로 … 내가 앗수르 왕을 벌한 것같이 바벨론 왕과 그 땅을 벌하고 이스라엘을 다시 그 목장으로 돌아가게 하리니 …(렘 50:17-19 상).

이러므로 앗수르 왕과 바벨론 왕이 이스라엘을 심히 괴롭힌 자들로서 동일한 라인 위에 서 있음을 밝히셨다.

다니엘서로 와서 보면, 4장에서 느부갓네살은 그 교만으로 7년간의 하나님의 징책을 받았으며, 5장에서 그 나라의 마지막 왕 벨사살은 그 스스로의 성전 기명에 대한 모독 사건을 계기로 하룻밤 사이에 살해되고, 나라는 다른 자에게 넘어간다. 그러나 이러한 왕들의 신성 모독과 성민 핍박도 그 정도에 있어 8, 11장의 안티오쿠스 에피파네스에는 못 미칠 것이다.

안티오쿠스 에피파네스(치세, B.C. 175-164)는 헬라가 알렉산더 사후에 네 개 국가로 분열되었을 때 그 네 개 국가 중 하나인 시리아의 왕들 가운데 안티오쿠스 3세의 둘째 아들이었다. 그는 부친이 190년 로마에 항복했을 때 로마에 인질로 잡혀가서 14년의 세월을 보냈다. 그 후 형의 맏아들인 데메트리우스를 자기 대신 인질로 두고 시리아로 돌아오는 중에, 헬리오도루스가 아버지의 뒤를 이은 자기 형을 죽이고 반란을 일으킨 소식을 듣고 급히 달려와 헬리오도루스를 물리치고 자기가 왕위를 차지하였다. 왕이 된 이후에 그는 계속 애굽과 힘을 겨루었다. 당시 애굽왕 톨레미 6세 필로메토르와 평화 조약을 맺기도 하고 그것을 깨뜨리기도 하면서 애굽을 유린하고 또한 유대를 공격하기도 하였다.

제2차 애굽 원정에 성공하였으나, 제3차 원정에 실패한 후부터(단 11:30), 그는 참람하고도 무지막지한 방법으로 유대인과 그 성소를 핍박하였다 (B.C. 168-164). 그는 유대와 맺은 평화조약을 파기하였다. 그는 성전에서 매일 드리는 제사를 폐지하고 부정한 동물 돼지의 피와 고기를 바치게 했으며 가증한 우상 제우스를 섬기도록 하였다. 그는 헬라파 유대인들을 포섭하여 배교케 하였으며, 율법과 신앙을 지키려는 자들을 무자비하게 학살하였다. 이에 대해 유다 마카비 가에 의한 반시리아 혁명이 일어났으며, 이것이 성공하고, 안티오쿠스 에피파네스는 이후 쇠퇴하게 된다.[21]

다니엘 8장에 의하면 평화한 때 많은 무리를 멸했으며, 또 스스로 서서 만왕의 왕을 대적한 자는 사람의 손으로 말미암지 않고 깨어졌다(단 8:25).

---

21 Jerry A. Gladson, *Endgame: A New Commentary on the Book of Daniel*(Eugene: Wipf & Stock, 2021), 35-39, 특히, 36-38. 안티오쿠스 에피파네스의 최후에 대한 다니엘 11:40-45와 실제 역사가 다른 점에 대해서는, Ibid., 17, "The final demise of Antiochus IV depicted in Daniel does not coincide with the actual course of events. ···Antiochus instead died a miserable death, not in Palestine or the vicinity of Jerusalem, but hundreds of miles away in Persia." Gladson은 다니엘서의 저자가 안티오쿠스 에피파네스가 죽기 전 B.C. 168-164 사이에 7-12장을 썼기 때문에 이런 오류가 생겼을 것이라고 한다. 그러나 필자는 11:40-45가 안티오쿠스 에피파네스가 아니라 끝날의 거룩하신 하나님의 대적과 그에 대한 멸망에 대한 언급이며, 이 내용이 12:1 이하의 하나님 백성의 핍박과 그들의 구원과 영생의 내용과 연결된다고 한 Keil의 의견을 따른다. "In ch. Xi. 40-45 the statements do not refer to Antiochus, but to the time of the end, of the last enemy of the holy God, and of his destruction. With that is connected, without any intervening space, in ch. xii. 1 the description of the last oppression of the people of God and their salvation to everlasting life." *Ezekiel, Daniel*, 479.

이 사람의 참람함은 디도에게서 일차적으로 나타난다(단 9:26; 마 24:15). 그러나 이 안티오쿠스 에피파네스의 표상은 끝날 적그리스도에게 적용되어 나타날 것이다. 성도들을 죽이고 가둠으로 교회를 멸절코자 하는 이 황폐케 하는 자에게도 하나님의 진노는 쏟아질 것이다. 이것이 데살로니가후서(살후 2:3-4)와 요한계시록에 나타난다(계 19:15-21).

이 짐승(적그리스도)이 황폐케 하는 자인데, 이 사람에게 가담한 사람들이 있다. 그들은 이 짐승과 우상에게 경배하는 사람들이다. 짐승뿐만 아니라 그들에게도 진노가 쏟아진다. 그들은 하나님의 진노의 포도주를 마시게 된다(계 14:9-11, 17-20; 16:1-2; 19:15). 그들의 죄는 짐승에게 경배한 것뿐아니라(계 13:8; 17:5), 하나님을 훼방한 것이었고(계 13:6; 16:9, 21) 또 성도들과 선지자들의 피를 흘린 것이었기 때문이다(계 13:7; 16:6; 18:24).

이것은 성전과 성읍, 곧 하나님의 교회를 황폐케 한 것으로 이해할 수 있다. 하나님 섭리 안에서 적그리스도는 교회를 연단하시는 하나님의 도구인 동시에 하나님의 진노의 심판 대상이다.

다섯째, 다니엘 9:26-27은 공관복음서의 예수님의 예루살렘 멸망 및 재림 예언과 어떻게 관련되었는가?

전술하였듯이 다니엘 8장의 안티오쿠스 에피파네스에 대한 예언은 다니엘 9:26의 한 왕 곧 디도 장군의 군대('한 왕의 백성')가 예루살렘 성읍과 성소를 파괴함으로 성취되었다. 디도 장군도 이스라엘의 하나님을 대적하였고(단 8:11), 많은 이스라엘 군인과 백성을 살해하였다(단 8:24). 로마 군대가 제단에 독수리 문양의 군기를 꽂음으로 성소를 더럽혔다(단 11:31). 그러나 8장과 11장에 예언된 안티오쿠스 에피파네스에 대한 예언들은 디도 장군에게 부분적으로만 성취된다. 마태와 마가가 칠십인역(LXX, 단 12:11, τὸ βδέλυγμα τῆς ἐρημώσεως)과 동일한 헬라어 표현으로 "멸망의 가증한 것"(마 24:15; 막 13:14, abomination of desolation; "멸망의 미운 물건")을 언급한다.

즉, 예수님은 예루살렘 멸망을 예언하실 때 다니엘의 예언 속에서 첫째로는 안티오쿠스 에피파네스에게(단 11:31), 그다음에는 끝날의 적그리스도에게(단 9:27; 12:11) 관련되었던 "멸망케 하는(그) 미운 물건"을 인용하시는 것이다. 흥미롭게도 다니엘이 가까운 미래의 안티오쿠스 4세 에피파네스와 먼 미래의 적그리스도를 인접 단락들에서 '함께' 언급하였던 것처럼, 예수님은 A.D. 70년의 로마에 의한 예루살렘 멸망과 '함께' 주의 재림을 예언하신다(마 24:15-28).

이것이 마태와 마가의 경우에 동일한 장(chapter)에 서술되어 있기에 혼동을 준다. 그러나 우리가 이러한 성경 예언의 서술의 특징적인 면모에 유의하면 그 이해가 용이해진다. "멸망의 미운 물건"(가증한 것)뿐만 아니라 함께 맞물려 있는 주제들인 '적그리스도', '성도의 핍박 받음(혹은 환난)' 등도 이와 같은 예언 서술법을 유의할 때 이해가 한결 덜 어렵게 된다.

다니엘의 시점 이동

안티오쿠스 에피파네스 →	디도 장군(1차 성취) →	적그리스도(최종 성취)
8:9 '작은 뿔' 8:11 스스로 높아져서 군대의 주재를 대적하여 … 그의 성소를 헐었으며 8:24 강한 자들과 거룩한 백성을 멸하리라 11:31 군대는 … 매일 드리는(제사를) 폐하며 멸망하게 하는 미운 물건을 세울 것이며	9:26 '한 왕'의 백성 …그 성읍과 성소를 무너뜨리려니와	9:27 '그'가 … 제사와 예물을 금지할 것이며 멸망케 하는 미운 물건이 날개를 의지하여 … 12:7 반드시 한 때 두 때 반 때를 지나서 성도의 권세가 다 깨지기까지이니 12:11 매일 드리는(제사를) 폐하며 멸망하게 할 가증한 것을 세울 때부터 천이백 구십 일을 지낼 것이요

다니엘 → 예수님 → 사도들(바울, 요한)의 예언

다니엘의 적그리스도와 우상에 대한 예언 →	예수님의 다니엘 인용 예언 A.D.70년의 '멸망의 가증한 것' (1차 성취) →	'멸망의 가증한 것'(최종 성취) 바울, 요한의 적그리스도와 그의 우상에 대한 예언
단 9:27; 11:31; 12:11 (특히 12:11의 LXX 번역, τὸ βδέλυγμα τῆς ἐρημώσεως "멸망의 그 미운 물건") 11:36 그 왕은 자기 마음대로 행하며 스스로 높여 모든 신보다 크다 하며	마 24:15 멸망의 가증한 것이 거룩한 곳에 선 것을 보거든 막 13:14 멸망의 가증한 것이 서지 못할 곳에 선 것을 보거든 눅 21:20 너희가 예루살렘이 군대에게 에워싸이는 것을 보거든 그녀(예루살렘)의 멸망(ἡ ἐρήμωσις αὐτῆς)이 가까운 줄을 알라	살후 2:3 저 불법의 사람 멸망의 아들(ὁ υἱὸς τῆς ἀπωλείας)이 나타나기 전에는(그 날이) 이르지 아니하리니; 2:4 하나님의 성전에 앉아 자기를 하나님이라고 내세우느니라 계 13:3-4 온 땅이 … 짐승에게 경배; 13:15 또 짐승의 우상(τῇ εἰκόνι τοῦ θηρίου)에게 경배하지 아니하는 자는 … 다 죽이게 하더라

이러한 큰 구도에서 먼저 공관복음의 예루살렘 멸망-끝날들에 대한 시점 이동들을 도표화하면 아래와 같다. 마태는 24:1-2에서 예수님의 예루살렘 멸망에 대한 예언을 기록[22]하고, 24:3-14에서는 재난의 시작(거짓 선지자, 기근, 지진, 전쟁, 복음 전파로 인한 환난과 죽음) 및 진행과 24:14에서 "끝"을 말씀하심으로 임시 종결을 한다(천국 복음이 온 세상에 전파됨).

24:15부터는 다시 가까운 미래로 거슬러 올라와서 예루살렘 멸망을 기술한다("멸망의 가증한 것"; 눅 21:20에는 이 표현이 없고 디도의 공격을 약간 달리 표현함[23]). 예수님은 이 사건을 "큰 환난"이라고 지칭하시는데 이 멸망의 가증한 것과 큰 환난을 먼 미래의 적그리스도와 큰 환난(계 13장)을 동시에 가리키는 것으로 이해할 경우 이 내용은 또 24:15-22까지로 임시적 종결을 한다고 볼 수 있다. 24:21에 제시된 큰 환난은 "창세로부터 지금까지 이런 환난이 없었고 후에도 없으리라"로 기술된다. 이는 후 3년 반에 있을 나팔 재앙들 특히 넷째, 다섯째, 여섯째 나팔 재앙의 시기로 보인다. 24:22에 보이듯 주께서 "택하신 자들을 위하여 그날들을 감하"신다면 후 3년 반의 기간은 얼마간 감하여질 것인데 감하여질 기간에 대해서는 주님의 주권에 속했으므로 누구도 알 수 없다.

여기서 다시 거짓 그리스도들과 거짓 선지자들의 미혹에 대한 말씀을 기록하는데(마 24:23-26) 이는 24:4-5에서 이미 언급한 '많은 사람의 미혹' 보다는 나중에 일어날 일들 곧 후 3년 반의 거짓 선지자의 미혹으로 집약될 것으로 보인다. 24:27에 인자의 임함(예수님의 재림)과 예수님의 심판으로 인해 죽은 자들의 시체를 독수리들이 먹게 될 것(24:28, 곧 요한계시록 19장의 시점)을 기록함으로 마태는 다시 일단락을 맺는다.

---

22   누가는 마태와 마가 보다 좀 자세하다. 누가복음 19:43-44 상 "날이 이를지라 내 원수들이 토둔을 쌓고 너를 둘러 사면으로 가두고 또 너와 및 그 가운데 있는 네 자식들을 땅에 메어치며"

23   누가복음 21:20 "너희가 예루살렘이 군대들에게 에워싸이는 것을 보거든 그 멸망이 가까운 줄을 알라"

24:29의 '환난 후' 해와 달이 빛을 내지 않고 천체의 격변이 생기는 때는 땅에 여섯 째 인 재앙이 나타나는 시점으로 보인다. 후 3년 반에 있게 될 것으로 예상되는 나팔 재앙들 중에 4째 나팔이 해달별의 3분의 1의 파괴 곧 빛을 잃을 것에 대한 것이므로 이 현상이 후 3년 반으로 마치고 환난 후가 되면 이것이 더 진전된, 즉 여섯 째 인 재앙이 나타날 것은 이상하지 않다. 이때가 예수님이 아직 아마겟돈에 내려오시기 전의 공중 재림의 시점(곧 신자들의 휴거 시점과 같은 시점)으로 보인다(마 24:30-31).

이어지는 24:32 이하에서 예수님은 인자의 재림의 징조(무화과 나무의 비유)를 말씀하면서, 휴거 사건을 노아 때와 비교하시고, 40-41절에서 휴거 사건을 두 예를 통해 말씀하신다. 즉, 24:32부터 25:13까지는 24:29-31의 시점과 겹치고(휴거를 준비하며 준비/충성하라는 비유 설교, 특히 24:45-25:13), 상급과 벌이 있는 25:14-30(달란트 비유)은 최후 심판 때이니 여기까지가 또 한 단락이다. 나머지 25:31-46까지는 그 시점으로 보아 25:14-30과 병행으로 보이는데, 천년 왕국 후의 최후 심판 곧 성부 하나님이 인자를 통해 의인과 악인을 구분(양과 염소의 비유), 영생과 영벌을 실행하시는 것을 제시하는 것 같다.

이 본문도 하나의 단락으로 보는 것은, 25:31이 "인자가 자기 영광으로 모든 천사와 함께 올 때에"라는 때를 나타내는 도입 때문이다. 이로써 70년 예루살렘 멸망-재림 시의 사건들-최후 심판까지에 대한 긴 예언 강화가 끝난다. 보통 학자들은 마태복음 24장만을 가지고 예루살렘 멸망과 재림을 설명하지만, 마태복음 23:37-25:46을 전체적으로 봄이 필요하다.

마 23:37-39	예루살렘 멸망 예고	
마 24:1-2	성전에서 → 성전 멸망 나가실 때	
마 24:3-14	감람산에 전쟁, 기근, 지진(재난 시작), 만국에 복음 전파 앉으셨을 때 많은 거짓 그리스도 (끝이 옴) 많은 거짓 선지자 미혹	

마 24:15-28	예루살렘 멸망 → 멸망의 가증한 것 → 인자 임함 → (아마겟돈)
	멸망의 가증한 것? 큰 환난 번개 독수리들
	         거짓 그리스도들 번쩍임 같음
	         거짓 선지자들 미혹
	         택하신 자들 위해
	         날들 감하심	

마 24:29-31		환난 후 천체 격변 공중 재림, 휴거
마 24:32-25:30		휴거(24:32-25:13) → 최후 심판 상급, 벌(25:14-30)
마 25:31-46		인자가 … 올 때 보좌에 앉으리니 최후 심판; 영생/벌

위의 도표에서 생각할 것은 시간적으로 중첩되는 부분이 있으되 앞선 단락보다 후속 단락(의 각 끝부분에 나타날 사건들)이 '시간적으로 진전'되어 있다는 것이다. 전체적으로 보면 이것은 역사선형(逆斜線形, in the form of an inverted slash)으로 되어 있는데, 요한계시록도 주제들의 전개를 고려하여 시간적 구조를 따지면 전체적으로 이와 같은 형태로 나타난다. 아마겟돈, 천년 왕국, 곡과 마곡의 전쟁, 새 하늘과 새 땅 등의 사건들은 '시간적으로 진전'되어 있다. 이 사건들을 계기적으로 이해하는 것이 중요하다.

위의 도표로 또 생각할 것이 있는데 어떤 주제들이 시간적으로 확장(temporally extended)되기도 하고 그것들이 또 시간적으로 집약(temporally condensed)되기도 한다는 것이다. 예를 들어, '환난' 주제(색깔 칠한 부분)를 생각해 볼 때, 24:3-14의 환난은 보다 긴 기간(초림부터 재림까지의 기간인 듯)을, 24:15-28이 가리키는 환난은 보다 짧은 기간에 집중된 환난(후 3년 반의 큰 환난 보임)을 시사한다는 것이다. 왜냐하면, 둘 다 환난 기요 둘 다 많은 거짓 그리스도와 선지자가 미혹하는 기간이지만, 앞은 환난의 시작과 진행에 초점이 맞추어 있고, 뒤는 '큰 환난'이라고 하여 보다 미래에 있을 것으로 보이기 때문이다.

다시 말해 뒤(마 24:21)의 예언이 곧 다니엘 12:1의 "개국 이래로 그 때까지 없던 환난"과 관련된 환난의 때로 보이기 때문이다.

> 창세로부터 지금까지 이런 환난이 없었고 후에도 없으리라 그 날들을 감하지 아니하면 모든 육체가 구원을 얻지 못할 것이나 그러나 택하신 자들을 위하여 그 날들을 감하시리라(마 24:21).

> … 또 환난이 있으리니 이는 개국 이래로 그 때까지 없던 환난일 것이며 그 때에 네 백성 중 책에 기록된 모든 자가 구원을 받을 것이라(단 12:1)

다니엘 12장은 이 기간을 "끝"이라는 말로 표현하고 있고(단 12:6), 또 "한 때 두 때 반 때를 지나서 성도의 권세가 다 깨지기까지"로 구체적 진술을 하는데 이는 끝날들의 짧은 기간으로 보이기 때문이다.

즉, 예수님의 승천 이후에는 환난(전쟁, 기근, 지진 등)이 시작되어 오랜 기간 동안 계속되고, 또한 복음 전파와 그로 인한 핍박도 계속될 것 그리고 나는 그리스도라 하면서 이 복음을 훼방하고 세상을 미혹하는 많은 사람(마 24:5)과 많은 거짓 선지자(마 24:11)가 활동한다. 그러다가 끝날들의 짧은 기간에 이 환난이 심화된다.

이와 같은 예언 전개법을 요약하자면, 먼저 A.D. 70년에 멸망의 가증한 것을 성전에 세우고 예루살렘 성전과 성읍을 멸망시킨 디도와 그의 군대의 사건으로 나타나고, 그 환난이 많은 시간으로 확대되다가 끝날에 다시 집중

되는 일련의 과정으로 정리될 수 있다. A.D. 70년 무렵에도 예루살렘에는 유대인의 여러 파당이 있어 거짓 그리스도들과 거짓 선지자들이 있었고, 신약의 전 기간에는 말할 나위도 없으며(마 24:5, 11; 계 2-3장의 로마 황제들, 발람, 이세벨 등; 요일 2:18), 요한계시록 12-13장을 따르면 마지막의 마흔두 달 동안(계 13:5)에도 이들의 최종 형태인 적그리스도(바다에서 나온 한 짐승, 계 13:1)와 거짓 선지자(계 13:11의 땅에서 올라온 다른 짐승; 계 16:13에 거짓 선지자로 명시)가 보이는 것이다. 그리하여 마태복음 24:24(막 13:22)에서 비록 거짓 그리스도들과 거짓 선지자들을 복수로 기록하고 있으나 이는 최종의 대 환난 때 단수로 나타날 것으로 본다(살후 2:3).

70이레도 사실 70년이 확대 형태이며 가브리엘은 다니엘에게 지혜와 총명을 주어 이 70이레를 가르쳐 주되(단 9:22), 69이레 후에 디도 사건을 통해 한 이레를 예시하면서 또 '끝까지 전쟁'이 있을 것을 내다보는 동시에(단 9:26, 이는 적그리스도에 이르기까지의 긴 기간을 시사), 한 이레(7년)의 기간을 구별, 이 기간에 초점을 주어 마지막에 있을 일을 보여 주는 것인데(단 9:27), 이것이 바로 선지적 시점 이동 및 예언 서술의 기법이다. 이는 요한계시록을 이해하는 데도 꼭 필요한 사항이다.

요한계시록 10-11장에서 선지자 요한의 전도 기간(하나님의 성전과 제단과 그 안에서 경배하는 자들을 측량, 에스겔 40 이하 참조, 요한은 그 이후 전도자들을 대표할 수 있음)이 마흔두 달인 데 이는 '신약 시대 전 기간'으로 볼 수 있고, 이는 두 증인이 예언하는 1,260일 즉 '마지막 한 이레의 전반부의 기간의 집중-집약된 기간'으로 볼 수 있다. 12-13장에서 여자가 광야로 도망하고(박해 받음), 그 뱀의 낯을 피하여 양육 받는 1,260일(계 12:6)은 '신약 시대 전 기간'으로 볼 수 있고 한 때와 두 때와 반 때(계 12:14)의 기간은 '신약 시대의 전 기간'으로 혹은 이것이 집약된 기간 즉 교회가 보호받는 '전 3년 반의 기간'으로 볼 수 있을 것이다.

이는 다시 두 짐승(적그리스도와 거짓 선지자)이 성도들을 죽이는 마흔두 달(계 13:5)의 짧은 기간 즉 '마지막 한 이레의 후반부의 기간의 집중-집약된 기간'으로 볼 수 있다. 성경학자나 신학자 중에는 이 기간들을 싸잡아서 그저 어떤 '상징적 기간'이라고 하는 사람들이 많은데 필자는 그렇게 보지 않는다. 이 기간들은 상징적인 동시에 실제적인 기간들이고, 확장되기도 하고 집약되기도 한 기간들이다. 그저 두루뭉술하게 처리해서는 예언의 시점 변화의 독특성을 놓치게 되며, 또 이로 말미암아 결국 요한계시록이 우리에게 제시하는 종말론의 긴급성을 놓치게 될 수 있는 것이다.

요한계시록은 우리에게 새 예루살렘의 영광이 보장되어 있음을 제시하여 우리에게 안심(安心)과 확신을 주나 동시에 집약된 짧은 기간에 있을 용(=마귀)과 짐승(=적그리스도)과 거짓 선지자의 더러운 속임수와 핍박을 미리 일러주는 강한 경고의 선지자 글이다. 구약이나 신약이나 선지자는 결코 우리를 안일(安逸)로 인도하지 않는다. 그들은 우리에게 회개를 촉구하고, 짐승에게 속지 말며 절하지 말라고 하여, 종말의 긴급성을 일깨워 준다.

마가복음 13장과 누가복음 21장도 위의 도표처럼 배열해 각 기자가 보도하는 예수님의 시점 이동을 알아볼 수 있도록 한다면 우리는 각 단락이 지시하는 사건들에 대해 보다 분명한 이해에 도달할 수 있게 된다. 단지 유의할 것은 마가복음은 마태복음에 비해 휴거에 대한 예언들(비유들과 예증들)이 대폭 생략되어 있다는 것, 누가복음은 종말적 강화들이 여기 저기 흩어져 있기에 21장뿐만 아니라 12:35-48; 17:20-37등의 가르침들/예언들(인자의 재림과 그에 대한 준비 및 휴거)도 함께 고려할 필요가 있다는 것이다.[24]

요한계시록의 시점 이동(10-22장)과 관련해서는 아래의 도표를 참조하라.

---

24 필자의 견해와 약간 차이가 있지만 유사한 입장에 대해서는 곽철호, "계시록 해석의 새 패러다임: '다중적-미래절정적 해석': 마태복음 24장과 연관하여," **성침논단** 13(2022): 7-45를 보기 바란다. 참조할 내용들이 많다.

요한계시록 10장 이하 종말 사건들의 전개 방식

신약 시대	전 3년 반	후 3년 반	예수 재림	천년	곡 마곡	신천 신지
10-11장 요한의 전도 사역(10:8-11)→ 요한은 신약 전도자들을 대표할 수 있음 하나님의 성전과 제단과 그 안에서 경배하는 자들 측량 성전 바깥 마당은 마흔두 달 동안 이방인이 짓밟음(11:2) 이방인의 짓밟음은 후3년 반까지	→1,260일의 두 증인의 예언 사역으로 집약됨(11:3) → 짐승에게 죽임 당했다가 살아나 하늘로 올라감(부활-휴거?)					
12장 여자(교회)가 아들 낳음(초림) → 여자가 광야로 도망, 1,260일(신약 시대인듯) 동안 하나님께서 예비한 곳에서 양육 받음(12:6) 광야 자기 곳으로 가서 한 때 두 때 반 때를 양육받음(12:14)	광야 자기 곳으로 가서 한 때 두 때 반 때 (전3년 반?)를 양육 받음(12:14)	→성도들(교회)이 핍박 받음 마흔두 달 짐승 권세(13:5, 10)	부활(20:5), 휴거(14:14-16; 15:2), 예수님과 지상으로(19:8, 14)	예수님과 왕 노릇(20:4, 6)		새 예루살렘, 세세토록 왕 노릇(22:5)
12; 13; 20장 마귀=큰 용=옛 뱀=사탄 (일곱 머리, 열 뿔. 12:3, 9); 예수님 승천 후 땅으로 쫓겨남; 이후 재림 어간까지 여자(교회) 공격	여자의 씨의 남은 자들과 싸우려고 바다 모래 위에 섬(12:17)	→ 적그리스도에게 권세를 줌(13:4)		결박 당하여 무저갱에 갇힘(20:1-3)	땅의 사방 백성 미혹	→ 불못(20:10)
13; 19장 바다에서 나오는 짐승=적그리스도(열 뿔, 일곱 머리. 13:1)	→ 전3년 반 끝에 무저갱에서 올라와 두 증인 죽임(11:7)	→ 용에게서 마흔두 달 일할 권세 받음(13:5)	아마겟돈에서 심판받음 → 거짓 선지자와 함께 불못에 던져짐(19:20)			
17-18장 음녀 바벨론=짐승(일곱 머리, 열 뿔)을 탔음 (구약→신약, 재림전까지)			→ 일곱 째 대접으로 멸망(16:17-21)			→ 부활, 심판받고 불못

여섯째, 다니엘 9:27의 예언은 데살로니가후서 2:1-12과 어떤 관계가 있는가?

데살로니가후서 본문은 다음과 같은 사실을 나타내 준다.

(1) 안티오쿠스 4세 에피파네스로부터 나온 표상이다.
(2) 이 존재는 A.D. 70년의 디도 장군을 지칭하는 것이 아니다.
(3) 이 예언이 이방 크리스천들에게 주어졌다.

데살로니가후서 2:3에 나타난 '불법의 사람'(ὁ ἄνθρωπος τῆς ἀνομίας),[25] "멸망의 아들"(ὁ υἱὸς τῆς ἀπωλείας), 4절에 "숭배 받는 자 곧 신이라 불리는 모든 자를 대적하고 스스로를 높이는 자"(ὁ ἀντικείμενος καὶ ὑπεραιρόμενος ἐπὶ πάντα λεγόμενον θεὸν ἢ σέβασμα),[26] "그리하여 하나님의 성전에 앉아 자기를 보여 하나님이라 하는"(ὥστε αὐτὸν εἰς τὸν ναὸν τοῦ θεοῦ ὡς Θεὸν καθίσαι ἀποδεικνύντα ἑαυτὸν ὅτι ἔστιν θεός) 자인 이 존재는[27] 느부갓네살-벨사살-안티오쿠스 에피파네스 등과 같은 라인에 서 있는 사람임에는 틀림없다.

그러나 이 모든 사람과 다른 역사적 배경 곧 "예수님의 두 번째 강림과 그 주님 앞에 성도의 모임"(살후 2:1)과 이 사람이 관련되어 있다. 그는 재림의 컨텍스트와 관련해 지금 사도 바울에 의해 언급되고 있는 것이다. 게다가 그는 예수님의 입 기운에 죽고, 예수님이 강림하여 나타나심으로 폐하여진 바 될 것이라고(살후 2:8) 예언되어 있다.

그러므로 그는 디도 장군이 아니다(물론, 자유주의자들의 과거적-단정적 해석처럼 이 '불법의 사람'은 네로 황제도 아님; 제발 속지 말기 바란다!). 예수님은 디도 장군과 그의 군대 그리고 우상이 성전에 세워질 것을 예언하시고, 이것으로서 미래를 내다보고 계시나, 사도 바울은 다니엘의 안티오쿠스 에

---

25 비교, 다니엘 7:25 "때와 법을 고치고자 할 것이며"; 8:12 "진리를 땅에 던지며"; 8:13 "망하게 하는 죄악에 대한 일과"; 11:32 "그가 또 언약을 배반하고 악행하는 자를 속임수로 타락시킬 것이나"

26 비교, 다니엘 8:25 "그가 장차 지극히 높으신 이를 말로 대적하며…"; 다니엘 11:36-37 "그 왕은 자기 마음대로 행하며 스스로 높여 모든 신보다 크다 하며 비상한 말로 신들의 신을 대적하며 … 그가 모든 것보다 스스로 크다 하고 그의 조상들의 신들과 여자들이 흠모하는 것을 돌아보지 아니하며 어떤 신도 돌아보지 아니하고"

27 NASB, "who opposes and exalts himself above every so-called god or object of worship, so that he takes his seat in the temple of God, displaying himself as being God."

피파네스의 표상을 가지고 바로 종말에 있을 적그리스도를 내다보고 있기 때문이다.

이 사람이 "하나님의 성전에 앉아 자기를 보여 하나님이라" 한다고 했는데 이 성전은 유대인들이 건립할 물리적인 제3 성전을 지칭하는가 아니면 교회를 말하는 것인가?

이는 앞에서 잠시 언급하였듯이, 물리적 성전 가능성도 있으나 교회로 보는 것이 더 적절할 것이다.

박윤선은 "하나님의 성전에 앉아"를 다음과 같이 주석한다.

> 이것은 그가 하나님의 교회에서 하나님이 가지신 주권을 참람되이 취함을 가리킨다.[28]

만약 물리적 성전이라면 "이레의 절반에 제사와 예물을 금지"(단 9:27; 참조 12:11)함도 실제적 동물 희생 제사와 예물(זבח ומנחה)을 금지할 것을 의미할 것이다. 그러나 이는 성도들이 드리는 예배를 금할 것으로 해석이 가능한데 필자는 후자에 더 무게를 싣는다.

데살로니가후서의 기록 연대를 A.D. 51-53년경으로 볼 때, 사도 바울은 다니엘의 예언을 가지고 얼마 후에 있을 디도를 예언할 법도 하지 않은가?

그러나 지금 이 편지의 수신자는 데살로니가 성도들이다. 그들은 예루살렘의 멸망과 관련하여서는 제삼자들이다.[29] 게다가 그들은 종말에 대해

---

28 박윤선, 『**성경주석 바울서신**』(서울: 영음사, 1985), 487-8.
29 사도가 세 안식일에 회당에서 성경을 가지고 강론하였으나 믿은 사람은 유대인들이 아니라 이방인들이었다. 경건한 헬라인의 큰 무리와 적지 않은 귀부인들이 권함을 받고 비울과 실라를 좇았나고 되어 있다. 믿지는커녕 오히려 유대인들은 시기하여 사도와 그 일행을 찾으려고 혈안이 되었으나 찾지 못하고 큰 소동만 일으켰다. 게다가 그들은 복음을 전하는 사도를 잡으려고 베뢰아까지 원정을 갈 정도로 복음을 미워했다. 아마도, 데살로니가 교인 가운데 유대인이 있을 가능성은 있겠지만(디아스포라 유대인 등), 대개는 이방인 신자들일 것이다. 사도행전 17:1-13을 보라.

비상한 관심을 가지고 있었던 사람들(살전 4:13 이하; 살후 2:1이하)이다.

사도 바울은 그들에게 디도에 대해 언급할 직접적인 필요가 없었다. 사도는 오히려, 종말에 있을 분명한 주제를 그들에게 제시함으로 그들의 신앙의 요동을 막아야할 중차대한 필요성을 느끼고 있었을 것이다.

이러한 질문-대답들을 통해 우리는 완전하지는 않지만, 다니엘서의 70 이레와 관련한 종말 사건들을 이해할 수 있다.

5. 나가는 말: 다니엘 예언을 참조한 요한계시록의 타임라인

이 장에서 우리는 다니엘서의 예언이 요한계시록의 예언과 어떻게 관련되는지를 살펴보았다. 이것들을 도표화하여 제시하는 것은 독자들의 이해를 도울 것이다. 특히, 다니엘서의 한 이레의 반에 해당하는 기간(1,260일), 1,290일, 1,335일의 기간이 어떻게 요한계시록과 관련되는지를 표에 기입하였다. 한 이레의 반에 해당하는 기간은 요한계시록에서 어떤 곳에서는 신약 시대의 전 기간을, 또 어떤 곳에서는 전 3년 반을, 또 어떤 곳에서는 후 3년 반을 가리키기 위해 사용된 것 같다.

한편 다니엘 12장의 끝부분에 나타나는 1,290일과 1,335일에 대해 우리는 정확한 해석을 할 수 없을 것 같다. 왜냐하면, 관련 서술이 적거나 거의 없기 때문이다. 다니엘 12:11에 "매일 드리는(제사를) 폐하며 멸망하게 할 가증한 것을 세울 때부터 1,290일을 지낼 것이요"라고 되어 있는데 이는 우상을 세울 때(후 3년 반의 시작점)부터 성도의 권세가 다 깨어지기까지(후 3년 반의 끝)에 30일을 더한 기간이다. 후 3년 반이 종료되고 난 후에 일곱 대접이 쏟아질 것으로 필자는 이해하는데 30일은 이 어간을 말하는 듯하다.

그리고 다니엘 12:12는 "기다려서 1,335일까지 이르는 그 사람은 복이 있으리라"고 되어 있는데 이는 이 30일에 또 45일을 더한 기간이다. 이때가 아마도 아마겟돈 전쟁의 때가 아닐까 한다. 즉, 이때는 예수님의 지상 강림과 아마겟돈에서의 승리와 천년 왕국이 시작되는 때인 것 같다. 왜냐하면, 이때까지 이르는 사람은 복이 있기 때문이다.

여기서 "기다려서 1,335일까지 이르는"이라는 말은 육체적으로 살아남아 기다린다기보다는 몸이 죽었든지 몸이 살았든지 짐승의 통치를 거부하고 믿음을 지키다가 영광의 몸을 입고 본 시기에 도달한 것을 의미하는 것으로 보인다.

신약 시대→ 진행 (긴 기간)	1 이레 단 7:25; 9:27; 12:7 등		30일? 단 12:11	45일? 단 12:12	1,000년	곡과 마곡	크고 흰 보좌	새 예루살렘
	전 3년 반 1,260일 두 증인 하늘로 ↑	후 3년 반 마흔두 달	(예수님 공중 강림 성도들 부활후 휴거 ↑)	(예수님과 성도들 지상 강림 ↓)				
여자가 광야에서 1,260일 계 12:6, 14 요한의 예언 사역 (성전 측량) 요한은 모든 전도자들을 대표하는 듯	두 증인 1,260일 예언, 전 3년 반 후에 순교	성도 권세 깨짐	그리스도 공중 재림 성도 부활 (겔 37장), 휴거	그리스도 지상 재림	그리스도와 부활한 성도의 통치.			신부; 어린양의 아내 21:9
이방인이 거룩한 성을 마흔 두 달 짓밟음(신약 시대). 계 11:2(이 짓밟음은 후 3년 반에 집중적으로 이루어질 것임)	여섯 째 인? 짐승과 거짓 선지자 통치, 불신자들은 666표 받음		여섯 째 인, 1-7 대접, 회개 않음 음녀 멸망	아마겟돈 짐승과 거짓 선지자는 불못	마귀 결박 (무저갱)	마귀불못	죽은 자들 부활 심판	생명책 제외자들 불못

다니엘서와 요한계시록은 마귀와 적그리스도의 핍박과 그 핍박에 대한 성도의 인내, 그리고 종국에 있을 주권자 하나님과 어린양의 승리 안에서 누리는 성도의 영광을 제시한다는 점에서 동일한 신학적 초점을 지니고 있다. 우리는 하나님이 주 예수 그리스도 안에서 계획하신 이러한 성도들의 영광의 왕 노릇을 고대하며 이 마지막 때 적그리스도와 거짓 선지자에게 속아 넘어가지 않도록 깨어 있어야 할 것이다.

우리 다 같이 복음을 힘써 전하여 많은 사람을 옳은 데로 돌아오도록 하며 복음과 함께 고난을 받자. 죄를 통회 자복하는 가운데 주님이 어서 오시기를 간절히 고대하는 가운데 오늘도 성실하게 주님이 주신 사명을 실행하자!

참고 문헌

곽철호. "계시록 해석의 새 패러다임: '다중적-미래절정적 해석': 마태복음 24장과 연관하여." **성침논단** 13(2022): 7-45.
배정훈. "연대기로 읽는 다니엘서의 종말론." **구약논단** 19(2013): 323-47.
박윤선. 『**바울서신**』. 박윤선성경주석. 서울: 영음사, 1985.
비일, 그레고리 K. 『**요한계시록 상권**』, 오광만 옮김. 서울: 새물결플러스, 2016; Beale, G. K. *The Book of Revelation: A Commentary on the Greek Text*. Grand Rapids: Eerdmans, 1999.
송병현. 『**다니엘**, 엑스포지멘터리』. 서울: 도서출판 이엠, 2018.
왕대일. "묵시 문학 다니엘서의 종말론- 그 신학적 이해." **신학과세계** 37(1998): 7-37.
정성욱. 『**정성욱 교수의 밝고 행복한 종말론**』. 서울: 큐리오스, 2016.
최영헌. "단 9:24-27 '70이레' 해석." 신학석사학위논문, 아세아연합신학대학교신학대학원, 1999.
Anderson, Sir Robert. *The Coming Prince*. London: Hodder & Stoughton, 1895.
Gladson, Jerry A. *Endgame: A New Commentary on the Book of Daniel*. Eugene: Wipf & Stock, 2021.
Hasel, G. F. "Interpretations of the Chronology of the Seventy Weeks." In *The Seventy Weeks, Leviticus, and the Nature of Prophecy* vol. 3. 19-25. Edited by F. B. Holbrook. Symposium on Daniel: Introductory and Exegetical Studies. Washington, D.C.: Biblical Research Institute General Conference of Seventh-day Adventists, 1986.
Hengstenberg, E. W. *The Revelation of St. John* II. New York: Carter, 1853.
_____. *Christology of the Old Testament*. Grand Rapids: Kregel, 1970; 『**구약의 기독론**』. 원광연 역. 서울: 크리스쳔다이제스트, 1988.

Hoehner, Harold W. *Chronological Aspects of the Life of Christ*. Grand Rapids: Zondervan, 1977.

Keil, C. F. *Ezekiel, Daniel* vol. IX. Three Volumes in One. C. F. Keil and F. Delitzsch. Commentary on the Old Testament in Ten Volumes. Translated by M. G. Easton. Grand Rapids: Eerdmans, 1988.

Ladd, G. E. *A Commentary on the Revelation of John*. Grand Rapids: Eerdmans, 1972.

Seiss, J. A. *The Apocalypse: A Series of Special Lecturers on the Revelation of Jesus Christ*. Grand Rapids: Eerdmans, 1966.

Steele, A. T. *An Expositor's Field Manual with Sentence Diagrams and Koine Greek Charts: Matthew 24 & 2 Peter*. iUniverse.com, 2009.

Swete, H. B. *An Introduction to the Old Testament in Greek*. Peabody, MA: Hendrickson, 1989.

Walwood, J. F. *The Revelation of Jesus Christ*. London: Marshall, Morgan, and Scott, 1966.

제4장

요한계시록과 이사야서

1. 들어가는 말

　이사야 선지자의 예언적 지평은 그가 서 있던 B.C. 8세기의 역사적 상황에만 머무르지 않는다. 그의 시각은 가까운 미래에 있을 북이스라엘-시리아 연합군의 남왕국 유다 침입, 앗수르의 침략, 바벨론의 침략(이스라엘의 포로됨), 바벨론에 대한 메대의 공격, 포로된 이스라엘의 고토(古土)로의 귀환을 지나 그리스도의 초림에서 재림까지 그리고 새 하늘과 새 땅(=신천 신지[新天新地])에까지 뻗쳐 있다.
　이사야서를 읽을 때 우리가 이 책의 문학적, 신학적 주제들의 전개뿐만 아니라 선지자의 시점 이동에 유의하지 않으면 선지자가 언제 일어날 일들에 대해 말하고 있는지 분간이 어렵다. 물론 우리가 이 모든 것을 다 알고 있다고 해서 선지자의 예언 내용들이 정확히 언제 이루어질지 분명하게 알 수 있게 되는 것은 아니다. 예언들이 다소 모호한 언어들로 제시되어 있기 때문이다. 다만 우리는 선지자의 시점 이동의 특징적인 면모를 알고 있으면 이 선지서에 있는 많은 내용을 이해하는 데 유리한 위치에 서게 된다.
　이사야의 예언적 시각을 이해하는 잇점은 이것뿐만 아니다. 이사야서는 실제로 요한계시록에 예언된 많은 미래 일과 연결되어 있기 때문에 우리는 이사야 선지자의 시점 이동에 익숙하면 요한계시록의 환상들을 이해하는 데도 도움을 받게 된다.

이 장에서는 이사야서의 종말적 그림들이 요한계시록의 종말적 영상들과 어떻게 연결되는지를 살피려 한다. 이사야서의 예언들이 사용하는 언어들과 요한계시록의 언어들의 차이, 이사야서의 예수님 초림과 재림 어간의 사건들에 대한 예언적 시각의 이동, 이사야서와 요한계시록의 예수님 재림 어간의 일들에 대한 예언의 특징을 비교하되 이 장은 특히 요한계시록에 제시된 천년 통치와 새 하늘과 새 땅이 이사야서에는 어떻게 나타나는지를 살펴보려 한다.

특히, '새 하늘과 새 땅'이라는 표현은 이사야 65:17; 66:22와 요한계시록 21:1에 모두 나타난다.[1] 이는 우리로 하여금 두 본문의 상호 관련성, 곧 간본문성(間本文性, intertextuality)을 따지는 연구를 하지 않을 수 없도록 한다. 먼저, 우리가 생각해야 할 것은 두 책에서는 비슷하게 '새 하늘과 새 땅' 전에 하나님의 심판을 우리에게 보여 준다는 사실이다. 이사야 34:4상반절에서는 "하늘의 만상이 사라지고 하늘들이 두루마리 같이 말리되 …"[2]가, 이사야 51:6 중반절에서는 "… 하늘이 연기 같이 사라지고 땅이 옷 같이 해어지며 …"가, "요한계시록 6:13-14에서는 "하늘의 별들이 … 땅에 떨어지며 하늘은 두루마리가 말리는 것 같이 떠나가고 …"가 나타난다.

이사야 34:4의 "하늘의 만상"을 KJV, ESV, NASB 등은 'all the host of heaven'으로, NIV는 'all the stars in the sky'로 번역하였는데 개역개정은 각주를 달아 '일월성신' 즉 해와 달과 별들이라고 하였다. 또 '하늘의 만상이 사라지고'에서 '사라지고'는 히브리어 동사 'מָקַק'가 니팔형(수동형)으로 쓰였는데 이는 KJV, ASV, NIV에서 용해되다/풀어지다/녹아지다(be dissolved)로 번역하였다. 즉, 이사야와 요한계시록은 모두 하늘의 별들

---

[1] 베드로후서 3:13도 포함.

[2] ונמקו כל־צבא השמים ונגלו כספר השמים

이 땅에 떨어지고(혹은 녹아지고) 하늘이 두루마리가 말리는 것 같이 떠나간다는 종말의 사건을 우리에게 보여 준다. '새 하늘과 새 땅'은 이렇게 '옛 하늘'이 심판을 받아 없어지고 나타나는 어떤 새로운 상태임을 우리에게 알려준다. 이는 사도 베드로의 증언으로 확증된다.

> …그날에 하늘이 불에 타서 풀어지고(λυθήσονται) 물질이 뜨거운 불에 녹아지려니와 (τήκεται) 우리는 그의 약속대로 의가 있는 곳인 새 하늘[들]과 새 땅을 바라보도다 (벧후 3:12-13).

그런데 문제는 이 요한계시록과 이사야서 두 책이 '새 하늘과 새 땅'의 상태를 아주 다르게 언급하는 듯 보인다는 것이다. 요한계시록 21:1은 "또 내가 새 하늘과 새 땅을 보니 처음 하늘과 처음 땅이 없어졌고(ὁ γὰρ πρῶτος οὐρανὸς καὶ ἡ πρώτη γῆ ἀπῆλθαν) 바다도 다시 있지 않더라"(καὶ ἡ θάλασσα οὐκ ἔστιν ἔτι)고 함으로 새 하늘과 새 땅은 하나님의 첫 창조와는 전혀 다른 새로운 창조를 시사한다. 이 새 하늘과 새 땅에 더 이상 죽음이 없다. 왜냐하면, 20:14에 "사망과 음부"(ὁ θάνατος καὶ ὁ ᾅδης)가 불못에 던져졌기 때문이다.

반면, 이사야 65:17은 "보라 내가 새 하늘과 새 땅을 창조하나니 이전 것은 기억나거나 마음에 생각나지 아니할 것이라"고 하여, 요한계시록과 비슷하게 완전히 새로운 창조를 말하는 듯하지만, 이어지는 20절을 읽어 보면, 이 새 하늘과 새 땅은 하나님이 처음 창조하신 하늘과 땅이 완전히 없어지고 새로 생긴 것이 아니라 어떤 변화를 겪어 새롭게 된 상태 정도로 보인다는 것이다. 왜냐하면, 20절에는 이런 진술이 보이기 때문이다.

> 거기는 날 수가 많지 못하여 죽는 어린이와 수한이 차지 못한 노인이 다시는 없을 것이라. 곧 백 세에 죽는 자를 젊은이라 하겠고 백 세가 못되어 죽는 자는 저주 받은 자이리라(사 65:20).

즉, 인간의 수명은 엄청나게 늘어나지만, 여전히 그 생멸(生滅)의 현상이 이루어지고 있는 공간이 바로 이사야가 증거하는 '새 하늘과 새 땅'이다. 여기서 요한계시록과 분명한 차이가 나타난다. 65:25을 읽어보아도, 이사야가 말하는 새 하늘과 새 땅은 완전히 새로운 것이 아닌, 기존의 것이 바뀐 상태로 보인다.

> 이리와 어린양이 함께 먹을 것이며 사자가 소처럼 짚을 먹을 것이며 뱀은 흙을 양식으로 삼을 것이니 나의 성산에서는 해함도 없겠고 상함도 없으리라. 여호와께서 말씀하시니라 (사 65:25).

이 구절의 내용은 이사야서의 앞의 장들에서도 나타난다(사 11:6-9; 35:9). 다시 말하면, 우리가 이사야서 65:20, 25을 요한계시록 20장의 재림 예수님의 천년(τὰ χίλια ἔτη) 통치에 비추어 본다면, 이사야서의 새 하늘과 새 땅(65:17)은 "천년 왕국"(65:20, 25)과 구별 없이 제시되어 있다는 것이다.

그러나 요한계시록은 그렇지 않다. 요한계시록 20장에서 예수님 재림 시의 천년 왕국이 여전히 하나님의 옛 창조의 셋팅에서 이루어지지만(참조, 계 19:19 "땅"의 임금들; 20:7-8 "천년이 차매 사탄이 … '땅'의 사방 백성 곧 곡과 마곡을 미혹하고"), 21장의 새 하늘과 새 땅은 완전히 새로운 것(옛 하늘과 옛 땅은 완전히 없어지고 새로이 생겨난 어떤 것; 죽음이 없음)으로서 천년 왕국과 구별되어서 소개된다는 것이다.[3]

---

[3] 요한계시록을 공부한 결과, 특히 본서의 구조와 시점을 연구한 결과, 필자는 역사적 전천년설이 옳다고 본다. 필자가 역사적 전천년설을 따라서 요한계시록을 이해한 것이 아니라 요한계시록과 구약 선지서들을 연구하다 보니 역사적 전천년설이 옳다는 결론이 나왔다. 필자는 천년 왕국과 신천 신지가 서로 구별되고(distinct) 그러면서도 계기적 (sequential)으로 읽어낼 것들로 본다. 테니도 이와 같은 생각을 하였다. Merill C. Tenney, *Interpreting Revelation* (London: Pickering & Inglis, 1958), 164-5: "The premillenarian view seems to do fullest justice to the structure of Revelation…The assertion of Christ's kingly rights, His appropriation of the throne of the visible world, and His administration of the earth with His saints until such time as He abolishes all evil and presents the finished

필자는 이사야서와 요한계시록에 나타나는 종말적 사건들을 비교하여 두루 살펴보되, 특히 천년 왕국과 신천 신지가 어떻게 제시되어 있고 무엇을 전하는지를 분석해 보려 한다.

2. 이사야서의 구조와 종말적 사건들

필자는 이사야서를 네 개의 큰 단락으로 구분하는데 이 범위 속에서 종말론적 예언들을 상고해 보려 한다. 이사야서의 1-4장; 5-27장; 28장-56:8; 56:9-66장은 각각 이사야서의 중요한 일련의 주제들을 지니는 동시에, 현재의 이스라엘의 죄부터 끝날에 있을 만국의 회복까지를 취급한다.[4] 따라서 이 네 개의 단락들은 서로 병행을 이룬다. 여기서 특히 본론에 해당하는 두 단락인 5-27장과 28장-56:8은 북남 이스라엘-유다의 현재 죄의 상황, 그에 따른 이방 나라를 통한 하나님의 심판, 유다의 회복(후자는 포로 회복을 강조) 등을 공통적으로 자세히 서술한다.

---

kingdom to the Father seems to be accounted for best by this system."(전천년설 자의 견해가 요한계시록의 구조에 가장 잘 들어맞는 것 같다 … 그리스도께서 모든 악을 제하시고 아버지께 완성하신 나라를 바치는 그러한 [새 하늘과 새 땅의] 시간에 이르기 전에 [먼저] 그리스도의 왕권이 확실히 이루어지고 눈에 보이는 세상을 [다스리는] 보좌가 그분에게 전유 되며 그분의 성도들과 함께 땅을 관할하심은 [곧 천년 왕국의 시기가 있음은] 전천년설에 의해 가장 잘 설명되는 것 같다) and 162: "…It is not at all impossible on the basis of the language that a millennium can intervene between the time when Christ claims His own at His coming and the final delivery to the Father of the kingdom which He has redeemed."(그리스도께서 재림하실 때 [성도들을] 자기 소유로 주장하시는 때와 그분이 구속하신 나라를 아버지께 최종적으로 바치시는 때 사이에 1,000년이 끼어들 수 있다는 것은 [고전 15:23-24의] 표현[즉, '**다음에는** 그가 강림하실 때에 그리스도에게 속한 자요, **그 후에는** 마지막이니 그가 모든 통치와 모든 권세와 능력을 멸하시고 나라를 아버지께 바칠 때라]을 따라 볼 때 전혀 불가능하지 않다).

4 이사야서의 구조에 대해서는 이 주제를 따로 다룬 책 "구약 선지서의 구조"(곧 출판 예정)을 참고하라.

그런데 이 단락들은 공통적으로 유다의 포로 회복의 지평을 더 미래적으로 확대해 메시아(초림과 재림)에 의한 이스라엘과 열방의 궁극적 회복까지를 다루는 것이 특징이다. 물론, 이러한 궁극적 회복이 올 때는 세상에 대한 종말적 심판도 함께 옴을 이 단락들이 알린다. 이러한 종말론적 회복은 인간뿐만 아니라 우주까지, 즉 모든 자연 만물과 동물과 식물(예, 사 35:7)까지 포함한다.

이사야서의 거대 단락들, 그 하위에 있는 병행 단락들을 따라서 종말 사건들을 대략 도표로 정리하면 다음과 같다.

제4장 요한계시록과 이사야서   163

거대 단락들	하위 단락들	가까운 미래 사건들	초림 → 복음 전파	성도 부활; 재림; 에돔 등 심판 (아마겟돈 예시)	천년 통치; 마귀 멸망; 새 예루살렘; 신천 신지; 불못(?)
1-4장	1:2-2:4	유다 심판			2:2-4 많은 백성...여호와의 산에 오르며
	2:5-4장		4:2 여호와의 싹		4:2하-6 시온에 남아 있는 자 … 예루살렘 안에 … 기록된 모든 사람은 거룩하다 칭함을 얻으리니 … 또 초막이 있어서
5-27장	5장-14:23	유다, 에브라임, 앗수르, 바벨론 심판	7:14 임마누엘 9:6-7 한 아기 11:1-5, 10 한 싹 11:10-16 열방과 유다+에브라임 회복		11:6-9 이리가 어린양과 함께 살며 14:12-20 네가 스올 … 맨 밑에 떨어짐을 당하리로다 12:1-6 시온의 회복에 대한 감사찬송
	14:24-21:10	이방 심판	16:5 그 위에 앉을 자		
	21:11-27장	이방, 바벨론 심판	22:20-24 다윗의 집의 열쇠를 그의 어깨에 두리니	24장 땅 심판 24:21 여호와께서 … 왕들을 벌하시리니 24:23 달이 … 해가 부끄러워하리니 25:10 모압이 … 밟힐 것인즉 26:19 주의 죽은 자들은 일어나고 (26:20-21 네 밀실)	25:6 만군의 여호와께서 이 산에서 만민을 위하여 … 연회를 베푸시리니 27:1 뱀 리워야단을 벌하시며 … 바다에 있는 용을 죽이시리라 25:8 사망을 … 멸하실 것이라 … 모든 얼굴에서 눈물을 씻기시며 26:1 그 날에 유다 땅에서 이 노래를 부르리라 27:2-6 아름다운 포도원
28장 -56:8	28-35장 (28-29장; 30-32장 [30장]; 31-32장]; 33-35장)	에브라임, 유다, 애굽 심판	28:16 한 돌 30:20 네 스승 32:1 한 왕 33:17 왕 32:15 영을 우리에게 부어 주시리니 (35:5 맹인의 눈이 밝을 것이며)	34:4 하늘의 만상이 사라지고 하늘들이 두루마리 같이 말리리라 34:5-17 희생이 보스라에 있고 큰 살륙이 에돔 땅에 있음이라	33:20 … 네 눈이 안정된 처소인 예루살렘을 보리니; 22절 … 큰 호수가 있으나 … 큰 배가 통행하지 못하리라; 24절 그 거주민은 내가 병들었노라 하지 아니할 것이라 35:1-10 특히 5절 맹인의 눈이 밝을 것이며 … 6-7절 뜨거운 사막이 변하여 못이 될 것이며; 9절 거기에는 사자가 없고; 10절 여호와의 속량함을 받은 자들이 돌아오라 … 시온에 이르러 … 슬픔과 탄식이 사라지리로다
	36-39장	유다, 앗수르 심판			(38:32 남은자)
	40장-56:8 (40:1 -42:17; 42:18-46:7; 46:8-49:26; 50:1-56:8)	처녀 딸 바벨론 심판	42:1-9 종 45:9-15 '그' 49:5-8 종 52:13-53:12 종; 55:1-5 다윗/'그'	42:13 그 대적을 크게 치시리로다; 51:6 … 하늘이 연기같이 사라지고	(42:10-13 땅끝) 45:17 이스라엘; 20 열방 중에서 피난한 자들, 땅의 모든 끝 49:6 이스라엘 중에 보전된 자 … 이방…땅끝 56:3, 6, 7 안식일 … 나의 언약을 굳게 지키는 이방인, 그들의 번제와 희생 …; 56:8 이스라엘의 쫓겨난 자 54:11-17 특히 11-12절 청옥, 홍보석 …석류석으로 네 성문을 만들고…
56:9 -66장	56:9-57:21; 58:1-14; 59:1-66:24	유다 심판	59:20-21 구속자 61:1-3 '나'	63:1-6 에돔에서 … 보스라에서 오는 이 누구냐	65:17 내가 새 하늘과 새 땅을 창조하나니 20절 백세에 죽는 자를 젊은이라 하겠고 25절 이리와 어린 양이 함께 먹을 것이며 66:10-14 예루살렘…평강을 강 같이 15절 여호와께서 불에 둘러싸여 강림하시리니…불과 칼로 모든 혈육에게 심판을 베푸신즉 18절 뭇 나라와 언어가 다른 민족들을 모으리니 22절 내가 지을 새 하늘과 새 땅이…항상 있는 것 같이 23절 매월 초하루와 매 안식일에 모든 혈육이…예배하리라 24절 패역한 자들의 시체들…그 불이 꺼지지 아니하여

첫째, 이사야 1-4장의 종말 사건들을 보자.

이 단락에서는 1:27 "시온은 정의로 구속함을 받고 그 돌아온 자들은 공의로 구속함을 받으리라"(במשפט תפדה ושביה בצדקה ציון)는 하나님의 정의와 공의와 시행은 4:2의 "여호와의 싹" (צמח יהוה) 곧 메시아로 구체화된다. 물론 이 메시아의 오심으로 시온의 남은 자(사 4:3)와 열방의 남은 자(사 2:2-4)가 모두 회복될 것이다. 여기서 메시아의 오심이 초림인지 재림인지는 구체화되지 않았으나, 이 둘 모두를 포함했다고 보인다.

이사야 1:27과 관련해 보면 초림 같고, 4:2(여호와의 싹)이 하는 새 예루살렘을 표현하기에 재림 같이 생각된다. 특히, 이사야 4:5-6, "여호와께서 거하시는 온 시온 산과 모든 집회 위에 낮이면 구름과 연기, 밤이면 화염의 빛을 만드시고 그 모든 영광 위에 덮개(חפה)를 두시며 또 초막(סכה)이 있어서 낮에는 더위를 피하는 그늘을 지으며 또 풍우를 피하여 숨는 곳이 되리라"는 요한계시록 7:14-16; 21:3(즉, 새 예루살렘)과 내용이 비슷하므로 예수님의 재림과 관련된다고 하겠다.

이러한 하나님의 구원 사역에는 세상의 교만한 자들에 대한, 우상 숭배자들에 대한 심판이 병행될 것이다(사 2:6-21). 특히, 이사야 2:18-21은 요한계시록 6:15-17[5]과 비슷한 표현들을 담고 있다. 간단히 말하자면, 1-4장은 메시아의 초림과 재림을 통한 이스라엘과 열방의 회복, 곧 새 예루살

---

5 "땅의 임금들과 왕족들과 장군들과 부자들과 강한 자들과 모든 종과 자유인이 굴과 산들의 바위 틈에 숨어 산들과 바위에게 말하되 우리 위에 떨어져 보좌에 앉으신 이의 얼굴에서와 그 어린양의 진노에서 우리를 가리우라." 단, 요한계시록의 경우, 이러한 심판의 시점은 "여섯째 인을 떼실 때"로 되어 있다. "내가 보니 여섯째 인을 떼실 때에 큰 지진이 나며 해가 검은 털로 짠 상복 같이 검어지고 달은 온통 피 같이 되며 하늘의 별들이 무화과나무가 대풍에 흔들려 설익은 열매가 떨어지는 것같이 땅에 떨어지며 하늘은 두루마리가 말리는 것 같이 떠나가고 각 산과 섬이 제 자리에서 옮겨지매"(계 6:12-14). 이 시기는 이사야 34:4(하늘의 만상이 사라지고 하늘들이 두루마리 같이 말리되 그 만상의 쇠잔함이 포도나무 잎이 마름 같고 무화과나무 잎이 마름 같으리라) 및 마태복음 24:29(그 날 환난 후에 즉시 해가 어두워지며 달이 빛을 내지 아니하며 별들이 하늘에서 떨어지며 하늘의 권능들이 흔들리리라)과 관련이 있어 보이는데 여기에 대해서는 뒤에 다시 언급하기로 한다.

렘까지 선지자의 예언적 시각이 뻗쳐져 있음을 보게 된다. 따라서, 이사야 4:5-6은 '새 하늘과 새 땅'이란 말만 없었지 사실, 새 하늘과 새 땅을 가리키고 있다 할 것이다.

둘째, 이사야 5-27장은 종말론에 대한 내용이 앞 단락보다 자세하다.

이사야 7:14의 "임마누엘"은 이사야 당시의 누군가에게서 일차적으로 성취된 것으로 볼 수 있으나, 처녀 마리아를 통해 성령으로 잉태되신 예수 그리스도에게서 궁극적으로 성취된 예언이다. 메시아의 초림에 대한 예언은 이사야 9:6-7("이는 한 아기가 우리에게 났고 …")에 더욱 자세히 언급되는데, 이 부분에서 9:7은 메시아의 재림과 관련지어 해석할 수도 있다.

> 그 정사와 평강의 더함이 무궁하며 또 다윗의 왕좌와 그의 나라에 군림하여 그 나라를 굳게 세우고 지금 이후로 영원히 정의와 공의로 그것을 보존하실 것이라. 만군의 여호와의 열심이 이를 이루시리라(사 9:7).

이 내용에서 예수님은 초림에서도 왕이시지만 재림에서는 당신의 왕의 통치가 이 땅에서 구체적으로 실현될 것이라는 말이다. 왜냐하면, 요한계시록 19:16에, 재림하시는 예수님에 대해, "그 옷과 그 다리에 이름을 쓴 것이 있으니 만왕의 왕(ΒΑΣΙΛΕΥΣ ΒΑΣΙΛΕΩΝ)이요 만주의 주라 하였더라"고 되어 있고, 20:4, 6에는 예수님의 천년 간 왕의 통치가 암시되어 있기 때문이다. 이는 사무엘하 7:16에서 말씀하신 다윗 언약의 성취이다.

> 네 집과 네 나라가 내 앞에서 영원히 보전되고 네 왕위가 영원히 견고하리라 하셨다 하라(삼하 7:16).

이 단락에서 특기할 사항 중 하나는, 예수님의 초림 예언이 재림 예언과 연결되어 나타난다는 것이다.

이사야 11장은 이렇게 시작한다.

> 이새의 줄기에서 한 싹(חטר)이 나며 그 뿌리에서 한 가지(נצר)가 나서 결실할 것이요 (사 11:1).

이는 명약관화한 초림 예언이다. 그런데 3-5절[6]은 초림 이후의 교회 시대와 재림하셔서 천년 왕국 시의 통치를 동시에 시사한다(비교, 시 72:2-4).

> 그가 여호와를 경외함으로 즐거움을 삼을 것이며 그의 눈에 보이는 대로 심판하지 아니하며 …그의 입술의 기운으로 악인을 죽일 것이며 … 성실로 그의 몸의 띠를 삼으리라 (사 11:3-5).

그리고 이사야 11:6-9은 그야말로 재림 시에 있을 내용을 우리에게 제시한다. 이러한 예언 내용은 교회 시대에서조차 성취된 적이 없기 때문이다.

> 그 때에 이리가 어린양과 함께 살며 표범이 어린 염소와 함께 누우며 송아지와 어린 사자와 살진 짐승이 함께 있어 어린 아이에게 끌리며 … (사 11:6).

또, 이사야 11:10 이하는 다시 시점이 뒤돌아가서, 신약 교회 시대에 있어서 열방(사 11:10)이 예수 그리스도께 돌아올 것[7]과 아울러 이스라엘과 유다의 흩어진 자들도 그분이 모으실 것, 이스라엘과 유다의 연합, 이스라

---

[6] 이사야 16:5도 참조.
[7] 이사야 11:10에서 하나님이 세우신 '기치'(= signal/ensign. NIV)를 보고 열방이 주님께로 돌아올 것이다. 이 '기치'는 12절에도 나타나는데 이것을 열방에 세우시면 '이스라엘의 쫓긴 자'가 또한 돌아올 것이다(62:10). 이 '기치'라는 단어는 '징조'(אות)와 동의어로 보인다. 66:19 에도 열방의 남은 자('뭇 나라와 언어가 다른 민족들')가 주님께 돌아올 것을 말씀하는데 이때에는 '징조'라는 단어가 쓰였다.

엘과 유다의 이방에 대한 승리(사 11:12-14)가 나오므로 교회 시대와 하나님 나라가 완결될 시점(사 12:1-6)까지를 보여 준다.

다음은 이러한 예언들을 보며 내리는 결론이다.

- 어떤 예언은 짧은 구절로 되어 있으나 긴 시간대를 지시할 수 있다.
- 인접한 구절 사이에서 시간이 갑자기 먼 미래로 진행했다가 혹은 과거로 돌아갈 수도 있다.
- 한 예언이 동시에 두 개의 시간대를 가리킬 수 있다.
- 두 병행 단락에서 예언의 시간대가 겹칠 수 있다.
- 또 두 병행 단락에서 뒤의 것은 앞의 것의 시작점보다 더 미래에서 시작하여 앞의 것의 종결점 보다 더 먼 미래에서 마칠 수 있다.

주의 초림	초림부터 재림(긴 시간인 듯)	재림 가까운 시점	재림과 그 이후
A 11:1-9 단락에서: 11:1-2 이새의 줄기에서 한 싹이 나며	3절 그의 눈에 보이는 대로 심판하지 아니하며 …	4절 … 그의 막대기로 세상을 치며	6-9절 그 때에 이리가 어린양과 함께 살며 … 내 거룩한 산 모든 곳에서 해 됨도 없고
A' 11:10-12:6 단락에서: (11:10절 상?)	11:10 상 그 날에 이새의 뿌리에서 … 만민의 기치로 설 것이요, 10절 하 열방이 그에게로 돌아오리니	12절 … 이스라엘의 쫓긴 자들 … 유다의 흩어진 자들을 모으시리니, 13절 에브라임은 유다를 질투하지 아니하며 … 14절 그들이 … 에돔과 모압에 손을 대며	12:1-6 시온의 감사 찬송

위에서 이사야 11:3(-4)과 10절 상하반절의 예언 내용은 예수님의 초림부터 재림 어간까지의 긴 시간을 가리키는 것 같다(색깔 표시). 이와 같은 예는 다니엘서 9:26 하반절 " …또 끝까지 전쟁이 있으리니 황폐할 것이 작정되었느니라"에서도 찾아볼 수 있을 것 같다. 25절의 기름 부음 받은 자 곧 왕이 26절 상반절에서 69이레 후에 끊어져 없어지고 26절 중반절에서 한 왕(디도)의 백성이 성읍과 성소를 무너뜨린 다음에는 26절 하반절에서 긴 시간(A.D. 70년부터 '한 이레' 직전까지)이 흐르고, 바로 그다음에 70번째 이레(27절)가 도래하는 것이 아닌가 싶다.

장절	계시 시기	성 중건령부터 메시아/왕까지 (9:25)	70(A.D.) (9:26 중)	70(A.D.)-한 이레 전까지 (긴 시간인 듯)	환난(12:1)	성 회복 (9:24)
단 9:25-27	다리오 원년	7이레+62이레 =69이레 (69이레 후 메시아 끊어짐. 9:26 상)	한 왕이 성, 성소 멸망시킴(디도의 예루살렘 파괴)	26절 하. 끝까지 전쟁이 있을 것; 황폐할 것들이 작정되었음	'그'가 한 이레 동안의 언약 맺음; 그 이레 절반에 제사와 예물 금지	'코데쉬 카다쉼' 에 대한 기름 부음이 이루어짐

아무튼, 이사야 11장에서 볼 수 있는 것은, 특히 11:6-9이 예수님이 다시 오셔서 마귀를 무저갱에 가두고 난 다음 벌어질 완전한 평화의 시대의 모습으로 생각된다는 것이다. 사람과 짐승, 짐승과 짐승 간에는 긴장과 살의(殺意)와 실제적인 상해(傷害)함이 존재해 왔으나 그러한 것들이 종료된다.

오히려 적극적으로 평화와 유희가 있을 것이다. 이사야 11장의 천년 왕국의 모습은 12장에서 하나님의 구원이 완성 단계에 이를 것으로 나타난다. 노하셨던 하나님이 노를 거두시고 시온이 안위/위로를 누리게 될 것이며 하나님의 구원과 회복을 온 땅이 알게 될 것이다(사 12:1, 3, 5-6).

이러한 구원과 회복은 어떻게 오게 될까?

마귀의 멸망이 이루어짐으로 오게 될 것이다. 이사야 14:12-15은 "아침의 아들 계명성이 … 스올 곧 구덩이 맨 밑에 떨어짐을 당하리로다"라고 되어 있다. 이사야 14:3-20이 일차적으로는 '바벨론 왕'(4절)을 가리키는데 이는 마귀를 가리키는 데 사용되었다(어떤 인물이나 사건을 통해 다른 실체를 지시하는 예언의 방법). 이 마귀의 멸망은 장들을 건너뛰어 끝날의 일들을 제시하는 27:1에도 보인다.

그날에 여호와께서 그의 견고하고 크고 강한 칼로 날랜 뱀 리워야단 곧 꼬불꼬불한 뱀 (נחש) 리워야단을 벌하시며 바다에 있는 용(התנין)을 죽이시리라(사 27:1).

이 용이 죽은 다음에야 전 세계적인 범위의 하나님의 종말론적인 "포도원"이 완성된다(사 27:2-6).

그러면 마귀가 제거되기 전에 일어날 사건들은 무엇일까?

먼저, 부활이 있게 될 것이다. 이사야 26:19, "주의 죽은 자들은 살아나고 …"(사 26:19). 부활과 휴거로 신자가 공중으로 올라가는 반면, 지상에는 가공할 하나님의 심판이 있게 될 것이다. 특히, 24:19-20, "땅이 깨지고 깨지며 땅이 갈라지고 갈라지며 땅이 흔들리고 흔들리며 땅이 취한 자 같이 비틀비틀하며 원두막 같이 흔들리며 그 위의 죄악이 중 하므로 떨어져서 다시는 일어나지 못하리라"의 심판은 이사야 24:21-22[8] 및 이사야 25:10("모압이 … 밟힐 것인즉")과 더불어 생각해 볼 때 요한계시록 19장의 아마겟돈 전쟁과 비슷하다.

왜냐하면, '모압'이나 '에돔'은 보통 여호와께서 종말론적 우주적 심판을 이행하실 때 열방 나라 중 대표적인 나라로 나오기 때문이다(일종의 제유법; 대표성 원리 사용). 이사야 24:23의 전반절("그 때에 달이 수치를 당하고 해가 부끄러워하리니")은 요한계시록 6:12-17 곧 여섯 째 인과 마태복음 24:29과 겹치는 듯하고 그 바로 다음에 일곱 대접들(계 16장)이 쏟아질 것으로 보인다.

그리고 이사야 24:23 하반절인 "이는 만군의 여호와께서 시온 산과 예루살렘에서 왕이 되시고 그 장로들 앞에서 영광을 나타내실 것임이라"는 요한계시록 20장 천년 왕국의 예수님이 왕으로서의 통치를 언급한 것으로 보인다. 그다음, 이사야 25:6-8('종말적 하나님의 회복의 잔치', '만민의 구원'과 '사망을 영원히 멸하심)은 26:19의 성도들의 부활, 26:20-21의 성도의 휴거('밀실'에 숨는 것을 휴거로 봄)와 땅의 거민에 대한 하나님의 심판, 27:1의 마귀에 대한 심판, 27:2-6의 '아름다운 포도원'의 완성(곧 '새 예루살렘')과 연결된 것으로 보인다.

---

8 "그 날에 여호와께서 높은 데에서 높은 군대를 벌하시며 땅에서 땅의 왕들을 벌하시리니 그들이 죄수가 깊은 옥에 모임 같이 모이게 되고 옥에 갇혔다가 여러 날 후에 형벌을 받을 것이라."

필자의 이해로 요한계시록의 신자의 부활(및 공중으로 휴거)과 일곱 대접 심판(마지막 재앙)은 약간의 사이를 띄고 이어 나타날 거의 동시적 사건으로 그리고 여기에 아마겟돈 전쟁(예수 재림)과 천년 통치와 신천 신지가 차례로 일어난다고 본다.

그런데 이상에서 살펴본 바와 같이 요한계시록 사건들의 연쇄에 비추어 볼 때 이사야의 종말 사건들은 그 시점을 가늠하기가 쉽지 않다. 이사야 21:11-27장의 사건들을 문학적으로 병행을 이루는 단락들[9]에 의해 요한계시록 14-21장의 사건들과 비교하는 표를 다음과 같이 만들어 볼 수 있을 것이다.

사 21:11-27장; 계 14-21장	부활(과 휴거); 여섯 째 인; 그다음의 7대접	모압 혹은 에돔의 멸망; 재림과 아마겟돈 전쟁	천년 통치와 마귀 멸망	사망 멸망과 이스라엘과 열방(새 예루살렘)의 회복
사 21:11-25:12	24:1 여호와께서 땅을 공허하게 하시며 …; 24:23 상 그 때에 달이 수치를 당하고 해가 부끄러워하리니	24:21-22 여호와께서 … 높은 군대를 벌하시며 … 그들이 … 옥에 갇혔다가 여러 날 후에 형벌을 받을 것이라; 25:10 여호와의 손이 이 산에 나타나시리니 모압이 … 밟힐 것인즉	24:23 하 만군의 여호와께서 시온 산과 예루살렘에서 왕이 되시고 그 장로들 앞에서 영광을 나타내실 것이라	24:13-16절 상 … 땅끝에서부터 노래하는 소리 …; 24:23 하?; 25:6 만군의 여호와께서 이 산에서 만민을 위하여 … 연회를 베푸시리니 8절 사망을 영원히 멸하실 것이라 주 여호와께서 모든 얼굴에서 눈물을 씻기시며
사 26:1-27:13	26:19 주의 죽은 자들은 살아나고; 26:20 네 밀실에 … 숨을지어다(휴거로 봄)	26:14 그들은 죽었은즉 다시 살지 못하겠고; 26:21 땅의 거민의 죄악을 벌하실 것이라(아마겟돈 혹은 곡과 마곡)	27:1 그 날에 여호와께서 … 뱀을 … 벌하시며	27:2-13 아름다운 포도원 6절 야곱의 뿌리가 박히며 … 13절 … 돌아와서 예루살렘 성산에서 여호와께 예배하리라
계 14-21장	14:14-16 특히, 16절 구름 위에 앉으신 이가 낫을 땅에 휘두르매 땅의 곡식이 거두어지니라; 20:4 … 그의 표를 받지 아니한 자들이 살아서; 16:1-21 특히, 1-2절 … 하나님의 진노의 대접을 땅에 … 쏟으매	16:16 히브리어로 아마겟돈이라 하는 곳으로 왕들을 모으더라; 19:11-21 특히, 11절 백마와 그것을 탄 자가 있으니, 14절 하늘에 있는 군대들이 … 백마를 타고 그를 따르더라, 19절 그 짐승과 땅의 임금들과 그들의 군대들이 … 전쟁을 일으키다가	20:1-10 특히 6절 그들이 … 천년 동안 그리스도와 더불어 왕 노릇 하리라, 10절 마귀가 불과 유황 못에 던져지니	19:9 … 어린양의 혼인 잔치에 청함을 받은 자들은 복이 있도다; 20:14 사망과 음부도 불못에 던져지니; 21:1 내가 새 하늘과 새 땅을 보니; 21:2 거룩한 성 새 예루살렘이 하나님께로부터 하늘에서 내려오니; 21:4 모든 눈물을 그 눈에서 닦아 주시니

---

9 필자의 근간 구약 선지서의 구조와 신학에서 이사야의 구조에 관한 장을 참조하라.

셋째, 이사야 28장-56:8 이 단락에는 하위 단락들이 있고 그 하위 단락들은 또 많은 병행 단락들을 지닌다.[10]

먼저, 이사야 28-35장에 속한 병행 단락들의 끝부분에 종말의 사건들이 보인다. 필자가 도표에서 이미 제시하였듯이 28:16의 "한 돌"(אבן)이나 32:1에 보이는 "한 왕"(מלך)등은 메시아 예언들인데 바로 이 메시아로 말미암아 위에서 성령이 부어지게 될 것이다(사 32:15). 이는 초림 바로 후에 성취되었다.

한편, 다음 예언은 예수님의 재림 어간으로 예상된다.

> 하늘의 만상이 사라지고 하늘들이 두루마리 같이 말리되 그 만상의 쇠잔함이 포도나무 잎이 마름 같고 무화과나무 잎이 마름 같으리라(사 34:4; 비교, 51:6; 벧후 3:10; 계 6:12-14).

이 예언은 천체의 격변이 있을 것을 시사하는데 필자는 요한계시록의 여섯째 인 재앙(계 6:12-17)과 겹치는 것으로 본다. 이것 다음에 일곱 대접(계 16:1-21) 재앙이 있을 것으로 본다.

이 시점에도 다음과 같은 주님의 회개 권면/촉구가 나타난다.

> … 다 회개하기에 이르기를 원하시느니라 그러나 주의 날이 도적 같이 오리니 … (벧후 3:9-10).

> 보라 내가 도둑 같이 오리니 누구든지 깨어 … 부끄러움을 보이지 아니하는 자는 복이 있도다(계 16:15).

---

10   필자의 근간 『**선지서의 구조와 신학**』에서 이사야의 구조에 관한 장을 참조하라.

또한, 메시아가 하나님을 대적하는 나라들의 대표격인 에돔[11]을 심판하는 종말적 전쟁(사 34:5-6;[12] 비교, 사 63:1-6; 계 19장의 아마겟돈 전쟁으로 봄)이 있을 것이고, 천년 통치와 새 예루살렘이 그다음에 올 것이다(사 33:20, 22, 24; 35장). 천년 왕국과 새 예루살렘/신천 신지가 네 번째 단락의 끝인 65-66장에서도 뚜렷한 구분 없이 제시되어 있는데 여기서도 그러하다.

이사야 33:20 이하를 보면, 20절에는 새 예루살렘의 모습이 보이는데, 22절의 "큰 호수가 있으나 큰 배가 통행하지 못할 것이라"는 것은 새 예루살렘에 생수가 흘러 큰 호수는 있을지언정(비교, 계 21:6 "생명수 샘물", 22:1 "수정 같이 맑은 생명수의 강") 세상의 부, 사치 등을 가져오는 무역을 위해 오가는 배는 없을 것을 시사한다고 본다. 24절에는 "그곳에는 병자가 없을 것이다" 라는 언급이 보이는데 이것도 새 예루살렘의 모습을 시사한다(비교, 계 21:4 "아픈 것이 다시 있지 아니하리니").

그러나 이 모든 그림은 천년 왕국에서도 나타나지 않을까 생각된다. 이사야 35:1-10을 보면 천년 왕국의 모습과 새 예루살렘의 모습이 더욱 분간하기 힘든 형태로 주어진 것 같다. 뜨거운 사막이 변하여 못이 되고(6-7절), 포악한 짐승(사자)이 없고(9절) 등을 보면 천년 왕국인 것 같고, '시온'이라는 언급과 '슬픔과 탄식이 사라진다'는 언급(10절)을 보면 새 예루살렘(비교, 사 25:8; 계 21:4 "모든 눈물을 그 눈에서 닦아 주시니 … 애통하는 것이나 곡하는 것이 … 다시 있지 아니하리니"; 참고, 7:17)인 것 같다.

한편, 이사야 35:5 "맹인의 눈이 밝을 것이며"는 초림시를 가리키기도 하고, 새 예루살렘의 시점을 가리키기도 하는 것 같다.

---

11 에스겔 35-36장에도 에돔은 세상 대적국들을 대표.
12 이사야 34:5-6 "여호와의 칼이 하늘에서 족하게 마셨은즉 보라 이것이 에돔 위에 내리며 진멸하시기로 한 백성 위에 내려 그를 심판할 것이라 여호와의 칼이 피 곧 어린 양과 염소의 피에 만족하고 기름 곧 숫양의 콩팥 기름으로 윤택하니 이는 여호와를 위한 희생이 보스라에 있고 큰 살륙이 에돔 땅에 있음이라."

그다음에 오는 단락은 36-39장의 내러티브인데 이는 바벨론에서의 포로 회복을 예언하는 40장-56:8과 이어진다. 이 40장-56:8의 하위의 병행 단락들 곧 40:1-42:17; 42:18-46:7; 46:8-49:26; 50:1-56:8도 메시아(42:1-9 종; 45:9-15 '그'; 49:5-8 종; 52:13-53:12 종; 55:1-5 다윗/'그')를 통한 종말의 심판과 구원 사건들을 제시한다. 여호와께서는 바벨론(세상)의 우상을 심판하실 것이다.

우주적 격변(사 51:6;[13] 비교, 계 6장의 여섯째 인)이 일어나고, 여호와께서 그 대적을 크게 치실 것이고(사 42:13; 비교, 계 19장), 심판은 만민으로 확대될 것이다(사 51:5). 새 예루살렘은 "이스라엘"(사 45:17; 49:6; 56:8)과 "이방"(사 42:10-13; 45:20; 49:6; 56:3, 6, 7)의 남은 자들로 이루어질 것이다. 이는 우리로 요한계시록 7장의 '이스라엘'의 인맞은 자들(계 7:1-8)과 흰 옷 입은 "큰 무리"(ὄχλος πολύς, 계 7:9 "각 나라와 족속과 백성과 방언으로부터"[ἐκ παντὸς ἔθνους καὶ φυλῶν καὶ λαῶν καὶ γλωσσῶν] 나옴)를 생각하게 한다.

전자는 이스라엘의 믿은 자, 후자는 이방의 믿은 자라는 인상을 받게 한다. 물론 요한계시록 7장의 이 두 그룹에 대한 해석은 이런 단순한 차원을 넘어선다고 필자는 본다.[14] 하여튼 이 새 예루살렘은 지극히 아름다운 모

---

[13] 이사야 51:6 "너희는 하늘로 눈을 들며 그 아래의 땅을 살피라 하늘이 연기 같이 사라지고 땅이 옷 같이 해어지며 거기에 사는 자들이 하루살이 같이 죽으려니와 나의 구원은 영원히 있고 나의 공의는 폐하여지지 아니하리라."

[14] 일차적으로는 이스라엘을 가리키나 이들은 "하나님의 종들"(7:3)로 불리기 때문에 요한계시록 자체의 문맥을 따르면 예수님을 증언하는 예언/말씀 사역자들 곧 '복음의 일선에 선 자들'로 이해된다. 즉, 요한은 이스라엘 군대 계수라는 재료를 가지고 마지막 때에 영적 전투를 수행하는 복음의 증인들을 보여 주려고 한 것으로 보인다. 이들은 전 3년 반 전 어느 때인가 인침을 받아 전 3년 반 동안 예언 활동을 하고 짐승 곧 적그리스도에게 죽임을 당하는 두 증인과 같은 무리일 것이다. 여기서 144,000과 두 증인을 세대주의자들(Dispensationalists)이나 메시아닉쥬스(Messianic Jews)처럼 문자적 이스라엘의 말씀 사역자들로 보기는 어렵다. 왜냐하면, 종말론의 지평에서는 이방인들 중에서도 부르심을 받아 "제사장들과 레위인들"(사 66:18-21)의 직무를 하게 될 것이고, 하나님은 그들의 "번제와 희생"(사 56:6-7)을 기꺼이 받게 될 것이기 때문이다. 즉, 이방인 성도들 중에서도 그리고(물론) 이스라엘 성도들 중에서도 하나님의 새 이스라엘, 하나님의 참 이스라엘의 '선지자들=하나님의 종들'로 부르심을 받을 자들이

습으로 우리에게 제시되고 있다. 이사야 54:11-17 본문의 11-12절의 "청옥, 홍보석 … 석류석으로 네 성문을 만들고 …"는 우리로 요한계시록 21장의 각색 보석으로 되어 있는 새 예루살렘의 성곽의 기초석을 떠오르게 한다(계 21:19-20).

넷째, 마지막 단락인 이사야 56:9-66장은 두 개의 짧은 하위 단락과 하나의 긴 단락으로 구성되는데 긴 단락은 특별히 선지자의 회개 기도와 그에 대한 여호와의 두 번 대답하심을 문학적 병행을 통해 두 번 배열한다.

이것은 여호와의 메시아를 통한 구원을 확약(確約)하는 의미를 띤다. 여호와의 답변들 속에 보이는 종말론적 청사진이 문학적 병행을 이루고 있기 때문에 우리는 이 병행 단락들을 주의 깊게 분석해야 한다. 그렇지 않으면 메시아의 초림, 재림, 이스라엘의 구원, 이방인의 구원, 아마겟돈, 새 하늘과 새 땅 등 역사의 마지막에 있을 사건들이 뒤섞여 있다는 결론에 이를 수밖에 없게 된다.

선지서들의 자료 배열 방법을 유의할 때 오히려 우리는 보다 선명하게 종말 사건들의 순서를 이해하게 된다. 또한 요한계시록과의 비교를 통해 우리는 이사야서의 종말의 그림들이 구약적 언어들로 표현되어 있음도 깨닫게 된다.

있기에 우리는 144,000이나 두 증인을 문자적 이스라엘 말씀 사역자로 보기가 어려운 것이다. 한편, 흰옷 입은 큰 무리는 각 언어를 말하는 '만국의 성도들'로 보이는데 이들 속에는 유대인 성도들도 포함되어 있을 것이다. '각 나라와 족속과 백성과 방언으로부터의 큰 무리'는 다니엘 3:29; 4:1; 5:19; 6:25; 7:14 등에서도 보인다. 요한계시록 7장에 대한 설명은 필자의 에스겔서와 요한계시록에 관한 연구를 참조하라. 7장을 비롯한 모든 요한계시록 사건(특히, 환난전 휴거 등)에 대한 세대주의 해석에 대해서는 John. F. Walvoord, *The Revelation of Jesus Christ*(Chicago: Moody, 1976)을 보라.

짧은 단락 A 56:9-21 죄, 심판, 회복

짧은 단락 A′ 58:1-14 죄, 심판, 회복

긴 단락   A″ 59:1-8 죄
　　　　　+59:9-19 선지자의 회개
　　　　　　　　+59:20-60:22 여호와의 대답 - 메시아 초림;[15] 신천 신지 시사[16]
　　　　　　　　+61:1-63:6 여호와의 대답 - 메시아 초림,[17] 메시아 재림 - 아마겟돈 시사[18]
　　　　　+63:7-64:12[64:11] 선지자의 회개

---

15 이사야 59:20('구속자': גואל).
16 이사야 60:1-14와 계 21:23-26을 비교하라. 특히, 이사야 60:5 이하 "… 바다의 부가 네게로 돌아오며 이방 나라들의 재물이 네게로 옴이라 … 이방인들이 네 성벽을 쌓을 것이요 그들의 왕들이 너를 섬길 것이며 …"와 요한계시록 21:24 이하 "… 땅의 왕들이 자기 영광을 가지고 그리로 들어가리라 … 사람들이 만국의 영광과 존귀를 가지고 그리로 들어가겠고"와 서로 비교하라. 뒤에서 다시 언급하겠지만 이것은 요한계시록에서 신천 신지의 본문에서 나타나지만 천년 통치의 시점에 있을 일을 묘사하는 것으로 이해된다. 또한, 이사야 60:19-20 "다시는 낮에 해가 네 빛이 되지 아니하며 달도 네게 빛을 비추지 않을 것이요 오직 여호와가 네게 영원한 빛이 되며 네 하나님이 네 영광이 되리니 다시는 네 해가 지지 아니하며 네 달이 물러가지 아니할 것은 여호와가 네 영원한 빛이 되고 네 슬픔의 날이 끝날 것임이라"와 요한계시록 21:23-25 "그 성은 해나 달의 비침이 쓸 데 없으니 이는 하나님의 영광이 비치고 어린양이 그 등불이 되심이라 만국이 그 빛 가운데로 다니고 … 낮에 성문들을 도무지 닫지 아니하리니 거기에는 밤이 없음이라"와 요한계시록 22:5 "다시 밤이 없겠고 등불과 햇빛이 쓸 데 없으니 이는 주 하나님이 그들에게 비치심이라 …"와 서로 비교하라. 이것은 신천 신지의 새 예루살렘으로 이해된다.
17 이사야 61:1-3(주 여호와의 영이 '내'게 …).
18 이사야 63:1-6 "에돔에서 오는 이 누구며 붉은 옷을 입고 보스라에서 오는 이 누구냐 … 어찌하여 네 의복이 붉으며 네 옷이 포도즙틀을 밟는 자 같으냐 … 내가 홀로 포도즙틀을 밟았는데 내가 노함으로 말미암아 무리를 밟았고 … 그들의 선혈이 내 옷에 튀어 내 의복을 다 더럽혔음이니 … 그들의 선혈이 땅에 쏟아지게 하였느니라"와 요한계시록 19:11-16 "… 또 그가 피 뿌린 옷을 입었는데 그 이름은 하나님의 말씀이라 칭하더라 … 또 친히 하나님 곧 전능하신 이의 맹렬한 진노의 포도주 틀을 밟겠고 …"와 서로 비교하라.

65:1-25 여호와의 대답 – 이방인 구원,[19] 이스라엘 구원,[20]
신천 신지–새 예루살렘 예언[21]
+66:1-24 여호와의 대답 – 이스라엘 구원[22]에서 곡과 마곡 전쟁[23]
까지; 이방인 구원[24]에서 신천 신지[25]까지

위의 도표에서 볼 때 먼저 59:20-60:22와 61:1-63:6을 보자. 이 두 단락은 첫 두 개의 여호와의 대답하심인데 만약 이 두 단락을 하나로 뭉쳐서 읽으면 각각 메시아의 초림에서 시작하는 예언의 시점이 살아나지 않게 된다. 59:20-60:22는 '구속자'(고엘 'גאל')에 대한 예언에서 시작하여 새 이스라엘 곧 영광스러운 교회를 보여줌으로 마친다. 여호와의 영광이 새 이스라엘에 임하심으로 그 빛을 보고 만국과 그 만국의 왕들이 금과 은과 유향을 가지고 모여들게 된다. 해와 달이 쓸 데 없는 때가 올 것인즉, 왜냐하면, 여호와께서 새 이스라엘의 영원한 빛이 될 것이기 때문이다 (60:19-20).

---

19 이사야 65:1 "나는 나를 구하지 아니하던 자에게 물음을 받았으며 나를 찾지 아니하던 자에게 찾아냄이 되었으며 내 이름을 부르지 아니하던 나라에 내가 여기 있노라 내가 여기 있노라 하였노라."
20 이사야 65:9 "내가 야곱에게서 씨를 내며 유다에게서 나의 산들을 기업으로 얻을 자를 내리니 내가 택한 자가 이를 기업으로 얻을 것이요 나의 종들이 거기에서 살 것이라."
21 이사야 65:17-25 "보라 내가 새 하늘과 새 땅을 창조하나니 이전 것은 기억되거나 마음에 생각나지 아니할 것이라 … 보라 내가 예루살렘을 즐거운 성으로 창조하며 … 이리와 어린양이 함께 먹을 것이며 …"
22 이사야 66:7-14 "… 시온은 진통하는 즉시 그 아들을 순산하였도다 … 너희가 예루살렘에서 위로를 받으리니 …"
23 66:15-16 "보라 여호와께서 불에 둘러싸여 강림하시리니 … 여호와께서 불과 칼로 모든 혈육에게 심판을 베푸신즉…"
24 66:18-21 "… 때가 이르면 못 나라와 언어가 다른 민족들을 모으리니 그들이 와서 나의 영광을 볼 것이며 …"
25 66:23 "내가 지을 새 하늘과 새 땅이 내 앞에 항상 있는 것 같이 너희 자손과 너희 이름이 항상 있으리라 …" 이어지는 24절(… 그 벌레가 죽지 아니하며 그 불이 꺼지지 아니하여 …)은 요한계시록 20:14-15의 "불못"을 가리키는 것으로 보인다.

이로써 이스라엘의 슬픔의 날은 끝날 것이며(사 60:20), 이스라엘은 하나님 앞에 '의롭게'(צדיקים) 될 것이고 작은 자는 '강한 나라'(גוי עצום)가 될 것이다(60:21-22). 이어지는 이사야 61:1-63:6은 다시 메시아의 초림에서 시작함으로 앞 단락과 병행을 이룬다. 그 유명한 메시아의 초림 예언(사 61:1-3; 눅 4:18-19)이 먼저 놓이고 새 이스라엘은 직전 단락에서 제시된 것처럼 모든 이방에 영향을 끼치는 존재가 된다. "외인"은 새 이스라엘의 "양 떼를 칠 것이고", "이방 사람은 새 이스라엘의 농부와 포도원지기가 될 것"이다(사 61:5).

새 이스라엘은 "여호와의 제사장"[26] 혹은 "하나님의 봉사자"가 되어 "이방 나라들의 재물을 먹으며 그들의 영광을 얻어 자랑할 것이다"(사 61:6; 벧전 2:9; 계 1:6 등). 이전 단락에서 이스라엘이 의롭게 된다는 대목이 있었는데, 본 단락에서도 이스라엘은 여호와로 말미암아 "구원의 옷"(בגדי-ישע)을 입게 되고, "공의의 겉옷"(מעיל צדקה)을 덧입게 된다(사 61:10).

---

26   비교, 이사야 66:21. 이 구절에서는 이번에는 이방인 중에 구속 받은 자들 가운데 어떤 이들이 '제사장들'과 '레위인들'이 된다. 일반적 의미에서 하나님은 예수님의 초림 이후 교회 시대에 구속 받은 이방인들을 하나님의 제사장들과 레위인들로 삼으신다(벧전 2:5 "너희도 산 돌같이 신령한 집으로 세워지고 예수 그리스도로 말미암아 하나님이 기쁘게 받으실 신령한 제사를 드릴 거룩한 제사장이 될지니라"[καὶ αὐτοὶ ὡς λίθοι ζῶντες οἰκοδομεῖσθε οἶκος πνευματικὸς εἰς ἱεράτευμα ἅγιον, ἀνενέγκαι πνευματικὰς θυσίας εὐπροσδέκτους Θεῷ διὰ Ἰησοῦ Χριστοῦ]). 물론, 이들 중에 복음 사역자들은 특별한 의미에서 제사장들과 레위인들의 역할을 수행한다(롬 15:16 "하나님의 복음의 제사장"[ἱερουργοῦντα τὸ εὐαγγέλιον τοῦ θεοῦ]). 혹자(세대주의자들)는 천년간 예수님의 통치가 이스라엘 민족 중 회심한 자들을 중심으로 이루어진다고 보나 이것은 그릇된 해석이다. 왜냐하면, 이 왕 노릇은 이스라엘뿐 아니라 이방인 중 회심한 자들에게도 약속된 것이기 때문이다. 한편, 여기서 이 두 단어('제사장들'과 '레위인들')는 사실 구약의 문자적 희생 제사를 전제한다. 그러나 예수님이 이미 자기를 하나님에게 드려 이제는 더 이상 구약의 문자적 희생 제사를 드리지 않는 구속사의 시대가 되었다. 따라서 이방인들이 제사장과 레위인이 된다는 것은 영적 의미(spiritual sense)를 나타내는 비유적 표현들(metaphorical expressions)로 해석해야 한다(예, 히 12:23 "하늘에 기록된 장자들의 모임과 교회" [πανηγύρει καὶ ἐκκλησίᾳ πρωτοτόκων ἀπογεγραμμένων ἐν οὐρανοῖς]). 에스겔 40-48장에 나타나는 성전에서의 제사도 영적으로 해석해야 한다. 그렇게 하지 않는다면, 예수님의 영단번의 제사 드림을 무효로 만들게 된다.

하나님은 이렇게 이스라엘은 영광스러운 존재로 세워주시지만 이전에 이스라엘을 괴롭힌 악의 세력들은 수치와 멸망을 하게 하신다. 메시아를 재림케 하심으로 하나님은 이 일을 이루신다. 메시아가 오셔서 포도즙 틀을 밟듯 악한 만민을 짓밟으시니 그들의 피가 메시아의 옷에 튀어 그분의 옷은 붉은 옷이 되었다(사 63:1-3; 계 19:13). 이 두 병행 단락을 크게 하나로 보면(사 59:20-6:3) 이렇게 여호와의 심판으로 끝난다. 마찬가지로 마지막에 나타나는 여호와의 두 번의 대답하심(사 65:1-25; 66:1-24)을 크게 하나(사 65:1-66:24)로 볼 때도 그 끝은 여호와의 심판으로 끝난다.

그리하여 두 부분의 끝이 '구원'이 아니라 '심판'으로 병행을 이루는 것을 볼 수 있다. 보통 다른 선지서들의 끝은 '구원'으로 끝나는데 이사야는 '심판'으로 끝나며 이점은 이사야서의 독특한 점이다.

여호와의 두 번째 두 번 답변 하심(사 65:1-25; 66:1-24)은 자세히 살펴보면 역시 병행을 이룬다.

먼저, 이사야 65:1-25의 단락의 처음은 이방의 남은 자들(사 65:1)을 언급하되 왜 하나님이 이방인에게 은혜를 베푸시는지의 이유가 나온다. 그것은 이스라엘이 "패역"하며(사 65:2), "동산에서 제사하며 벽돌 위에서 분향"(사 65:3) 하였기 때문이다. 돼지고기를 먹음으로(65:4) 하나님의 음식 규례를 무시했고 또한 그들은 산당에서 제사를 일삼았다(65:7). 하나님은 이러한 범과에 대해 보응하실 것이나(65:6) 다 멸하지 아니하고(65:8) 야곱에 구원 받을 자들을 남기실 것이다(65:9).

여기서 우리는 신약 시대에 하나님의 구원의 은혜가 이방으로 흘러갔다가 다시 야곱에게도 끼쳐질 것을 볼 수 있다(롬 9-11장). "사론은 양 떼의 우리가 되겠고 아골 골짜기는 소 떼가 눕는 곳이 되어 나를 찾은 내 백성의 소유가 될"(사 65:10) 것을 여호와께서 말씀하심으로 이사야 65:1-25의 제1 하위 단락이 일단락 된다. 제2 하위 단락(사 65:11-25)은 다시 이스라엘의 우상 숭배를 탄핵함으로 시작한다.

이스라엘은 '갓'과 '므니'와 같은 우상들에게 술을 부었다(65:11). 여호와께서 '불러도 대답하지 아니하며…말하여도 듣지 않은' 이 사람들은 다 죽임을 당하게 될 것이다(65:12). 이 사람들은 통곡할 것이나, '주의 종들'은 마음이 즐거우므로 노래하게 될 것이다(65:14). 왜냐하면, 하나님이 "새 하늘과 새 땅"을 창조하실 것이기 때문이다"(65:17). 이 새 예루살렘의 특징은 "기쁨"(65:18-19), "장수와 생활의 풍요"(65:20-22), "신속한 기도 응답"(65:24), "샬롬"(65:25: "해함과 상함이 없음") 등이다.

여기서의 새 하늘과 새 땅의 새 예루살렘이 요한계시록 21:1 이하에 나타나는 새 하늘과 새 땅의 새 예루살렘과 같은 표현으로 되어 있기에 독자가 혼동을 하게 된다. 이사야 65:17-25는 문자적으로는 아직 사람들이 나고 죽는 요한계시록의 천년 왕국을 시사하며, 아직 구약의 언어로[27] 신약의 '영원한' 새 예루살렘을 묘사하였다고 보면 요한계시록의 새 하늘과 새 땅의 새 예루살렘에 대한 예언으로 기능한다고 할 수 있다.[28]

이사야 65:1-25와 병행을 이루는 66:1-24는 65:1-25의 시작처럼 하나님의 이스라엘에 대한 꾸짖음으로 시작한다. 하나님은 '성전 무용론'을 말씀

---

[27] "… His horizon is more restricted—witness the fact that even in elaborating the idea of the new heavens and the new earth he does it in terms of a blessed Canaan. In this instance, too, the prophecy displays its typical Old Testament character."(… 그의 지평은 보다 제한되었다. 즉, 심지어 새 하늘과 새 땅의 개념을 표현하는 데 있어 그는 복된 가나안을 가지고 표현한다는 사실을 그의 지평이 증거하는 것이다. 역시 이 경우에 있어 예언은 전형적으로 구약적 특성을 나타낸다.) J. Ridderbos, *Isaiah*, Bible Students Commentary, trans. John Vriend(Grand Rapids: Zondervan, 1985), 571.

[28] 필자는 요한계시록 20장의 천년 왕국이 예수님의 초림부터 재림까지의 기간이라고 보는 무천년설에 동의하지 않고, 또 Young 박사의 무천년설적 이사야 주해도 찬성하지 않으나 그가 이사야 65:17 이하의 언어가 '시간'과 '영원'을 뚜렷이 구분한 요한계시록의 언어와 같이 주어지지 않았다는 통찰력은 수용한다. 그는 이사야의 예루살렘 회복 예언을 초림부터 재림까지(즉, 교회 시대) 두루 이루어지는 예언으로 봄과 동시에 영원한 새 예루살렘(성도들의 천상적 삶)에 대한 예언으로도 본다. 예를 들면, "… In the concept of the prophet, time and eternity, the age of the New Testament and the eternal heaven, are not sharply distinguished; and believers are already in the heavenlies." Edward J. Young, *The Book of Isaiah*, vol. III Chapters XL-LXVI, The New International Commentary on the Old Testament(Grand Rapids: Eerdmans, 1972), 514.

하시는데 이는 이스라엘의 제사가 타락했기 때문이다. 이스라엘이 소를 잡아 드리는 것은 살인함과 같고, 어린양으로 제사 드리는 것은 개의 목을 꺾음과 같고, 예물은 돼지의 피와 같고, 향을 사르는 것은 우상을 찬송하는 것과 같다고 여호와께서 그들을 질책하신다(66:3). 바로 이전 단락의 65:12에서 하셨던 것과 비슷한 말씀을 덧붙이신다. 곧 66:4가 그것이다.

> … 내가 불러도 대답하는 자가 없으며 내가 말하여도 그들이 듣지 않고 오직 나의 목전에서 악을 행하며 내가 기뻐하지 아니하는 것을 택하였음이라(사 66:4).

그러나 하나님은 새 이스라엘이 나게 하실 것이다. "시온은 진통하는 즉시 그 아들을 순산"할 것이다(66:8). 이 '아들'은 새 이스라엘로 보인다. 왜냐하면, 이어지는 66:10-14이 하나님의 기쁨과 위로와 영광의 풍성함과 평강을 누리게 될 예루살렘을 제시하기 때문이다. 그러나 "동산에 들어가서", "돼지 고기와 가증한 물건과 쥐를 먹는 자"는 멸망하게 될 것인데(66:17), 특히, 15-16절의 표현들[29]은 "곡과 마곡의 전쟁"을 시사한다.

이사야 66:15-16의 여호와의 강림과 그분의 불 심판 그리고 24절의 패역한 자들의 시체를 태우는 꺼지지 않는 불을 이어서 보고, 요한계시록 20:9의 마귀의 선동을 받아 성도들을 대적하는 곡과 마곡을 태우는 하늘에서 내려오는 불과 생명책에 기록되지 못한 자들이 던지울 불못을 이어서 볼 때 이 둘이 서로 유비를 이루는 것 같다.

이사야 66:1-17이 악을 행한 이스라엘, 특히 제사를 더럽힌 이스라엘을 탄핵하고 새 이스라엘을 예시한 것처럼, 19-24절은 이방 사람들이 하나님

---

29 이사야 66:15-16 "보라 여호와께서 불에 둘러싸여 강림하시리니 그의 수레들은 회오리바람 같으리로다 그가 혁혁한 위세로 노여움을 나타내시며 맹렬한 화염으로 책망하실 것이라 여호와께서 불과 칼로 모든 혈육에게 심판을 베푸신즉 여호와께 죽임 당할 자가 많으리니"와 요한계시록 20:9 "그들이 지면에 널리 퍼져 성도들의 진과 사랑하시는 성을 두르매 하늘에서 불이 내려와 그들을 태워버리고"를 서로 비교하라.

의 은혜에 참여할 것, 특히 그들이 여호와께 예물로 드려지고, 그들 가운데서 제사장과 레위인이 세워짐으로 참된 영적 제사가 회복될 것(66:20-21)으로 시작해서 신천 신지의 예배(66:22) 및 꺼지지 않는 불 심판(66:24)으로 종료한다. 이사야서의 종말론적 예배 회복(66:23)은 이사야 처음에 언급된 예배의 타락(1:11-15)과 수미쌍관을 이룬다.

> 여호와가 말하노니 매월 초하루와 매 안식일에 모든 혈육이 내 앞에 나아와 예배하리라 (사 66:23)

이는 옛 언약의 표현을 빌어 새 언약의 하나님 나라의 완성의 단계에서 모든 성도가 드리는 찬양 예배를 표현한 구절로 보인다. 이는 에스겔서의 더 이상 우상 숭배가 없는 상태에서의 새 성전에서의 유월절, 초막절(7월 15일부터 7일 동안 그리고 마지막 8일째도 지킴), 안식일과 초하루 및 매일 드리는 제사(사 45:18-46:15)나 스가랴서의 가나안 사람이 다시 있지 아니한 상태에서의 초막절 준수(슥 14:16-21)에 견줄 수 있다.

이것들은 문자적 희생 제사가 끝날에 이스라엘에 의해 재개되는 것으로 해석될 수 없다. 민족적 이스라엘이 이러한 문자적 희생 제사를 시도할 수는 있겠으나 이 본문들이 지시하는 예배는 예수님의 초림과 재림 사이에서는 예비적으로, 천년 통치와 새 예루살렘에 가서야 온전히 성취되는 '영적 예배'를 의미한다.

이사야 56:9-66:24에 나타나는 끝날의 일들을 요한계시록의 그것들과 비교해 보면 다음과 같다. 본문이 지시하는 특정 내용들은 천년 왕국의 시대에도 영원한 새 예루살렘의 시대에도 해당될 수 있음을 주의하라.

여호와의 대답	신약 시대 (신약 시대의 이방-이스라엘의 교회는 새 예루살렘과 중첩될 수 있음)	아마겟돈	천년 통치 (신천 신지 및 새 예루살렘과 중첩될 수 있음)	곡과 마곡; 불못	신천 신지 새 예루살렘
A 59:20-60:22	초림(59:20) 이스라엘 회복(60:1-22)		60:1-22		60:1-22
A' 61:1-63:6	초림(61:1-3) 이스라엘 회복(61:4-62:12)	재림 (63:1-3)	61:4-62:12		61:4-62:12
A 65:1-25 (a 65:1-10; a' 65:11-25)	이방 회복 (65:1) 　　　　이스라엘 회복 　　　　(65:9-10)		65:17-25		65:9-10 65:17-25
A' 66:1-24 (a 66:1-17; a' 66:18-24)	이스라엘 회복 　　　　(66:7-14) 이방 회복 (66:18-21)		66:22-23	66:15-16 66:24	66:9-14 66:22-23

이와 같은 분석을 통해 우리는 이사야의 선지적 시점이 빈번히 이동하고 그 때문에 중첩들이 발생함을 알 수 있다. 이는 필연적으로 단락들의 병행을 조성한다. 이 병행들은 결코 천편일률적이지 않은, 변화를 띤 반복들이다. 이 병행 단락들을 통해 알 수 있는 것은, 이사야서가 묘사하는 새 하늘과 새 땅은 아직 인간들의 생멸이 있고, 나라들의 시온으로의 순례가 있으며, 가옥의 건축과 농업이 있다는 것이다.

요한계시록에 비추어 보면 이러한 모습들은 새 하늘과 새 땅의 영원한 삶이라기보다는 천년 통치에 있을 삶이다. 그러나 다른 한편으로는, 그것은 영원한 새 예루살렘을 묘사하는 '구약적 예언 언어'이다.

이를 간추린다면 다음과 같다.

사 65:17-25	이사야가 새 하늘과 새 땅 그리고 새 예루살렘을 예언(1): "기쁨"(65:18-19), "장수와 생활의 풍요"(65:20-22), "신속한 기도 응답"(65:24), "샬롬"(해함과 상함이 없음: 65:25)	이사야의 말씀은 요한계시록의 천년 왕국의 상태에 대한 예언으로 볼 수 있음(이때는 영적-비유적 해석을 따라 부활-휴거 후 지상으로 예수님과 함께 내려와 통치할 성도들의 기쁨, 영생, 주님과의 교제, 샬롬으로 볼 수 있음; 한편, 문자적 의미를 고려하여 천년 왕국 시의 예수님의 통치로 아직 죽음이 있으나 장수와 풍요와 샬롬을 누리는 지상 삶의 모습으로 볼 수도 있음)	이사야의 말씀은 구약적 언어를 통한 계시록의 새 하늘과 새 땅 및 새 예루살렘의 모습에 대한 예언으로 볼 수 있음. 이사야는 아직 죽음을 상징하는 장수를 말하나 이는 영생을 가리키는 것으로 볼 수 있음.
사 66:22-24	이사야가 새 하늘과 새 땅 그리고 새 예루살렘을 예언(2): 매월 초하루와 매 안식일에 모든 혈육이 예배 드림(66:22) 및 패역한 자들의 시체들 및 꺼지지 않는 불 심판(66:24)	이사야의 말씀은 요한계시록의 천년 왕국의 상태에 대한 예언으로 볼 수 있음(영적-비유적 해석을 따라 부활-휴거 후 지상으로 예수님과 함께 내려와 통치할 성도들의 영적 예배 및 아마겟돈 전쟁으로 불못에 들어간 적그리스도와 거짓 선지자에 대한 불 심판으로 볼 수 있음; 한편, 문자적 의미를 고려해 [완전히 구약적 문자적이지는 않더라도] 천년 왕국 시 정한 날 예배드림으로 볼 수도 있음(물론, 제사장들이 짐승을 잡아 율법이 정한 날들에 제사 드리는 것으로 볼 수는 없음).	이사야의 구약적 표현들, 즉 매월 초하루, 매 안식일 등의 예배는 요한계시록의 새 하늘과 새 땅 및 새 예루살렘에서의 영적인 영원한 예배에 대한 예언으로 볼 수 있음. 또한, 이사야가 말하는 패역한 자들의 시체들은 영적으로 죽은 자들 곧 요한계시록에서는 부활하여 마지막 하나님의 심판을 받고 영원한 불못의 형벌을 당하는 자들로 볼 수 있음.

이렇게 임시적인 이사야-요한계시록 본문 간의 해석을 제시할 수 있기는 해도, 여전히 요한계시록의 관련 본문들을 좀 더 자세히 살피는 것이 필요하다. 아직까지 요한계시록의 천년 왕국과 새 하늘과 새 땅을 충분히 다루지 않았기 때문이다.

3. 요한계시록 19-22장에서의 선지적 시점 이동과 문학적 구조

여기서 필자는 요한계시록의 구조를 다시 세부적으로 언급하지는 않을 것이다. 에스겔서와 요한계시록을 비교하면서 두 책의 구조에 대해서는 이미 충분한 설명을 하였다. 다만 독자들을 위해 다시 상기해 드리는 부분은 요한계시록의 1-9장과 10-22장이 점진적 병행을 이룬다는 것이다. 두 부분이 모두 비슷한 주제들에 의해 시작하는 한편, 둘째 부분은 선지자 요한의 시대에서 급격히 전후 3년 반의 시대로 이동한다.

물론 이 둘 사이에는 시간적 계기성(temporal sequence)도 존재한다. 첫 단락에서는 인과 나팔 재앙이 있고 둘째 단락에는 대접 재앙이 있는데 이 세 가지 재앙들은 대체로는 순차적으로 이해된다. 하여튼 여기에서 초점은 요한계시록의 후반부가 되겠다. 특히, 요한계시록 19-22장을 다루려 하는데 왜냐하면 이 장들은 천년 통치 시대를 개막케 하는 아마겟돈 전쟁부터 새 예루살렘까지의 그림을 보여 주기 때문이다. 먼저, 요한계시록 19-22장의 구조를 선지적 시점의 변화를 따라 분석하면 다음과 같은 점들이 정리된다.

첫째, 음녀 바벨론의 멸망을 되돌아보며 곧바로 있게 될 '하나님의 통치'를 전망하면서 서론적인 찬양이 보인다(계 19:1-8).

이어서 "어린양의 혼인 잔치에 청함을 받은 자들은 복이 있다"라는 천사의 말과 "이것은 하나님의 참되신 말씀이라"는 '하나님 말씀' 주제가 나타난다. 이 주제는 요한이 예수의 증언을 위한 '종'이며, '예수의 증언'은 '예언의 영'이라는 주제와 연결되어 있다. 천사는 요한에게 자기에게 경배하지 말라고 하는데(19:9-10) 이런 대화는 22:6-9에 다시 보이며, '예언의 말씀'의 중요성은 22:17-19에 또 보인다. 그리고 최종적으로 사도의 기도(20절), 축도(21절)로 요한계시록이 끝난다.

이와 같은 치밀한 짜임새와 내용의 연결로 우리는 19장은 요한계시록의 피날레의 시작 부분이며 동시에 이 피날레는 22장까지 계속되다가 책 전체가 종료된다는 결론을 얻는다.

둘째, 요한계시록 19:11-21의 예수님이 성도들을 데리고 재림하시면서 아마겟돈에서 전쟁(심판)을 수행하시는 단락 다음에 오는 천년 왕국, 최후 심판, 새 하늘과 새 땅의 새 예루살렘은 엄밀한 계기성(strictly sequential)을 나타내지 않는다.

여러 반복 요소를 통해 내용을 겹치면서도 사건들이 진전하도록 만들고 있다(The events of contents progressively unfold by making parallels). 예를 들어, 몇 가지만 살펴보면, 천년 통치와 그 후의 마귀의 놓임, 마귀 땅의 사방 백성(곡과 마곡) 선동과 패망(계 20:1-10) 후에 하나님의 최후 심판에 나타나는 어떤 요소가 새 하늘과 새 땅의 어떤 요소와 중복된다.

그것은 바로 '땅과 하늘의 없어짐'(20:11; 21:1)이다. 또한, 최후 심판 다음에 오는 새 예루살렘에 대한 묘사는 요한계시록 21:1-22:15까지 지속되는데 선지자 요한은 이 예루살렘을 처음에는 개략적으로(21:1-8), 그다음에는 보다 상세하게 성의 재료와 치수 등까지를 언급하고(21:9-27), 마지막으로는 부가적으로 생명수의 강과 생명 나무 등도 언급한다(22:1-15).

이러한 분석의 가장 큰 이유는 이 세개의 하위 단락 마지막에 비슷한 경고들이 나타나기 때문이다. 즉, "두려워하는 자들 … 음행하는 자들 … 거짓말하는 자들" 등에 대한 경고들의 반복적 등장이다. 그래서 이 세 소단락들 중 마지막 단락(22:1-15)은 중간에 천사와 요한의 대화와 같은 새 예루살렘과는 다른 주제가 보이지만(6-9절), 그 마지막에 앞의 두 단락의 마지막에 나타났던 경고들과 비슷한 경고가 나타나기에(10-15절), 22:1-15로 구분된 것이다.여기서 한 가지 주의할 것은 이 새 예루살렘에 대한 세 병행 단락(계 21:1-8; 21:9-27; 21:1-15)에 나타나는 경고들의 시점이다.

첫 번째 경고는 다음과 같이 나타난다.

> … 나는 알파와 오메가요 처음과 마지막이라 내가 생명수 샘물을 목마른 자에게 값없이 주리니 … 그러나 … 우상 숭배자들과 거짓말하는 모든 자들은 불과 유황으로 타는 못에 던져지리니 이것이 둘째 사망이라(계 21:6-8).

이 경고는 새 예루살렘에 들어가지 못하는 자들은 불못에 던져진다고 하여 그 경고의 시점이 최후 심판과 최후 구원의 시점임을 우리에게 제시한다는 것이다. 그러므로 이 새 하늘과 새 땅의 셋팅의 새 예루살렘은 천년 통치 때는 있었던 땅의 사방 백성(곡과 마곡)이 더 이상은 없는 곳이라는 결론이 맺어진다. 두 번째와 세 번째의 경고에는 이 새 예루살렘 밖에 아직 "만국/nations"(21:24: τὰ ἔθνη; 21:26 "만국의 영광과 존귀": τὴν δόξαν καὶ τὴν τιμὴν τῶν ἐθνῶν)이 있고 "땅의 왕들"(21:24: οἱ βασιλεῖς τῆς γῆς)이 있는 것으로 나타난다.

두 번째 경고는 다음과 같다.

> 무엇이든지 속된 것이나 … 거짓말하는 자는 결코 그리로 들어가지 못하되 오직 어린양의 생명책에 기록된 자들만 들어가리라(계 21:27).

세 번째 경고는 이렇게 되어 있다.

> 자기 두루마기를 빠는 자들은 복이 있으니 이는 그들이 생명나무에 나아가며 문들을 통하여 성에 들어갈 권세를 받으려 함이로다 개들과 … 우상 숭배자들과 및 거짓말을 좋아하며 지어내는 자는 다 성밖에 있으리라(계 22:14-15).

즉, 두 번째와 세 번째 경고는 그 시점이 아직 새 하늘과 새 땅이 아닌 천년 통치의 시점에서의 경고라는 것이다. 요한이 새 예루살렘에 들어오지 못할 자들을 말할 때 천년 통치 시대와 새 예루살렘을 전체로 하나로 보아 마치 아직 새 예루살렘 성밖에 불신자들이 살고 있는 것처럼 말한다는 것을 우리는 알 수 있다. 그러나 우리가 주의해야 하는 것은 요한이 이렇게 천년 통치의 시대에서 경고하시는 하나님을 보여 주고 있지만 실제 그 경고들과 관련된 시대는 새 하늘과 새 땅의 새 예루살렘의 시대라는 사실이다.

이러한 두 번째와 세 번째의 경고를 또 달리 해석할 수도 있다. 즉, 그것은 이러한 불신자들이 실제로 새 하늘과 새 땅에 살고 있다는 것이 아니라(그들은 이미 불못에 던져짐) 단지 경고의 의미에서 이러한 불신자들이 '성 안에 못들어 온다!'는 것을 강조했다고 보는 것이다.[30]

---

30 요한계시록 16:15 "보라 내가 도둑같이 오리니 … 자기의 부끄러움을 보이지 아니하

또한, 만국이 있고 왕들이 있어 그들이 이 성에 그들의 영광을 가지고 들어온다는 것은 이사야서에서 보였던 열방의 남은 자들이 예루살렘으로 순례를 하는 것을 요한이 의식적으로 인용한 것으로 볼 수도 있다. 어차피 이 만국과 만국의 왕은 예수님에게 구속받은 백성들을 의미하며 이들도 모두 새 예루살렘의 일원이다. 그들이 영원히 새 예루살렘 안에 사는 것은 의심의 여지가 없다. 다만 요한은 그들이 구원 받은 모습을 구약적 견지에서 인용하면서 보여 주었을 수 있다.

그들에게만 성문이 개방되고 그들만 들어올 수 있다는 것을 통해 새 예루살렘에 과연 누가 속하게 될 것을 강조하여 보여 주는 의미가 있을 수 있는 것이다. 래드는 21:24을 다음과 같이 주석한다. 그도 이 구절의 해석에 많은 고충을 겪은 듯하다.

> 문자적으로 볼 때 이 절은 새 땅에 두 무리의 사람들이 있음을 시사한다. 즉, 새 예루살렘에 살고 있는 구속 받은 사람들 그리고 그 성 밖에 사는 땅의 중생하지 못한 나라들[의 사람들]이다. 이 만국의 사람들은 성 밖에 살지만, 그 성의 영향을 받고 그 성의 빛에 행하며 그 성으로 그들의 영광을 가지고 온다. 이러한 사실로 인해 많은 학자는 여기서 요한이 천년 왕국을 묘사하는 것이지 영원한 질서에 속한 새 예루살렘을 묘사하는 것이 아니라고 결론을 내린다. [왜냐하면] 이때는 모든 악인들은 [이미] 불못에 빠뜨려지게 된 때이기 때문이다. 그러나 이것과 같은 또 하나의 가능성은, 요한이 [새 예루살렘의] 영원한 질서 속에서 하나님을 아는 지식이 보편화되었

는 자는 복이 있도다"에서도 이와 같은 선상에서 이해할 수 있다. 왜냐하면, 요한계시록 16장은 믿는 자들은 이미 부활체를 입어 휴거되고 땅에 쏟아지는 일곱 대접은 불신자들에게 쏟아지는 심판으로 보이기 때문이다. 끝까지 회개하지 않는 땅에 있는 자들을 향해 이런 경고를 하는 것이 이해되지 않는 반면, 우리가 이것을 사도 요한 시대의 독자들이나 오늘날 우리에 대한 경고로 보면 충분히 이해가 된다. 즉, 이것은 극(劇)으로 말하면 해설자의 내레이션이나 극중 인물이 방청객이 들으라고 하는 말인 방백(傍白; aside)과 같은 것이라 할 것이다.

음을 묘사하기 위해 통상적(conventional) 인간적 언어를 사용하고 있을 수도 있다는 것이다. 하나님 나라가 완성될 때, 구속 받은 사람들은 모든 나라와 족속과 민족과 방언(7:9)에서 나온 사람들로 구성되는데 이들은 자기들의 국가적 정체성을 잃지 않을 것이다. 요한의 말은 다음과 같은 선지자들의 진술들보다 더한 어떤 것을 뜻하지 않는다. 즉, "그리고 많은 민족이 와서 이르기를, '오라 우리가 여호와의 산에 올라가서 야곱의 하나님의 집에 이르자'"(사 2:3)라든가 "그리고 나라들이 네 빛으로, 왕들이 너의 떠오름의 밝음으로 오리라"(사 60:3). 이는 하나님을 아는 지식이 보편화되었음을 확언하는 것이다.[31]

또한, 래드는 22:15을 이렇게 주해한다.

이제 요한은 일관되지 않고 제자리에 들어가 있지 않은 것 같은 진술을 추가한다. "개들과 점술가들과 음행하는 자들과 살인자들과 우상 숭배자들과 거짓을 좋아하고 거짓말하는 모든 자는 바깥[즉, 그 성의 바깥]에 있을 것이다." 문자적으로 보면, 이 [구절]은 오직 구속 받은 사람들만이 그 거룩한 성 안에 살고, 악한 자들은 성문가에서 겁먹고 뒷걸음치는(cowering)

---

31 G. E. Ladd, *A Commentary on the Revelation of John* (Grand Rapids: Eerdmans, 1972), 284: Taken literally, this verse suggests that in the new earth there will be two companies of people: the redeemed who inhabit the new Jerusalem, and unregenerate nations of earth who live outside the city but who are influenced by its presence, walking in its light, and bringing their glory to the city. This fact has led many scholars to the conclusion that John is here describing the millennial Jerusalem, not the Jerusalem of the eternal order when all wicked men shall have been cast into the lake of fire. However, it is equally possible that John is using conventional human language to describe the universality of the knowledge of God in the eternal order. In the divine consummation, the redeemed will consist of peoples from every nation and tribe and people and tongue (7:9) who will not lose their national identity. John's language means no more than the statements of the prophets: "and many peoples shall come and say: 'Come, let us go up to the mountain of the Lord, to the house of the God of Jacob'"(Isa. 2:3); "and nations shall come to your light, and kings to the brightness of your rising"(Isa. 60:3). This is the affirmation of the universality of the knowledge of God.에 대한 필자의 번역.

개들처럼 그 거룩한 성에서 제외되어 영원한 질서 속에서는 성 바깥 어딘가에 그들의 운명[이 놓여 있음]을 알게 될 것을 시사한다. 사실 요한은 이미 그들의 운명이 그저 그 도성에서 제외됨만 아니고 불못임을 단언했었다(21:8). 본 구절은 악인의 운명과 의인의 운명을 대조하는 요한의 그림언어적 방법이다. [즉]악인은 정말로 그 도성에 들어가지 못한다는 것[을 요한이 보여 준다는 것]이다. '개들'은 때때로 나쁘고 사악한 사람들을 표현하기 위해 사용된 [그림]언어다(빌 3:2; 시 22:16, 20).[32]

즉, 래드는 21:24-27과 22:15을 문자적으로는 천년 왕국의 상태로, 요한의 새 예루살렘의 영원한 상태에 대한 통상적, 인간적 표현 혹은 그림언어적 표현으로 보았다. 후자에 그의 강조점이 있는 것으로 본다면, 그는 아직 일시성이 있는 천년 왕국과 영원한 질서에 속하는 새 예루살렘을 구별해서 보고 있는 것이 분명하다.

필자는 래드가 천년 왕국과 새 예루살렘을 구별해서 이해하는 것을 찬성한다. 동시에 필자는 21:24-27 및 22:15은, 새 예루살렘의 영원한 시점에 요한이 있지만 그가 천년 왕국의 시점까지를 포함한 상태에서, 구약의 구절들을 의식하면서, 사도 요한 당시 및 그 이후의 독자들에게 천년 왕국의 시점에서 경고하고 있다고 본다.

---

32 Ibid., 293-4: John now adds a statement which seem incongruous and out of place…Taken literally, this suggests that only the redeemed inhabit the holy city, while the wicked, like dogs cowering at the city gates, are excluded from the holy city and find their destiny somewhere in the final order outside. As a matter of fact, John has already asserted that their doom is not merely exclusion from the city but is the lake of fire(21:8). The present verse is John's picturesque way of contrasting the fate of the wicked with that of the righteous. The wicked are indeed excluded from the city. "Dogs" is a term sometimes used to describe wicked, malicious persons(Phil. 3:2; Ps. 22:16, 20).에 대한 필자의 졸역.

본문	아마겟돈 전쟁	천년 통치	곡과 마곡	하나님의 심판; 땅과 하늘 사라짐	새 하늘과 새 땅; 새 예루살렘	후기
계 19: 11-21	13-14절 그가 … 만국을 치겠고					
20: 1-10		4-6절 그들이 … 천년 동안 그리스도와 더불어 왕 노릇하리라	7-10절 천년이 차매 … 사탄이 … 땅의 사방 백성 곧 곡과 마곡을 미혹하고; 그들을 미혹하는 마귀가 불과 유황 못에 던져지니			
20: 11-15				11절 크고 흰 보좌와 그 위에 앉으신 이; 땅과 하늘이 그 앞에서 피하여 간 데 없더라 12-15절 … 죽은 자들이…심판을 받으니; 사망과 음부도 불못에 던져지니		
21: 1-8				1절 …처음 하늘과 처음 땅이 없어졌고 바다도 다시 있지 않더라	1절 또 내가 새 하늘과 새 땅을 보니;2절 거룩한 성 새 예루살렘이 하나님께로부터 하늘에서 내려오니 6-8절(최후 심판, 신천 신지의 시점에서) 경고: …거짓말하는 모든 자들은 불과 유황으로 타는 못에 던져지리니	
21: 9-27					10-23절 …하나님께로부터 하늘에서 내려오는 거룩한 성 새 예루살렘을 보이니…열두 문…열두 기초석… **해와 달의 빛이 쓸 데 없음** 24-27절(천년 통치의 시점에서) 경고: 만국이…땅의 왕들이…그리로 들어가리라…거짓말하는 자는 결코 그리로 들어가지 못하되…	
22: 1-15					1-5절(새 예루살렘 묘사 계속) 생명수의 강… **등불과 햇빛이 쓸 데 없음** 6-9절 천사와 요한의 대화 10 15절(천년 통치의 시점에시) 경고: …거짓말을 좋아하며 지어내는 자는 다 성 밖에 있으리라	
22: 16-21						예언의 말씀(증언)에 대한 가감 금지

그러나 천년 왕국을 가리키는 이 구절들이 새 예루살렘 본문(21-22장)에 들어가 있다고 해서 21-22장을 천년 왕국에 대한 묘사로 보지는 않는다.[33] 나는 요한계시록 19-22장의 문학적 구조를 다음과 같이 제시한다. 반복과 변이들 속에서의 사건들의 진전을 유의하라.

선지자의 시점 변화를 의식하여 문학적 분석을 할 때, 우리는 이사야서와 달리 요한계시록은 다음 두 가지를 보여 준다고 결론짓는다.

- 크게 보아 천년 왕국과 새 예루살렘이 시간적 질적으로 구별됨
- 최후 심판(크고 흰 보좌에 앉으신 하나님의 심판 시에 '하늘과 땅이 없어짐', 죽은 자들이 보좌 앞에 서서 심판 받고 불못에 던져짐)과 최후 구원('처음 하늘과 처음 땅이 없어지고' 새 하늘과 새 땅이 있고 새 예루살렘 곧 어린양의 아내가 하늘에서 내려옴)이 거의 동시적임

반면에 이사야는 우리에게 '영원하지 않은 새 하늘과 새 땅'이 앞으로 있게 될 것을 예언한다. 다음 섹션에서는 이사야서와 요한계시록을 서로 비교하면서 관련 본문을 주해해 보기로 한다.

---

33 한정건은 이 구절들을 통해 21장도 천년 왕국으로 본다. **『이사야의 메시아 예언 I』**(서울: CLC, 2006), 487, n. 64. 여기에 대해서는 뒤에서 좀 더 다룬다.

4. 이사야 65:17-25 및 요한계시록 20:1-10; 21:1-8 주해, 천년 왕국 과 신천 신지

1) 이사야 65:17-25 주해

이사야 65:17에 "새 하늘들과 새 땅"(שמים חדשים וארץ חדשה)[34]이 보인다. 이 새 하늘과 새 땅과 관련된 동사는 '창조하다'(בָּרָא)이다. 이 동사의 분사형이 쓰였다(בורא). "이전 것은 기억되거나 마음에 생각나지 않을"만큼 하나님의 이 창조는 사람들에게 전혀 새로울 것이다. 이사야의 문맥에서 하나님은 바벨론 포로로부터의 귀환을 "새 일"(사 42:9; 43:19 등: חדשה)이라고 명명하신다. 이 '새 일'이 너무나 획기적인 것이기에 "보라 내가"(사 43:19: הנני)라는, 우리의 주의를 환기하는 말로 시작하였듯이, 신천 신지의 창조 또한 꿈에도 생각지 못한 것이었기에 "보라 내가"(사 65:17: הנני)라는 말로 시작한다.

하나님의 사역은 이 바벨론 포로 귀환에 머무르지 않는다. 그분의 사역은 그의 "종"(עֶבֶד)을 "백성의 언약"(ברית עם)과 "이방의 빛"(אור גוים)이 되게 하셔서 "갇힌 자를 감옥에서 이끌어 내시는" 데까지로 나아간다(사 42:1-8). 모세의 때 하나님이 애굽이라는 감옥에서 이스라엘을 이끌어내셨듯이, 조만간 하나님은 고레스의 때 페르시아라는 감옥에서 당신의 백성을 건져내실 것이고, 장차는 영원한 감옥에서 당신의 남은 자들을 구원하실 것이다.

이 하나님의 구원 사역은 이방인들로 "새 노래"(사 42:10, שיר חדש)를 부르도록 할 것이고, 이것은 "땅 끝"(사 42:10, קצה הארץ)까지 확대될 것이다.[35] 따라서 '새'라는 단어는 하나님의 구원하시는 일과 관련되었고, 이것은 '옛' 것을 상정(想定)하는 말이다(특히, 옛 창조. 창 1:1). 처음 창조 후

---

34 여기서 복수형 '하늘들'이 쓰이고 있는데 이하 한글 번역과 같이 '하늘'이라고 표기한다.
35 이사야 42:1-17에 사용된 이와 같은 표현들이 동일하게 49:1-26에 보인다.

에 사람들이 "율법을 범하며 … 영원한 언약을 깨뜨렸기에"(사 24:5) "그리고 [땅] 위의 [그것의] 죄악이 중하므로"(사 24:20) 그 처음 창조 때의 피조물들, 예를 들면 하늘(사 34:4)과 땅(사 24:1, 3, 4, 6, 11, 19, 20)과 달과 해(사 24:23)와 성읍(사 24:10, 12)과 성전(사 64:11)과 땅의 거주민들(사 24:1, 6, 17)과 동물(사 7:21-22)과 식물(사 7:23-25; 10:17-19; 24:7)이 심판을 받게 되었다.

그러나 하나님은 새로운 창조를 이루신다. 여호와께서는 의로 종을 부르시고(사 42:1, 6:אני יהוה קראתיך בצדק)[36] 이 종의 고난과 죽음을 통해 속죄를 행하신다(사 52:13-53:12).[37] 이로써 하나님은 이제 새 하늘과 새 땅(사 65:17; 66:22)을 창조하신다. 여호와께서 해와 달 대신 영원한 빛이요 영광이 되실 것이다(사 60:19). 그리고 하나님의 모든 피조물들에 반전이 이루어지는데 그중에 하나님의 성읍 예루살렘이 바뀐다. 그분의 성읍과 백성이 새롭게 창조된다.

이사야 65:18-19에도 '창조하다'의 분사형(בורא)이 나타나되 이번에는 2회 나타나 여호와의 창조를 강조한다.

> 너희는 내가 창조하는 것으로 말미암아 영원히 기뻐하며 즐거워할지니라 보라 내가 예루살렘을 즐거운 성으로 창조하며 그 백성을 기쁨으로 삼고 내가 예루살렘을 즐거워하며 나의 백성을 기뻐하리니 우는 소리와 부르짖는 소리가 그 가운데에서 다시는 들리지 아니

---

36 로마서 3:21-22 "이제는 … 하나님의 한 의가 나타났으니 율법과 선지자들에게 증거를 받은 것이라"(νυνὶ δὲ … δικαιοσύνη θεοῦ πεφανέρωται, μαρτυρουμένη ὑπὸ τοῦ νόμου καὶ τῶν προφητῶν); "곧 예수 그리스도를 믿음으로 말미암아 모든 자에게 미치는 하나님의 의니 차별이 없느니라"(δικαιοσύνη δὲ θεοῦ διὰ πίστεως Ἰησοῦ Χριστοῦ, εἰς πάντας τοὺς πιστεύοντας, οὐ γάρ ἐστιν διαστολή.) NA27 and UBS4 variants.

37 로마서 3:23-25. 특히, "그리스도 예수 안에 있는 속량으로 말미암아"(διὰ τῆς ἀπολυτρώσεως τῆς ἐν Χριστῷ Ἰησοῦ·); "이 예수를 하나님이 그의 피로써 믿음으로 말미암는 화목 제물로 세우셨으니 이는 하나님께서 … 전에 지은 죄를 간과하심으로…"(ὃν προέθετο ὁ θεὸς ἱλαστήριον διὰ [τῆς] πίστεως ἐν τῷ αὐτοῦ αἵματι…διὰ τὴν πάρεσιν τῶν προγεγονότων ἁμαρτημάτων) NA27 and UBS4 variants.

할 것이며(사 65:18-19).

또한, 특이한 것은 18절에서 "기뻐하라(שישו) 그리고 즐거워하라"(וגילו)는 2인칭 복수 명령에 쓰인 동사가 다시 예루살렘을 묘사할 때 쓰인다.

"내가 예루살렘을 즐거움(으로)(גילה), 그녀의 백성을 기쁨으로(משוש) 창조한다."

19절 상반절에서 이 동사 어근이 다시 사용된다.

"그리고 내가 예루살렘을 즐거워할 것이다(וגלתי) 그리고 내가 나의 백성을 기뻐할 것이다"(וששתי).

물론 여기서 예루살렘과 백성이 두 번 반복되는데, 백성은 '그녀의(예루살렘의) 백성'이었다가 '나의 백성'으로 바뀌어 나온다. 65장의 앞부분에서는 우상 숭배(사 65:2-7, 11-12)를 하던 백성 곧 "나의 백성이 아니었던"(호 1:9, '로암미': לא עמי) 백성이 이제는 '나의 백성'(사 65:19; 호 2:1 '암미': עמי)이 된 것이다. 이스라엘이 이제 참으로 '나의 백성'이 되었다는 것은 그들이 하나님 여호와를 그들의 '왕'으로 인정하고 그분의 통치 안에 있다는 것을 의미한다.

요한계시록 20장의 천년 왕국과 21-22장의 새 예루살렘의 서두에 나오는 허다한 무리의 소리 같은 어떤 것('something like the voice of a great multitude' [NASB])의 찬양은 이사야 65:18-19의 언어를 그대로 이어 받고 있다.

할렐루야 주 우리 하나님 곧 전능하신 이가 통치하시도다 '우리가 즐거워하고 크게 기뻐하며'(χαίρωμεν καὶ ἀγαλλιῶμεν)[38] 그에게 영광을 돌리세 어린양의 혼인 기약이 이르렀고 ...(계 19:6-7).

---

38 명령형으로 쓰인 신약의 예는 마태복음 5:12 "χαίρετε καὶ ἀγαλλιᾶσθε".

이사야 65:18-19에서 여호와께서 예루살렘 곧 그 성의 백성을 '나의 백성'으로 새롭게 창조하셨다는 것은 여호와의 왕권이 예루살렘에 온전히 실현되는 것을 의미한다. 이것은 곧 "보라 하나님의 장막이 사람들과 함께 있으매 하나님이 그들과 함께 있으매 그들은 하나님의 백성이 되고 하나님은 친히 그들과 함께 계신" 상태를 의미하며(언약의 목적의 성취: 창 17:7; 렘 30:22) 이것은 다른 표현으로 어린양과 그의 신부(혹은 아내)의 연합을 의미한다(계 19:7, 9; 21:2, 9).

이러한 하나님의 왕권의 '예비적' 실현인 천년 왕국[39]이나 '완전한' 실현인 새 예루살렘은 이사야의 언어로 말하면 예루살렘 혹은 그 성의 백성의 새로운 창조다. 여기서 하나님의 통치 및 왕이신 여호와와 그의 백성의 연합은 구약의 종말론 여기저기서 나타나지만 특히 '야웨 말라크' (יהוה מלך) 시편들(시 93-100, 특히, 93:1; 97:1; 99:1)에서 두드러진다.

이렇게 이사야서에는 여호와께서 예루살렘을 즐거움과 기쁨의 성읍으로 삼으심으로 슬픔이 없어진다.

> … 우는 소리와 부르짖는 소리가 그 가운데에서 다시는 들리지 아니할 것이며(사 65:19 하).

이것은 당연하다. 하나님 왕권의 온전한 실현을 목전에 둔, 예수님과 새 예루살렘(예수님의 신부)의 혼인을 앞둔 시간에 누가 울겠는가. 초청장을 받은 복음의 일꾼들과 짐승에게 절하지 않은 성도들은 기쁨으로 설렐 것이다.

> …어린양의 혼인 잔치에 청함을 받은 자들은 복이 있도다(계 19:9).

---

[39] 천년 왕국에는 아직 마귀와 그의 하수인들의 하나님에 대한 반란이 잠재되어 있으므로 '예비적'이라고 표현하였다. 하나님의 왕권 자체는 언제나 완전한데 그것의 땅에서의 실현은 마귀가 남아있는 한 인간적 눈으로 보면 아직 예비적이다.

천년 왕국과 관련하여 말한다면, 그들은 "…살아서 그리스도와 더불어 천년 동안 왕 노릇"(계 20:4, 6)할 것이요, 새 예루살렘과 관련하여 말한다면, 그들은 "하나님의 백성이 되고 하나님은 친히 그들과 함께 계셔서 모든 눈물을 그 눈에서 닦아 주시니 다시는 사망이 없고 애통하는 것이나 곡하는 것이나 아픈 것이 다시 있지"(계 21:3-4) 않을 것이다.

분명, 이사야와 요한계시록은 슬픔이 아닌 기쁨의 예루살렘을 증거한다. 그런데 차이가 있다. 요한계시록의 새 예루살렘에서는 '다시는 사망이 없'다고 하는데, 이사야의(새롭게) 창조된 예루살렘에는 아직 태어나고 나이 먹고 죽는 것이 있다. 그뿐만 아니라 거기에는 가옥 건축과 농업이 있다.

> 거기는 날 수가 많지 못하여 죽는 어린이와 수한이 차지 못한 노인이 다시는 없을 것이라 곧 백 세에 죽는 자를 젊은이라 하겠고 백 세가 못되어 죽는 자는 저주 받은 자이리라 그들이 가옥을 건축하고 그 안에 살겠고 포도나무를 심고 열매를 먹을 것이며 그들이 건축한 데에 타인이 살지 아니할 것이며 그들이 심은 것을 타인이 먹지 아니하리니 이는 내 백성의 수한이 나무의 수한과 같겠고 내가 택한 자가 그 손으로 일한 것을 길이 누릴 것이며 그들의 수고가 헛되지 않겠고 그들이 생산한 것이 재난을 당하지 아니하리니 그들은 여호와의 복된 자의 자손이요 그들의 후손도 그들과 같을 것임이라(사 65: 20-23).

100세에 죽는 사람을 '젊어서 죽었네' 혹은 '요절했네'라고 한다면 우선 우리에게 떠오르는 시대는 노아 홍수 이전이다(창 5:1-32). 그 시대에 사람들은 나무들처럼 오래 살았다. 아담이 930세, 므두셀라는 969세, 노아가 950세를 살았고, 에녹은 지상에 365세를 살았고 하나님이 그를 데려가셨으므로 지금도 살아 있을 것이다.

이러한 인간의 수명은 홍수 후에 급격히 줄어든다. 아브라함이 175세, 이삭이 180세, 야곱이 147세, 모세가 120세, 여호수아가 110세에 죽었다.

모세는 다음과 같이 노래하였다.

> 우리의 연수가 70이요 강건하면 80이라도 그 연수의 자랑은 수고와 슬픔뿐이요 신속히 가니 우리가 날아가나이다(시 90:10).

하나님이 모세를 통해 이스라엘에 약속하신 것은 장수와 번성(신 6:2-3), 땅, 성읍, 집, 우물, 포도원, 감람나무(10-11절) 등이었다. 이것들은 그들이 하나님을 경외하여 그들이 하나님의 명령을 지킬 때 얻게 되는 복이었다. 반대로 그들이 여호와의 말씀을 순종하지 않을 때는 여러 병에 걸려(신 28:22, 27, 28, 35, 65) 생명이 위험에 처하게 되고(66절) 죽게 된다(26절)고 하셨다. 하나님은 이렇게 말씀하셨다.

> 네가 여자와 약혼하였으나 다른 사람이 그 여자와 같이 동침할 것이요 집을 건축하였으나 거기에 거주하지 못할 것이요 포도원을 심었으나 네가 그 열매를 따지 못할 것이며 (신 28:30).

이러한 경고는 이스라엘 역사에서 그대로 사실화되었다.
에단은 이렇게 기도하였다.

> 그의 젊은 날들을 짧게 하시고 그를 수치로 덮으셨나이다(셀라) … 나의 때가 얼마나 짧은지 기억하소서 …(시 89:45, 47).

또한, 시편 90:7-9에도 이런 기도가 나온다.

> 주께서 우리의 죄악을 … 주의 얼굴 빛 가운데에 두셨사오니 … 우리의 평생이 순식간에 다하였나이다(시 90:7-9).

그러나 이것이 메시아(59:20 '구속자'; 61:1-3 '나')의 사역으로 반전된다. 첫 언약 때의 수명, 건축, 농업에 있어서의 모든 저주들이 메시아의 사역으로 반전된다. 이 반전은 요한계시록의 증거를 따라 볼 때에 문자적으로는 천년 왕국시에 이루어질 것이요, 그 영적 의미는 새 예루살렘에서 이루어질 것이다.

이사야 65:24에서 하나님은 백성의 기도에 즉각적으로 응답하신다. 스가랴 7:11-13을 보면 스가랴는 이스라엘의 과거를 회상한다. 과거에 이스라엘은 여호와께서 부르셨어도 듣지 아니하려고 귀를 막았다. 여호와께서 선지자들을 통해 말씀을 전하셨으나 그들은 듣지 않았다. 그리하여 하나님은 "내가 불러도 그들이 듣지 아니한 것처럼 그들이 불러도 내가 듣지 아니하리라"고 하셨다. 그런데 이제 그 메시아의 사역으로 반전이 일어난다. "그들이 부르기 전에 내가 응답하겠고 그들이 말을 마치기 전에 내가 들을 것"이다(사 65:24).

이사야 65:25은 하나님의 새 창조로 동물 세계에까지 평화가 도래할 것을 말씀한다.

> 이리와 어린양이 함께 먹을 것이며 사자가 소처럼 짚을 먹을 것이며 뱀은 흙을 양식으로 삼을 것이니 나의 성산에서는 해함도 없겠고 상함도 없으리라 여호와께서 말씀하시니라 (사 65:25).

이는 11:6-9의 서술의 축약이다.

> 그 때에 이리가 어린양과 함께 살며 … 내 거룩한 산 모든 곳에서 해 됨도 없고 상함도 없을 것이니 이는 물이 바다를 덮음 같이 여호와를 아는 지식이 세상에 충만할 것임이니라.[40]

---

40 필자는 이것이 문자적으로는 천년 왕국에 거의 그대로 성취될 것으로(계 20장), 또한 이것이 예언적으로는 새 하늘과 새 땅(계 21-22장)을 가리킨다고 보는 반면, Oswalt는 문자적(literalistic) 해석도 영적(spiritual) 해석도 받아들이지 않는다. 문자적 해석에 대해 그는 사자들이 원래 육식 동물인데 어떻게 초식동물로 바뀌겠냐고 한다. 영적 해

이는 호세아 2:18[41]과 에스겔 34:25[42]과 이사야 35:9[43] 등과도 연관된다. 여호와께서 세상을 새롭게 하실 때는 인간의 죄 문제가 해결되므로 인간의 죄 때문에 파괴되었던 우주와 자연과 동물과 식물에 이르기까지 회복이 이루어지는 것이다. 즉, 인간이 파기하였던 언약이 메시아의 사역으로 회복됨으로 하나님의 언약은 이제 인간을 너머 우주와 자연과 동물과 식물과 다시 맺어지는 것이다. 특히, 동물이 이 구절들에 거론되어 있다.

이사야 65:25와 11:6-9는 동물들로 인하여 생겼던 상해가 더 이상 없게 되며, 동물들 간에도 평화가 있게 될 것을 보여 준다. 여기서 우리는 생태신학(ecological theology)에서 말하는 자연의 회복은 오직 메시아의 사역을 통한 인류의 죄에서의 회복을 전제로 함을 알 수 있다. 자유주의자들이 예수 그리스도의 복음을 빼놓고 죄 문제에 대한 해결 없이 인위적인 노력에 의해 자연을 회복하려 함은 어떤 성과를 낸다고 하더라도 언제든 실패로 돌아갈 것이다.

석 곧 이 사나운 동물이 초식 동물이 되는 것을 악한 자들이 변하여 온유한 새사람이 된다는 것은 본문에 그러한 단서가 없기 때문에 그러한 해석을 하기는 어렵다고 그는 단정한다. 그가 찬성하는 해석은 비유적(figurative) 해석이다. 포식자가 초식 동물처럼 되는 것은 메시아의 통치로 불안정, 위험, 해악 등과 연관된 두려움들이 제거될 것이라는 것을 뜻한다는 것이다. 그러나 이사야 65:17 이하의 본문이 말하는 것은 장수, 동물들 속에 이루어지는 평화, 건축과 농업 등의 번성, 즉각적 기도 응답과 같은 것들인데 이 모든 것을 비유적으로 볼 수 있는가?—이런 질문에 Oswalt는 대답해야 할 것이다. John N. Oswalt, *The Book of Isaiah*, The New International Commentary on the Old Testament(Grand Rapids: Eerdmans, 1986), 283. Goldingay 역시 11:6-9를 상징적으로 해석한다. John Goldingay, *Isaiah*, New International Biblical Commentary(Peabody, MA: Hendrickson, 2001), 88. 또한, 최종태의 해석을 보라. 그는 무천년설의 입장에서 세대주의를 비판하면서 11:6-9를 상징적으로 해석한다. 최종태, 『선지자에게 물어라』 (서울: CLC, 2003), 389-96.

41 "그 날에는 내가 그들을 위하여 들짐승과 공중의 새와 땅의 곤충과 더불어 언약을 맺으며…"
42 "내가 또 그들과 화평의 언약을 맺고 악한 짐승을 그 땅에서 그치게 하리니 그들이 빈 들에 평안히 거하며 수풀 가운데에서 잘지라."
43 "거기에는 사자가 없고 사나운 짐승이 그리로 올라가지 아니하므로 그것을 만나지 못하겠고 오직 구속함을 받은 자만 그리로 행할 것이며."

또한, 다른 자유주의자들이 만유 구원설과 같은 이단 사설을 유포하며 생태 신학을 논하지만 예수님의 재림과 악한 자들 및 마귀에 대한 영원한 형벌 없이는 "만물의 회복"(행 3:21, 'ἀποκατάστασις πάντων')은 요원한 것으로 남아 있을 것이다.

한 가지 제기되는 질문은 자연과 동물 세계의 회복을 진술하는 이사야 65:25; 11:6-7에 "사자"가 보이는데, 왜 동일한 회복을 진술하는 이사야 35:1-10, 특히, 9절에는 '거기에는 사자가 없'다고 하는 것인가이다. 이 본문들에서 가리키는 회복이 문자적으로 요한계시록의 천년 왕국에서 이루어진다면 문자적 일치가 나타나야 하는데 그렇지 않다는 것이다.

에버렛 카버(Everett I. Carver)는 이에 대해 다음과 같이 언급한다.

> 이사야서 11장과 35장을 미래의 사건으로 해석하는 사람들은, 이 두 장에 나오는 사자라는 단어로 인하여 난제에 부딪히게 된다. 그들의 해석에 따르면, 11장에서는 사자들이 사람들에게 길들지만 35장에서는 그곳에 사자가 전혀 없을 것이라고 말하기 때문이다(9절). 이 두 장을 같이 생각할 때, 그들이 주장하는 여자주의 [문자주의]는 오히려 그들을 곤경에 빠뜨리는 것이 된다. 그러나 11장의 사자를 성격이 변화된 사람으로 보고 사자가 전혀 없을 것이라는 35장의 상황을 성격이 변화되지 않은 사람들이 그곳에 없을 것으로 본다면, 이 두 장은 분명히 멋있는 조화를 이루게 된다.[44]

즉, 카버는 이사야 11장, 35장, 65-66장의 모습을 그리스도와 복음 시대로 보며 또한 하늘나라에 대한 비유적이고 상징적 표현으로 본다.[45]

반면, 한정건의 견해는 카버의 견해와 전혀 다르다.

---

44 에베렛 카버, 『**종말론 대백과**』, 채수범 옮김(서울: 나침반사, 1992), 220; Everett I. Carver, *When Jesus Comes Again*(Phillipsburg, NJ: Presbyterian & Reformed, 1979).
45 Ibid., 222 "백 세의 아이(사 65:20)라는 것은 천년 왕국을 묘사하는 것이 아니다. 단지 하늘나라에서는 누구나 영원히 산다는 것을 의미할 뿐이다."

35:9에 "거기는 사자가 없고 사나운 짐승이 그리로 올라가지" 아니한다고 말하는데, 거기는 진짜 사자가 없는지 의문이다 왜냐하면, 이사야 11:6, 7은 회복된 하나님 나라의 묘사에 사자가 나타나기 때문이다. 또한, 11장은 사나운 짐승이 온순한 초식 동물로 바뀌는 모습인데 35장에는 아직도 그곳에 사나운 짐승이 있는지 의문이다. 그러나 35:9은 회복된 나라에 있을 짐승에 대해 묘사하는 구절이 아니라 순례길에 대해 말하는 구절이다. 즉, 순례길에 어떤 방해가 없을 것을 말하기 위해 사자와 사나운 짐승같은 것이 없다는 표현을 하는 것이다. 그러므로 여기에 묘사된 짐승에 대한 것을 짐승의 회복 구절과 동등한 차원에서 함께 취급해서는 안 된다.[46]

이렇게 35:9와 관련된 문제에 답하면서, 한정건은 이사야 11:6-9과 65:17-25의 새 하늘과 새 땅에 나타날 짐승들 사이의 평화, 건축과 농업을 통한 파라다이스의 세상의 도래 등을 요한계시록의 천년 왕국에 성취될 일들로 본다.

한정건은 강한 어조로 이러한 일들이 결코 예수님 재림 전의 교회 시대에 일어날 일들일 수가 없다고 한다.

그는 "과연 현 교회 시대에 사람들이 장수하는가?

물론 점점 사람의 수명이 길어진다. 그러나 100세가 어린아이로 취급될 만큼 사람이 오래 사는 것은 아니"라고 한다.

또한, 그는 "짐승의 세계까지 평화를 이루는 파라다이스가 현 세대에 가능한가?

그것도 재림 이후가 아니고는 불가능하다 … 그런데 한 가지 의문점이 있다. 그곳에 죽음이 있다는 것이다. 사람이 오래 산다는 것은 죽음을 전제한다.

그런데 어떻게 미래의 회복된 하나님 나라에서 죽음이 있을 수 있는가?

---

46 한정건, 『이사야의 메시아 예언 I』(서울: CLC, 2006), 404.

그 문제는 천년 왕국에서 풀 수밖에 없다."[47]

한편, 이사야서와 요한계시록의 차이를 인식하면서 이사야 65:17 이하를 천년 왕국에서 일어날 일들로 해석하는 대표적인 학자가 있으니, 그는 델리취(F. Delitzsch)이다. 필자가 이사야 65:17 이하가 천년 왕국에 이루어질 일들로 보는 동시에 요한계시록의 신천 신지의 새 예루살렘에 대한 예언적 기능도 하는 것으로 보는 반면, 델리취는 전자에 기울어져 있다.[48]

그러나, 그의 이러한 해석은 구약 예언과 신약 예언 간의 차이성을 다른 어떤 누구보다도 충분히 이해한 해석이다.

그래서 나는 여기서 좀 길지만 그의 주해를 인용하려고 한다.

> … 그러나 이러한 예언의 성취 곧 교회를 둘러싼 자연에 편만한 평화의 상태를 구속 역사의 자리에서 천년 왕국 말고 또 어디에서 우리가 볼 수 있겠는가?
>
> 선지자[이사야]는 필경 광신자는 아니었고 그러므로 우리는 이러한 평화의 모습들이 아름다운 꿈들이라 말할 수 있겠다. […] 여기서 선지자는 새 시대

---

[47] 한정건,『이사야의 메시아 예언 II』(서울: CLC, 2012), 332-4. 이사야 65:17-25을 천년 왕국으로 보는 것에 필자는 일차적으로 동의한다. 그러나 필자는 이 본문을 영원한 신천 신지(죽음이 없는 곳)를 시사하는 예언으로도 본다. 이 점에서 한정건과 필자의 해석에 약간의 차이가 있다. 한정건은 요한계시록 21장도 천년 왕국으로 보지만(idem,『이사야의 메시아 예언 I』, 487, n. 64) 필자는 요한계시록 21:1-22:21을 천년 왕국으로 보지 않는다. 요한계시록 21:24에 대한 그의 해석도 주목하라(idem,『이사야의 메시아 예언』I, 405).

[48] 델리취의 견해를 받아들이지 않고 이사야 65의 새 하늘과 새 땅이 요한계시록 21-22장의 새 하늘과 새 땅에 대한 예언이라는 점에 기울어져 있는 해석은 황건영에게서 볼 수 있다. 황건영은 그의 책에서 델리취의 주장에 '이의를 제기할 수 있다'(p. 147)고 보며, "이사야가 선포한 '새 하늘과 새 땅'을 요한계시록의 그것과 함께 생각해 볼 때, 요한계시록의 '새 하늘과 새 땅'은 표현에 있어 이사야의 영향을 받았다고 할 수 있다. 그리고 역으로 이사야에서 말하는 그 주제는 다시 요한계시록에서 요한의 예언을 통해서 확대 해석[되]고 있으며, 예언의 성취적 측면에서 받아들[여지]고 있음을 볼 수 있다"고 하였다. 요컨대 필자는 델리취와 황건영의 판단을 모두 취한다. 황건영,『이사야의 종말론 연구』(서울: CLC, 2000), 153. 그레고리 K. 비일,『요한계시록』, 하권, 오광만 옮김(서울: 새물결플러스, 2016), 1731도 보라. 그의 요한계시록 해석은 무천년설적 해석이다.

를 약속한다. 이 시대는 인간 수명이 족장 시대의 [수명의] 기준으로 회귀한 시대요, 막 피어나기 시작한 생명을 더 이상 죽음이 꺾지 못하는 시대요, 동물의 세계와 함께하는 인간이 그 [삶의] 도구를 위험 없이 평화로이 교환하는 시대다.

그러면 언제 이 모든 일이 일어날 것인가?

복된 내생(來生)에서는 확실히 아니다. [내생에] 이 약속들이 이루어진다고 하는 것은 모순일 뿐 아니라 가능하지도 않다. 왜냐하면, 이 약속들은 의인들과 함께 죄인들이 계속 섞여 [사는 것]을 전제하고, 또한 전적으로 사망 권세가 없어지는 것이 아니라 그저 사망 권세가 제한적으로 [작동할 것을] 전제하기 때문이다.

그러면 이때는 언제란 말인가?

이 질문은 천년 왕국을 반대하는 사람들이 대답해야 할 것이다. 이 사람들은 예언의 해석을 한 단계 퇴보시켜 버렸다. 이 후퇴된 단계에서 주석가들은 습관적으로 예언의 구체적 본질을 단지 교리적 일반론(*loci communes*)으로 저급화시키는 짓을 하였다. 이 주석가들은 요한계시록이 불가해하다고 [하는 핑계 뒤로] 몸을 숨겼는데, 천년 왕국 반대자들이 선지자들의 입으로 [하신] 말씀을 뒤틀은 것만큼이나 많이, 이들은 천년 왕국이라는 일정한 형식 하에 요한계시록이 예언하는 것이 모든 예언의 정수(精髓)라는 것과 통설화된 천년 왕국 반대론의 관점에서는 여하한 건전한 원리들에 의한 예언 해석도 더 이상 가능하지 않다는 것을 인정하지 않았고, 이 주석가들의 성경에 대한 곡해로 모든 교리의 기초가 흔들렸고, 모든 각각의 교리는 계시의 말씀들에 대한 초보적 해석에 안주하게 되었다.

그러나, 선지자 [이사야]가 여기서 천년 왕국에서 [일어나는] 일들의 상태를 서술하고 있다는 판단에 대해 반대하는 주장이 나타날 수 있는데, 왜냐하면 새 하늘과 새 땅을 창조하신다는 말이 이 [천년 왕국에 대한] 서술 보다 앞에 오기 때문이다. 그리하여 선지자 [이사야]가 [사 65:17 이하의 예루살렘을 서술할 때] 지구의 변형 후에 하늘에서 땅으로 내려오는 요한계시록의 예루살렘을 가리키려 [한 것으로] 여겨진다는 것이다. 그러나 여기에 대해서는, 구약 선지자는 요한계시록의 저자가 따로따로의 시기들 [곧 천년 왕국의 시기와 신천 신지의 새 예루살렘의 시기]로 구별한 것들을 아직 서로 간 구별할 수 없었다고 답할 수 있을 것이다.

일반적으로 구약의 관점에서 보면, 내생의 복된 상태에 대해서는 아무것도 알려진 바가 없다. [구약에서] 음부(하데스)는 금생(今生) 이후에 놓이며 인간들이 복을 받게 되는 [내생의] 하늘에 대해서는 아무것도 알려진 바가 없다. 하늘의 하나님 보좌 주위로는 천사들이 있으나 사람들은 없다. 그리고 진실로, 부활하신 구세주께서 하늘로 올라가시기까지 하늘 자체는 사람들에게 열려 있지 않았고 그러므로 그때 [구약 시대]는 하늘 예루살렘이 땅으로 내려온다는 것이 전혀 예기되지 않았었다.

결과적으로 구약의 예언 속에서 새로운 우주의 종말론적 개념은 의심의 여지 없이 천년 왕국과 맞아떨어지는 것이다. 오직 신약에서, 새 창조가 금생과 내생 간의 경계벽 사이에 끼어드는 것이다. 반면 구약 예언은 새 창조 자체를 금생 안으로 끌어내려 오며, 구약은 '천년 왕국의 새 예루살렘'과 구별되는 것인 도래하는 '복된 내생의 예루살렘'에 대해서는 아무것도 우리에게 알려주는 바가 없다. 우리는 66장에서, 도래하는 [새로운] 삶의 일들을 [아직 여러] 제한이 있는 현 세상[의 질서] 내에 감소시켜 [말하는] 습관을 나타내는 구약에 대한 추가적인 그림을 또 보게 될 것이다.[49]

---

[49] F. Delitzsch, *Isaiah*, Commentary on the Old Testament in ten volumes, vol. VII(two volumes in one), trans. James Martin(Grand Rapids: Eerdmans, 1988), 491-3. "…But to what part of the history of salvation are we to look for a place for the fulfilment of such prophecies as these of the state of peace prevailing in nature around the church, except in the millennium? A prophet was certainly no fanatic, so that we could say, these are beautiful dreams. […] The prophet here promises a new age, in which the patriarchal measure of human life will return, in which death will no more break off the life that is just beginning to bloom, and in which the ware of man with the animal world will be exchanged for peace without danger. And when is all this to occur? Certainly not in the blessed life beyond the grave, to which it would be both absurd and impossible to refer these promises, since they presuppose a continued mixture of sinners with the righteous, and merely a limitation of

델리취는 이사야서의 기록에 아직 내생의 모습이 없다 하는데 나는 꼭 그렇지는 않다고 본다. 비록 이사야가 아직 금생의 언어로 말하고 있지만 이사야 25:8; 27:2-6; 54:11-12; 60:19-20[50] 등은 요한계시록 21장의 새 하늘과 새 땅의 상태를 가리키는 실제적 그림으로 본다. 왜냐하면, 이 구절들이 지시하는 때는 이사야의 새 하늘과 새 땅 곧 요한계시록의 천년 왕

---

the power of death, not its utter destruction. But when then? This question ought to be answered by the anti-millenarians. They throw back the interpretation of prophecy to a stage, in which commentators were in the habit of lowering the concrete substance of the prophecies into mere doctrinal *loci communes*. They take refuge behind the enigmatical character of the Apocalypse, without acknowledging that what the Apocalypse predicts under the definite form of the millennium is the substance of all prophecy, and that no interpretation of prophecy on sound principles is any longer possible from the standpoint of an orthodox antichiliasm, inasmuch as the antichiliasts twist the word in the mouths of the prophets, and through their perversion of Scripture shake the foundation of all doctrines, every one of which rests upon the simple interpretation of the words of revelation. But one objection may be made to the supposition, that the prophet is here depicting the state of things in the millennium; viz. that this description is preceded by an account of the creation of a new heaven and a new earth. The prophet appears, therefore, to refer to that Jerusalem, which is represented in the Apocalypse as coming down from heaven to earth after the transformation of the globe. But to this it may be replied, that the Old Testament prophet was not yet able to distinguish from one another the things which the author of the Apocalypse separates into distinct periods. From the Old Testament point of view generally, nothing was known of a state of blessedness beyond the grave. Hades lay beyond this present life; and nothing was known of a heaven in which men were blessed. Around the throne of God in heaven there were angels and not men. And, indeed, until the risen Saviour ascended to heaven, heaven itself was not open to men, and therefore there was no heavenly Jerusalem whose descent to earth could be anticipated then. Consequently, in the prophecies of the Old Testament the eschatological idea of the new Cosmos does unquestionably coincide with the millennium. It is only in the New Testament that the new creation intervenes as a party-wall between this life and the life beyond; whereas the Old Testament prophecy brings down the new creation itself into the present life and knows nothing of any Jerusalem of the blessed life to come, as distinct from the new Jerusalem of the millennium. We shall meet with a still further illustration in ch. lxvi. of this Old Testament custom of reducing the things of the life to come within the limits of this present world."에 대한 필자의 번역.

50 Gary V. Smith, *Isaiah 40-66*, vol. 15B, The New American Commentary(Nashville, TN: B & H, 2009), 663. 그는 60-62장의 영광스러운 그림이 요한계시록 21:10-21의 하늘에서 내려오는 새 예루살렘을 묘사할 때 쓰인 말들과 비슷하다고 하였다.

국 때와는 달리 '죽음의 영원한 멸망', '완성된 포도원', '보석들로 지어진 새 예루살렘'의 때를 말하고 있기 때문이다.

아무튼 델리취가 요한계시록의 20장의 천년 왕국이 이사야 65장과 같이 아직 금생을 나타내며, 21-22장의 새 하늘과 새 땅에 보이는 새 예루살렘은 복된 내생을 제시하고 있다고 하는데 과연 그러한지 이제는 요한계시록 주해를 통해 알아보자.

2) 요한계시록 20:1-10 주해

우선, 우리가 말해야 할 것은 20장의 천년 왕국이 초림부터 재림까지의 기간이 아니라는 것이다. 우리가 요한계시록 20장을 읽어보면, 20장의 사건이 19장 사건보다 '시간적으로 다음'에 일어남을 알 수 있다. 왜냐하면, 19장에서는 예수님 재림 시 아마겟돈 전쟁으로 적그리스도와 거짓 선지자가 불못에 던져졌으나, 아직 사탄은 불못에 던져지지 않았기 때문이다.

사탄은 천년(완전 문자적 천년은 아니지만 대략적 문자적 기간으로 봄; 뒤에서 추가 설명함)간 무저갱에 갇혔다가 천년 후에 놓여나 다시 땅의 사방 백성을 미혹하고 난 다음에야 불과 유황 못에 던져지기 때문이다(20장).

무천년설자들이 이렇게 예수님의 재림으로 벌어지는 아마겟돈 전쟁 후에 일어나는 20장의 천년 왕국의 사건을 다시 초림의 시점으로 돌려서 해석하는 것은 명백한 오류다.[51]

---

51 "따라서 요한계시록 20:1-6을 초림의 사건으로 신구하는 데는 비세 빛은 주해가 뒤따르며 본문의 문맥이 지원하지 않는다. 요한계시록 20:1-6 역시 종말론적 사건으로 해석하는 것이 훨씬 자연스럽다. 이 점에 있어 무천년의 해석은 문맥의 지지를 받지 못한다." 김추성, "천년 왕국(Millennium)에 대한 재 고찰: 요한계시록 20:1-6을 중심으로," **신학정론** 32(2), (2014), 241.

또한, 우리가 주의할 것은, 요한계시록은 결코 마귀가 초림과 재림 사이에 무저갱에 갇혀 있는 것으로 서술하지 않는다는 것이다. 무천년설자들은 요한계시록 20장의 사탄이 결박당해 있는 것을 초림과 재림 사이 사탄의 영적 결박 당함의 상태로 본다. 그러나 예수님 초림 - 부활 - 승천 직후의 마귀는 요한계시록 2-3장에 의하면 활발하게 교회를 핍박하고 미혹하는 존재로 나타난다. 또한, 마귀(용)와 그의 군대는 하나님의 아들 메시아가 이 땅에 오셨다가 하늘로 올리운 후(즉, 메시아가 초림하셨다가 승천하신 직후) 하늘에서 미가엘과 그의 군대에게 패배해 땅으로 쫓겨났어도 여전히 활발한 활동을 하는 상태에 있었다(계 12장).

마귀는 땅으로 쫓겨나서 여자(교회)를 핍박하였다. 여자는 광야로 도망가서 1,260일을 양육받는다(계 12:6). 여자는 뱀(마귀)의 낯을 피하여 한 때와 두 때와 반 때를 양육받는다(계 12:14). 1,260일과 한 때 두 때 반 때는 같은 기간인데 '초림부터 재림까지의 기간' 혹은 '전 3년 반'의 기간으로 볼 수 있다.[52] 이 기간은 마귀의 여자 박해의 활동 기간인데, '후 3년 반'(계 13:5의 '마흔두 달')에는 마귀는 그의 하수인 적그리스도(짐승)를 세워 더욱 활발히 활동한다. 즉 적그리스도는 여자(성도들)를 사로잡거나 죽인다(계 13:10).

그러므로 요한계시록의 다른 장들에서 묘사하는 초림부터 재림까지의 사탄은 결코 활동 불능의 상태에 있지 않다는 것이다. 다만 요한계시록 20장의 천년 왕국 기간에 와서야 그는 무저갱에 갇혀 있게 된다는 것이고 이 기간은 '재림 이후'가 분명하다는 것이다.

또한, 무천년설자들이 20장의 '사탄 결박'을 복음서의 구절들(마 12:29; 막 3:27; 눅 11:27)과 관련시켜 해석하는 것도 잘못이다. 이 복음서의 구절들은 천년 왕국의 상황을 가리키는 것이 아니다. 또한, 그들이 천년 왕국 시

---

52 이 기간에 대한 이러한 두 가지 해석의 가능성에 대해서는 필자의 『계시록과 다니엘』 부분을 참조하라.

에 일어나는 성도들의 '몸의 부활'을 '영적 부활'(영적 해석과 문자적 해석 둘다에 대한 실마리를 제공하는 요한복음 11:25-29을 가지고 와서 해석)로 보는 것 역시 잘못이다.[53]

　복음서의 증언은 하나님의 진실된 말씀이므로 100번 받아들여야 마땅하나, 무천년 가설을 정당화하기 위해 요한계시록과 서로 직접적으로 연결되지도 않는 복음서의 구절들을 함부로 끌어오면 안 될 것이다. 요한계시록 자체의 문맥과 용법과 성경의 다른 곳의 문맥과 용법이 일치할 때는 이러한 주경적 해석이 얼마든지 무방하나, 서로 다를 때는 그렇게 하면 큰 오류를 낳는다. 그것은 바른 주해(exegesis)가 아니라 '억지 주해'(eisegesis)가 되기 때문이다.

　부가하여, 무천년설자들이 요한계시록 19장과 20장을 시간적 선후관계에서 보지 않는 근거는 19:17-18의 "모든 자"와 20:3의 "만국" 때문이다. 19장의 아마겟돈 전쟁에서 모든 새가 '왕들, 장군들, 장사들, 말들, 그것을 탄 자들, 자유인들, 종들, 작은 자, 큰 자' 등 모든 자의 살을 먹은 후에 20장에 다시 어떻게 '만국'의 사람들이 존재하겠는가 하는 것이다. 따라서 19장과 20장은 시간 순서에 따른 것이 아니라고 한다.[54]

　그러나 19장의 "모든"은 한 사람도 남김없이 모두를 의미하지 않는 듯 보인다. 왜냐하면, 이 전쟁 때 죽지 않고 남은 사람들이 천년 동안 자식을 낳고 또 낳아서 20장의 "만국"(20:3) 혹은 "땅의 사방 백성"(20:8)으로 불어났음을 알려주기 때문이다.

　요약하자면 요한계시록을 보면 마귀, 적그리스도, 거짓 선지자 등 악의 세 대가리(=삼두)가 나타난다. 요한계시록 10-22장에서 이 세 대가리가 집중적으로 서술된 장이 12-13장이고, 이 중 두 대가리(적그리스도, 거짓 선지자)는 예수님 재림 시 아마겟돈 전쟁에서 잡혀 유황불 붙는 못에 먼저 던

53　G. E. 래드, 『**요한계시록**』, 이남종 역(서울: 크리스챤서적, 1993), 430-1.
54　권성수, "요한계시록 20:1-6에 대한 세대주의적 전천년설과 역사적 전천년설 및 무천년설 해석 고찰," **신학지남** 62(4),(1995), 106-64, 특히 108-11.

져지고, 나머지 하나의 대가리인 마귀는 천년 동안 무저갱에 감금되어 되어 활동 불능의 상태가 되었다가 천년 후에 불못에 던져진다는 것이다.

요한계시록 20:1에는 누가 사탄을 결박하는지 알려준다.

> … 천사가 무저갱의 열쇠와 큰 쇠사슬을 그의 손에 가지고 와서 하늘로부터 내려와서 …
> (계 20:1)

여기서 천사가 "하늘로부터 내려왔다"는 것은 땅으로 내려왔다는 것이다. 그렇게 추리할 수 있는 것은 20:7-9 때문이다. 천사의 결박으로 천년 간 무저갱에 있던 사탄이 천년이 차서 놓이게 되면 '땅'의 사방 백성을 미혹한다. 즉, 천사가 하늘에서 땅으로 내려와 땅에서 활동하던 사탄을 잡아 무저갱에 던지는 것으로 본문이 이해되므로 재림 예수의 천년 통치는 '땅'에서 이루어짐을 알 수 있다.[55]

이 천년(τὰ χίλια ἔτη)이라는 기간은 2, 3, 4, 5, 6, 7절에 계속 나타나는데 이는 문자적인 기간인가? 아니면 상징적인 기간인가?

구약에 나타나는 예언의 기간은 모두 신학적으로 상징하는 바가 있다. 안식일, 안식년, 희년, 애굽에서의 종살이 기간인 400년, 광야에서의 40년, 바벨론에서의 포로 기간인 70년 그리고 다니엘서 9장의 70이레로 표현된 490년 등등. 이 기간들은 하나님의 구속 역사에서 특별한 상징적 의미를 지닌 기간들이다.

그러나 동시에 문자적 기간이기도 하다. 애굽에서의 종살이가 실제로는 430년(출 12:40), 광야 방랑 기간이 실제로 38년(신 2:14)이기에 우리는 천년을 완전히 문자적으로(strictly literal) 볼 수는 없을 것 같다. 그러나 필자는 래드처럼[56] 문자적 천년보다 더 길든지 짧든지 간에 실제적 문자적 기간

---

55 "[20:]4-6. 이 구절에는, 그리스도께서 재림하신 뒤에 땅 위에서 되어질 일들[이] 기록되었다." 박윤선, 『요한계시록』(서울: 영음사, 2011), 330.

56 "It is difficult to understand the thousand years for which he was bound with strict literal-

으로 본다. 이 기간은 무엇보다 창조부터 노아 홍수 전까지 인간들이 누리던 장구한 수명의 복을 통해 천년이 얼마나 복된 기간인지를 상징적으로 보여 주는 동시에 실제적인 기간으로 주어진 것 같다.

하늘에서 내려온 천사의 행동들은 몇 가지 동사로 표현되었다. 20:2에 용을 "잡았다", "결박했다", 3절에 "던졌다", "닫았다", "봉했다" 등의 다섯 개의 동사가 이어서 나타난다. 이 동사들의 원형은 잡다(κρατέω), 결박하다(δέω), 던지다(βάλλω), 닫다(κλείω), 봉하다(σφραγίζω) 등인데 이 동사들이 부정과거(aorist)시상으로 사용된 것(ἐκράτησεν; ἔδησεν; ἔβαλεν; ἔκλεισεν; ἐσφράγισεν)이 주의를 끈다. KJV, NASB, NRSV, NIV 등 영어 역본은 모두 '과거형'으로 이들을 번역하였다. 신약의 부정과거형 동사들은(예, 마 14:3; 막 6:17; 눅 13:16; 요 18:12, 19:40) 보통 과거의 단회적 사건들을 서술하는 데 쓰인다.

그러나, A.D. 1세기의 요한의 눈으로 보면 천사가 천년 왕국의 시작점에서 사탄을 결박할 사건은 미래의 일이 아닌가?

왜 요한은 미래의 일을 단순과거 시제로 제시하는가?

요한은 선지자로서 '사탄 결박'은 미래에 있을 일이지만 하나님에게는 이 일이 너무나도 확실히 이루어질 일이기에 부정과거 시상을 사용하여 그 일이 과거에 이미 발생한 것처럼 말한다. 이것은 구약 선지자들이 썼던 '예언적 과거'('prophetic past': 완료형 [perfect] 시제가 사용됨)와 비슷하다고 생각된다. 이러한 이해가 중요한 것은, 20:4에 똑같이 부정과거 시상으로 나타나는 동사들 곧 "살았다"(ἔζησαν)와 "다스렸다"(ἐβασίλευσαν) 등에 대한 해석 때문이다.

영어 역본들은 Contemporary English Version을 빼고는 모두 과거로 번역하였다. 무천년설자들은 이것을 곧이곧대로 과거 즉 예수님의 초림 시

---

ness in view of the obvious symbolic use of numbers in the Revelation…While we need not take it literally, the thousand years does appear to represent a real period of time, however long or short it may be." Ladd, *Revelation of John*, 262.

에 순교자들과 성도들이 영적으로 부활해 주님과 함께 보좌에 앉아 다스리는 것으로 본다. 그러나 20:4의 부활은 천년 왕국과 더불어 요한의 시점에서 보면 분명히 미래에 일어날 일이다.

사탄이 무저갱(3절, ἄβυσσος) 곧 옥(7절, φυλακή)에 천년간 갇힐 일은 이렇게 이미 일어난 일처럼 확실하다. 이 사탄은 2절에서 명시하듯, 용(ὁ δράκων), 옛 뱀(ὁ ὄφις ὁ ἀρχαῖος), 마귀(Διάβολος)로 불리는 존재다. 사탄은 '대적자', 용은 일곱 머리와 열 뿔 가진 자, 옛 뱀은 하와를 거짓말로 속인 자, 마귀는 이간질자/고소자다. 이름은 여럿이나 동일한 존재다. 3절에서는 천년 왕국에 '만국'이 있을 것을 말하고, 7절에서는 이 사탄이 그 옥에서 놓여 "나와서 땅의 사방 백성 곧 곡과 마곡을 미혹하고 모아 싸움을 붙일 것이라"(καὶ ἐξελεύσεται πλανῆσαι τὰ ἔθνη τὰ ἐν ταῖς τέσσαρσι γωνίαις τῆς γῆς)고 되어 있다. 여기서 만국은 아마겟돈 전쟁에서 아직 살아남은 족속들로 보인다.[57]

이들이 부활한 성도들과 함께 천년 왕국에 거하게 되는데 무천년설자들은 이것을 이해할 수 없다고 하나, 부활하신 예수님이 제자들과 함께 음식을 잡수신 내용을 생각한다면 이는 충분히 이해할 수 있다고 생각된다. 7절의 "미혹하고"('속이고'의 뜻)는 동사 πλανάω의 부정사 형(aorist, active)인데 거짓말쟁이 사탄의 면모가 역사 끝까지 살아있음을 보여 준다. 사탄에 대한 천년 동안의 감금이 민족들을 더 이상 속이지 못하도록(ἵνα μὴ πλανήσῃ ἔτι τὰ ἔθνη) 했었는데, 이 제한이 풀리자 다시 속임이 이루어져 또다시 하나님에게 대한 반역이 이루어지는 것이다.

그렇다면, 이 사탄이 속이지 못하는 천년 동안은 어떤 세상이 될 것인가? 이 세상은 어떤 세상일지 상상도 잘 되지 않으나 이사야 65:17-25과 66:18-23의 내용을 통해 상상을 해본다면, 우리 마음은 기쁨으로 벅차오르지 않을 수 없다. 왜냐하면, 이때는 그리스도의 온전한 통치가 이 땅 위

---

57 Ibid., 262-3.

에서 실행되는 기간이기 때문이다. 그뿐만 아니라 말씀을 증거하다가 순교한 자들(복음 전도자들, 특히 전 3년 반)과 짐승과 그의 우상에게 절하지 않은 자들(성도들, 특히 후 3년 반의 성도들)이 부활의 몸을 입고 그리스도의 통치에 참여하는 기간이기 때문이다.

사탄의 속임이 없는 상태의 지극히 의로우시고 지극히 사랑이 많으신 예수 그리스도의 통치를 받는 세상은 아버지의 뜻이 실현되는 세상이다. 만유(萬有) 곧 무생물과 식물과 동물과 사람들 모두 지극히 행복한 상태를 누릴 것이다. 이사야 선지자의 65:17-25와 66:18-23의 그림은 요한계시록의 이 천년 왕국 상태를 미리 내다본 것으로 생각된다.

정성욱은 이러한 요한계시록 20장의 천년 왕국은 언약신학적으로 보았을 때도 합당하다고 언급한다. 창조 시 하나님이 아담에게 의도하셨던 왕이요 제사장의 직분이 영적으로뿐만 아니라 육적으로도 이루어져야 할 때가 있어야 한다는 것이다.

> 예수 그리스도는 왜 재림의 때 살아 있는 모든 신자와 함께 천년 동안 다스려야 하는가? 왜 천년 왕국은 없어서는 안되는가? […] 왕으로서의 아담의 다스림은 영적인 면과 육적인 면을 모두 갖는다. 예수 그리스도의 첫 번째 오심으로 인해서 마지막 아담은 왕으로서의 영적이고 육적인 다스림의 회복과 성취를 시작했다. […] 천년 왕국의 세워짐에 의해, 마지막 아담인 예수 그리스도는 첫 번째 아담 왕국의 영적인 면뿐만 아니라 육적인 면도 회복하고 성취할 것이다. […] 첫 번째 아담은 제사장이며 왕이었고, 마지막 아담도 제사장이며 왕이었다. 그리스도와 함께 다스릴 자들도 또한 제사장이며 왕이 될 것이다. 타락 때문에 좌절되었던 첫 번째 아담의 제사장과 왕의 직분은 천년 왕국에서 성취될 것이다. 그러므로 천년 왕국은 지상적 에덴 왕국의 회복이며 성취이다.[58]

---

58 이뿐만 아니라 그는 신실하신 하나님이 그 언약과 약속을 천년 왕국과 새 하늘과 새 땅

한편 필자는 20:4의 재림 예수님의 통치에 함께 참여할 사람들 곧 몸의 부활을 입은 사람들을 본문과 같이 두 부류로 나누어 볼 수 있다고 본다.

첫째, "예수를 증언함과 하나님의 말씀 때문에 목 베임을 당한 자들의 영혼들"(τὰς ψυχὰς τῶν πεπελεκισμένων διὰ τὴν μαρτυρίαν Ἰησοῦ καὶ διὰ τὸν λόγον τοῦ θεοῦ)이다.

둘째, "짐승과 그의 우상에게 경배하지 아니하고 그들의 이마와 손에 그의 표를 받지 아니한 자들"(οἵτινες οὐ προσεκύνησαν τὸ θηρίον, οὐδὲ τὴν εἰκόνα αὐτοῦ, καὶ οὐκ ἔλαβον τὸ χάραγμα ἐπὶ τὸ μέτωπον, καὶ ἐπὶ τὴν χεῖρα αὐτῶν)이다.

이 둘 사이는 접속사 '그리고'('카이' καὶ)로 연결되어 있다.

첫째, 복음의 최일선에서 싸우는 전도자 곧 예수님을 증거하는 선지자적 사역을 하는 자들인데, "일곱 별/사자"(1:20), "충성된 증인"(1:2, 9; 2:13; cf. '예언' 10:11; 11:3), "십사만 사천"(7:4; 14:1-5), "두 증인/감람나무/등잔대"(11:3-4), "하나님의 종들"(7:3; 19:10; 22:9, '우리 형제들'(12:10), "그 여자의 씨의 남은 자들"(12:17), 혹은 "선지자들"(11:10; 16:6; 18:24)로 요한계시록에 두루 나타난다.

둘째, "일곱 금 촛대/교회"(1:20), "흰옷 입은 자들"(3:4; 7:9-14), "여자"(12:1-17), "곡식"(14:15), "성도들"(13:7; 16:6; 18:24)로 나타난다. 단순

을 통해 이루시되(이 양자 모두에 예수님과 함께 다스리는 제사장이며 왕이 되는 자들이 있음), 천년 왕국은 현재의 세상에서 이루어질 약속과 복의 왕국이고, 새 하늘과 새 땅은 영원히 변화된 세상에 있는 약속과 복의 왕국이라고 지적함으로 양자의 차이도 언급하였다. 정성욱, "개혁주의 언약신학을 지향하는 전천년설을 위한 제안," 『**역사적 전천년설**』(*A Case for Historic Premillennialism*), 314-7, 크레이그 블롬버그, 정성욱 편, 조형옥 옮김(서울: CLC, 2014; Eng. 2009). 더불어, 정성욱, 『**정성욱 교수의 밝고 행복한 종말론**』(서울: 큐리오스, 2016), 113-21, 특히 121도 참조하라.

화한다면 전자는 선지자들이요 후자는 성도들이다.

이 두 부류는 모두 복음으로 인해 핍박받는 자들이다. 다만 전자는 전 3년 반에 말씀을 전하다가 짐승(적그리스도)에게 죽임을 당했다가 살아나 구름을 타고 하늘로 올라가는 사람들(11:3-13, 특히 11:12)을 포함한다. 후자는 후 3년 반에 적그리스도와 그의 우상에게 절하지 않고 그의 표를 받지 않은 자들(13장, 특히 8, 10, 15절)을 포함하는데, 이들(곡식)은 "인자와 같은 이"에게 추수되어(14:14-16) 하늘의 유리 바닷가에 서서 하나님에게 찬양하게 되는 자들(15:2-4)이다. 말하자면 이들의 부활은 20:4에 서술되어 있으나 사실은 20장 이전에 이미 일어난다. 전자 즉 두 증인이 살아나 하늘로 올라간 것을 휴거로 볼 수는 있겠으나 보통 후자(환난 후의 성도 부활과 휴거)를 휴거라고 한다.

여기서 부연할 것은, 짐승들(적그리스도들)은 초림과 재림 사이에 다수 나타날 것이고 그러면서도 최종적으로 한 이레(단 9:27)에 두 증인(복음 사역자들)과 교회(성도들)를 말살할 특정한 한 짐승(적그리스도)이 나타날 것이라는 것이다. 이러한 짐승들과 최후의 짐승(적그리스도)에게 핍박받으나 믿음으로 이긴 자들 즉 초림 이후의 모든 복음 전도자와 성도가 부활하여 천년 통치에 참여할 것이다.[59] 5절에서는 이 부활을 '첫째 부활'이라고 하며 6절에서는 "이 첫째 부활에 참여하는 자들은 복이 있고 거룩하도다 둘째 사망이 그들을 다스리는 권세가 없고 도리어 그들이 하나님과 그리스도의 제사장이 되어 천년 동안 그리스도와 더불어 왕 노릇 하리라"의

---

[59] 이기는 자들이 예수님의 통치에 참여할 것은 요한계시록 2-3장의 일곱 교회에게 이미 약속되어 있다. 그 약속 중 천년 왕국(2:4 … 자들이 살아서 그리스도와 더불어 천년 동안 왕 노릇 하니)에서 확실히 이뤄진다고 볼 수 있는 것들은 두 가지이다. 첫째는 두아디라 교회에 하신 약속이고 둘째는 라오디게아 교회에 하신 약속이다. 전자는 요한계시록 2:26, 27 "이기는 자와 끝까지 내 일을 지키는 그에게 만국을 다스리는 권세를 주리니 그가 철장을 가지고 그들을 다스려 질그릇 깨뜨리는 것과 같이 하리라 […]", 후자는 3:21 "이기는 그에게는 내가 내 보좌에 함께 앉게 하여 주기를 내가 이기고 아버지 보좌에 함께 앉은 것과 같이 하리라"다. Tenney, *Interpreting Revelation*, 166.

내용이 이어진다. 이 부활에 속하지 않은 사람들 곧 '그 나머지 죽은 자들'(20:5)은 천년이 끝난 다음에 살아날 것이다.

요한은 이 사람들이 '그 천년이 차기까지 살지 못하더라'(20:5)고 부연 설명한다.[60] 이 '죽은 자들'은 12절에 두 번, 13절에 두 번 나타난다. 이 죽은 자들은 자기 '행위대로 심판을'(12절, 13절) 받는다. 이 죽은 자들이 '부활'한다는 말은 20:11-15의 최후 심판에서 명시적으로 나타나지 않으나 암시되어 있다. 12절에 "죽은 자들이 큰 자나 작은 자나 그 보좌 앞에 서 있는데"에서 보듯이 그들이 살아났다는 것이 암시되어 있다. 이 심판은 마 25:31-46에서 인자의 심판으로 묘사되어 있다("인자가 자기 영광으로 모든 천사와 함께 올 때에 자기 영광의 보좌에 앉으리니 모든 민족을 그 앞에 모으고…"). 인자의 심판으로 양들은 '창세로부터 [양들을 위하여] 예비된 나라'(25:34)를 상속 받게 되고 염소들은 '마귀와 그 사자들을 위하여 예비된 영원한 불'(25:41)에 들어가게 된다.

후자는 요한계시록 20:11-15의 최후 심판과 관련되는 것으로 보인다. 전자는 요한계시록 21-22장의 새 예루살렘 곧 성도들이 받을 영원한 나라와 관련되는 것으로 보인다. 즉 의인들이건 악인들이건 그들이 육체적으로 죽으면 그것으로 끝나는 것이 아니라 그들은 부활되어 하나님과 인자 앞에 서게 된다는 것이다. 누구든지 생명책에 기록된 자들은 새 하늘과 새 땅에서 영생을 누릴 것이고(둘째 사망의 권세의 지배를 받지 않음. 20:6) 그렇지 않는 자들은 불못에서 영벌(='둘째 사망' 20:14; 21:8)을 받을 것이다.

천년 왕국 때 예수님을 믿은 사람들은 전자에 포함될 것이다. 이러한 두 가지 뚜렷한 차이를 나타내는 의인과 악인의 운명(destiny)을 요한계시록이 증거함에도 악인도 결국 구원 받고 마귀도 결국 구원 받는다는 오리겐, 몰트만 등의 주장은 철회되어야 할 것이다. 오리겐의 영을 받은 자들은 하

---

60 무천년설에 입각한 부활 이해에 대해서는, 최종태, 『선지자에게 물어라』, 612-3을 보라.

나님의 사랑은 기를 쓰고 주장하나 하나님의 공의는 기를 쓰고 부인한다. 왜냐하면, 그들은 바르트가 주장한 보편 화해와 몰트만이 주장한 만유 구원의 논리적 라인에 서 있기 때문에 똑같이 중요한 하나님의 두 속성에서 하나를 제거해야만 하기 때문이다.

요한계시록 20:7-10의 곡과 마곡의 전쟁은 마귀의 최후 발악을 나타낸다. 옥에서 잠시 방출된 사탄이 땅의 사방 백성 곧 곡과 마곡을 속이고 그들은 반란을 일으킨다. 그들은 지면에 퍼져, "성도들의 진(camp)과 사랑받는 성읍을 둘러싼다(포위한다)"(καὶ ἐκύκλευσαν τὴν παρεμβολὴν τῶν ἁγίων καὶ τὴν πόλιν τὴν ἠγαπημένην). 그러자 "하늘에서 불이 내려와 그들을 태워버렸다"(20:9). 이 사건의 배경은 에스겔 38-39장의 이스라엘의 침략자 곡의 예언이다.

필자는 이 곡의 침략을 현재 문자적 이스라엘 나라에 대한 마지막 때의 곡을 비롯한 그 동맹국들의 침략일 수 있다고 보고, 이뿐 아니라 천년 왕국 후에 마귀의 미혹으로 불신자들이 성도들을 대항해 일으킬 전쟁으로도 본다. 에스겔 40-48의 새 성전 환상은 구약적인 표현들을 사용한 새 예루살렘(계 21-22장)에 대한 예언이라고 본다(이 환상은 천년 왕국 때도 그것의 영적 의미가 실현된다고 보나 그 환상의 문자적 성취 예를 들어, 구약 제사와 제사장의 사역 재개는 반대).

3) 요한계시록 21:1-8 주해

요한계시록 21:1의 새 하늘과 새 땅은 20:1-10의 천년 통치가 이루어지는 곳과 다른 곳이다. 즉, 천년 왕국은 아직 옛 하늘과 옛 땅에서 재림 예수님의 통치가 이루어지는 곳이며, 21:1 이하의 새 하늘과 새 땅은 옛 하늘과 옛 땅이 없어진 곳이다. 이곳에는 바다도 없다. 20:7의 하늘에서 내려온 불이 악인들 뿐만 아니라 옛 하늘과 옛 땅도 태워버렸을 것이다.

베드로후서 3:7, 10, 12, 13 등[61]은 이러한 추측이 가능함을 알려주는 구절들이다.

어떤 학자들은 21:5 "보라 내가 만물을 새롭게 하노라"를 가지고 이 새 하늘과 새 땅을 옛 하늘과 옛 땅이 완전히 새롭게 회복된 것이라고 하나 그렇게 보기는 어렵다. 왜냐하면, 21:1과 전혀 조화되지 않기 때문이다. "처음 하늘과 처음 땅이 없어졌고 바다도 다시 있지 않더라"고 요한은 이 새 하늘과 새 땅이 전혀 새로운 것이라는 점을 명확히 한다.

요한계시록21:2는 거룩한 성 새 예루살렘도 이 지상에 있던 어느 시대의 예루살렘과 동일시될 수 없는 전혀 다른, 곧 '하나님께로부터 하늘에서 내려오는'(21:2, 10) 성읍이다. '신부'(21:2) 혹은 '어린양의 아내'(21:9)로 표현된 성도들은 이제 하나님과 완전히 연합된 모습을 보인다. "그들은 하나님의 백성이 되고 하나님은 친히 그들과 함께 계신다"(21:3)는 것은 구약에 나타났던 하나님의 언약들의 최종 목적이 성취되었음을 알려준다. 이 구절은 1차적으로는 그 의미가 예수님의 초림에서 계시되었고(마 1:23. '임마누엘'), 예수님은 이 임마누엘이 제자들과 제자들의 말로 말미암아 당신을 믿는 사람들에게도 성취될 것을 십자가에 달리시기 전에 내다 보시고 기도하셨다(요 17:20, 21[62]). 그리고 그 의미가 이제 2차적이요 최종적인 모습 곧 새 예루살렘으로 성취된 것이다.

---

61 베드로후서 3:7 "이제 하늘과 땅은 그 동일한 말씀으로 불사르기 위하여 보호하신 바 되어 경건하지 아니한 사람들의 심판과 멸망의 날까지 보존하여 두신 것이니라"; 10절 "그러나 주의 날이 도둑 같이 오리니 그 날에는 하늘이 큰 소리로 떠나가고 물질이 뜨거운 불에 풀어지고 땅과 그중에 있는 모든 일이 드러나리로다"; 12절 "… 그 날에 하늘이 불에 타서 풀어지고 물질이 뜨거운 불에 녹아지려니와"; 13절 "우리는 그의 약속대로 의가 있는 곳인 새 하늘과 새 땅을 바라보도다."

62 요한복음 17:20, 21 "내가 비옵는 것은 이 사람들만 위함이 아니요 또 그들의 말로 말미암아 나를 믿는 사람들도 위함이니 아버지여, 아버지께서 내 안에, 내가 아버지 안에 있는 것 같이 그들도 다 하나가 되어 우리 안에 있게 하사 세상으로 아버지께서 나를 보내신 것을 믿게 하옵소서."

요한계시록 21:4에서 눈에 띄는 것은 '처음' 것들이 지나갔다는 말씀이고, 5절에서 주목할 것은 만물을 '새롭게' 한다는 말씀이다. 즉 1절에서 새 하늘과 새 땅과 처음 하늘과 처음 땅의 대조가 4-5절에서도 나타나는 것이다. 1절의 새 하늘과 새 땅이 옛날 것이 없어지고 완전히 새 것이 생긴 것인 것처럼, 4-5절의 내용도 처음 것들은 이제는 찾을래야 찾을 수 없게 되었고 완전히 새 것이 됨을 의미한다. 즉, 죄와 허물과 연약성에 속해 있던 인간 삶에서 나타났던 눈물, 애통, 곡, 질병 등이 완전히 없어졌다는 것이다.

요한계시록 21:6에 하나님은 "이루었도다(Γέγοναν). 나는 알파와 오메가요 처음과 마지막이라"고 말씀하신다. 여기서 하나님에게 대한 "처음과 마지막"이라는 칭호는 예수님에게도 사용된 칭호다(2:8). 요한은 이런 식으로 성부와 성자가 모두 하나님이심을 알린다.

하나님은 "내가 생명수 샘물을 목마른 자에게 값없이 주리니"라고 하신다. 이 물은 에스겔 47:1-12의 성전 문지방 밑에서 나오는 물과 이사야 55:1의 물(오호라 너희 모든 목마른 자들아 물로 나아오라 … 돈 없이, 값 없이 …)을 생각나게 한다. 요한계시록 21:6의 물은 22:1-2[63]에서 더 자세히 설명되는데 에스겔 47:1-12의 표현들을 많이 사용한다.

이 성의 영광과 아름다움에 대해서는 21:9-23에 자세히 묘사되어 있다. 성의 재료가 각양 보석들과 정금으로 되어 있음은 이사야 54:1-2을 생각나게 한다. 요한계시록 21장의 새 예루살렘 성에 대한 천사의 측량은 놋같이 빛난 사람의 성전 측량(겔 40-48장)을 생각나게 한다.

요한계시록 21:8은 새 예루살렘에 들어가지 못할 자들을 보여 준다. 이들에 대해서는 세 번에 걸쳐 제시되었다(21:8, 27; 22:15). 21:8은 "두려워하

---

63   요한계시록 22:1-2 "또 그가 수정 같이 맑은 생명수의 강을 내게 보이니 하나님과 및 어린양의 보좌로부터 나와서 길 가운데로 흐르더라 강 좌우에 생명나무가 있어 열두 가지 열매를 맺되 달마다 그 열매를 맺고 그 나무 잎사귀들은 만국을 치료하기 위하여 있더라."

는 자들, 믿지 아니하는 자들, 흉악한 자들, 살인자들, 음행하는 자들, 점술가들, 우상 숭배자들, 거짓말하는 모든 자들" 등 불못에 빠질 자들을 하나의 목록으로 제시한다.

고린도전서 6:9-10에도 하나님의 나라를 유업으로 받지 못할 자들의 목록이 나타난다. "불의한 자, 음행하는 자, 우상 숭배하는 자, 간음하는 자, 탐색하는 자, 남색 하는 자, 도적, 탐욕을 부리는 자, 술 취하는 자, 모욕하는 자, 속여 빼앗는 자"가 그들이다. 또 에베소서 5:5에 "음행하는 자, 더러운 자, 탐하는 자, 우상 숭배자"(골 3:5)도 참조하라. 이 목록들은 십계명(출 20:1-17; 레 19:1-4; 신 5:1-21)을 생각나게 한다. 율법은 거룩하니 세상 끝날까지 율법은 일점일획도 폐할 수 없다.

그러면 그 성에 들어갈 자들은 누구인가?

"이기는 자"(21:7)다. 이기는 자는 "이것들을" 상속하고 하나님의 아들이 된다(21:7).[64]

그러면 "이것들"은 무엇을 의미하는가?

에베소서 5:5에 따르면, '그리스도와 하나님 나라의 기업'을 의미한다. 이기는 자가 받을 상에 대해서는 요한계시록 2-3장에 자세히 나타난다. 또한, 이 상은 요한계시록의 마지막에 다시 강조되어 있다.

> 보라 내가 속히 오리니 내가 줄 상이 내게 있어 각 사람에게 그가 행한대로 갚아주리라 (계 22:12).

생명의 구원을 받는 것만 아니라 그 구원의 은혜 속에서 최선을 다해 행위의 열매를 맺는 것도 중요하다.

---

64   7절은 헬라어 본문에, "ὁ νικῶν κληρονομήσει ταῦτα, καὶ ἔσομαι αὐτῷ θεὸς καὶ αὐτὸς ἔσται μοι υἱός"로 되어 있다. NSAB는 "The one who overcomes will inherit these things, and I will be his God and he will be My son."으로 번역하였다.

5. 나가는 말

 필자는 이 장에서 이사야서와 요한계시록 두 책의 문학적, 주제적 구조에 유의하여 선지자들의 시점 이동을 살펴 두 책의 종말론적 상관성을 탐구하려 하였다. 여기에 선택 본문들에 대한 주해를 가미하여 두 책의 종말론 특히 새 하늘과 새 땅의 표현과 관련한 종말론을 이해하기를 시도하였다.

 결론적으로, 요한계시록 21:1 이하의 새 예루살렘은 천년 왕국(20:1-10)과 그 상태가 같지 않다. 그곳은 처음 하늘과 처음 땅이 없는 곳(21:1), 눈물, 죽음, 질병 등 처음 것이 다 지나간 곳(21:4), 해와 달의 비침이 쓸데없고 밤이 없는 곳(21:23, 25; 22:5)이다. 그곳은 생명수 샘물(21:6; 생명수의 강, 22:1)이 있는 곳 곧 죽음이 없으니 천년 왕국처럼 여전히 인간의 생멸이 암시된 곳이 아니다(물론 천년 왕국 때 부활한 복음 증거자들과 성도들에게는 다시 죽음이 없음).

 이사야 65:17-25와 66:18-23의 새 하늘과 새 땅은 일차적으로는 아직 금생의 삶을 보여 주는 요한계시록의 천년 왕국과 상응하는 계시이며, 물론 이차적으로는 영원한 내생인 요한계시록의 새 하늘과 새 땅(21-22장)을 구약적 표현들로써 예기한다. 이사야서는 아직 요한계시록의 천년 왕국과 신천 신지의 뚜렷한 구분처럼 이 두 시대에 대한 뚜렷한 구분을 제시하지 않으나 요한계시록 25:8; 27:2-6; 54:11-12; 60:19-20 등은 비록 구약의 언어로 표현하지만 요한계시록의 신천 신지(21-22장)에 대한 그림을 보여 주는 것 같다.

참고 문헌

권성수. "요한계시록 20:1-6에 대한 세대주의적 전천년설과 역사적 전천년설 및 무천년설 해석 고찰." **신학지남** 62(4),(1995): 106-64.

김추성. "천년 왕국(Millennium)에 대한 재 고찰: 요한계시록 20:1-6을 중심으로." **신학정론** 32(2),(2014): 237-62.

박윤선. 『요한계시록』 서울: 영음사, 2011.

비일, 그레고리 K. 『요한계시록』. 하권. 오광만 옮김. 서울: 새물결플러스, 2016; Beale, G. K. *The Book of Revelation: A Commentary on the Greek Text*. The New International Greek Testament Commentary. Grand Rapids: Eerdmans, 1999.

정성욱. "개혁주의 언약신학을 지향하는 전천년설을 위한 제안." 『**역사적 전천년설**』 (A Case for Historic Premillennialism), 295-322. 크레이그 블롬버그, 정성욱 편. 조형옥 옮김. 서울: CLC, 2014; Eng. 2009.

_____. 『정성욱 교수의 밝고 행복한 종말론』. 서울: 큐리오스, 2016.

최종태. 『선지자에게 물어라』. 서울: CLC, 2003.

카버, 에베렛. 『종말론 대백과』. 채수범 옮김. 서울: 나침반사, 1992; Carver, Everett I. *When Jesus Comes Again*. Phillipsburg, NJ: Presbyterian & Reformed, 1979.

한정건. 『이사야의 메시아 예언 I』. 서울: CLC, 2006.

_____. 『이사야의 메시아 예언 II』. 서울: CLC, 2012.

황건영. 『이사야의 종말론 연구』. 서울: CLC, 2000.

Delitzsch, F. *Isaiah*. Commentary on the Old Testament in ten volumes, vol. VII(two volumes in one. Translated by James Martin. Grand Rapids: Eerdmans, 1988.

Goldingay, John. *Isaiah*. New International Biblical Commentary. Peabody, MA: Hendrickson, 2001.

Ladd, G. E. *A Commentary on the Revelation of John*. Grand Rapids: Eerdmans, 1972; 래드, G. E. 『요한계시록』. 이남종 역. 서울: 크리스챤서적, 1993.

Oswalt, John N. *The Book of Isaiah*. The New International Commentary on the Old Testament. Grand Rapids: Eerdmans, 1986.

Smith, Gary V. *Isaiah 40-66*. vol. 15B. The New American Commentary. Nashville, TN: B & H, 2009.

Tenney, Merill C. *Interpreting Revelation*. London: Pickering & Inglis, 1958.

Ridderbos, J. *Isaiah*. Bible Students Commentary. Translated by John Vriend. Grand Rapids: Zondervan, 1985.

Walvoord, John. F. *The Revelation of Jesus Christ*. Chicago: Moody, 1976.

Young, Edward J. *The Book of Isaiah*. vol. III Chapters XL-LXVI. The New International Commentary on the Old Testament. Grand Rapids: Eerdmans, 1972.

제5장

요한계시록과 요엘서 및 스가랴서

1. 들어가는 말

요한계시록에서 눈에 띄는 마지막 때의 전쟁들은 요한계시록 9:13-21 (소위 '유브라데 전쟁'), 19:11-21(소위 '아마겟돈 전쟁'), 그리고 20:7-10(소위 '곡과 마곡 전쟁') 등이 있다. 이 전쟁들은 구약 선지서에 나타난 전쟁들과 많게든 적게든 관련되어 있다. 대표적인 구약 본문들은, 이사야 34:1-17의 '에돔 전쟁'인데 이 전쟁은 종말론적 상황 속에서 발생함을 우리에게 알려 준다.[1]

또한, 이사야 24:16 하-24:23 상의 땅의 왕들을 벌하시는 전쟁도,[2] 25:10-12의 모압 심판도 모두 종말론적 상황 속에서 이루어짐을 보여 준다. 그리고 63:1-6인데 이 구절들이 '에돔'에 대한 심판을 포함함으로 34:1-17과 병행을 이룬다. 에스겔에서는 잘 알려진대로 38-39장이 끝날에 이스라엘을 치러 오는 '곡'을 보여 준다.

---

1 이 전쟁이 벌어지는 상황은 특히, 34:4에 묘사되어 있다. "하늘의 만상이 사라지고 하늘들이 두루마리 같이 말리되 그 만상의 쇠잔함이 포도나무 잎이 마름 같고 무화과나무 잎이 마름 같으리라".
2 이사야 24:18하에, "… 이는 위에 있는 문이 열리고 땅의 기초가 진동함이라. 땅이 깨지고 깨지며 땅이 갈라지고 갈라지며 땅이 흔들리고 흔들리며 …" 그리고 23절 상 "그 때에 달이 수치를 당하고 해가 부끄러워하리니"의 표현들을 참조하라.

다니엘서에는 11:40-45가 남방 왕과 북방 왕 간의 종말적 전쟁을 시사한다. 시편에서는 83편(에돔, 이스마엘, 모압, 하갈 등등), 108:9-10(모압, 에돔, 블레셋), 137:7(에돔) 등이 종말적 전쟁들을 보여 주는 듯하며, 또 요엘서에는 3:1-15(히 4:1-15)에 여호사밧 골짜기에서 벌어질 전쟁, 스가랴서에는 12:1-9와 14:1-19에 '예루살렘 전쟁'이 나타난다. 본 장은 구약 선지서들의 전쟁 중에서 특히, 요엘서와 스가랴서의 전쟁을 요한계시록의 전쟁들과 비교하여 상고하려 한다.[3]

이 두 구약 책의 구조와 내용 전개, 선지자들의 시점 변화에 주목하면서 요한계시록의 전쟁들을 이해해 보려 한다. 필자는 이러한 '전쟁'에 대한 중점 사항 외에 요엘서와 스가랴서의 다른 종말론적 예언들이 요한계시록의 그것들과 어떻게 관련되는지도 부수적으로 언급할 것이다.

2. 요엘서의 구조와 전쟁 예언

1) 구조

요엘서의 구조에 대한 학자들의 논의를 여기서 다 언급할 수는 없겠다. 다만 많은 학자가 동조하고 있는 대표적인 견해 하나만을 소개하자면 요엘서를 크게 두 부분으로 나누는 견해인즉, 서론(1:1) 다음을, 전반부(1:2-2:17)와 후반부(2:18-3:21)로 나누는 견해다.

이렇게 보는 이유는 전반부는 황충 재앙과 여호와의 날이 가까웠으니 회개하라는 내용(어두운 내용)이고 후반부는 성령을 부어 주심과 민족들은

---

[3] 스가랴 12-14장에 대한 주석은 김희보, **『구약 스가랴 주해(하)』** (서울: 총신대학출판부, 1986), 195 이하를 보라. 김희보 교수도 본문의 이해에 어려움을 겪었음을 우리가 이 주해를 읽어보면 충분히 알 수 있다.

심판받고 시온은 회복되리라는 내용(밝은 내용)이 나타나기 때문이다.[4]

이러한 이 구분(二區分)을 토대로 스튜어트는 더 자세히 다음과 같이 나눈다. 전반부를 다시 둘로 구분하여 1:2-20 및 2:1-17로, 후반부를 2:18-32 및 3:1-21로 본다.[5]

다음은 이러한 구분의 문제점이다.

- 종래의 역사 비평학자들의 문서비평 영향에서 벗어나지 못한 구분이라는 점[6]
- 히브리 성경 기자(특히, 선지서 기자들)의 내용 전개 방식을 충분히 반영하지 못한 구분이라는 점

소박한 자료비평이나 양식비평 그리고 여러 신학의 다양한 편집 층을 상정하는 편집비평은 그것들을 증명할 만한 역사적 자료도 없을 뿐만 아니라, 선지서의 내용의 유기적이고 통일적인 측면에 무지를 드러내기도 한다. 결국, 얼토당토않은 역사적 재구성을 독자들에게 강요하게 되는 것이다.

요엘서의 내용을 면밀히 살펴보면, 저자가 어떤 것(A)을 말한 다음에 다른 주제로 옮겨가서 다른 것(B)을 말하고, 또 그다음에 또 다른것을 말하고(C) … 하지 않는다는 것이다. 요엘은 하나를 말하고(A), 그와 같은 내용을 약간 다른 표현으로 말하고(A′) 거기에 이어서 무엇인가를 첨언(B)하는 방식을 사용한다. 구체적으로 말한다면, 요엘은 먼저, "여호와의 날"(1:2)과 "메뚜기 재앙"(및 가뭄)과 "다른 한 민족"(異族)의 침략을 말하고(1:3, 6

---

[4] 요엘서의 장절 구분이 히브리 본문과 한글 본문은 차이가 있는데 이 글은 한글 본문의 장절을 따른다.
[5] Douglas K. Stuart, *Hosea-Jonah*, Word Biblical Commentary 31(Waco: Word, 1987), 226.
[6] Otto Kaiser, *Introduction to the Old Testament: A Presentation of its Results and Problems*, trans. John Sturdy(Oxford: Basil Blackwell, 1969; Eng. 1975), 280-1.

등), 제사장들을 비롯한 백성의 "금식-회개"를 권면한다(1:13-14).

이것을 A라고 하자. 그런데 요엘은 이 내용들을 변화를 주어 '한번 더' 말한다. 1:15부터 보면 다시 "여호와의 날"을 말하는데 이번에는 "가뭄과 화재의 재해"를 말하면서(1:16-20, 2:3) "많고 강한 백성"의 침략(2:2, 4-11)을 말하고, 제사장들이 백성을 모아 "금식-회개"할 것을 권면(2:12-17)한다는 것이다. 이것은 A를 똑같이 반복하지는 않지만, 기실 같은 내용임은 누구나 알 수 있다. 그래서 우리는 이것을 A´로 놓을 수 있는 것이다.

다만 주의할 것은 A´ 경우는 A´와는 그 가리키는 시간대도 다르고 A´의 심판의 내용과는 반대되는, 말하자면 하나님이 그분의 백성을 불쌍히 여기심으로 나타나는 조치를 이어간다는 것이다.

이것을 B로 볼 수 있는데, 이는 하나님의 회복 조치다.

- 이른 비와 늦은 비를 내려 주심으로 농사가 잘 되어 먹을 것이 풍족함
  (메뚜기 재앙에 대해 갚아 주심)
- 북쪽 군대를 격퇴시키심
- 성령을 부어 주심
- 민족들을 심판하심(하나님이 백성이 피 흘림 당한 것을 갚아 주심) 등

이 분석을 정리한 아래의 표를 보라.

본문	여호와의 날 →	이방 나라 →	심판(재앙) →	슬픔, 회개 촉구
A 1:2-14	1:2-3 날	1:6-7 다른 한 민족	1:4 메뚜기 1:10-13 가뭄	1:5, 8-9, 13-14 회개 촉구
A´ 1:15- 2:17+(B 회복)	1:15; 2:1-2a 여호와의 날	2:1, 4-11 많고 강한 백성	1:16-20; 2:3 가뭄- 화재	2:12-17 회개 촉구 + B 2:18-3:21

여기서 수의할 것은, B에 해당하는 내용들의 시점을 적절히 이해해야 한다는 것이다. 1:15에서 시작된 A´의 내용의 반전을 가리키는 시점은 2:18에서 시작되되 그 내용이 종말에 벌어질 내용을 시사한다는 것이다.

즉, 가뭄과 불 재앙이 일어나는 여호와의 날을 많고 강한 백성의 침략으로 겹치게 하고, 이에 대해 제사장들의 회개 촉구에 이어 나타나는 것은 곡식의 풍부와 더불어 여호와의 백성의 회복이다(18-19절).

이는 바벨론에서부터 회복을 일차적으로 지시한다.[7] 그런데 20절은 '북쪽 군대 격퇴'에 대한 내용인데, 가까운 미래의 일만은 아닌 듯하다. 왜냐

---

[7] 요엘서의 저작 시기에 대해서는 여러 설(說)들이 있으나, 포로 전으로 잡을 때 B.C. 7세기 말에서 6세기 초로 볼 수 있는 것은 요엘의 내용 중에 몇 가지 점이 예레미야서에서 언급한 것들과 비슷하기 때문이다. 먼저, 예레미야서 1-20장을 읽어보라. 비교적 예레미야의 초기 저술로 생각되는 이 내용들은 요시야왕 13년, 곧 B.C. 627년 그의 선지 사역을 시작했을 때의 예언들이다. 이 설교들의 특징은 '여호와의 날'에 대한 강조(이날은 빛이 없고 어둡다고 묘사되었다), '북방에서 침입해 오는 족속'에 대한 강조다. 덧붙인다면 '애곡'하라는 말이다. 예를 들어, 예레미야 4장과 요엘 1-2장의 내용을 서로 비교해 보면 양자는 너무 비슷하다. 물론, 예레미야서에서는 이 '북쪽 군대'를 20장과 그 이하에 가면 '바벨론'이라고 명시적으로 언급하는 데 반해, 요엘서에서는 '바벨론'이라는 언급이 없다. 그러나 바벨론과 함께 괴롭혔던 나라들 명단에 '블레셋', '두로', '시돈' 등이 예레미야 47:4에 나타나는데, 이 나라들은 요엘 3:4에 함께 언급되고 있다는 것이다. 이러한 사실들에 더해, 요엘이 유다와 예루살렘의 멸망과 포로를 예견하고 있었다면 충분히 요엘 2:17과 같은 설교, 곧 "'당신들 제사장들은 '이방 나라들이 유다 백성을 관할하지 못하게 하옵소서'라고 하나님께 기도하십시오!"라는 설교를 할 수 있었을 것이라는 것이다. 이러한 설교는 유다가 바벨론에 멸망하기 직전이니 B.C. 6세기 초로 충분히 볼 수 있는 것이다.

한편, 우리는 요엘서의 저작 시기를 포로 후기로 볼 수도 있겠다. 예를 들어, 우리는 요엘 2:17의 상황을 이미 바벨론을 비롯한 주변 나라들이 유다와 예루살렘을 유린한 이후의 일로 볼 수도 있을 것이다. 2:17은 "여호와를 섬기는 제사장들은 낭실과 제단 사이에서 울며 이르기를, '여호와여, 주의 백성을 불쌍히 여기소서! 주의 기업을 욕되게 하여 나라들로 그들을 관할하지 못하게 하옵소서! 어찌하여 이방인으로 그들의 하나님이 어디 있느냐 말하게 하겠나이까' 할지어다"라고 되어 있다. 선지자는 마치 유다가 이미 다른 나라들에 짓밟힌 이후 그들의 관할을 받고 있는 것처럼 묘사하는 것이다(왕에 대한 언급도 요엘서에는 없다). 실제로 늦은 포로기(late exilic) 혹은 포로 후기(post-exilic) 시편으로 보이는 시편 79:10에는 이와 비슷한 표현이 나타난다. "이방 나라들이 어찌하여 '그들의 하나님이 어디 있느냐' 말하나이까. 주의 종들이 피 흘림에 대한 복수를 우리의 목전에서 이방 나라에게 보여 주소서!" 또 느헤미야 9장의 '7월 언약' 시에 행한 회개 기도에 이런 내용이 있다. "우리의 죄로 말미암아 주께서 우리 위에 세우신 이방 왕들이 이 땅의 많은 소산을 얻고 그들이 우리의 몸과 가축을 임의로 관할하오니 우리의 곤란이 심하며 …"(느 9:37) 이는 요엘 2:17 및 시편 79:10의 내용과 아주 유사하지 않은가. 여기에 한 가지를 덧붙이자면, "진동"에 대한 표현이 요엘 3:16에 보이는데, 이 표현이 포로 후 선지서인 학개에 몇 번 나타난다는 것이다. 즉, 요엘 3:16, "여호와께서 시온에서 부르짖고 예루살렘에서 목소리를 내시리니 하늘과 땅이 진동하리로다 …"

하면, "내가 북쪽 군대를 너희에게서 멀리 떠나게 하여 메마르고 적막한 땅으로 쫓아내리니 그 앞의 부대는 동해로, 그 뒤의 부대는 서해로 들어갈 것이라. 상한 냄새가 일어나고 악취가 오르리니 이는 큰 일을 행하였음이 니라 하시리라"는 내용 때문이다.

이러한 예언은 아직 이스라엘 역사에서 성취된 것 같지는 않다. 하나님께서 이스라엘을 침략한 군대를 격퇴하셔서 바다로 몰아 죽이시는 것은 '출애굽'을 연상케 하는데 이는 종말의 사건(예수님의 재림 시로 생각됨)을 시사한다는 것이다. 이 사건이 아마겟돈 전쟁(계 19:11-21)을 가리키는지, 곡과 마곡의 전쟁(겔 38-39장; 계 20:7-10)을 가리키는지는 불분명하다(필자는 아마겟돈일 것으로 추측한다. 물론, 아마겟돈과 곡과 마곡 두 전쟁을 서로 다른 것으로 본다). 아무튼 이러한 재림 어간을 시사하는 내용이 이스라엘의 온전한 회복(2:27 "내 백성이 영원히 수치를 당하지 아니하리로다")으로 일단락되고 있다.

그다음에 나타나는 것은 흥미롭게도 오순절에 성취된 예언인데 이는 시점이 재림 때는 아니고 주님의 초림(初臨) 어간으로 돌아온다는 것이다. 2:28-29는 베드로의 설교로부터 오순절 성령 강림으로 일차적으로 성취된 것을 우리는 알 수 있다("그 후에 내가 내 영을 만민에게 부어 주리니…"). 그런데 여기에 이어지는 것(30-31절)은 또 재림(再臨) 어간의 사건으로 보인다. "내

와 학개 2:6, "만군의 여호와가 이같이 말하노라. 조금 있으면 내가 하늘과 땅과 바다와 육지를 진동시킬 것이요 …", 학개 2:21에, "내가 하늘과 땅을 진동시킬 것이요"를 서로 비교해 보라. 또 하나 언급하자면, 요엘 3장에 보이는 내용 곧 예루살렘이 사면 민족들의 공격을 받는 내용 및 그 민족들을 여호와께서 심판하실 내용은 포로후기의 선지자의 글인 스가랴서 12장과 14장의 내용과 유사하다는 것이다. 스가랴 9:13의 "헬라"(욜 3:6의 '헬라'), 14:8의 "생수"(욜 3:18의 '샘')도 생각해 볼 표현들이다.

그러나 무게가 실리는 쪽은 아무래도 포로 전이라 할 것이다. 왜냐하면 '다른 한 민족'(욜 1:6)은 유다와 예루살렘의 성전(1:13-14 '여호와의 성전')을 공격해 올 '바벨론'으로 보이기 때문이고, 욜 2:17은 아직 일어나지 않은 일들에 대한 선지자 요엘의 설교와 촉구로 이해되기 때문이다. 2:18 이하는 미래 일에 대한 설교(곧 예언)로 보면 아무런 문제가 없다. 따라서 필자는 요엘서의 저작 시기를 7세기 말에서 6세기 초 곧 예레미야 선지자의 사역 시기와 유사할 것으로 본다. 포로후기로 보는 견해에 대해서는, 홍성혁, "요엘 4장의 묵시적 종말론 모티프와 그 기능: 야훼의 시온 통치를 통한 새 세상 도래 부각," **구약논단** 20(2014): 186-216을 참고하라.

가 이적을 하늘과 땅에 베풀리니 곧 피와 불과 연기 기둥이라. 여호와의 크고 두려운 날이 이르기 전에 해가 어두워지고 달이 핏빛 같이 변하려니와"의 내용이 나타나기 때문이다.

이 사건은 마태복음 24:29나 요한계시록의 여섯 째인을 떼실 때의 사건(6:12-14)이나 부분적으로는 넷째 천사의 나팔로 나타나는 사건(8:12)과 관계가 있다. 그런데 이러한 천체의 격변과 재앙은 더 진행되지 아니하고 일단은 예루살렘의 남은 자의 회복(욜 2:32)으로 다시 임시적으로 마감되고 있다.

3장으로 오면 시점이 다시 변화되는 듯하다. 이는 여호사밧 골짜기에서 만국의 사람을 심판하시는 시점이다. 이 시점은 초림 어간은 아닌 것 같다. 이 3:1-8은 "내가 유다와 예루살렘 가운데에서 사로잡힌 자를 돌아오게 할 그 때에"(3:1)의 시간적 배경과 '두로, 시돈, 블레셋 등의 유다 족속 매매'에 대한 보복 내용(4-8절)을 담고 있기에 요엘 당시의 시기와 그리 멀지 않은 시기로 보인다(가까운 미래).

그러나 다른 한편으로, 이 시점은 재림 어간(9-17절)의 시점을 예시(豫示)하는데 왜냐하면, 2절 상[8]의 내용이 11-12절[9]에 거의 그대로 다시 나타나기 때문이다.

우리가 이어지는 9절 이하의 내용을 보면서 내릴 수 있는 판단은 이 구절들은 확실히 끝날에 있을 사건들을 가리키고 있다는 것이다. 필자는 3:1-8보다 9-17절은 훨씬 역사의 끝의 시점으로 진전해 있다고 본다. 왜냐하면, 9-17절은 천체의 격변과 재앙(욜 3:15 "해와 달이 캄캄하며 별들이 그 빛을 거두도다") 그리고 종말적 전쟁(9절, 11절, 14절)의 때를 가리키기 때문이다.

이러한 전쟁은 3:16에 표현된 대로 "하늘과 땅이 진동"하는 때인데(참고, 2:10), 이러한 심판에 뒤이은 이 단락의 마지막 곧 3:18-21은 3:16

---

[8] "내가 만국을 모아 데리고 여호사밧 골짜기에 내려가서 내 백성 곧 내 기업인 이스라엘을 위하여 거기에서 그들을 심문하리니 …"
[9] "사면의 민족들아 … 민족들은 일어나서 여호사밧 골짜기로 올라올지어다 내가 거기에 앉아서 사면의 민족들을 다 심판하리로다."

하-17절과 병행을 이루며, 위의 1:15-2:27; 2:28-32과 마찬가지로 유다와 예루살렘의 종말론적인 회복으로 마친다. 자연의 회복과 풍요(3:18), 성전에서 샘이 흘러나옴(3:18), 애굽과 에돔은 황무지가 됨(3:19), 여호와께서 시온에 그분의 백성과 함께하심(곧 '언약의 완성') 등이 요엘서의 제일 마지막에 오는데 이는 요한계시록의 천년 왕국에서 성취될 사건으로, 또한 새 하늘과 새 땅(계 21-22장)에 대한 예언적 기능의 그림으로 볼 수 있을 것이다.

여기서 특히, 요엘 3:18 "그날에 산들이 단 포도주를 떨어뜨릴 것이며 … 유다 모든 시내가 물을 흘릴 것이며 …"의 내용은 요엘서 맨 앞의 '가뭄'의 상황과 수미쌍관(首尾雙關)을 이룬다고 할 것이다. 3장의 시점 전개는 다음과 같이 표로 나타낼 수 있다.

본문	요엘로부터 가까운 미래의 만국 심판	먼 미래의 만국 심판	먼 미래의 시온 구원
A 3:1-8	3:1-8	(3:2)	
A' 3:9-21		3:9-16상	a 3:16하-17
			a' 3:18-21(19절은 심판)

이상의 본서의 구조와 주요 주제들 및 시점을 분석해 보면 우리는 요엘서가 전체적으로 정교한 디자인으로 이루어졌음을 알게 된다. 1:2-2:17과 2:18-3:21의 이질적인 두 부분이 서로 다른 시대에 작성되어 짜깁기되었고 두 개의 서로 다른 신학을 전시한다고 하는 역사비평의 결론은 너무 성급히 내린 결론 같다.

요엘서는 내용의 반복과 변화를 통해 내용의 확장을 이루는 병행 구조를 두드러지게 나타낸다. 이 병행(parallel) 구조 속에서 시점은 점차 현재에서 가까운 미래로 그리고 아주 먼 미래로 중첩을 주면서 오고 가는데 이러한 시점의 변화를 적절히 이해하여야 우리는 요엘서의 종말론의 윤곽을 제대로 붙잡을 수 있다.

또한, 요엘서는 현재에서 가까운 미래로 그리고 먼 미래로 이동하는 중에도 '전체적으로는' 현재에서 미래로라는 선형적(linear) 구조를 드러낸다. 또한, 주제적 측면에서 보면, '여호와의 날'에서, '심판과 재앙' 주제로, 그다음에는 '이민족의 침입'과 '회개 촉구'로, 그다음에는 '회복'으로 진행함으로 역시 선형적 구조를 드러낸다. 물론, 처음과 말미를 열고 닫음으로 수미쌍관(inclusio) 구조도 드러낸다. 요엘서는 이사야나 에스겔에 비해 현저히 짧은 책이지만 그 자체로 완결된 전체를 이룬다. 요엘서는 놀라운 문학적 솜씨로 메뚜기 재앙이나 가뭄, 화재 재앙을 이민족의 침입 및 공격의 모습과 중첩시키며(영화에서는 이를 'dissolve'라고 함) 특히 예수 재림 시의 세상 세력의 멸망과 하나님 나라의 풍요에 대한 지극히 복스러운 영상을 독자에게 제공한다.

선지자의 시점 변화를 유의해서 전체 내용을 그림으로 나타내면 다음과 같을 것이다. 특히, 그림에서 색깔 처리한 것은 이방 나라와 관련된 주제이며 이는 마지막 '전쟁'과 깊이 관련이 된다. 이 전쟁 주제는 "진동" 및 "일월성신의 빛을 거둠"(천체 격변)의 주제와도 결부되어 있다.

여호와의 날, 유다 심판, 회개 촉구	가까운 미래의 이방 심판(이방의 죄); 이스라엘 회복	초림 어간	먼 미래의 이방 심판; 이스라엘 회복(재림 어간)
1:2-2:17 유다의 죄를 이방 나라를 통해 심판(2:10 땅 진동, 일월성신 빛을 거둠)	2:18-27 이방 나라 심판, 이스라엘 회복		2:18-27, 특히 2:20 북쪽 군대 쫓아내심(25 큰 군대), 23 이른 비와 늦은 비, 26-27 여호와께서 이스라엘 가운데 계심; 내 백성이 영원히 수치를 당하지 아니할 것임
		2:28-29 성령 강림	2:30-32 천체 격변, 시온산과 예루살렘의 남은 자 중에 여호와의 부름을 받을 자가 있을 것임
	3:1-8 두로, 시돈, 블레셋(이방 나라들)이 유다 약탈 및 유다 백성 인신 매매; 이방들 심판		
			3:9-21 사면 민족들을 여호사밧 골짜기에서 심판, 천체 격변, 진동(v. 15-16), 예루살렘 회복, 성전에서 샘이 흘러 나옴; 여호와께서 시온에 거하심

2) 두 주제: '여호와의 날'과 '회개-금식'

요엘서의 메시지는 주로 두 개의 주제와 관련되었다. 먼저는 '여호와의 날'('יום יהוה: 욤 야웨'), 그다음은 '회개-금식'이다. 여기서 여호와의 날은 유다의 죄 때문에 하나님이 징벌하시는 날과 징벌 후에 회복하시는 날을 포함한다. 이 징벌에는 2:2의 "어둡고 캄캄한 날", 2:10의 "땅이 진동하며 하늘이 떨며 해와 달이 캄캄하며 별들이 빛을 거둠"과 2:1의 "나팔 혹은 경고의 소리"를 동반한다.

또한, 이 여호와의 날 주제는 1:4, 10, 17-20의 "메뚜기, 가뭄, 화재" 등의 주제를 휴대하는데 이러한 주제 중 특히 메뚜기 재앙은 1:6의 "다른 한 민족"(곧 2:2의 "많고 강한 백성"; 3:14의 "사람의 많음")의 침략과 연결된다. 메뚜기 습격과 외국 군대의 공격의 양상이 서로 비슷하다.

후반부로 넘어가면 요엘은 또 기술적으로 이러한 이미지를 다시 사용하되 이번에는 반대되는 내용을 전하고 있으니, 곧 "여호사밧 골짜기"(3:2, עמק יהושפט 혹은 "심판의 골짜기"[에서] 3:14, בעמק החרוץ)라는 지명을 사용하여 그리고 '해와 달과 별들의 변화'(2:31, 3:15), 땅의 진동이라는 주제들을 사용하여 만국에 대한 여호와의 진노의 심판을 취급하는 것이다.

'유다에 대한 징벌'과 '만국에 대한 심판'과 관련해서 요엘서에 강조된 것은 유다를 공격해 올 적군이 많고 무섭다는 것인데 이 공격을 여호와께서 주도하신다는 것이고(2:11), 마지막 때의 만국 사람들에 대한 심판의 주체도 하나님이신데 그분은 '보복'하시는 분(3:4)이고 그 보복을 당할 사람들은 많다(3:14)는 것이다. 물론 만국에 대한 심판은 그것으로 끝나지 않고 유다, 곧 하나님 백성의 회복으로 이어진다.

마당에는 밀이 가득하고 독에는 새 포도주와 기름이 넘치리로다(욜 2:24).

> 산들이 단 포도주를 떨어뜨릴 것이고, 작은 산들이 젖을 흘릴 것이고, 유다 모든 시내가 물을 흘릴 것이며, 여호와의 성전에서 샘이 흘러 나와서 싯딤 골짜기에 댈 것이다 (욜 3:18).

무엇보다도, 하나님은 그의 백성에게 성령을 부어 주실 것이고 그들은 선지적 은사를 받아 주님의 말씀 곧 복음을 전할 것이다(2:28, 29).

'회개-금식'은 여호와 날의 '유다에 대한 징벌'과 '유다를 괴롭힌 만국에 대한 징벌' 중 '유다에 대한 징벌'과 관련되어 있다. 여기서 금식은 '곡하고(1:11), 슬피 울고, 굵은 베옷을 입고 밤이 새도록 눕고, 여호와께 부르짖고(1:13-14), 애통하고, 마음을 찢고, 여호와께로 돌아가는 것'(2:12-13)을 포함한다. 간단히 말한다면 '금식'은 '회개' 주제와 연결되었다(참고, 슥 12:10-14).[10]

이런 주제들을 통해 전하는 메시지를 종합, 요약한다면 이런 메시지가 될 것이다.

"하나님이 다른 나라의 군대로 유다 백성을 완전히 쓸어버릴 징벌이 이르렀으니 너희는 모두 모여 금식을 선포하고 주님 앞에 회개 기도하라. 장차 하나님은 그분의 백성을 괴롭힌 자들은 심판 골짜기에서 완전히 쓸어버리실 것이다."

3) 요엘의 '황충', 사도 요한의 '황충' 예언

흥미로운 사실은, 요엘서의 두드러진 이러한 주제들을 사도 요한이 더 구체적이고, 더 변형-확충할 뿐 아니라 상징들을 더해 영적으로 사용한다는 것이다. 필자는 요엘이 예언한 황충 재앙, 해와 달의 변화, 많은 사람이

---

10 스가랴서에서는 천하 만국의 침입 상황 속에서 여호와께서 예루살렘 백성에게 은혜와 간구의 영을 부어 주신다. 이 '회개'는 여호와께서 이방 나라들을 멸망시키심(12:9)과 예루살렘의 죄의 정결(13:1), 예루살렘이 평안히 섬(14:11) 및 유다의 싸움과 전리품 획득(14:14) 등과 관련이 있다.

전쟁으로 죽음, 곡식과 포도주 등을 사도 요한이 어떻게 사용하는지를 알아보고자 한다.

첫째, 요엘이 예언한 황충 재앙을 사도 요한도 예언하는데 더 자세하고 뚜렷하다.

무엇보다 요한이 말하는 황충은 하나의 변형-확장된 실체임이 분명하다. 요엘의 예언한 황충은 개역개정에는 "팥중이, 메뚜기, 느치, 황충"(욜 1:4; 2:25)으로 번역되었는데 히브리어로는 각각 '가잠, 아르베, 옐레크, 하씰'이다. 영어 역본들은 이것들을 다양하게 번역하였는데 KJV를 예로 들면, 각각, 'palmerworm, locust, cankerworm, caterpillar'로 나타난다.

그런데, 요한계시록 9:3, 7에 이 '황충'이 나온다. 헬라어 단수로는 '아크리스'(ἀκρίς)인데 요한계시록에는 복수형으로 나오며 NIV 영어 성경은 'locusts'로 번역하였다. 요한계시록의 '인', '나팔', '대접' 재앙 중에 일곱 나팔 중 다섯 째 나팔 재앙이 바로 이 황충 재앙이고, 이것은 세 화(禍) 중 첫 번째 화에 해당한다(8:13; 9:12). 요한계시록의 메뚜기는 요엘과는 뭔가 사뭇 다르다.

이 황충들은 무저갱(계 9:2)에서 올라온다. "하늘에서 땅에 떨어진 별 하나"(계 9:1 'ἀστέρα ἐκ τοῦ οὐρανοῦ πεπτωκότα εἰς τὴν γῆν')가 무저갱의 열쇠를 받아 무저갱을 여니 "그 구멍에서 큰 화덕의 연기 같은 연기가" 올라왔고, "황충들이 연기 가운데로부터 땅위에" 나왔는데 "그들은 땅에 있는 전갈의 권세와 같은 권세를" 받았다(계 9:2-3). 황충들이 스스로 권세를 가진 것이 아니라 하나님이 권세를 부여하셨고 그것들은 다만 하나님의 심판 도구라는 것이 암시되었다(이 점은 요엘서와 같음).

흥미로운 것은, 메뚜기들은 풀과 수목을 해치지만, 요한계시록의 황충들은 "오직 이마에 하나님의 인침을 받지 아니한 사람들만"(εἰ μὴ τοὺς ἀνθρώπους οἵτινες οὐκ ἔχουσι τὴν σφραγῖδα τοῦ θεοῦ ἐπὶ τῶν μετώπων) 해친다는 것이다. 황충들의 공격을 구원론에 비추어 사용한다는 것은 벌써 이 공격이 자연적인 공격만이 아니라 하나의 영적인 현실로 이루어지는 공격임을 알 수 있다. 곧 불신자들을 해치게 되는데 황충이 불신자들을 해치는 방법은 "괴롭게 함"(βασανισμὸς) 즉, 죽이지는 않고 5개월(μῆνας πέντε) 동안 괴로움만 주게 된다. 이들의 왕은 "무저갱의 사자"(혹은 천사, τὸν ἄγγελον τῆς ἀβύσσου)이고 그 모습은 다음과 같다.

> 황충들의 모양은 전쟁을 위하여 준비한 말들 같고 그 머리에 금 같은 관 비슷한 것을 썼으며 그 얼굴은 사람의 얼굴 같고 또 여자의 머리털 같은 머리털이 있고 그 이빨은 사자의 이빨 같으며 또 철 호심경(철흉갑, breastplates) 같은 호심경이 있고 그 날개들의 소리는 병거와 많은 말들이 전쟁터로 달려 들어가는 소리 같으며 또 전갈과 같은 꼬리와 쏘는 살이 있어 그 꼬리에는 다섯 달 동안 사람들을 해하는 권세가 있더라(계 9:7-11).

요엘서의 메뚜기가 확대-변형된 영적인 존재로 나타나는 것은 "옛 뱀"(창세기)이 요한계시록에는 "용"으로 나타나는 것과 같다. 뱀과 용은 벌써 크기부터 다른데 요엘서의 메뚜기에 비해 "말"(馬) 같은 요한계시록의 황충도 사이즈가 커졌다. 확대-변형판이다. 하늘에서 "떨어진 별"이 무저갱을 열었으니 악한 천사(이 별이 마귀인지, 그저 악한 천사인지는 분명치 않음)가 열은 것으로 보인다. 연기 가운데로부터 나오니 하나님의 임재의 "구름"과 "연기"(출 19:16, 18)를 흉내낸다.

이마에 인침 받지 않은 불신자를 전갈 같은 꼬리와 쏘는 것으로 괴롭히니 이 괴로움은 분명 악한 마귀 수하의 악한 천사들이 가져다주는 육신적 질병이든지, 마음의 괴로움이든지, 영적 번민을 의미할 것이다. 왜냐하면, 예수 믿고 하나님과 어린양의 이름이 이마에 있는 자들은 이러한 지옥적인 괴로움은 모두 없어졌고 그 심령에 오히려 세상이 줄 수 없는 평안으로 가득하기 때문이다. 종합하면 요한계시록의 메뚜기는 요엘서 메뚜기의 확대-변형된 영적 존재, 곧 하나님의 주권에 따라 불신자들을 심판하는 도구로 사용되는, 마귀의 수하에 있는 어떤 악한 영적 세력들인 것이 분명하다.

메뚜기들은 본래 그 무리를 이끄는 왕이 없다고 잠언에 기록되어 있는데(잠 30:27) 요한계시록의 메뚜기들에게 왕이 있고 그 이름이 히브리어로 '아밧돈'(계 9:11, [Ἀβαδδών], 헬라어로는 '아폴뤼온'[Ἀπολλύων]) 곧 '파멸(멸망)시키는 자'라고 한다.

이것이 마귀 곧 사탄의 별명이 아니고 무엇인가!

마귀는 '이간질하는 자'(참소자)이고 그 특징이 '거짓말하는 자'이며, 사탄은 '원수'(대적)로 이 둘이 같은 존재인데, 이는 불신자들을 괴롭혀 결국 지옥에 '멸망시키는 자', '지옥 메뚜기들의 왕초'다.

4) 요엘이 말하는 '해와 달의 변화'

요엘서에 나타나는 모티프 중에 '해와 달의 변화' 모티프도 '황충' 모티프처럼 요한계시록에서 사도 요한이 더욱 종말론적으로 확장하여 사용한다. 앞에서 보았듯이, 요엘은 '여호와의 날'과 관련하여 이 모티프를 사용한다. 먼저 이날은 "어둡고 캄캄한 날이요 짙은 구름이 덮인 날"(욜 2:2)로 소개되며, 유다와 예루살렘이 외국 군대의 공격을 받을 때 "땅이 진동하며 하늘이 떨며 해와 달이 캄캄하며 별들이 빛을 거두"는 날로 다시 언급된다(욜 2:10).

여기서 '땅이 진동하며 하늘이 떠는' 현상에 대해 엑스포지터스 바이블(Expositor's Bible)[11]은 지진과 뇌우(雷雨)일 것으로 해석한다. 우리가 알듯이, 뇌우는 천둥과 번개를 동반하는 폭풍우다. 이런 일이 성령 강림 사건이 있고 나서 얼마의 시간이 흘러 나타날는지는 모르지만, 말세의 "여호와의 크고 두려운 날" 전에 다시 비슷하게 나타나게 된다. "… 해가 어두워지고 달이 핏빛같이 변"할 것이다. 엑스포지터스 바이블은 여호와의 진노 때문에 자연계에 이런 변화가 나타나게 된다고 해석한다.

---

11 Richard D. Patterson, et. al., *Joel, Obadiah, Malachi*, The Expositor's Bible Commentary(Zondervan Academic, 2017).

그러면 요엘은 이때를 또 어떻게 언급하고 있는가?

요엘 3장은 이 날을 종말에 열방의 군대들이 예루살렘으로 쳐들어올 때로 언급한다. 그 때는 "해와 달이 캄캄하며 별들이 그 빛을 거두"게 된다(욜 3:15). 여호와께서 시온에서 부르짖으시는데 이 목소리로 인해 하늘과 땅이 진동하게 된다(욜 3:16). 즉, 진동이 이민족이 침입할 때 나타나는 지진이나 천둥 같은 자연 현상일 수도 있지만, 여호와의 분노의 목소리 때문에 천체가 실제로 흔들리게 된다는 사실을 여기서 알 수 있다.

천체가 흔들리면 별들이 부딪치기도 하고 별들이 지구에 떨어져 큰 지진을 동반한 폭발과 화재가 나타나기도 할 것이다. B.C. 8세기의 이사야는 북쪽에서 앗수르가 이스라엘을 공격해 올 때 이런 일이 있게 될 것을 말하고(사 8:22), 또 바벨론이 멸망할 날에도 이런 일이 있게 될 것을 말한다(사 13:6 이하). B.C. 7세기의 예레미야는 바벨론이 유다를 공격해 올 때 이런 일이 있게 될 것을 말한다(렘 4:23-24). 물론 이는 종말의 여호와의 날을 예언하는 말씀으로도 볼 수 있다.

한편 사도 요한은 여섯째 인(印) 재앙을 예언할 때 바로 이 모티프를 사용한다. 그런데 그는 요엘서의 이미지를 더욱 자세하고 생생하게 사용한다.

> 내가 보니 여섯째 인을 떼실 때에 큰 지진이 나며 해가 검은 털로 짠 상복 같이 검어지고 달은 온통 피 같이 되며 하늘의 별들이 무화과나무가 대풍에 흔들려 설익은 열매가 떨어지는 것 같이 땅에 떨어지며 하늘은 두루마리가 말리는 것 같이 떠나가고 각 산과 섬이 제자리에서 옮겨지매 …(계 6:12-14).

이러한 현상을 보다 자세히 말한다. 요한은 이것이 "어린양의 진노"(계 6:16, ἀπὸ τῆς ὀργῆς τοῦ ἀρνίου) 때문이라고 하고 또 "그들의 진노의 큰 날"(계 6:17, ἡ ἡμέρα ἡ μεγάλη τῆς ὀργῆς αὐτῶν)이라고 재차 언급한다. 필자는 이때가 적그리스도로 인해 그리스도인들이 환난을 당한 후에 나타날 현상으로 본다. 즉, 마태복음에서 예수님이 가리키시는 때라고 본다.

> 그 날 환난 후에 즉시 해가 어두워지며 달이 빛을 내지 아니하며 별들이 하늘에서 떨어지며 하늘의 권능들이 흔들리리라. 그때에 인자의 징조가 하늘에서 보이겠고 …
> (마 24:29-30).

이 특별한 자연 현상은 최후 심판이 있을 최종의 여호와의 날을 예시하는 현상인 듯하다. 이 현상이 일어나는 어간에 예수님이 공중에 임하시고 주 안에서 죽은 자들 그리고 그 때 육신적으로 살아 있는 신자들이 휴거될 것이다(살전 4:16-17). 그리고 바로 이어서 이 어두움의 땅에 남아 있는 우상 숭배자들, 이 세상의 도시(바벨론)에서 영적, 육적 음행을 일삼으며 호화와 방탕에 젖어 지내던 자들에게 "하나님의 진노를 가득히 담은" (계 15:7) 일곱 대접을 일곱 천사가 쏟게 될 것이다(계 16장).

이 일곱 천사의 사역 중 여섯 째 천사의 대접 재앙으로 아마겟돈 전쟁이 준비되고, 그다음 일곱째 천사의 대접 재앙으로 바벨론이 망하고, 그다음 전에 (여섯 째) 준비되었던 아마겟돈 전쟁이 실제로 발발하게 되는데 이때가 바로 공중에 계시던 예수님이 하늘 군대들을 대동하시고 강림하셔서 적그리스도와 거짓 선지자를 불못에 던지시는 순간이다(계 19:11, 14, 20). 그다음에 재림 예수님의 천년 통치가 지상에서 실현되며 이 기간 동안 마귀는 무저갱에 결박된다. 천년이 찬 다음 마귀가 그 옥에서 놓여 나와서 곡과 마곡을 미혹하여 싸움이 일어나고 결국 마귀도 불과 유황 못에 던져진다(계 20장).

여기서 우리가 알 수 있는 것은, 이스라엘의 역사 선상에 여러 여호와의 날들이 일어났지만 종말에 하나의 여호와의 날이 있듯이, 예수님 부활 승천 이후에 여러 적그리스도가 있었으나 종말에 한 적그리스도가 나타나듯이, 여러 가지 천지가 흔들리고 캄캄하게 되는 때들이 있지만, 종말에 다시 우주적 격변과 해와 달이 빛을 잃는 하나의 특정한 때가 있을 것이라는 것이다.

그러면 해와 달이 빛을 잃게 된다는 사건은 어떤 의미를 시사하는가?

그것은 이 세상에 아무런 소망이 없어지는 때, 하나님의 분노가 극에 달한 때, 불법이 최고치에 이르고 악과 음란으로 세상이 온통 칠흑 같이 어두워진 때를 의미한다 할 것이다. 홍수 직전의 세상에 "죄악이 관영한 때"와 비길 것이다. 아니, 아마도 이보다 더 극심한 어두움의 때일 것이다. 그리고 이때는 바로 인류 역사 중 가장 큰 심판 곧 일곱 대접의 심판을 예기하는 때다. 참고로 위에서 장절만 인용한 이사야 13:6-13을 실제 내용을 그대로 옮겨보자.

이것은 바벨론 왕국이 메대에게 멸망하는 때에 대한 묘사인데, 만약 그 옛날 바벨론의 멸망이 이렇게 처참하다면 앞으로 종말에 있을 이 세상의 음녀 바벨론과 적그리스도와 그 짐승을 따르던 우상 숭배자들의 멸망은 또 얼마나 더 처참하겠는가!

> 슬피 울라! 여호와의 날이 가까이 왔다. 전능하신 분이 오시면 파멸뿐이다. 그러므로 모든 손이 축 늘어지고 모든 사람의 마음이 녹아내릴 것이다. 그들은 공포와 고통과 번민에 사로잡히고 해산하는 여인이 몸을 뒤틀듯 괴로워할 것이다. 사람들이 혼비백산해 동료들을 쳐다보는데 그 얼굴들이 모두 벌겋게 달아 올라있다. 보라, 여호와의 날이 온다. 처참한 그날, 진노와 맹렬한 분노로 얼룩진 날, 그 땅을 황폐하게 만들고 죄인들이 그 땅에서 몰살되는 날이 온다. 하늘의 별들과 별자리들이 빛을 뽐내지 못하며 해가 떠올라도 어두컴컴하고 달도 빛을 비추지 않을 것이다. '내가 세상의 죄악을 처벌하고 악인들의 사악함을 징벌하겠다. 잘난 체하는 사람들의 거만함을 끝장내고 무자비한 사람들의 오만함을 낮추고야 말겠다. 내가 사람을 순금보다 드물고 오빌의 금보다 희귀하게 만들어 버리겠다. 그러므로 내가 하늘을 흔들어 놓겠다. 그러면 땅도 흔들려서 그 자리에 있지 않을 것이다.' 그날은 만군의 여호와께서 노여워하시고 진노를 불태우시는 날이다(사 13:6-13, 우리말성경, 715-6).

5) 요엘의 전쟁 예언

요엘은 그가 살던 당대를 기준으로 하여 가까운 미래에 있을 전쟁(적국의 침략)에 대해 예언한다(욜 1:6; 2:1-11). 이 전쟁은 유다와 예루살렘이 유린당하는 전쟁이다. 필자는 이 전쟁을 바벨론의 유다 침략일 것으로 추정한다(B.C. 605, 597, 568/7). 그뿐만 아니라 그는 종말에 있을 전쟁에 대해서도 예언한다. 종말에 있을 전쟁은 앞의 전쟁과는 달리 하나님의 백성이 북쪽 군대를 격파하는 전쟁이다(욜 2:18-20). 시점으로 보면 이 전쟁은 성령강림 사건 곧 오순절을 시작으로 전 세계적으로 하나님의 은혜가 나타날 복음의 시대보다 후에 일어날 것으로 보인다.

이는 일단은 이중의 의미로 해석될 수 있을 것이다. 곧 언약 백성 이스라엘을 나라들 가운데 흩어버린 이방 나라들의 죄(욜 3:2, 5-6)에 대한 심판인 동시에, 하나님의 교회를 핍박한 세상 나라들에 대한 심판(욜 3:11-23과 계 14:14-20을 비교). 이 둘은 역사적 차서는 있을 것이나 모두 성취될 것이다. 왜냐하면, B.C. 6세기를 예로 들어 말한다면, 하나님은 죄악된 유다를 징벌하시기 위해 바벨론을 불러 유다를 공략케 하시지만, 바벨론이 교만 속에서 유다를 처참하게 짓밟은 것에 대해서는 하나님이 메대-바사를 통해 보복하시기 때문이다.

또한, 이사야서를 보면, 하나님은 이 바벨론을 종말적으로 투사하여 하나님 백성에 대해 공격하는 세상 나라로 설정하고 있으신데, 이 종말의 바벨론과 바벨론 왕은 하나님의 심판을 받아 멸망하게 될 것이기 때문이다. 예언과 그 성취가 이중으로 적용된다.

요엘서에 기록된 이 전쟁들이 어떤 전쟁을 말하는 것인지 이해하기 어려운 이유들이 몇 가지가 있다.

첫째, 이 전쟁들은 예언 형태로 기록되었다는 것이다.

하나님의 예언은 경고의 의미가 강하기 때문에 그것은 일부러 모호한 표현으로 전달이 된다는 것이다. 몇 날 몇 시에 어느 나라가 쳐들어온다고 표현되지 않고 '얼마 안 있어 북쪽 나라가 침입할 것이다'라는 식으로 기술(記述)된다. 이는 미래에 대한 호기심과 그 자체의 사건에 마음을 쏟을 것이 아니라 하나님의 경고를 따라 회개하고 새로운 삶으로 나아가 하나님과의 바른 관계를 회복해 오늘을 충실히 살라는 취지에서 예언이 주어지는 까닭이다.

둘째, 이 전쟁들은 '여호와의 날'이라는 주제에 맞물려 빈번하게 사용되는 공통 모티프들, 예를 들면 '해와 달의 변화'나 '하늘과 땅의 진동', '전쟁에 동원되는 많은 수의 사람' 등의 모티프들을 휴대함으로 이 전쟁이 어느 전쟁인지, 저 전쟁이 어느 전쟁인지를 가려내기가 쉽지 않다는 것이다. 전쟁 언급에 비슷한 말들이 따라 붙는다는 것이다.

셋째, 예언이 흔히 갖는 이중/다중의 의미 때문이다.

즉, 위에서 잠시 논하였듯이, 하나의 전쟁은 하나님의 언약 백성 이스라엘이 언약 밖에 있는 이방 나라들과의 관계에 의해 파악되도록 주어질 뿐 아니라 신약적 의미에서는 새 언약 속에 있는 하나님의 백성과 그 언약 밖에 있는 세상 나라들과의 관계에서 해석되도록 주어지기도 한다는 것이다. 또한, 새 언약 백성과 세상 나라들 간의 전쟁도 하나가 아니라 둘 이상 혹은 여럿이 있을 수 있다는 것이다.

따라서 구약과 신약의 예언들에 대한 해석에 관한 한 이 점을 생각하지 않으면 세대주의자들처럼 문자주의에 빠지거나 이스라엘이 곧바로 교회로 대체되었다는 대체신학을 주장하는 말하자면, 양쪽 중 하나의 극단을 택하게 된다는 것이다. 필자는 구약에서 이스라엘의 먼 미래에 대한 예언들이 대체로 하나의 국가로서의 민족적 이스라엘에게서도 성취될 뿐 아니라, 그것의 신약적, 영적 성취들도 있을 것으로 본다.

넷째, 예언의 서술하는 방법에 있어 구약 기자들이 어떤 때는 병행(竝行)적으로 또 어떤 때는 계기(繼起)적으로 예언을 서술한다는 것이다.

이것 때문에, 여기서 말한 전쟁이 뒤에 또 비슷하게 나타나는데 이것이 앞의 전쟁을 다시 말하기 위해 병행(반복)하여 제시된 것인지 아니면 앞의 전쟁 다음에 계기적(순서적)으로 일어나게 될 다른 전쟁을 말하는 것인지 가려내기가 쉽지 않다는 것이다.

이러한 측면들을 충분히 감안하여 보면, 우선은 요엘서 2:18-19 및 3:9-17에 나타난 예언은 병행으로 보이고(즉 같은 예언), 둘째로 이 예언은 언제

일지는 모르나 현재의 민족적 이스라엘이 주변국들의 공격을 받되 이들을 격퇴하게 되는 것으로 성취될 것으로도 보인다. 구체적으로는 요한계시록의 아마겟돈 전쟁으로 보인다.

   3장의 '전쟁들'은 같은 장에서 비슷하게 묘사되어 혼동될 수 있으나 1-8절은 위에서 잠깐 언급하였듯이 문자적 이스라엘 나라와 주변국들과의 전쟁으로 보인다. 이는 요엘 당시 기준으로 가까운 미래에 성취된 것으로 보인다. 반면, 비슷한 표현들을 사용하기 때문에 혼동되나 이어지는 9-17절은 아마겟돈 전쟁일 가능성(물론 예수님 재림 어간에 있을 문자적 이스라엘에 대한 이방 나라들의 공격으로도 봄)이 높다. 왜냐하면, 관련 표현들 때문이다.

   이 표현들을 하나하나 점검해 보자.

첫째, 요엘 3:13이다.

> 너희는 낫을 쓰라. 곡식이 익었도다. 와서 밟을지어다. 포도주 틀이 가득히 차고 포도주 독이 넘치니 그들의 악이 큼이로다(욜 3:13).

이것은 요한계시록 14:8-20과 비슷하다. 이는 짐승과 그 우상에게 경배하는 자들이 받게 될 심판(포도주로 표상됨)과 구름 위에 앉으신 인자(人子)의 그 백성 구원 사역(곡식으로 표상됨)으로 요한계시록에 표현되고 있는데, 이 심판과 구원은 사실상 요한계시록 16장의 일곱 대접 심판, 17-18장의 음녀 멸망, 19장의 예수님의 성도와 함께 강림하심 및 아마겟돈 전쟁으로 구체화된다.

   둘째, 요엘 2:30-32 이다.

> 내가 이적을 하늘과 땅에 베풀리니 곧 피와 불과 연기 기둥이라. 여호와의 크고 두려운 날이 이르기 전에 해가 어두워지고 달이 핏빛 같이 변하려니와 … 시온산과 예루살렘에

서 피할 자가 있을 것임이요(욜 2:30-32).

그리고 요엘 3:15-16이다.

> 해와 달이 캄캄하며 별들이 그 빛을 거두도다. 여호와께서 시온에서 부르짖고 예루살렘에서 목소리를 내시리니 하늘과 땅이 진동하리로다. 그러나 여호와께서 그의 백성의 피난처, 이스라엘 자손의 산성이 되시리로다(욜 3:15-16).

이것은 마태복음 24:29-30과 요한계시록 6:12-17; 19:1-21과 관련이 있다. 이 내용들은 간략하게 정리하면 다음과 같다.

즉, 성도들은 짐승에게 죽임을 당하고 '3년 반 적그리스도의 통치(환난) 후에' 즉시 해가 어두워지며 달이 빛을 내지 아니하며 별들이 하늘에서 떨어지며 하늘의 권능들이 흔들리게 될 것이다(마 24:29과 요한계시록의 여섯 째 인). 하늘에는 인자의 징조가 있을 것이다. 땅의 족속들은 통곡하고 인자는 큰 나팔 소리와 함께 택하신 자들을 하늘 이 끝에서 저 끝까지 사방에서 모으실 것이다(마 24:30-31, 휴거).

요한계시록의 여섯 째 인 직전에는, 황충 재앙, 유브라데에서 전쟁(사람 3분의 1이 죽고 사람들은 회개하지 않고 계속 우상 숭배), 나팔 재앙이 있을 것이다. 여기서 유브라데 전쟁이 확대된 형태가 아마도 아마겟돈 전쟁일 것이다. 무천년설자들이 두 전쟁(곡과 마곡 전쟁까지 포함시키면 세 전쟁)을 동일한 전쟁이라고 하나 필자는 그렇게 보지 않는다. 유브라데 전쟁은 성도의 부활-휴거 전에 일어나는 전쟁이고 아마겟돈 전쟁은 성도의 부활-휴거와 거의 동시적 혹은 이 사건 후에 일어나는 전쟁이다. 땅의 불신자들에게 일곱 대접이 쏟아질 때, 아마겟돈으로 적그리스도의 군대가 모인다.

이때 동시적으로 예수님과 성도의 군대가 공중에서 내려온다. 예수님의 심판 집행으로 적그리스도와 거짓 선지자가 산 채로 불못에 던지우며 세상 왕들과 그 군대들이 멸망한다. 요엘서의 전쟁(욜 3:9-17)이 스가랴 12,

14장의 전쟁과 유사한데, 만약 이 전쟁이 민족적 이스라엘에 대한 열국의 공격이라면, 이때 교회는 휴거되어 올라갔을 때이므로 이 전쟁을 교회와 불신 세력 간의 전쟁으로 보기는 어려울 것 같다. 그러면 스가랴서의 전쟁을 요엘서 및 요한계시록의 전쟁과 비교해 좀 더 살펴보자.

3. 스가랴서의 구조와 '전쟁' 주제

1) 구조

스가랴서의 전쟁을 요엘의 전쟁, 나아가서는 요한계시록의 전쟁과 비교, 분석하기 전에 스가랴서의 구조 그리고 선지자의 시점 이동에 대해 알아보는 것이 필요하다. 왜냐하면, 스가랴 12장과 14장에 묘사된 마지막 때의 전쟁은 책의 전체 구조와 선지자의 시점 이동을 살피는 가운데 보다 정확히 이해될 수 있기 때문이다.

먼저, 스가랴서의 구조에 대해 필자가 말하고 싶은 것은, 스가랴서의 구조가 지난 세월동안 크게 오해되었다는 것이다. 학자들이 왜 스가랴서의 구조를 오해하게 되었는지 몇 가지로 설명하면 다음과 같다.

첫째, 본서의 다양한 장르 때문에 구조에 대한 오해가 있었다.

사람들이 스가랴서를 읽고 대체로 인식하는 것은, 1-6장은 '(밤의) 환상', 7-8장은 '금식에 관한 설교', 9-14장은 '미래에 대한 예언'[12] 등 책

---

12 물론 9-14장에는 선지자의 상징 행동도 나타난다. 3부로 내용 분해를 하는 대표적 학자는 김희보, 『구약 스가랴 주해(상)』(서울: 총신대학출판부, 1985), 18-9이나. 그는 제1부 스가랴의 8개의 이상(1-6장); 제2부 금식 문제에 대해(7-8장); 제3부 예언(9-14장)으로 분석하였다. 차일즈의 정경 비평적 설명도 참조하라. B. S. Childs, *Introduction to the Old Testament as Scripture*(Philadelphia: Fortress, 1979), 480; Cited in Ralph L. Smith, *Micah-Malachi*, WB.C. 32(Waco: Word Books, 1984), 172f. 스미스의

이 장르에 따라 세 부분으로 나누어질 수 있다는 것이다. 장르에 따라 이렇게 나눌 수는 있으나 본서가 우리에게 보여 주는 주제적 패턴이나 규칙성은 이 구분에서는 붙잡을 수 없다.

둘째, 9-14장이 원래의 스가랴 선지자의 말씀이 아닌 후대의 것이라는 역사비평 학자들의 오해가 있었다.

그들은 9-14장을 '제2 스가랴'라고 부른다. 이런 판정을 내리는 첫째 이유는 9:13의 내용 때문이다.

> 내가 유다를 활로 삼고 에브라임을 끼운 화살로 삼았으나 시온아 내가 네 자식들을 일으켜 헬라 자식들을 치게 하며 너를 용사의 칼과 같게 하리라(슥 9:13).

여기서 헬라 자식들이 나온다. 이에 그들은 헬라 사람들이 패권을 차지한 시대(셀류시드 왕조가 유다를 위협하던 B.C. 300년경)가 9-14장의 역사적 배경이라고 주장하게 되었다.

역사 비평가들은 대개 자연주의적 세계관에 기초해 있기 때문에 선지자가 초자연적인 하나님의 능력으로 미래 일을 예언할 수 있음을 받아들이지 않는다(그리고 받아들이지도 못한다). 그들의 '사전에' 예언의 진정성(authenticity of prophecy)이라는 단어는 없다.

그리하여 그들은 미래 예언에 있는 어떤 정보들을 실제 역사적 사건들과 대응해 그 역사적 사건들의 연대를 그 문서가 작성된 연대로 결정을 내린다. 이러한 그들의 시각은 이미 이사야서에 대한 역사비평에서 보인 것인데, 본서 스가랴서에서도 나타난 것이다.

사실 우리가 9:13을 자세히 살피면, 그 내용은 유다 자손이 헬라 자손을 칠 것이라는 예언이다. 따라서 헬라가 패권을 잡은 시기로 봄은 바람직하지 않다. 또한, 우리는 선지자가 그 당시 백성을 향해 하나님의 말씀을 예

구조(1-8장; 9-14장)도 참조 바란다. Smith, *Micah-Malachi*, 181.

언(預言)했지만, 동시에 미래 일을 예언(豫言)할 수 있었던 사람임을 인정해야 할 것이다.

그리고 이 미래 일에 대한 말씀은 아주 먼 미래의 말씀도 포함함을 인정해야 할 것이다. 선지서들에 있는 아주 먼 미래의 말씀(우주적 격변, 천상의 존재들과 사건들에 대한 비전, 상징적인 숫자들 등)은 어떤 학자들처럼 '묵시'(默示)라고 해서 예언과는 아주 이질적인 장르의 문학이라고 쉽게 단정할 것이 아니다. 구약 예언들은 거의 모두 현재, 가까운 미래, 먼 미래로 그 예언 내용들이 시점에 따라 진전하고 있는데 그 시점은 아주 먼 미래로도 진전하고 있음을 알아야 한다.

구약 정경은 자체로 하나님 말씀으로서 절대적이고도 고유한 지위와 가치를 지닌다. 구약 정경 선지서들의 아주 먼 미래에 대한 계시가 세속 묵시(및 쿰란 묵시를 포함한 유대교 묵시 사상)와 비슷하다고 해서 동일한 문학-종교적 차원에서 접근하는 것은 하나님의 계시에 대한 이해를 처음부터 포기하는 것과 같다.

이것은 요한계시록 이해에도 그대로 적용된다. 자연주의 세계관에 기초한 종교학자들은 1세기 상황 속에서 교회들에 대한 메시지뿐 아니라 선지자 요한이 재림 전후의 일들도 전달하고 있다는 것을 받아들이지 않고, 또 받아들이지도 못한다. 많은 구약의 예언이 신약에서 실제로 성취되었듯이, 요한계시록의 예언(豫言)들이 곧 이루어지는 것을 보게 될 때야 그들은 그것들이 세속 묵시와 같은 픽션이 아니라 진실된 하나님의 미래사에 대한 계시였음을 깨닫고 후회할 것이다.

말하자면, 스가랴는 학개와 함께 B.C. 520년(다리오1세=다리오 휘스타페스) 포로에서 돌아온 자들이 안일하여 하나님 성전을 건축하지 않는 것을 꾸짖고 그들을 재촉해 성전을 준공(B.C. 516/515)케 했던 선지자다. 그러나 그는 여기에서 그치지 않는다. 성령으로 충만한 하나님의 사람인 그가 하나님의 계시를 따라 6세기의 시점에서 미래에 유다 족속이 헬라 족속(셀류시드)에게 승리를 거두는 모습을 또한 바라본 것이다.

이렇게 미리 보았던 선지자의 비전이 마카비 시대에 이루어지게 된다. 실제 역사에서 유다 족속이 용맹을 발휘해 헬라인들을 물리치는 것이다.

9-14장을 따로 떼어 스가랴 선지자와는 다른 시대의 작품으로 볼 것이 아니라, 다른 선지서들이 그러하듯 먼저 현실적 죄를 고발하는 7-8장과 일차적으로 연결해서 보는 것이 중요하다. 7-8장의 죄에 대한 말씀에 이어 9-14장의 미래에 대한 심판과 구원의 말씀을 생각해 보는 것이 필요하다.

셋째, 9-14장 속에 들어 있는 표현 '맛싸'(슥 9:1, 12:1, 경고라는 뜻)가 말라기 1:1에도 나타나기에 스가랴서의 후반부는 말라기서와 이어진 것이라는 일부 학자의 오해가 있었다.

이 '맛싸'가 스가랴서와 말라기서에 나타나는 것은 사실이지만, 말라기서는 그 자체로 완결성을 나타내는 하나의 책이다. 말라기서는 말라기서 자체의 구조와 주제들이 있다. 단지 말라기서의 서두에 '맛사'가 나타난다고 해서 스가랴 후반부와 엮는 것은 너무나 편협한 분석과 판단이 아닐 수 없다.

필자의 주제적, 신학적, 선지자의 시점 이동을 따른 분석으로는, 본 선지서는 크게 두 병행 단락으로 나누어진다. 1-6장과 7-14장이 그것이다. 더 연구가 필요하겠지만, 본 분석은 최소한 위에서 언급한 오해들은 어느 정도 해소할 수 있을 것이다.

본문	시작하는 주제들과 마치는 주제들	신학적 요소들 (죄 → 심판/구원; 유대 → 이방)	선지자의 시점 이동 (시공간 이동)
A(1-6장)	1:4의 옛적 선지자들(הנביאים הראשנים)이 이스라엘에게 악한 행실을 버리고 돌아오라고 했으나 이스라엘이 듣지 아니함; 6:15의 여호와의 전(היכל יהוה)의 건축으로 끝남	이스라엘의 죄(악한 행실)-이스라엘 심판-이스라엘을 괴롭힌 열국 심판-이스라엘 회복	다리오 2년 8월, 2년 11월 24일-가까운 미래-메시아-종말의 열국 심판
A'(7-14장)	7:12의 이전 선지자들(הנביאים הראשנים)이 전한 말씀 곧 참된 금식에 대한 말씀을 이스라엘이 청종하지 않음; 14:21에서 여호와의 전(בית-יהוה)이 거룩하게 될 것으로 끝남	7-9장(a): 이스라엘의 죄(금식)와 심판-이스라엘 회복-열국 회복-열국 심판-이스라엘 회복// 10-14장(a'): 이스라엘의 죄(목자들의 죄)와 심판-이스라엘 회복-열국 심판-열국의 남은 자 회복-예루살렘과 유다 회복	다리오 4년 9월 4일-가까운 미래-종말의 열국 심판, 메시아, 열국 및 유다 회복

우리가 다루려는 전쟁들이 스가랴 12장과 14장에 나타나기에 위의 단락 중 7-14장을 좀 더 자세히 살펴보려 한다. 이 단락은 다시 병행을 이루는 두 개의 하위 단락으로 나누어진다는 사실을 주목할 필요가 있다. 7-9장과 10-14장이 병행을 이룬다.

"내용과 중요 주제들을 따라 구조 분석을 할 때 필자는 7-9장이 다음과 같은 신학적 스토리라인을 이룬다고 결론을 내린다."[13]

(1) 스가랴 7:2-8:8과 8:9-23은 병행을 이룬다.

두 단락은 죄의 고발에서 심판/징계로 나아가며 그다음에는 미래의 회복으로 나아간다. 7:2-14에서 언약 관련 죄들을 전달하기 위해 저자는 두 가지 뚜렷이 구분되는 주제들 곧 '금식'과 '애곡'(mourning)을 사용한다. 이러한 표현들 즉 전반부의 시작 부분에 나타난 표현들보다 더 구체적이고 실질적인 표현을 사용함으로 저자는 이미 지난 70년 동안 더욱 깊은 괴로움을 겪은 포로 후기의 공동체가 아직도 슬픈 상황 가운데 있음을 묘사한다. 그러나 7:5-6에서 여호와께서는 땅의 백성과 제사장들의 가장 힘들던 포로기 동안의 이기적 신앙 행습을 꾸짖으신다. 7:2-14의 단락은 시내산-모압 들판의 언약을 깨뜨린 유다의 죄 때문에(9-11절) 낙토가 황무하게 되었고 유다 백성은 열방 중에 흩어지게 되었다(14절)고 서술한다.

(2) 그러나 여호와의 큰 열심과 그분께서 시온으로 돌아오심으로 소망 없던 현실은 완전히 반전된다(8:1-8).

8:9-10은 1장의 것 보다 더 진전된 시간대에서 공동체가 직면한 문제들을 다루기 시작한다. 사람과 짐승에게는 임금이 주어지지 않았고 적군에 대한 안전 보장도 없었다. 상황이 어쨌든 간에(8:10), 여호와의 결심 때문에 예루살렘은 회복될 것이다(11-15절). 1-6장과 7-14장의 두 병행 단락에서 주목

---

13   Yung Hun Choi, *Patterns of Movement in the Hebrew Psalter*(New York, etc: Peter Lang, 2021), 194.

할 만한 점은 언약 공식(8:8, covenant formula)이 성취된다는 것 그리고 3:10과 8:12의 풍성 주제의 변주곡이다. 결국에는 "많은 민족과 강한 나라가 예루살렘에 계신 만군의 여호와를 찾고 여호와의 은총을 구하려고 올 것이다"(8:20-23, 특히 22절).

(3) 이러한 유다와 열국의 종말적 회복 다음에 가까운 미래의 여호와의 심판이 있을 것이다(9:1-6).

가까운 미래의 심판 다음에 '시온의 왕의 오심'과 [왕의] 언약의 피'가 있을 것이다(9:9-12).

(4) 이 메시아의 오심 다음에 유다와 에브라임의 헬라 자손들에 대한 승리가 있을 것인데(9:13-15), 이것은 종말적 전쟁에 대해 예언적 기능을 한다. [...]14

7-14장의 두 번째 부분인 10-14장은 '목자(선지자들)와 양'의 주제를 가지고 언약을 깬 지도자들에 포커스를 맞추고 있다.

이 부분도 다음과 같은 스토리라인을 보인다.15

(1) 10장과 11-14장은 크게 보아 병행을 이루는데 왜냐하면 '거짓 교사/거짓 예언'의 주제로 두 부분의 시작이 이루어지기 때문이다.

10:1의 선지자의 권면과 별도로, 2-3절에는 양들처럼 사람들을 방황하도록 하는 '드라빔', '신접자들', '거짓된 꿈들'과 같은 것들이 나타난다. 여호와의 백성에 무관심한 '목자들'과 '숫염소들'만이 포로 후기 유대 공동체에 있었던 듯하다. '세 목자'(11:8), '어리석은 목자'(15절), '양 떼를 떠난 무익한 목자'(17절) 등 다양한 표현들로 소개되는 거짓 교사들이 10-11장에 등장하는 것 같다.

---

14 Ibid., 194-5. 필자의 번역.
15 Ibid., 195.

(2) 이 사람들은 이 문맥에서 그리스도(11:4, 12)를 예표하는 스가랴와는 정반대편에 서 있다.

'스가랴 선지자' 주제는 스가랴서의 첫부분 [1-6장]에서 관찰되나(2:13; 4:9; 6:15), 미래의 메시아를 암시하는 데에 사용되면서 두 번째 부분 [7-14장]에서는 더욱 구체적으로 나타난다. […]

(3) 선행하는 단락에서 한번 나타났던 메시아(7-9장의 9:9-12)의 출현(11:4, 12; 13:7) 얼마 후에 유다-에브라임의 회복 및 연합과 유다의 승리와 열방을 선도함이 있을 것이다(10:3-7; 12:1-9; 14:1-2, 12-15).

유다는 열방에서 자기 땅으로 돌아올 것이고(10:8-12) 자기가 찌른 '나'를 보면서 '그'를 위해 울고(12:10-14), 거짓 우상들과 선지자들 및 더러운 영들을 제거할 것이다(13:1-6). 특히, 13:1-6은 '거짓 교사/예언' 주제가 역전됨을 보여 준다. 여기서 '거짓 선지자'는 10-13장의 앞과 뒤를 감싸며(10:2-3 및 13:2-6), '애곡' 주제는 7-12장의 인클루시오를 이룬다(동사 סָפַד과 בָּכָה를 사용하여 7:3, 5; 12:10, 11, 12에 보임). 12장의 애곡은 여호와께 대한 진실된 회개이며 13장은 '거짓 선지자'에 대한 미움을 다룬다. 결국 이 주제들은 먼저 제기된 것들 [문제들]에 대한 대답의 기능을 한다.

(4) 11-14장은 11:1-13:6과 13:7-14:21로 나누어질 수 있는데 왜냐하면 두 부분이 모두 앞쪽에(11:12-13; 13:7) 목자 주제를 나타내기 때문이다. 시점으로 보면, 11:1-13:6은 사가랴 선지자 당시부터 끝날까지를 커퍼하는 반면 13:7-14:21은, 13:7이 마 26:31 혹은 막 14:27에 성취된 것이라면, 메시아 시대로부터 끝날까지를 커버하는 듯하다. 스가랴 선지자는 30세겔의 임금과 함께 나타나는데 노예 한 사람 값이요(출 21:32) 그렇게 사람들에게 멸시를 받았다는 것이고(11:12-13; 마 26:15; 27:3-10; 비교. 행 1:18) 이는 고난 받으시는 그리스도의 예표를 보인다. 그리스도의 죽으심과 그다음의 남은 자의 고난(13:9) 후에, 언약은 성취된다(13:9; 비교. 8:8).

(5) 14:3-11에서 '야웨의 왕권' 주제가 강조된다. "그날에는 그의 발이 올리브산 위에 설 것이다"(4절). 이것은 단지 신인동형동성론적(anthropomorphic) 표현은 아닐 것이다. 오히려 하나님은 그 날에 당신을 하나로 나타내실 것인즉, 야웨-그리스도의 완전히 연합된 모습으로 나타내실 것이다(비교, 13:7과 14:9). 마지막으로, 이 이야기는 잔치 분위기로 그 절정에 이른다. "초막절(חג הסכות)을 지키기 위해서, 예루살렘을 처서 올라왔던 모든 나라의 남은 자들이 매년 왕이신 만군의 여호와께 예배드리려고 올라올 것이다"(12:16). '이 사람들의 남은 자들'(즉, 유다. 8:12:את־שארית העם הזה)과 '모든 나라의 남은 자들'(כל־הנותר מכל־הגוים)이 있을 것이다 […]¹⁶

여기서 10-14장의 하위의 두 병행 단락으로 생각되는 11:1-13:6과 13:7-14:21을 주제와 시점에 따라 표로 정리하면 다음과 같다.

본문	당시의 죄	메시아 시대	종말적 전쟁과 회복/갱신
A 11:1-13:6	11:1-17	11:12-13 (메시아 예표)	12:1-9 전쟁; 12:10-14 예루살렘 회심; 13:1-6 회복: 거짓 예언 없음
A' 13:7-14:21		13:7 메시아의 고난	a 14:1-11; a' 14:12-21 전쟁과 회복/갱신

2) 스가랴서의 전쟁(요엘서와 관련해)

위에서 필자는 요엘서가 제시한 전쟁에 대해 모두 다루지 않았다. 왜냐하면, 요엘서의 전쟁은 스가랴서의 전쟁과 비슷한 측면을 지니기 때문에 스가랴서를 논하며 요엘서를 다루고 싶었기 때문이다. 필자는 이제 스가랴서의 전쟁을 다루는 가운데 요엘서를 다시 좀 더 언급하는 식으로 논의를 전개하려 한다.

---

16 Ibid., 195-6.

위에서 보았듯이, 스가랴서는 7-9장과 10-14장이 크게 보아 병행을 이루고 있다. 전쟁 주제와 관련되는 본문만을 추린다면, 9:13-17, 10:3-7, 12:1-9, 14:1-21 등이다. 먼저, 우리는 9:9 이하에 보이는 '왕'이 예수님에게서 성취되었음을 인정해야 할 것이다.

그러면, 스가랴 9:13은 어떤 전쟁을 가리키는가?

> 시온아 내가 네 자식을 격동시켜 헬라 자식을 치게 하며 너로 용사의 칼과 같게 하리라 (슥 9:13).

이는 마카비 형제들이 헬라 계통의 시리아 왕들에 대항해 용맹을 발휘한 내용을 가리키는 듯하고(욜 3:6-8과 비교), 또 영적으로 보면 하나님의 백성이 이방의 우상 숭배자들을 제압하는 내용을 가리키는 듯하기도 하다.

다만 이 시간이 9:9의 나귀 새끼를 타고 예루살렘으로 입성하시는 왕의 사건 다음에 일어나는 것이라면 후자가 더 맞을 것이다.

스가랴의 전쟁 예언 중 요엘서 3:9-21의 예언과 아주 유사한 것은 스가랴 12장과 14장의 내용이다. 12장을 보면, 열국이 예루살렘을 치러 오는 것, 그 열국을 여호와께서 치실 것, 이스라엘 백성이 전쟁에서 큰 힘을 발휘할 것 등을 말하는데 눈에 띄는 것은, 이들이 회개하게 된다는 내용(12:10-14)이 이어져 있다는 것이다.

이 내용이 예수님 재림과 연결됨을 추측할 수 있는 것은 "그들이 그 찌른 바 나를 바라보고 그를 위하여 애통하기를 …"(12:10) 때문인데 이 구절은 사도 요한이 요한계시록에서 예수님 재림을 바라보면서 언급하는 내용이기도 하다는 것이다.

> 볼지어다. 구름을 타고 오시리라. 각인의 눈이 그를 보겠고 그를 찌른 자들도 볼 터이요 땅에 있는 모든 족속이 그를 인하여 애곡하리니 그러하리라 아멘(계 1:7).

따라서 12장은 예수님 재림 어간에 예수님이 이스라엘에 큰 회개의 영을 부어 주심으로 그들이 메시아를 인정하게 되는 것으로 볼 수 있다. 즉, 이스라엘을 미워하는 열방의 우상 숭배자들의 이스라엘 공격이 있을 것이다.

스가랴 14장은, 마지막 때의 전쟁을 시사하는 언급들로 가득하다. 그런데 여기서 정말 중요한 것은, 이 전쟁 다음에 회복 혹은 갱신이 나타나되 이것이 두 번(점진성을 띠고) 반복된다는 것이다. 위의 도표에서 표기한 대로 14:1-11과 12-21절이 병행을 이룬다. 그리하여 모든 사건을 섞어버리면 안되고, 12장에 비추어 다음과 같이 이해해 보자.

주제: '전쟁 → 회복/갱신'이 아래 단락들에서 유사하게 반복됨(병행)

(1) 스가랴 12:1-14
열국이 예루살렘을 치러 옴, 그 열국을 여호와께서 치실 것, 이스라엘 백성이 전쟁에서 큰 힘을 발휘할 것 등; 그날에 여호와가 예루살렘 주민을 보호하리니(12:8); 이스라엘이 회개(12:10-14)-예수님 재림과 연결: "그들이 그 찌른바 나를 바라보고 그를 위하여 애통하기를…"(12:10).

(2) 스가랴 14장
a 스가랴 14:1-11
'열국이 예루살렘을 침'(2절), '여호와께서 열국을 치심'(3절), '여호와께서 예루살렘에 서심'(4절), '지형의 변화'(4-5, 10절), '빛이 없음, 어두워갈 때 빛이 있을 것임'(6-7절), '예루살렘에서 생수가 솟아남'(8절), '여호와께서 천하의 왕이 되시고, 여호와께서 홀로 한 분이 될 것이고, 예루살렘이 높이 들리게 될 것임'(9-10절) 등.

a′ 스가랴 14:12-21
'침략자들의 살과 눈동자가 썩고 피차 칠 것임'(12-13절; 여기서 전쟁 상황으로 되돌아감) '유다가 싸움'(14절), '열국의 보화가 모임'(14절), '열국의 남은 자가 여호와께 돌아옴'(16절), '초막절'(16, 18-19절), '예루살렘과 유다가 거룩하게 됨, 여호와께 성결, 여호와의 전에 가나안 사람이 다시 없음'(20-21절) 등.

(3) 요엘 3:9-21

사면 민족들이 여호사밧 골짜기로 올라옴, 심판 골짜기에 여호와의 날이 가까움, 해와 달과 별들이 빛을 거둠, 하늘과 땅이 진동함, 예루살렘이 거룩할 것, 이방 사람이 통행하지 못함, 산들이 단 포도주와 젖을 흘림, 여호와의 성전에서 샘이 흘러 싯딤 골짜기에 댈 것임, 여호와께서 시온에 거하심.

요엘서 3장에는 눈에 띄는 것이, '사면의 열국이 모임'(욜 3:2, 11-12, 'כל־הגוים מסביב'),[17] '여호와께서 여호사밧 골짜기에서 심판하심'(2, 12절), '해와 달이 캄캄하며 별들이 빛을 거둠'(15절), '예루살렘이 거룩하게 되어 이방 사람이 통행하지 못함'(17절), '여호와의 전에서 샘이 흘러 나와 싯딤 골짜기에 댐'(18절), '땅의 변화'(18-19절) 등의 주제다. 필자가 보기에 이 '전쟁 → 회복/갱신'의 변화에서 이 전쟁은 다른 전쟁일 가능성이 있지만 아마겟돈 전쟁일 가능성이 많다.

또한, 여기서 회복/갱신은 요한계시록과 관련해 볼 때 일차적으로는 천년 왕국을, 이차적으로는 새 예루살렘을 가리키는 것 같다는 것이다. 물론, 이 전쟁은 아마겟돈 전쟁 전에 민족적 이스라엘(혹은 예수님 재림 전 교회)을 공격하는 주변 국가들(또는 불신 세력)으로도, 비슷한 표현들이 나타나기에 아마겟돈 후 곧 재림 예수님의 천년 통치 후의 곡과 마곡의 전쟁[18](에스겔

---

17 여기서 '사면의 열국'은 계 20:8의 '땅의 네 귀퉁이에 있는 민족들'(τὰ ἔθνη τὰ ἐν ταῖς τέσσαρσι γωνίαις τῆς γῆς)과 비슷하다. 계 20:8의 본 구절에 대한 히브리어 성경의 번역은 'הגוים בארבע כנפות הארץ'로 나타난다.

18 슥 12:6(불 'אש'과 소멸하다 'אכל')과 계 20:9(불 'πῦρ'과 소멸하다 'κατεσθίω')를 비교하라. 슥 12:2; 14:2는 이방 나라들이 '예루살렘'을 포위할 것을 증거하며, 계 20:8-9는 땅의 사방 백성 곧 곡과 마곡이 '사랑하시는 성'을 두른다(καὶ ἐκύκλευσαν

서의 내용과 비교에 의해서)으로 볼 수 있는 근거도 약간은 있다. 그러나 필자는 욜과 슥의 이 전쟁이 아마겟돈 전쟁에 훨씬 더 가깝다고 본다.

첫째, 요엘 3:2의 여호사밧 골짜기(עמק יהושפט)에 대한 언급 때문이다.

많은 유대교인이나 무슬림들이 이 지명(여호사밧 골짜기)을 기드론 골짜기로 이해하여 지금 예루살렘에 가면 여기에 많은 묘지가 있다. 이 기드론 골짜기는 사실 히브리어로는 '나할 키드론' (기드론 시내) 곧 와디 키드론으로 번역할 수 있다. 비가 오면 이 저지대는 물이 흐르는 골짜기가 되리라. 이 기드론 골짜기에서 기슭으로 올라가면 감람(올리브)산인데 현재 예루살렘성 안에서 사해 쪽을 향해 보면 감람산이 보이고 돌관 모양의 무덤들이 즐비하다.

여호와께서 이방 나라들을 치시려고 감람산에 서신다(신인동형동성론적 표현)는 내용이 스가랴 14:4에 나타나고, 여호와께서 임하실 때 모든 거룩한 자들이 주와 함께 하리라(14:5)는 내용 때문에 이 감람산에 묘를 쓰는 것은 이해할 만하다(그러나 문제는 지금의 대부분의 유대인들이 기다리는 메시아는 예수님이 아니라는 것이다).

이 감람산은 어떻게 갈라지는가?

스가랴 14:4에 따르면 감람산은 예루살렘 앞 편 곧 동쪽에 위치해 있다. 예수님(본절의 '그'가 예수님이시라면)의 발이 감람산에 서시면 중간이 갈라지게 되는데 동으로부터 서로 갈라지고 중간에는 매우 큰 골짜기가 생기게 된다. 그리고 산의 한 쪽은 북쪽으로, 다른 한 쪽은 남쪽으로 이동을 하게 된다. 이 골짜기는 '아셀'(אָצַל)까지 미치게 된다고 5절 상반절에 나타

… τὴν πόλιν τὴν ἠγαπημένην)고 한다.
또한, 에스겔 39:11(וקברו שם את־גוג ואת־כל־המונה וקראו גיא המון גוג)과 요엘 3:14(המונים המונים)를 비교하라. '많은 사람=무리'를 뜻하는 '하모나', '하몬', '하모님' 등 어근이 같은 단어들이 쓰였다. 에스겔 38-39장의 '곡'과 요한계시록 20:8의 '곡과 마곡'을 같은 것으로 볼 경우 욜 3:14는 자동적으로 '곡과 마곡'으로 볼 수 있게 되는 것이다.

나는데 이 '아셀'을 12지파의 하나인 '아쉐르'(אָשֵׁר)가 살던 지역으로 생각하면 오해다. 히브리어 음으로 이 단어는 '아쩰'(אָצֵל)이다. 즉, 현재 어디 지명인지는 모른다.[19]

그러면 요엘서의 '여호사밧 골짜기=판결 골짜기'(3:14, עמק החרוץ ; the valley of decision)가 곧 이 기드론 골짜기가 아닐까?

아닌 것 같다. 왜냐하면, 여호사밧 골짜기를 지칭할 때 사용한 히브리어는 '에메크'인데 이는 두 산악 지역의 보다 넓은 평지를 의미하기 때문이다. 예를 들어, 사무엘상 17:1-3에 보면 엘라 골짜기가 나타나는데 이는 지금 가보면 넓은 밭들이 있는 평지다. 양쪽에 산이 있는데 이쪽에는 이스라엘의 사울 군이 있었고, 소고와 아세가 사이에 있는 저쪽 에베스 담밈에는 블레셋 군이 있었다(어린 다윗도 이쪽 산에 이스라엘 군인들과 함께 있었다). 즉, 엘라 골짜기처럼 비교적 이런 평평한 지역을 '에메크'라 부르는 것이다.

반면, 스가랴 14:4의 골짜기는 히브리어로 음역하면 '가이'(gay, גַּיְא)인데, 연계형 '게'(גֵּי)가 쓰였고 뒤에 '게돌라 메오드'가 붙어 '매우 큰 골짜기'를 의미하는데 정확한 우리말을 찾자면 매우 큰 혹은 깊은 협곡(峽谷)이 맞다(겔 39:11 '바다 동편' [주석가들은 사해 동편으로 봄], 통행자들의 '골짜기'도 '게'; גַּיְא).[20]

그러면 스가랴 14:4의 매우 큰 골짜기와 요엘 3:12의 여호사밧 골짜기가 서로 다르다면, 여호사밧 골짜기는 어디이며, 요엘서 및 스가랴서의 내용이 아마겟돈 전쟁을 가리키는 것으로 볼 수 있는 근거는 무엇인가?

먼저, 요엘 3:12의 여호사밧 골짜기를 므깃도(슥 12:11)를 지칭하는 것으로 볼 수 있는 가능성이 있다. 왜냐하면, '여호사밧'은 히브리어로 '여호와께서는 심판하신다'는 뜻이기 때문에 어떤 지명에 대한 고유명사가 아

---

19   이 지명에 대해서는 김희보, 『**구약 스가랴 주해**(하)』, 286-7을 참조하라.
20   참고, Ibid., 233.

니라 별칭으로 볼 수 있다는 것이다.

요엘서에서도 여호사밧 골짜기를 '판결 골짜기'('결정[decision]의 골짜기', **עמק החרוץ**)라고 다시 설명하고 있다.

그러면 여기서 문제가 되는 것은 므깃도를 '골짜기'로 볼 수 있느냐 하는 것이다. 바로 스가랴 12:11-14에 이 표현이 나타난다.

> 그날에 예루살렘에 큰 애통이 있으리니 므깃도 '골짜기'(하다드 림몬, Hadad Rimmon[הדד-רמון])[21]에 있던 애통과 같을 것이라. 온 땅 각 족속이 따로 애통하되 다윗의 족속이 따로 하고 그 아내들이 따로 하며 나단의 족속이 따로 하고 그 아내들이 따로 하며 …(슥 12:11-14).

이 구절의 배경은 열왕기하 23장과 역대하 35장의 요시야왕의 죽음과 관계 있다. 애굽 왕 바로느고가 갈그미스를 치러 올라오자 요시야는 므깃도 '골짜기'[22]에 이르러 싸우다가 화살에 맞아 전사하였다. 예레미야는 조가(弔歌)를 지었고 온 유다와 예루살렘 사람들이 요시야의 죽음을 슬퍼하였다. 왜냐하면, 이러한 이유 때문이었다.

> 요시야와 같이 마음을 다하며 성품을 다하며 힘을 다하여 여호와를 향하여 모세의 모든 율법을 온전히 준행한 임금은 요시야 전에도 없었고 후에도 그와 같은 자가 없었더라 (왕하 23:25).

스가랴는 경건한 왕이요 이스라엘의 목자였던 요시야의 죽음을 유대인의 왕이요 목자이신 예수님의 죽음과 겹치게 한다. 그러면서 그는 이스라

---

21 Ibid., 232-3.
22 역대하 35:22, 골짜기는 히브리어로 '비크아' 곧 '평원'(plain)의 뜻. '므깃도 평원에서.'

엘이 완악하여 오신 메시아를 은 삼십에 팔아먹고(슥 11:12), '나'[23]를 찔러 죽였으나 과거 요시야의 죽음을 슬퍼한 것 같이 그들이 예수님에 대한 죄를 회개하며 슬퍼하게 될 것을 말하는 듯하다. 뿐만 아니라, 스가랴 선지자는, 그 옛날 므깃도는 주의 사랑하는 자(요시야)의 죽음의 장소, 이스라엘의 패배의 장소였으나, 이제는 반대로 이스라엘을 치는 열국을 징벌하시는, 죽었던 주의 아들을 그 예루살렘의 감람산에 서게 하시사 예루살렘은 지형을 변화시켜[24] 보호하시고 예루살렘을 에워싸 달려드는 열국에 대해서는 그들을 심판하시는 장소로서 므깃도를 보여 주시기 위해 이 므깃도 골짜기를 언급한 것 같다.

므깃도는 골짜기(valley)로도 평원(plain)으로도 번역된다. 골짜기인 것은 서쪽의 갈멜산과 동쪽의 갈릴리 산지와 남쪽의 사마리아 산지 사이에 위치하기 때문이고, 평원인 것은 너무 넓고 평평한 골짜기이기에 더 이상 골짜기가 아니기 때문이다. 사실, 필자는 그 지역이 이스르엘 '골짜기'(호세아 1:4에 골짜기는 '에메크')에 속한 곳인지는 알았지만 '에메크'나 '비크아'가 평원인지는 몰랐고 골짜기는 늘 생각해 온대로 협곡으로 알고 있었다. 실제로 므깃도에서는 가보면 협곡은 볼 수 없다.

간혹 아마겟돈(계 16:16의 '아마겟돈'[Ἀρμαγεδδών]은 히브리어 '하르-마겟돈' [הר מגדון]의 헬라어 음역, 곧 '므깃도산'이라고 되어 있는 것임)의 '하르'(הר)를 '골짜기'로 생각하는 사람도 있으나 골짜기가 아니라 '산'이다. 실제

---

23 스가랴 12:10, 그들이 찔렀던 '나'를 바라볼 것이고 그들이 '그'를 위해 울 것이다. '나' 곧 여호와와 '그'가 호환으로 쓰였다. 장세훈, 『내게로 돌아오라』(서울: SFC, 2007), 396.　김희보, 『구약 스가랴 주해』(하), 228: "이 귀절에서 '그를' 바라보고의 '그를'이란 말의 MT 원문은 '나를'('אלי', to me, 그리스도 자신을 가리킴)이라고 되어 있다 … 그러나 어떤 학자들은 10절 하반절과의 일치를 위해 '나를'('אלי', to me)이 대명사 '그를'('עליו', on him)을 뜻한다(see JCC 및 G. A. Smith). 한 국역 [한글개역]을 위시하여 RSV와 JB(look on the one whom …)가 이것을 따랐으나, KJV, NASB, NIV, NEB 등은 MT 사본을 그대로 따랐다 …" 한글 역본 개역개정은 '그를'로 번역하고 각주에 히. '나를' 어떤 역본에는 '그를'이라고 각주를 달았다.
24 스가랴 14:10 וראמה וישבה ; …예루살렘이 높이 들려 그 본처에 있으리니 …

로 므깃도에 가보면 그곳은 언덕(옛날에 요새가 있었음)쯤 되나 산으로까지는 볼 수 없는, 낮은 '동산' 정도의 장소다. 사방을 둘러보면 기름진 평야인데 큰 그림에서 보면 갈릴리 산지와 사마리아 산지 사이의 평원이기에 그 지역을 골짜기로도 부른 것이다.

종합하면, 므깃도 골짜기(평원)는 예루살렘에 근접해 그 성을 공격하기에 가장 좋은 장소로 보인다. 열국이 예수님의 은혜로 회심할 이스라엘(슥 12:10-14)을 치기 위해 집결한 장소이며 동시에 예수님의 그 열국에 대한 '심판'과 '결정'의 장소이기도 한 것으로 보인다. 이들이 예루살렘을 치기 위해(12:9; 14:2) 므깃도(계 16:16; 참고, 슥 12:11)에 우선적으로 집결해 있는 것은 충분히 생각할 수 있다.

물론 이들은 결국 예루살렘을 공격한다(14:12). 이때 감람산에 여호와뿐만 아니라 '모든 거룩한 자들'이 함께할 것이라고 했으므로 이것은 충분히 요한계시록 19:14에서 보듯 '희고 깨끗한 세마포 옷을 입고 백마를 타고 예수님을 따르는', '하늘에 있는 군대들' 곧 교회로 볼 수 있다. 적그리스도에 의해 핍박 받고 순교한 자들이 이미 휴거되어 공중에 오신 예수님을 만나고 나서 이 아마겟돈-예루살렘 전쟁을 위해 감람산에 강림함을 추측할 수 있다. 이 전쟁을 이렇게 주님 은혜로 회개에 이를 민족적 이스라엘과 관련해 볼 수 있겠다.

여기서 예루살렘을 영적인 해석을 하여 교회로 볼 수 없는 것은 바로 교회가 부활을 받아 이미 공중으로 취함을 받았었고 예수님과 함께 하늘 군대로 내려올 것이기 때문이다(슥 14:5).

그러면 왜 '민족적 이스라엘'을 공격하기 위해 만국은 므깃도 그리고 결국 예루살렘이라는 문자적 장소로 몰려오는가?

필자는 이 질문에 대한 답변은 '민족적 이스라엘의 회심'과 관련되었다고 본다. 또한, 이 답변은 적그리스도가 '한 이레의 언약'을 누구와 맺는가에 대한 해석과 관련되어 있다고 본다. 그리고 이 답변은 전 3년 반의 두 증인의 전도가 어떻게 문자적 이스라엘에게 영향을 미쳤는가, 전 3년 반이 마치면서 적그리스도가 '제사와 예물을 폐지'함이 문자적 이스라엘에게 어떤 영향을 미쳤는가에 대한 이해와 관련되었다고 본다.

필자의 해석은 이렇다. "한 이레의 언약"(단 9:27)은 적그리스도가 교회와 맺는데 이는 자유로운 예배와 전도와 관련된 듯하다. 물론 적그리스도는 민족적 이스라엘에게도 종교적인 부분에 대해서는 극히 호의적으로 나올 것으로 본다. 한 이레의 전반부인 전 3년 반 동안에는 기독교를 비롯한 타종교에 대한 자유가 권장될 것인데, 이때 복음 전도자들(유대인이든 이방인이든 예수님을 전하는 전도자들=두 증인)의 말씀 선포가 활발히 이루어질 것이다. 사실, 재림 예수님의 천년 통치 시기를 제외하고,[25] 이것은 구원 받을 마지막 기회로서의 전도가 될 것이다. 왜냐하면, 전 3년 반이 마치면서 적그리스도는 전도자들을 모두 죽이고 '제사와 예물을 금지' 곧 예배를 금지할 것이기 때문이다.

그다음 후 3년 반 동안은 적그리스도가 교회에 우상을 세울 것이고 자기에게 절할 것을 강요하며 그 요구를 거부하는 성도들은 모두 감옥에 가두거나 죽여 버릴 것이기 때문이다. 전 3년 반의 시기에 예루살렘에 문자적 성전이 있다면 그 전 3년 반이 끝나면서 그곳에 우상이 세워질 수도 있다. 어쨌든 실제적으로 후 3년 반은 전무후무한 박해의 시기일 것이기에 더 이상 전도가 없게 된다고 본다.

다만, 예수님을 믿지 않던 유대인들은 전 3년 반 동안에 복음을 들었고, 그들 대부분이 여전히 예수님을 영접하지 않을 것이나, 그들은 전 3년 반이 마칠 때 순교를 당했던 두 증인이 구름을 타고 하늘로 올라가는 것을 통해 그 말씀의 진실성을 직감할 것이다(참고, 계 11:13[26]).

---

25 천년 통치의 시기에는 예수님의 의의 통치가 이루어지므로 그 기간에 나고 죽는 사람들에게 매드 신보가 힐 것이 별로시 없을 것이니. 그들은 식섬이신 예수님의 직접 농치 아래에 살 것이기 때문이다. 다만 하나님의 선택을 따라 그중에도 예수님을 배반하고 사탄을 따를 자들은 분명히 있다. 그렇게 의의 통치를 경험하고도 하나님을 거스를 자들이 있다는 것은 놀랍지만 요한계시록 20장의 증거를 따르면 그렇다는 것이다.

26 두 증인의 승천을 보고 회개할 사람들('남은 사람들')은 유대인들일 수도 있고 큰 성

그뿐만 아니라 그들은 전 3년 반이 지난 시점에서 그동안 적그리스도에게 속았다는 것을 깨닫게 되고, 후 3년 반 동안 일월성신의 3분의 1이 어두워지고(계 8:12), 유브라데 전쟁으로 사람 3분의 1이 죽임을 당하는 동안(9:13-21) 심한 내적 혼란을 겪을 것이다. 그뿐만 아니라 유대인들은 후 3년 반 동안 적그리스도에게 절하지 않고 죽임을 당한 성도들(적은 수의 유대인 성도들과 많은 수의 이방인 성도들)이 후 3년 반의 끝부분(만약 하나님이 환난의 날들을 감하신다면) 혹은 후 3년 반이 지나고 교회가 부활-휴거될 때 더욱 심한 내적 혼란을 겪을 것이다.

그리고 결국은 유브라데 전쟁의 확대판인 아마겟돈 전쟁 곧 요엘과 스가랴가 전하는 만국의 예루살렘 공격(욜 3:2, 9, 11, 12; 슥 12:2; 14:2) 시기에 하나님이 주시는 큰 회심을 경험할 것이다. 스가랴 선지자는 '그 날에 통회(痛悔; mourning)가 크게 이루어질 것이라'고 표현한다(필자의 사역).

스가랴 12:10을 보면 이들이 '은혜와 간절한 기도의 영'(רוח חן ותחנונים; the spirit of grace and supplications, 필자의 사역)을 부음 받아 '그들이 그 찌른바 나를 바라보고(והביטו אלי את אשר-דקרו) 그를 위하여 애통하기를 독자를 위하여 애통하듯 하며 그를 위하여 통곡하기를 장자를 위하여 통곡하듯' 할 것이다. 이 유대인들은 물이 마른 유브라데강을 건너(계 16:12) 아마겟돈(므깃도 골짜기=평원)에까지 도달하여 집결한 만국의 군대와 접전을 시작할 것이고 공중으로부터 내려오는 주님과 성도들(교회)의 군대가 짐승의 군대들을 무찌르는(계 19:15) 모습을 볼 것이다.

즉, 유대인들은 이 짐승의 군대들이 예루살렘으로 진격해 이 성읍을 에워싸고 엄습할 때 그리고 이 성읍을 함락시키고 백성 절반을 사로잡아 갈 때(슥 14:2), 여호와의 발이 감람산에 서시고(슥 14:4)[27] 그분이 그 이방 나

바벨론 곧 세상 사람들일 수도 있다(후자에 무게를 둠). 이 책의 요한계시록과 에스겔 부분을 참조하라.

27 김희보는 '감람산'을 상징적으로 본다. "저자의 생각으로는 예루살렘이 교회와 성도들을 상징하는 말이라면 아마도 감람산은 그와 반대로 세상과 이방을 상징하는 말일

라들을 치실 것이며(슥 14:3), 모든 거룩한 자가 주님과 함께 함(슥 14:5; 유 1:14)을 목격(目擊)하게 될 것이다. 그리고 그들은 강림하시는 여호와 (슥 14:5)와 백마 타신 그리스도(계 19:11-16; 20:4)가 하나이심(슥 14:9 '여호와가 하나요 그분의 이름이 하나일 것이다', יהיה יהוה אחד ושמו אחד; 참고, 시 118:26) 및 그 분이 바로 그들이 십자가에 못박은 예수님이심을 알게 될 것이다(참고, 계 1:7).

따라서 므깃도 전쟁(=아마겟돈 전쟁)과 나아가서 예루살렘 전쟁은 그동안 새 언약 백성인 교회를 속이고 핍박했던 그리고 옛 언약 백성인 이스라엘을 속이고 핍박했던 적그리스도와 불신 세력을 심판하는 전쟁으로 보인다. 이 전쟁의 주도권은 '여호와'께 있다. 왜냐하면, '내가' 만국을 모아 이스라엘을 위해 만국을 심문한다고 되어 있기 때문이다.

그런데 실제로 천하의 왕들을 부추겨서 전쟁이 일어나도록 하나님에게 사용되는 자들은 악의 세 머리 곧 용과 짐승과 거짓 선지자(=마귀, 적그리스도, 거짓 선지자)인데 개구리 같은 세 더러운 영이 이들에게서 나온다. 이들이 이적을 행하여 왕들을 선동하는 것이다(계 16:13). 이는 마치 다윗을 격동하여 백성의 인구를 조사케 한 주체가 여호와(삼하 24:1)로도, 사탄(대상 21:1-2)으로도 기록된 것과 같다고 할 것이다.

위에서 언급하였듯이, 결국 므깃도산(계 16:16), 므깃도 골짜기(슥 12:11. 여기서 골짜기는 '에메크')는 호세아 1:4의 이스르엘 골짜기(여기서 골짜기는 '에메크')에 속한 지명인데 골짜기는 평원의 뜻으로 해석된다. 이는 여호사밧 골짜기(욜 3:2, 12, 여기서 골짜기는 '에메크')나 판결/심판 골짜기(욜 3:14)와 같은 장소로 보인다. 이렇게 여호사밧 골짜기=평원이 맞다면, 이 장소를 기드론 시내와 동일시할 수는 없을 것 같다.

것이라고 본다. 생각컨대 감람산은 예루살렘에 대해 언제나 위압적인 존재였을 것이다." 김희보, 『**구약 스가랴 주해**(하)』, 290. 그러나 필자는 감람산을 세상이나 이방으로 보지 않는다. 예루살렘과 감람산 둘 다 '교회'로 해석할 가능성을 열어두나 문자적 해석에 더 무게를 싣는다.

귀신의 영의 충동질로 유브라데를 건너온 곧 이스라엘의 북쪽 경계(신 1:7; 수 1:4)를 건너온 만국의 왕들은 므깃도 평지에 진을 칠 것이다. 아마도 실제로는 군인들이 많으므로(계 19:18, 19; 욜 3:14) 유브라데에서 므깃도에 이르는 넓은 지역에 두루 진을 칠 것으로 보인다. 이 날은 해, 달, 별들이 빛을 거두는 때며(욜 2:31; 3:15; 슥 14:6, 7; 마 24:29; 막 13:24-25; 눅 21:25; 계 6:12-14), 진노의 포도를 밟는 심판의 때(욜 3:13; 계 14:17-20; 19:15; 참고, 시 75:8; 렘 25:15-18)다.

므깃도 평원에서 이 짐승의 군대는 지척에 있는 예루살렘으로 남하할 것이다. 이때 여호와께서 직접 개입하셔서 땅을 진동시키시고 지각 변동이 일어나게 할 것이다(욜 3:16; 학 2:6, 21). 감람산(올리브산)이 동서로 갈라져 '매우 큰 골짜기'(גיא גדולה מאד)가 되며 산 절반은 북으로 절반은 남으로 옮겨지는데(슥 14:4) 이는 지진을 시사한다(슥 14:5, 웃시야 때의 지진).

여기서 '골짜기'(גְּיא, 연계형은 גֵּי)란 말이 세 번 사용되었는데(슥 14:4-5) 이는 여호와께서 예루살렘을 보호하시기 위해 지진을 통해(두 개의 지각 판이 서로 움직이게 하셔서?) 매우 큰 협곡을 만드시고 예루살렘은 융기(隆起)시키신 것 같다.

> … 예루살렘이 높이 들려 그 본처에 있으리니 … (슥 14:10).

예루살렘과는 상대적으로 "온 땅이 아라바 같이" 될 것이라고 한다, '아라바'는 갈릴리 호수 남쪽에서 사해를 지나 아카바만까지 낮은 골짜기 지대를 일컫는다. 온 땅은 침강(沈降)하고 예루살렘은 융기한다는 말이다.

요엘 3:9 이하와 스가랴 12장 및 14장의 전쟁을 아마겟돈 전쟁으로 볼 수 있는 두 번째 이유는 특히 스가랴 14장의 내용 중 "초막절"(14:16, 18, 'חג הסכות')에 대한 언급 때문이다. 스가랴 14장은, 이방 나라들이 예루살렘과 싸우게 되는데, 여호와께서 예루살렘 앞 곧 동쪽 감람산에 서시게 된다. 이는 여호와의 이름으로 오시는 예수님의 지상 강림으로 보인다.

예수님이 재림하실 때는 휴거되었던 자들이 내려오게 되는데 므깃도에서 그 시발점을 이루고 예루살렘 올리브산에 구체적 진전을 이룰 것이다.

> 나의 하나님 여호와께서 임하실 것이요 모든 거룩한 자들이 주와 함께 하리라(슥 14:5).

여호와께서는 예루살렘을 친 모든 백성에게 재앙을 내리시니 그들이 섰을 때 살과 눈동자와 혀가 썩게 된다. 그들은 피차 손을 들어 칠 것이다(12-13절). 여호와께서는 왕이 되시고(슥 14:9; 계 19:16, 20:6과 비교하라), 예루살렘을 치러 왔던 이방 나라 중 남은 자가 해마다 올라와서 그 왕 만군의 여호와께 경배하며 "초막절"을 지키게 된다(16절). 애굽 사람이나 이방 나라 사람이나 "초막절"을 지키러 올라오지 아니하는 자는 벌을 받게 된다(18-19절).

그렇다면 여기서 "초막절"은 어떻게 해석할 수 있을까?

초막절은 이스라엘의 3대 절기 중 하나로 유월절, 오순절과 함께 나타난다. 유대인의 종교력은 태양력과는 차이가 있는데 다만 필자는 종교력에 대해만 언급하려 한다.

먼저, 유월절('페사흐'; 초실절, 무교절과 이어져 있음; 이때의 초실절은 유월절 다음날인 안식일 이튿날로서 밀 첫 이삭 한 단을 요제로 드림)은 잘 알려졌듯이, 종교력으로는 1월인데 '니산월'이다. 그리고 칠칠절(맥추의 초실절/오순절 '쇠부오트')은 초실절로 일곱 안식일 이튿날인데 종교력으로는 3월이고 '시완월'(혹은 시완월)이다. 그리고 좀 건너뛰어서 나팔절('로쉬 하쇠나'), 대속죄일, 초막절('숙코트') 등이 모두 종교력으로 7월에 있는데 곧 '티슈리월'이다.

7월 1일은 나팔절, 10일은 대속죄일, 이날은 안식일인데 유대인들은 '욤 키푸르'라고 한다. 그다음 7월 15일부터 7일 동안 절기를 지키고 8일째 날에도 안식하는데 이는 초막절이다. 그리고 수전절('하누카')은 구약에는 나타나지 않고(마카비서 참고; 요 10:22), 종교력 9월 곧 '기슬르월'에 있다.

이스라엘 사람들은 이때 가지가 9개인 메노라(燈臺)를 켠다. 그리고 다시 건너뛰어서 종교력 12월 '아달월' 14일과 15일에 유대인은 부림절을 지낸다. 이것은 에스더서가 배경이고 하나님의 도우심으로 모르드개와 이스라엘 백성이 대적들을 도륙한 것을 기념하는 절기다.

여기서 필자가 지면상 이 모든 절기에 대해 자세히 말할 수는 없다. 다만 요엘과 스가랴서의 전쟁을 같은 것으로 볼 때 또한 예수님의 재림과 관련하여 볼 때 특히 스가랴서가 언급하는 초막절 곧 여호와께서 천하의 왕으로 다스리시는 때는 곧 천년 통치와 연결되는 것이 아닌가 한다. 왜냐하면, 이스라엘의 종교력을 여호와께서는 구속사의 시간표로 사용하시기 때문이다.

'유월절'에 예수님이 십자가에 달리셨고 '초실절'(레 23:9-14)에 부활하셨으며 '오순절'에 성령께서 오셨고, '나팔절'에 휴거와 재림이 이루어지며, '대속죄일'에 이스라엘의 회개가 이루어지며, 정확히는 알 수 없지만 이 어간에 아마겟돈 전쟁이 있으며, 예수님과 하늘 군대(성도와 천군 천사일 것임)가 적그리스도(세계의 왕 행세를 하는 자)와 거짓 선지자 및 그 휘하의 세상 왕들과 그 군대를 멸하여 불못에 던지시고 마귀를 결박하여 무저갱에 던져 잠그고 인봉하실 것이다.

그리고 바로 이어서 '초막절'에 예수님의 천년 통치가 이루어지고, '부림절'에 사탄과 땅의 사방 백성 곧 사탄에게 미혹된 곡과 마곡이 지면에 널리 퍼져 성도들의 진과 사랑하시는 성을 두르매 하늘에서 불이 내려와 그들을 태워버리고 마귀는 불과 유황 못에 던져질 것이다.

이러한 구속사의 중요 사건들은 유대의 종교력으로 볼 때 1월인 '니산월'에서 12월인 '아달월'까지 나타나는데, 예수님의 십자가인 유월절이 1월에, 마귀와 곡과 마곡을 멸함의 때인 부림절(실제 역사적으로는 마귀의 하수인 하만에게 죽을 뻔하던 유대인이 오히려 대적들을 도륙한 부림절)이 12월에 보인다는 것이다.

여기서 초막절은 나팔절과 대속죄일에 아주 가까이 후속하여 나타나는데 필자는 이 절기들이 각각 성도의 휴거, 예수님의 재림, 이스라엘의 회개, 아마겟돈 전쟁 그리고 천년 통치의 사건들로 성취될 것 같다고 보는 것이다. 특히, 스가랴서에는 '므깃도 골짜기'(평원, 슥 12:11)와 '초막절'(슥 14:16, 18, 19)이 같이 나오고, 요한계시록에는 '아마겟돈'(하르-마겟돈, 계 16:16)과 마귀가 결박되어 무저갱에 갇힌 '천년'(계 20:2, 3, 4, 6, 7)이 같이 나오기 때문에 우리는 충분히 이런 생각을 할 수 있게 되는 것이다.

만약 천년 통치를 초막절과 연결해서 보는 이러한 견해가 타당하다면, '천년'을 예수님의 초림부터 재림까지의 전 기간으로 해석하는 무천년설은 견지되기 어렵게 된다.

3) 종말적 회복

스가랴의 종말적 회복은 13:1-6에서는 '우상', '거짓 선지자', '더러운 귀신'이 제거될 것으로 나타난다. 또한, 이미 언급하였듯이 스가랴 14:8, 11, 14-21은 '예루살렘에서 생수가 솟아남', '예루살렘의 평화', '이방 나라들의 보화로 유다가 부유케 됨', '이방 나라들도 초막절을 지킴', '예루살렘과 유다가 거룩케 됨', '여호와의 전에 가나안 사람이 다시 있지 않음' 등을 통해 재림하신 예수님의 천년 통치를 시사한다.

이러한 모습은 요엘서 3:17-21에서도 유사하게 나타난다. '예루살렘이 거룩하리니 다시는 이방 사람이 그 가운데로 통행하지 못할 것임', '산들, 작은 산들, 유다 모든 시내가 단 포도주와 젖과 물을 흘릴 것임', '여호와의 성전에서 샘이 흘러 나와서 싯딤 골짜기에 댈 것임', '애굽과 에돔은 황무지가 됨', '유다와 예루살렘은 영원히 있을 것임' 등은 하나님의 성읍에 대한 회복을 보여 준다. 이 모든 것은 구약적인 언어를 통해 보여 주는 천년 왕국(계 20장)의 모습이며, 또한 새 예루살렘(계 21-22장)의 예시[28]라고 필자는 본다.

필자는 천년 왕국이 동물 희생 제사를 드리는 기간으로 보지 않는다. 이것은 이미 예수님이 십자가로서 다 이루셨기 때문이다. 다만, 천년 동안에는 아직 첫 창조의 하늘과 땅이 그대로 있을 것이며, 부활체를 입은 성도들과 아직 육신적 질서에 매여 생멸하는 사람들이 함께 거할 것으로 본다. 그리스도의 완전한 의의 통치 아래에, 마귀가 무저갱에 갇힌 상태에서 이들은 영원한 새 하늘과 새 땅의 예비적 삶, 곧 장수와 평화와 풍요를 맛볼 것이다.

4. 나가는 말

요엘 3:9 이하, 스가랴 12장, 14장의 전쟁은 이해하기 어려우나, 분명한 것은 이 전쟁이 유대인의 회심 곧 그들이 십자가에 못박았던 예수님이 재림하시는 모습을 보고 통회함을 보여 주기에 아마겟돈(므깃도 평원)-예루살렘 전쟁으로 봄이 적절한 것 같다.

이 선지서들에 나타난 전쟁이 곡과 마곡의 전쟁(계 20)과 비슷한 면이 없잖아 있는 것은 사실이나 이 전쟁의 결과로 이방 나라들이 초막절을 지키게 될 것이기에 구속사의 달력에 대한 해석을 따라 필자는 이 전쟁이 아마겟돈 전쟁에 더 가깝다고 본다.

---

[28] 예루살렘에서 생수가 솟아날 것, 여호와의 성전에서 샘이 흘러나올 것 등은 요한계시록의 새 하늘과 새 땅에서는 '또 그가 수정 같이 맑은 생명수의 강을 내게 보이니 하나님과 및 어린양의 보좌로부터 나와서 길 가운데로 흐르더라..'(22:1-2)로 완성의 모습으로 나타난다. 따라서, 필자는 스가랴와 요엘에서는 천년 왕국의 예비적 형태를 우리에게 보여 주면서 또 완성적 형태를 예시해 준다고 생각하는 것이다. 겔 47:1-12도 구약적 언어로 계 20:1-6의 천년 왕국의 모습과 22:1-2를 보여 준다고 본다.

교회를 말살한 적그리스도의 하수인들인 만국의 왕이 마른 유프라테스를 건너 므깃도 평지에 진 칠 것이고 또 근접한 예루살렘을 에워싸 회개의 영을 받고 메시아 예수 그리스도를 바라보며 통회하는 유대인들을 공격할 것이다.

유대인들의 절반은 포로로 잡히고 성읍은 피해를 입을 것이나 여호와와 그 이름으로 오시는 예수님이 올리브산에 서시고 예수님과 동행한 하늘 군대=교회가 만국과 싸움으로 유대인들의 남은 자는 구원을 받을 것이다. 지상에 임하신 예수님과 거룩한 자들의 통치로, 모든 더러운 귀신이 제어된 상태에서 만국은 지극한 행복과 평화를 누리게 될 것이다.

참고 문헌

김희보. 『구약 스가랴 주해(상)』. 서울: 총신대학출판부, 1985.
_____. 『구약 스가랴 주해(하)』. 서울: 총신대학출판부, 1986.
장세훈. 『내게로 돌아오라』. 서울: SFC, 2007.
홍성혁. "요엘 4장의 묵시적 종말론 모티프와 그 기능: 야훼의 시온 통치를 통한 새 세상 도래 부각." **구약논단** 20(2014): 186-216.
Childs, B. S. *Introduction to the Old Testament as Scripture*. Philadelphia: Fortress, 1979.
Choi, Yung Hun. *Patterns of Movement in the Hebrew Psalter*. New York, etc: Peter Lang, 2021.
Kaiser, Otto. *Introduction to the Old Testament: A Presentation of its Results and Problems*. Translated by John Sturdy. Oxford: Basil Blackwell, 1969; Eng. 1975.
Patterson, Richard D. et. al. *Joel, Obadiah, Malachi*. The Expositor's Bible Commentary. Zondervan Academic, 2017.
Smith, Ralph L. *Micah-Malachi*. WB.C. 32. Waco: Word Books, 1984.
Stuart, Douglas K. *Hosea-Jonah*. Word Biblical Commentary 31. Waco: Word, 1987.
KJV.
NIV.
우리말성경.

제6장

요한계시록과 예레미야서 및 나훔서

1. 들어가는 말

    요한계시록 17-18장이 다루고 있는 내용은 '음녀 바벨론'에 대한 내용이다. 구약에서 음녀 이미지는 여러 군데 나타나고,[1] 바벨론의 심판 예언도 여기저기 나타나지만, 이 책에서는 먼저 이사야서의 그것을 다루고 예레미야서와 나훔서에 있는 내용을 그 구조와 함께 소개하려고 한다. '음녀'에 대해 먼저 말하고 싶은 것은 이 존재가 유일하신 창조주시요 구원주이신 하나님을 버리고(혹은 하나님과 겸하여) 다른 신을 섬기는 자들이라는 것이다. 즉, '음녀'라는 개념에는 벌써 영적인 간음의 의미가 들어가 있다.

    다른 신(들)을 섬기는 자들은 그 신들을 형상화한 우상(들)을 또한 섬긴다. 그뿐만 아니라 그 신들과 영적인 교제를 위해 영매들을 사용한다. 영

---

[1] 송영목, "요한계시록 17-18장의 음녀 바벨론에 대한 다차원적-통합적 해석," **신약논단** 12(2005): 115-8을 보라. 또한, 그레고리 K. 비일, **『요한계시록 하권』**, 오광만 옮김 (서울: 새물결플러스, 2016), 1496-7을 보라. "구약의 모든 음녀 은유 중 대부분이 이스라엘을 언급하는데, 이사야 23장에서 두로를 가리키는 은유가 요한계시록의 본문에 자구적으로 가장 가깝다. 두로를 가리키는 이 언급을 염두에 두었다는 것은 요한계시록 18:9-22에서 두로에 내린 심판을 선언하는 에스겔 26-28장이 반복적으로 언급된다는 사실과 요한계시록 18:23에 이사야 23:8이 구체적으로 암시되었다는 점에서 분명히 드러난다."

매들은 접신을 통해 점을 치고 이 점은 인간의 영달을 꾀하는 길흉화복과 관련이 있다. 하나님을 섬기는 자들이 그분을 영광을 찬미하는 목적을 띤 것에 반해 우상 숭배자들은 교만 속에서 자기 영광과 욕심을 채우기 위해 귀신들과 결탁하는 것이다.

우상 숭배자들의 목적은 다른 나라의 정복, 권력, 명예, 돈 등이다. 이 정치-군사적, 경제적, 명예적인 것은 결국 인간 숭배와 사치와 음란으로 그 외형을 드러낸다. 로마의 다신 숭배는 세계 정복과 막대한 부와 연결되었고 이것은 최고 권력자인 로마 황제 숭배로 표현되었다.

사탄은 이것으로서 세상에서 자기 목적을 달성한다. 즉, 사탄은 황제(적그리스도)라는 정치 지도자를 숭배하게 함을 통해 결국 자기를 숭배토록 하는 스스로의 목적을 달성하며 그 강포(violence)와 불의의 다스림을 사회에 실현하며, 도덕적 타락으로 그 사회를 더럽힌다. 다른 한편으로는 사탄은 하나님과 그 아들 예수 그리스도를 섬기는 자들(교회)을 죽이고 핍박한다.

사탄의 교회 핍박은 다음과 같이 여러 가지 형태로 나타난다.

첫째, 진리를 땅에 던진다.
성경(구약과 신약 66권)을 하나님 말씀으로 인정하지 않는 역사비평, 종교사학, 비교 종교학 등을 통해 말씀의 권위를 업신여긴다. 거짓 선생들을 통해 진리를 왜곡시킨다. 예를 들면, 현재의 종교 다원주의, 삼위일체 부인, 바울의 새 관점, 만유 구원설, 예수님의 이성(二性) 부인, 예수님의 신자들의 죄에 대한 대신 형벌과 대속의 피 흘리심 부인, 부활의 역사적 사실성 부인, 역사적 재림 부인 등이다.

둘째, 하나님이 정한 때와 법을 변개한다.
예를 들어, 동성애와 같은 것을 법적으로 보호하거나 장려한다.

셋째, 제사와 예물을 금한다.
즉, 예배를 드리지 못하게 한다. 사탄 자신의 인간적 표현인 세계 통치자(적그리스도)에게 절하게 하고, 우상에게 절하게 한다. 자기를 하나님이라고 하는 적그리스도가 교회에 권력을 행사해 자기를 섬기도록 강요할 것이다. 이 목적을 위해서는 거짓 선지자가 사용된다.

거짓 선지자의 여러 기적을 통해 사람들은 미혹되며 거짓 선지자가 세운 우상을 사람들이 경배하게 된다. 또한, 거짓 선지자는 이교의 수행 방식(예를 들어, 관상 기도나 선 수행이나 요가 등)을 통해 신과 합일될 수 있다고 속일 것이다.

음녀 곧 우상 숭배자들은 적그리스도를 섬기는 것을 통해 상권(商權)을 장악하고 모든 경제적 이익을 독식할 것이다. 적그리스도와 온 세계의 정치 지도자들은 음녀와 결탁해 음녀의 무역을 통한 치부에 적극 협조할 것이나, 반면 성도들의 경제 활동은 강압적으로 금지할 것이다. 교회(어린양의 신부)는 언제든 이 사탄, 적그리스도, 거짓 선지자의 핍박과 유혹으로 언제든 음녀로 타락할 수 있음을 기억해야 할 것이다. 현재 한국 교회는 많은 부분 음녀의 길을 가고 있다.

2. 이사야서와 음녀 바벨론

이사야서에서 바벨론에 대한 심판은 중간에 있는 두 병행 단락, 즉 5-27장과 28장-56:8의 두 단락에서 나타난다. 전자에 있어서는 앗수르의 심판(10장) 다음에 바벨론에 대한 심판(13장)이 나오고 이어서 바벨론 왕에 대한 심판(14장)이 등장한다. 이사야 21:1-10과 23:13에 바벨론의 심판은 다시 나와서 13장과 함께 소 병행 단락을 모양 짓는다. 이사야 28장-56:8에서는 38-39장의 바벨론 주제가 40장-56:8의 네 병행 단락(40:1-42:17; 42:18-46:7; 46:8-49:26; 50:1-56:8)에서 기술적으로 연결, 전개된다.

이 네 병행 단락에서 이스라엘의 회복, 바벨론에 대한 심판(바벨론뿐만 아니라 열국 심판, 그들이 섬기는 우상 심판의 주제가 연결됨), 메시아를 통한 종말의 이스라엘과 열방에 대한 심판과 회복이 다소 변화를 가진 반복에 의

해 진행된다.[2] 이사야서에서 바벨론 심판과 관련해 나타나는 몇 가지 뚜렷한 주제는 다음과 같다.

- 바벨론이 섬기는 우상들(46:1 벨, 느보)을 하나님이 벌하실 것이다.
- 바벨론은 열국의 영광(13:19), 열국의 여주인으로 일컬음을 받는다 (47:5, 7).
- 바벨론은 사치하고 평안히 지낸다(47:8).
- 바벨론은 교만하였다(13:11).
- 바벨론은 무수한 주술과 많은 주문을 행한다(47:9, 12).
- 하나님은 이스라엘에게 노하여 바벨론을 통해 이스라엘을 징계하신 반면, 바벨론은 이스라엘을 심히 핍박하였다(42:24-25; 47:6).
- 하나님은 메대를 통해 바벨론을 심판하신다(13:17; 21:2).
- 하나님은 이스라엘에게 바벨론에서 나오라고 하신다(48:20).
- 바벨론은 불로 심판 받는다(47:14).
- 바벨론을 심판하고 이스라엘을 회복케 할 고레스(44:28; 45:1)는 메시아(45:13)의 예표로 사용되며, 반면 바벨론 왕(사 14:12-20)은 마귀의 행사와 그의 종말을 보여 주는 재료로 사용되었다.

3. 예레미야서와 음녀 바벨론

예레미야서에서는 '하나님의 열국에 대한 진노의 술잔'(25:15-38) 속에서 바벨론 심판이 25:26에 잠깐 나타나고, 이방 나라들에 대한 심판 (46-51장) 속에서 다시 나타난다(50-51장). 이 두 군데서 바벨론은 공통적으로 '세삭'(ששך)이라는 별칭으로 불린다(25:26; 51:41). 필자가 예레미야서

---

2 필자의 이사야서 구조를 참조하라. 『구약 선지서의 구조와 신학』(근간).

의 구조를 논한 에세이에서 25장이 그 뒤의 장들에 대한 제2 서론임을 밝혔는데 필자의 『구약 선지서의 구조』(근간)에 이 내용이 실려 있으니, 독자들은 그것을 읽어보시기를 바란다.

예레미야서의 구조에 대해 골자만 인용하면 다음과 같다.

> … 1장은 주제들 꾸러미를 가진 전체 서론이며 2-20장은 그것의 일차적 전개다 … 이 단락들 뒤에 놓인 21:1-10은 시드기야 때의 예언인데 예언-성취 주제를 따라 의도적으로 놓였다. 이 예언을 뒤에 나오는 왕들-선지자들 신탁들(21:11-23장)과 연대기적 차서를 거스르면서 놓을 이유가 없다 [21-23장을 하나로 묶는 것은 부적절]. 이 신탁들은 다시 뒤에 나오는 시드기야 텍스트 24:1-10과 함께 26장 이후의 주제들을 커버하는 제1 서론으로 놓였다. 25장은 제2 서론으로서 구원의 경륜적 주제들을 담고 있고 일차적으로는 26-34장을, 이차적으로 35-51장을 커버한다. 26-34장은 거짓 예언과 참 예언 주제가 강조되고 35-51장은 예언-성취 주제와 선지자의 구원 주제를 강조한다. 두 단락 모두 유다의 죄, 심판, 구원을 다루되 전자는 유다 구원이 강조되어 있고, 후자는 열방 심판과 바벨론 심판이 강조되어 있다.[3]

35-51장에서 열국의 심판은 46-51장에 기록되었다. 특히, 여기서 50-51장이 바벨론 심판에 대한 예언인데 이 장들은 아래와 같이 하위 병행 단락들로 구성되어 있다.

A[1] 50:1-10 바벨론 심판과 이스라엘 회복

A[2] 50:11-20 바벨론 심판과 이스라엘 회복

A[3] 50:21-46 바벨론 심판과 바벨론 땅에서 도피한 자의 선포(28절)

A[4] 51:1-19 바벨론 심판(메대를 통해서)과 시온으로 돌아온 자들의 선포(9-10절)

---

3   필자의 『구약 선지서의 구조와 신학』(근간) 중 '예레미야서의 구조'를 참조할 것.

A⁵ 51:20-58 바벨론 심판 (메대를 통해서)과 이스라엘에 대한 위로/권면(34-36, 45-46, 49-50절)

이러한 다섯 개의 병행 단락은 바벨론 심판과 이스라엘 회복의 확실성을 증시한다. 예레미야서에서 전달하는 바벨론 심판 메시지의 특징들을 정리하면 다음과 같다.

- 바벨론이 섬기는 우상들(50:2 벨, 므로닥 [=마르둑]; 51:44 벨)을 하나님께서 벌하실 것이다.
- 바벨론은 온 세계의 망치(50:23), 온 세계가 취하게 하는 금잔(51:7)[4]으로 일컬음을 받는다.
- 바벨론은 많은 물가에 살면서 재물이 많은 자다(51:13).
- 바벨론은(여호와를 향하여) 교만하였다(50:29, 31).
- 바벨론은 이스라엘을 핍박하였다(50:17, 33; 51:34-35).
- 하나님은 메대를 통해 바벨론을 심판하신다(51:11, 28).
- 하나님은 이스라엘에게 바벨론에서 나오라고 하신다(50:8; 51:45, 50).
- 바벨론에 대한 심판[5]이 하늘에 이르렀고 궁창에 달하였다(51:9).
- 바벨론은 불로 심판 받는다(51:25, 30, 32, 58).
- 예레미야는 바벨론 심판을 한 책에 기록하고 스라야에게 그것을 바벨론에 도착했을 때 읽고 책에 돌을 매어 유브라데강 속에 던지라고 하였다. 예레미야는 스라야에게 그 책을 던지며, "바벨론이 … 이같이 몰락하여 다시 일어서지 못하리니 …"라고 말하라고 명령하였다(렘 51:59-64). 이러한 선지적 상징 행동은 요한계시록 18:21-24에 비슷하게 반복된다.

---

4 "바벨론은 여호와의 손에 잡혀 있어 온 세계가 취하게 하는 금잔이라. 뭇 민족이 그 포도주를 마심으로 미쳤도다 … ."
5 개역개정은 심판(미슈파트)을 "화"로 번역하였다.

4. 나훔서와 음녀 니느웨

흥미로운 것은, 이사야서와 예레미야서의 음녀 바벨론의 표현들이 나훔서의 '음녀 니느웨'에게서 거의 동일하게 사용되었다는 것이다. 니느웨는 앗수르의 수도로 알려져 있다. 이는 바벨론과는 위치가 다르고 그 나라도 다르다. 그런데도 니느웨가 한 짓들은 바벨론이 한 짓들과 크게 다를 것이 없다. A.D. 1세기의 로마에 대해 사도 베드로가 '바벨론'이라고 부르는 것이 이상할 것이 없는 것처럼, 현재 지구상의 도시들을 '음녀'라고 부르는 것이 자연스러움은 나훔이 니느웨를 바벨론과 비슷하게 묘사하는 것과 같은 이치라 할 것이다. 다음은 나훔 선지자 예언의 특징이다.

첫째, 하나님을 '질투하시는 하나님' 및 '원수 갚으시는 여호와'로 소개하면서 우리에게 강하게 시내산 언약을 상기시킨다.

둘째, 같은 어근을 가진 단어들을 반복함으로 메시지에 강세를 준다. 2절에는 '노켐'(원수 갚으시는 분)이 세 번 나온다.

3절에는 '나카'(제거하다, 비우다)가 두 번 나온다. 4절에는 '움랄'(기운이 없는, 시드는; 형용사 형태임)이 두 번 나온다. 8절의 '칼라 야아쎄'(끝장을 내다)는 이어지는 9절에서 대명사 '그'만 더 강조할 뿐 그 표현이 동일하다.

셋째, 시편에 나타난 것과 비슷한 표현들을 사용한다.

5절 끝에 '베테벨 베콜 요슈베 바흐'(그리고 세계와 그것 안에 거하는 자들)이 보이는데 이는 맨앞의 접속사 '베'를 빼면, 시편 24:1의 끝부분과 똑같다. 또, 7절 끝에 '호쎄 보'(그분 안에 피하는 자들) 나타나는데 이는 시편 2:12의 맨끝에 오는 '호쎄 보'와 그대로 일치한다. 시편 2:3에는 '모쓰로테'(그들의 맨 것)을 우리로 조각조각 깨 버리게 하라는 말이 나온다.

이는 땅의 왕들과 치리자들이 여호와와 그의 기름부으신 분을 대적하며 하는 말로 사용되었는데, 나훔 1:13 "너의 맨 것들 혹은 너의 묶은 것들"

이라는 구절로써 이번에는 여호와께서 이스라엘을 묶은 것들(이방 나라가 이스라엘을 옭아매고 있는 것들)을 부수어 버리겠다는 말로 나타난다.

5절 첫부분의 '베학게바오트 히트모가구'(그리고 그 언덕들이 녹았다)는 표현은 시편 46:6의 '타무그 아레츠'(땅이 녹았다)와 비슷한데 시편 75:3에도 비교할만한 표현이 나온다. 물론 이러한 단어들, 표현들이 다른 선지서들에도 나오지만, 특히 나훔이 시편의 구절들을 거의 그대로 인용한 것을 볼 때 그가 시편에 친숙해 있었다는 추측이 가능하다.

넷째, 나훔의 많은 단어와 구절이 다른 선지서들의 심판과 구원의 말씀 중에 비슷하게 나온다.

1) 나훔서의 구조

이러한 특징들을 지닌 나훔서는 그 구조에 있어서 선지자들의 말씀 배열의 면모를 그대로 보여 준다.

서론적 언설(1:2-7)에서 두 개의 대조되는 단락들
a 1:2-6(3a) "심판주 하나님의 권능"
b 1:7 "의뢰하는 자들을 보호하시는 하나님"

본론적 담화1(1:8-2:2)는 병행 단락들이 교차됨
a 1:8-12a "니느웨 죄와 심판", b 1:12b-13 "이스라엘 구원"
a' 1:14 "니느웨 죄와 심판", b' 1:15 "이스라엘 구원"
a'' 2:1 "니느웨 죄와 심판", b'' 2:2 "이스라엘 구원"

마지막으로 본론적 담화2(2:3-3:19)는 다음과 같이 이루어짐
a 2:3-2:13 "니느웨 패망 모습"
a' 3:1-7 "니느웨 패망 모습"(화 있을진저, 애곡)
a'' 3:8-19 "니느웨 패망 모습"

이러한 구조를 보면, 우리는 하나님의 속성에 대한 내용이 먼저 전시되고 그다음 니느웨의 심판과 이스라엘의 구원이 교차하며 마지막으로 니느웨의 패망이 비교적 자세하게 기술되었음을 본다. 여기서 나훔서 전체에 관통하는 메시지는 이방 니느웨의 심판임을 알 수 있다.

니느웨의 죄와 심판과 이스라엘의 구원이 중간에서 교대적으로 기록된 것은 무엇 때문인지 우리는 질문해 볼 수 있다. 이는 하나님의 구원사의 방식이다. 이스라엘의 죄를 징치하시기 위해 하나님의 도구로 사용되었던 앗수르는 하나님이 허락하신 한계를 넘어 교만히 행하였으므로 이제는 그들이 하나님의 심판 대상이 되는 것이다.

이사야 10:5-19(앗수르 죄와 심판) 및 20-27절(이스라엘 구원)의 순서와 비교해 보면 이렇게 나훔서에 두 대조되는 내용이 교대적으로 보이는 이유를 더 잘 알 수 있다. 물론, 이사야는 '앗수르 죄와 심판-이스라엘 구원'을 한 번의 사이클로 예언하나 나훔은 세 번의 짤막짤막한 설명을 가진 사이클(1:8-2:2)로 박진감을 더한다. 이런 점에서는 위에서 언급하였던 '바벨론 심판-이스라엘 회복' 내용을 다섯 번 반복한 예레미야 50-51장과 나훔의 예언 배열 방식이 비슷하다고 할 것이다.

마지막으로, 나훔서의 전체 짜임새에서 마지막 부분의 내용을 차지하는 것이 무엇인지를 우리는 주목할 필요가 있다. 그것은 나훔 2:3 이하인데 바로 니느웨의 패망이다. 이 내용은 마지막에 집중적으로, 아주 자세하고도 생생하게 묘사되었다. 니느웨 전체 분량에서 상대적으로 많은 부분을 차지하는데 "노하기를 더디하시나 죄인을 결코 사하지 아니하시는" 하나님이 심히 죄 된 니느웨를 어떻게 패망시키시는지가 상세하게 언급되었다.

하나님의 백성을 징계하는 도구로 세움을 입었으나 분수를 넘어 심한 잔학을 행사한 앗수르가 어떻게 심한 하나님의 진노를 받아 멸망 속에 들어가는지가 이 부분이다. 즉, 나훔서가 니느웨의 멸망에 초점이 맞추어져 있지만, 그 멸망은 언약 백성과의 관계 속에서 이해될 수 있는 멸망이라는 것이다.

2) 음녀 니느웨의 모습

이 니느웨는 어떤 성인가?

이는 다른 신들과 우상들을 숭배하는 성이었다(나 1:14). 선지자 이사야와 예레미야가 바벨론에 대해 증거하였던 것처럼 니느웨도 우상 숭배로 그 영이 마귀에게 완전히 잡혀 있는 성읍이었다. 이 책의 시작에서 나훔은 여호와 하나님을 질투하시며 보복하시는 하나님으로 소개한다. 이는 언약 백성 이스라엘의 우상 숭배에 대한 심판을 시사할 뿐만 아니라 세상 나라의 다른 신들을 섬기는 자들에 대한 심판도 시사한다.

질투의 하나님은 출애굽기 20:4-5의 십계명에서 계시되었고, 이 하나님은 언약 백성에게 '음행'이 무엇인지를 가르쳐 주셨다. 음행은 육체의 음행 이전에 유일하신 참 하나님 여호와를 버리고 다른 신에게 절하는 행위다(출 34:13-16). '자나'라는 동사가 (다른 신들과 영적)'성행위를 하다'라는 의미로 사용되었다. 이 단어를 NASB는 'play the harlot' 라고 번역하였다.

이 동사는 숫염소에 대한 제사(레 17:7)나 몰렉 숭배(레 20:5)에 사용되었을 뿐만 아니라 접신자들과 박수무당들을 좇는 자들에게도 사용되었다. 이는 다른 신들을 숭배하는 것뿐만 아니라 잡신들과 영적 교통을 하는 자들을 좇는 것도 영적 순결을 잃고 영적으로 더럽혀진다는 것을 말해 준다. 왜냐하면, 이 두 가지 모두 거룩하지 않은 영들과 영적 성행위를 하기 때문이다. 이러한 영적 성행위(=합일)를 통해 얻은 마귀의 초자연적 능력을 사용하는 것을 '마술들'이라고 한다(사 47:9, 12; 나 3:4). 다른 신들을 섬기는 영적 음행과 마술들이 늘 붙어 다님은 이세벨의 삶에서 잘 드러난다(왕하 9:22; 나 3:4하). 이세벨에 대해서는 아래에서 좀 더 논하기로 한다.

니느웨를 정의하는 단적 묘사가 나훔 3:4에 나타난다.

이를 필자는 다음과 같이 번역한다.

매혹의 호감 주는 창녀, 나라들을 그녀의 음행들로 팔며 족속들을 그녀의 마술들로 파는 마술들의 여주(女主)로 인함이라(나 3:4, 필자의 사역).

여기서 '팔다' 혹은 '판매하다'(מָכַר)라는 단어를 "미혹하다"로 개역개정이 번역하고 있는데, 이는 니느웨가 우상 숭배를 통해 나라들의 백성들 영혼들을 마귀에게 팔아 넘기는 것, 우상 숭배뿐만 아니라 실제적인 상거래(무역)를 통해 사람들로 세상적인 것들에 탐닉하게 했던 것을 잘 드러내지 못하는 번역인 듯하다. 필자는 '팔다'의 의미를 살려서 본 절을 번역해야 한다고 본다.[6]

실로, 니느웨 안에는 두로가 그랬던 것처럼(참고, 겔 27장 전체 및 28:16, 무역) 상인들이 많았다(나 3:16). 니느웨는 자기 상인들을 하늘의 별보다 많게 하였다. 그 상인들은 사치 품목들을 구비하고 사람들에게 그것들을 탐내도록 하여 구매케 하였다. 니느웨의 "재물 곳간은 끝이 없이(넓었고) 마음에 드는 그릇은 널려 있었다"(나 2:9, 필자의 사역).

니느웨는 이러한 세상의 풍조를 따라가지 않는 자들에게는 포악을 행하고 또 그들을 죽였다. 니느웨는 세상의 헛된 영광이 있는 성읍이었던 반면, 다른 한편으로는 살인의 성읍이었다(나 3:1 "화 있을진저 피의 성이여"). 또한, "그 안에는 거짓이 가득"하였다(나 3:1). 우상 숭배와 세상의 호사를 탐하는 자들이 거죽으로는 아무리 경건한 듯, 겸손한 듯, 품위 있는 듯하여도 속사람은 여호와를 떠나 마귀와 행음하며 경건한 자들을 죽이고 있었다.

---

6   잠언 31:24에는 '팔다'(מָכַר)와 '상인'(כְּנַעֲנִי)에게 맡긴다'가 병행으로 나타난다. 하나님은 상행위를 정죄하지 않으신다. 다만, 음란의 영을 따라(호 4:12; 5:4 "רוּחַ זְנוּנִים")우상 숭배를 팔거나(유포하거나) 사치를 위한 상행위는 심판하신다. 참고로 스가랴 14:21에 의하면, 끝날(천년 왕국과 새 하늘과 새 땅의 시대)의 교회에는 "장사하는 사람"(개역개정, "가나안 사람")이 다시 있지 않을 것이다.

예수님은 "우리가 음란한 데서 나지 아니하였다"라고 말하는 거죽이 말끔한 유대인들을 향해 "너희는 너희 아비 마귀에게서 났"다고 하셨다(요 8:44). 음란 마귀에게서 난 자들은 거짓의 아비 마귀에게서 난 자들이다. 그들은 "하나님께 들은 진리를 말하는 사람인" 예수님을 "죽이려" 하였다(요 8:40). 마귀의 자녀들은 거짓과 욕심과 음란에 사로잡혀 예수님과 사도들과 선지자들과 성도들을 팔고 또 죽인다(암 1:6 "그들이 은을 받고 의인을 팔며"; 욜 3:4-6; 마 27:4; 행 1:18; 계 18:12-13, 24).

3) 이세벨, 니느웨, 바벨론

나훔서는 앗수르의 니느웨성을 "음녀"로 표현한다. 니느웨는 이세벨과 요한계시록의 바벨론과 닮았다. "자칭 선지자라 하는 여자 이세벨"이 두아디라 교회에도 있었는데(계 2:20), 주지하듯 이세벨은 먼저 열왕기에 보이는 음녀다.

북이스라엘의 음녀는 오므리의 아들 아합(왕상 16:29)이 아내로 삼은 여자 이세벨이었다(31절). 열왕기 기자의 보도를 통해 알 수 있는 것은 악녀 이세벨의 영향을 받기 전에 아합은 벌써 "그의 이전의 모든 사람보다 여호와 보시기에 더욱 악을 행하였다"는 사실이다.

> 그 이전의 이스라엘의 모든 왕보다 심히 이스라엘 하나님 여호와를 노하시게 하였다(왕상 16:33).

악한 왕에게 악한 여자가 꼬인 것이다. 아합은 사마리아에 건축한 바알의 신전 안에 바알을 위해 제단을 쌓으며 또 아세라 상을 만들었다. 그의 아내 이세벨은 남편처럼 다른 신들을 섬기고 마술을 행하는 여자였고(왕하 9:22), 여호와의 선지자들을 죽이는 사람이었다(왕상 18:4, 13). 아합-이세벨의 치정 아래에 바알 선지자의 길을 택한 사람들이 450명, 아세라 선지자의 길을 택한 사람이 400명이었다. 이들은 "이세벨의 상에서 먹는" 사람들이었다(왕상 18:19). 누구의 상에서 먹는다는 것은 그 상의 주인의 뜻에 동참하는 추종자라는 의미를 내포한다. 엘리야는 여호와께서 그에게 갈멜산에서 승리를 얻게 하심으로 이세벨의 추종자들을 칼로 죽였다(왕상 19:1).

그러자 이세벨은 여호와의 선지자들을 죽였듯이 이제 엘리야를 죽이려 한다(왕상 19:2). 열왕기상 21장에서는 이세벨이 이스르엘 사람 나봇을 죽이도록 사주한다. 불량자 두 사람이 죄 없는 나봇에게 죄를 뒤집어씌워 돌로 쳐 죽였다(왕상 21:13). 이 일 때문에 여호와께서는 아합이 죽임을 당하고 개들이 아합의 피를 핥고(왕상 21:19), 또 개들이 이스르엘 성읍 곁에서 이세벨을 먹을 것(왕상 21:23)이라고 엘리야를 통해 말씀하셨다.

엘리야의 예언대로 과연 아합은 아람과의 길르앗 라못 전투에서 죽고(왕상 22:35) 그 시체는 사마리아에 장사 되었고 그가 탔던 피 묻은 병거가 사마리아 못에서 세척될 때 개들이 그 피를 핥았다. 그곳은 창기들의 목욕하는 곳이었다(왕상 22:38). 열왕기상 22:39에서 아합이 건축한 "상아궁"은 그가 사치한 사람이었음을 시사한다.

열왕기하 9:6에는 한 소년(엘리사 선지자의 제자)이 군대장관 이었던 예후에게 기름을 부었다. 그러면서 여호와의 말씀을 전했다.

> 너는 네 주 아합의 집을 치라 내가 나의 종 곧 선지자들의 피와 여호와의 종들의 피를 이세벨에게 갚아 주리라(왕하 9:7).

9:10에 그 소년은 과거 엘리야가 예언했던 것을 다시 반복한다.

> (여호와의 말씀이) 이스르엘 지방에서 개들이 이세벨을 먹으리니 그를 장사할 사람이 없으리라 하셨느니라(왕하 9:10).

음녀 이세벨은 예후가 자기가 있던 이스르엘로 온다는 소식을 듣고 눈을 그리고 머리를 꾸미고 창에서 바라보고 있었다. 내시들이 그녀를 내려 던져서 그녀의 피가 담과 말에 튀었다(왕하 9:30-33). 엘리사의 제자 예언대로 이스르엘에서 개들이 이세벨을 먹었다. 그녀의 시신에서 찾은 것은 두골과 발과 손 뿐이었다(왕하 9:35, 36). 하나님은 그분의 종 선지자들의 피를 이세벨에게 갚으신 것이다.

이세벨의 특징은 다음 다섯 가지로 요약된다.

(1) 여호와의 종들을 죽임
(2) 악하고 사치한 왕 아합의 욕심을 채워주려고 하나님을 경외했던 나봇을 죽임
(3) 외모를 치장하는 데에 주력함
(4) 바알과 아세라 귀신들과 영적 음행을 하는 거짓 선지자들을 양산했고 마술을 행함
(5) 하나님의 언약 백성 이스라엘(바알에게 무릎을 꿇지 않은 7,000명 이외의 사람들)을 영적 음행에 빠뜨림

아합-이세벨 내러티브의 주요 모티프들이 흥미롭게도 요한계시록의 바벨론에게도 나타난다. 요한계시록의 음녀에 대해 살펴보자.

북이스라엘에 이세벨이 있었던 것처럼, 소아시아 일곱 교회 중 두아디라 교회에도 '이세벨'[7]이 있었다. 그리고 후반부의 17-18장에 "음녀 바

---

7   요한계시록 2:20 이하 "그러나 네게 책망할 일이 있노라. 자칭 선지자라 하는 여자 이세벨을 네가 용납함이니 그가 내 종들을 가르쳐 꾀어 행음하게 하고 우상의 제물을 먹게 하는도다. 또 내가 그에게 회개할 기회를 주었으되 자기의 음행을 회개하고자 하지 아니하는도다. 볼지어다 내가 그를 침상에 던질 터이요 또 그와 더불어 간음하는 자들도 만일 그 행위를 회개하지 아니하면 큰 환난 가운데 던지고 또 내가 사망으로 그의 자녀를 죽이리니 두아디라에 남아 있어 이 교훈을 받지 아니하고 소위 사탄의 깊은 것을 알지 못하는 너희에게 말하노니 다른 짐으로 너희에게 지울 것은 없노라 …" 본문의 이

벨론"이 등장한다.

구약의 이세벨처럼 요한계시록의 이 여자도 다음의 특징을 갖는다.

(1) 예수 믿는 자들을 죽이는 것에 주력한다.

이 여자가 성도들의 피와 예수의 증인들의 피에 취한지라(계 17:6).

선지자들과 성도들과 및 땅 위에서 죽임을 당한 모든 자의 피가 그 성 중에서 발견되었느니라(계 18:24).

(2) 그녀는 권력의 욕심에 눈이 먼 세상의 정치가들과 야합한다.

"땅의 임금들도 그녀와 더불어 음행하였고"(17:2). "또 땅의 왕들이 그녀와 더불어 음행하였으며"(18:3 "καὶ οἱ βασιλεῖς τῆς γῆς μετ' αὐτῆς ἐπόρνευσαν"). 이 여자가 일곱 머리(일곱 왕)와 열 뿔(열 왕) 가진 짐승을 타고 있었다(17:7, 10, 12)는 것도 세상의 정치 세력들과 연대할 것을 말한다.

그런데 이세벨의 시체는 개가 먹었지만, 요한계시록의 음녀는 이 정치 세력인 열 뿔과 짐승이 "미워하여 망하게 하고 벌거벗게 하고 그녀의 살을 먹고 불로 아주 살"랐다는 것이 다른 점이다(17:16).

세벨에 대해서는, 임진수, "요한계시록의 니골라 추종자들과 황제숭배," *Canon&Culture* 10(2016): 137-9를 보라. 구약 이세벨과 요한계시록 2:20의 이세벨이 받은 형벌 비교, 이세벨의 정체에 대해서는 박윤선, 『요한계시록』, 신약주석 36(서울: 영음사, 2011; 초판 1949; 개정 1955), 80-2를 보라. 그는 이세벨 및 '사단의 깊은 것'을 영지주의의 반율법파(反律法派)로 본다: "이것은 당시 두아디라 교회를 둘러싸고 침입한 그노시스주의였다. 그들은 사리(事理)의 가장 깊음에 대한 지각의 필요를 말하고, 또 그 지각(知覺)을 얻으려면 내 자신을 그것에 적응시켜야 한다고 생각하면서 죄의 의미를 알려고 죄악에 몸을 적시는 일을 한 것이다(Zahn, Jülicher). 그들은 생각하기를, 그렇게 몸을 죄악에 던져도 그들의 고상한 심령의 정체(正體)는 아무런 더럽힘을 입지 않는다고 하였다. 그리하여 그들은 마귀 숭배를 해 보기도 한 것이다. 이 사상에 미혹을 받아 물든 어떤 기독교인들은 그 때의 우상 숭배나 음행에 참가하기를 기탄 없이 한 듯하다."

(3) 이 음녀도 이세벨처럼 외모를 치장하는 여자로 나타난다.

> 그 여자는 자주 빛과 붉은 빛 옷을 입고 금과 보석과 진주로 꾸미고 손에 금 잔을 가졌는데 가증한 물건과 그의 음행의 더러운 것들이 가득하더라 … 큰 바벨론이라, 땅의 음녀들과 가증한 것들의 어미라(계 17:4-5).

> 땅의 상인들도 그 사치의 세력으로 치부하였도다(계 18:3).

> 상품은 … 사람의 영혼들이라(계 18:12-13).[8]

> 그가 얼마나 자기를 영화롭게 하였으며 사치하였든지(계 18:7).

(4) 이 음녀는 거짓 선지자들과 짝하며 복술을 행한다.

> 네 복술로 말미암아 만국이 미혹되었도다(계 18:23).

> 귀신의 처소와 각종 더러운 영이 모이는 곳과 각종 더럽고 가증한 새들이 모이는 곳이 되었도다(계 18:2). .

---

8 래드는 음녀의 상품들이 여러 항목으로 명확히 구분된다고 주석하였다. G. E. 래드, 『요한계시록』, 이남종(서울: 크리스챤서적, 1993), 310-1. "(1) 보물. 금, 은, 보석, 신주 (2) 고대 세계에서 부자들을 구별시켜주었던 것들 중 하나인 좋은 옷: 세마포, 자주 옷감, 비단, 붉은 옷감 (3) 값 비싼 장식품: 향목, 상아, 값진 나무, 진유, 철, 옥석 (4) 향품: 계피, 향료, 향, 향유, 유향 (5) 양식: 포도주, 감람유, 고운 밀가루, 밀 (6) 짐승: 소, 양, 말, 수레 (7) 종(slaves), [사람의 영혼들]."

(5) 이 음녀는 "만국이 미혹되"도록 한다(계 18:23 "ὅτι ἐν τῇ φαρμακίᾳ σου ἐπλανήθησαν πάντα τὰ ἔθνη").

여기서 만국은 "어린양 예수님의 부르심을 받고 택하심을 받은 진실한 자들"(17:14) 이외의 사람들을 말한다. 음녀 바벨론은 이들을 미혹한다. 바벨론이 일차적으로 사도 요한 당시의 로마라고 한다면 궁극적으로는 아버지 하나님과 어린양 예수 그리스도를 믿지 않는 모든 세상 사람을 통할하는 체제를 말할 것이다(17:5 "땅의 음녀들과 가증한 것들의 어미"; 15절 "음녀가 앉아 있는 물은 백성과 무리와 열국과 방언들이니라"; 18절 "땅의 왕들을 다스리는 큰 성").

음녀는 지금의 바티칸이나 다른 영들을 따라 세계 종교-경제를 손바닥에 놓고 주무르는 어떤 단체(정확히는 알 수 없으나)일 것이다. 내가 보는 이 단체의 기본 입장은 세속 정치 권력과 야합한 종교 다원주의, 보편 구원론, 그리고 마귀적 물질주의다. 이상으로 보건대, 요한계시록의 음녀는 이세벨과 같은 짓들을 한다고 볼 수 있다. 흥미로운 것은 나훔서의 니느웨 곧 나훔이 음녀로 일컫는 티그리스강 가의 도시 사람들도 같은 짓을 했다는 사실이다.

여기서 티그리스강 가의 음녀에 대해 자세히 알아보자. 니느웨는 현재의 이라크 북쪽 모술(Mosul) 변경에 위치해 있다. 2010년대 중반에 ISIS (Islamic State of Iraq and Syria)가 일시 점령해 얼마간의 유적들은 불도저로 밀어버렸고 2017년 1월에 이라크군이 다시 탈환하였다.

이 성은 B.C. 612년 멸망하기 전까지 약 50년 동안 당시 근동에서 가장 큰 도시였다고 할 수 있다. 코스르(Khosr)강과 티그리스강이 합치는 지역의 평원(깎아지른 벼랑은 아닌 plain: 카일과 델리취) 즉, 강가에 있었던 이 도시는 궁전이 있었다.

강들의 수문이 열리고 왕궁이 소멸되며(나 2:6).

위에서 말한바, 이 도시의 특징들은 다음과 같이 정리된다.

- '피의 성'이었다(나 3:1).
- 이 성은 제국의 수도로서 세상을 호령하는 정치 세력이 있었고 이 성의 군대와 거주자들은 그 정치 세력을 따랐다. 이 성에는 왕, 귀족, 방백이 있었다(나 3:17, 18). 이세벨이 아합을, 음녀 바벨론이 짐승(왕들)을 탄 모습과 같다.
- 이 성은 "매혹의 호감 주는 창녀"(3:4)로 지칭된다. 이세벨이 곧 죽을 처지에서도 눈을 그리고 머리를 꾸민 것처럼, 음녀 바벨론이 자색 옷을 입고 온갖 보석으로 몸을 치장한 것처럼,[9] 니느웨성 사람들도 사치의 사람들로 나타난다. 이 도시는 부를 자랑했다.
- 이 성은 위에서 말했듯이 여러 나라, 여러 족속을 영적 음행에 빠지도록 하였다(나 3:4).

이 티그리스강 가의 음녀의 결국은 어떻게 되는가?

요한계시록의 음녀가 열 뿔(열 왕)과 짐승에게 미움을 받아 벌거벗기워 살이 먹히고 불사름을 당하는 것처럼, 이세벨의 시신을 개들이 먹어버리는 것처럼, 이 여자도 치마가 걷어 올려져 얼굴에 이르게 되고 이 여자의 벌거벗은 것을 나라들이 보게 되며, 이 여자의 부끄러운 곳을 뭇 민족이 보게 된다(나 3:5; 비교, 사 47:1-3). 사람들은 "니느웨가 황폐하였도다"라고 말할 것이다(나 3:7). 니느웨 패망의 모습을 보자.

---

9 경악을 금치 못할 구절은 예레미야 4:30이다. 예레미야는 바벨론에 멸망 당한(예언적 과거로 보임) '유다'가 음녀 이세벨, 음녀 니느웨와 같았다고 진술한다. "멸망을 당한 자여! 네가 어떻게 하려느냐? 네가 붉은 옷을 입고 금장식으로 단장하고 눈을 그려 꾸밀지라도 네가 화장한 것이 헛된 일이라 …" 이는 음행하는 일부 한국 교회의 모습이다.

4) 음녀 니느웨의 최후

니느웨의 멸망에 대한 자세한 묘사는 나훔 2:3 이하에서 나타난다. 나훔 2:3-3:19는 다음과 같이 분해할 수 있다.

a 2:3-13 "니느웨 패망 모습"
a′ 3:1-7 "니느웨 패망 모습"(화 있을진저, 애곡)
a″ 3:8-19 "니느웨 패망 모습"

그런데 먼저 이 음녀의 멸망을 예비적으로 보여 주고 있는 그림이 있으니 곧 1:9-10이다. 너무나 생생한 표현을 통해 이 도시의 멸망을 보여 주기에 이 두 절을 먼저 살펴본다.

나훔 1:9-10은 개역개정에 이렇게 번역되었다.

> 너희는 여호와께 대해 무엇을 꾀하느냐 그가 온전히 멸하시리니 재난이 다시 일어나지 아니하리라 가시덤불 같이 엉크러졌고 술을 마신 것 같이 취한 그들은 마른 지푸라기 같이 모두 탈 것이거늘(나 1:9-10).

그리고 1:9을 직역하면 이렇다.

> 너희가 여호와를 거스려 무엇을 획책하느냐 그가 끝장 내실 것이니 우환이 재차 일어나지 않을 것이다(나 1:9).

그래서 이를 의역하면 이런 뜻이 된다.

> 너희가 여호와를 맞서 무슨 계획을 꾸미느냐 여호와께서 너희를 단번에 없애 버리실 것이니 너희가 두번 괴로움을 받을 것도 없으리라.

개역개정보다 이와 같이 번역하면 그 의미가 보다 시원스럽게 전달되지 싶다.

또한, 10절을 직역하면 이렇다.

> 왜냐하면, 가시들에 얽히는 것처럼 그리고 자기들의 술에 취하게 되는 것처럼 그들은 바싹 마른 지푸라기처럼 불태워질 것이기 때문이다(나 1:10).

여기서 "왜냐하면,"은 "참으로"라고도 번역될 수 있다.

따라서 10절을 의역하면 다음과 같은 뜻이 된다.

"가시들에 찔려 헤어나올 수 없는 것처럼 술에 취해 취기에서 헤어나올 수 없는 것처럼 참으로 그들은 바싹 마른 지푸라기처럼 불에서 벗어나지 못하고 태워지게 될 것이다."

이렇게 번역하면 9절과 10절이 서로 의미가 잘 통하게 된다.

즉, 앗시리아 니느웨에 거하는 포악하고 잔인한 인생들은 여호와를 거스려서 악한 일들을 꾸미지만, 여호와께서는 단숨에 그 성읍을 멸망시키실 것이기 때문에 그들은 재차 괴로움을 겪을 일도 없게 될 것이라는 것이다.

다시 말해 그들은 가시들에 찔려서 그 가시들에 살이 박힌 자들이 벗어나려고 아무리 발버둥 쳐도 벗어날 수 없는 것처럼, 또한 술을 치사량에 되도록 마시고 그 취기에서 벗어나려고 안간힘을 써도 끊임없이 몸을 제대로 가누지 못하고 비틀거리며 쓰러지는 주정뱅이처럼, 그들은 완전히 건조된 상태에서 불이 붙은 지푸라기가 한 번 불이 붙으면 벗어날 아무런 가망도 없이 그저 그 화마(火魔)에 삼켜지는 것처럼 멸망을 피할 수 없게 된다는 것이다.

우리는 니느웨가 삽시간에 망하게 됨과 돌이킬 가능성이 전혀 없음을 보고 놀라게 된다. 니느웨의 멸망과 음녀 바벨론을 비교해 보라. 음녀 바벨론의 멸망도 삽시간에 이루어진다.

그가 얼마나 자기를 영화롭게 하였으며 사치하였든지 그만큼 고통과 애통함으로 갚아 주라. 그가 마음에 말하기를 나는 여왕(βασίλισσα)으로 앉은 자요 과부가 아니라 결단코 애통함을 당하지 아니하리라 하니 그러므로 하루 동안에(ἐν μιᾷ ἡμέρᾳ) 그 재앙들이 이르리니 곧 사망과 애통함과 흉년이라. 그가 또한 불에 살라지리니(계 18:7-8 상).

… 그러한 부가 한 시간에(μιᾷ ὥρᾳ) 망하였도다(계 18:17 상).

… 바다에서 배 부리는 모든 자들이 너의 보배로운 상품으로 치부하였더니 한 시간에(μιᾷ ὥρᾳ) 망하였도다(계 18:19 하).

이는 모두 바벨론 멸망의 돌연성이다. 이어서 그녀의 멸망의 회복 불가능성이 보인다.

이에 한 힘 센 천사가 큰 맷돌 같은 돌을 들어 바다에 던져 이르되 큰 성 바벨론이 이같이 비참하게 던져져 결코 다시 보이지 아니하리로다(καὶ οὐ μὴ εὑρεθῇ ἔτι) … 나팔 부는 자의 소리가 결코 다시 네 안에서 들리지 아니하고(οὐ μὴ ἀκουσθῇ ἐν σοὶ ἔτι) 어떠한 세공업자든지 결코 다시 네 안에서 보이지 아니하고(οὐ μὴ εὑρεθῇ ἐν σοὶ ἔτι) 또 맷돌 소리가 결코 다시 네 안에서 들리지 아니하고(οὐ μὴ ἀκουσθῇ ἐν σοὶ ἔτι) 등불 빛이 결코 다시 네 안에서 비치지 아니하고(οὐ μὴ φάνῃ ἐν σοὶ ἔτι) 신랑과 신부의 음성이 결코 다시 네 안에서 들리지 아니하리로다(οὐ μὴ ἀκουσθῇ ἐν σοὶ ἔτι)(계 18:21-23 상).

바벨론은 결코 결코 결코 다시 원상으로 되돌려질 수 없다!
나훔서에서는 니느웨 멸망에 대한 생생한 그림(1:9-10)이 3:2 이하에서 이어진다.

휙휙 하는 채찍 소리, 윙윙 하는 병거 바퀴 소리, 뛰는 말, 달리는 병거, 충돌하는 기병 번쩍이는 칼, 번개 같은 창, 죽임 당한 자의 떼, 주검의 큰 무더기, 무수한 시체여 사람이 그 시체에 걸려 넘어지니 … 네 치마를 걷어 올려 네 얼굴에 이르게 하고 네 벌거벗은 것을 나라들에게 보이며 네 부끄러운 곳을 뭇 민족에게 보일 것이요 내가 또 가증하고 더러운 것들을 네 위에 던져 능욕하여 너를 구경거리가 되게 하리니 … 너도 술에 취하여 숨으리라 너도 원수들 때문에 피난처를 찾으리라 … 거기서 불이 너를 삼키며 칼이 너를 베기를 느치가 먹는 것 같이 하리라 …(나 3:2-15 상).

이것을 음녀 바벨론 멸망의 그림과 비교해 보라.

이 열 뿔과 짐승은 음녀를 미워하여 망하게 하고 벌거벗게 하고 그의 살을 먹고 불로 아주 사르리라(계 17:16).

그(음녀 바벨론)와 함께 음행하고 사치하던 땅의 왕들이 그가 불타는 연기를 보고 위하여 울고 가슴을 치며 그의 고통을 무서워하여 멀리 서서 이르되 화 있도다 화 있도다 큰 성, 견고한 성 바벨론이여 …(계 18:9-10 상).

… 티끌을 자기 머리에 뿌리고 울며 애통하며 외쳐 이르되 화 있도다 화 있도다 이 큰 성이여 …(계 18:19 상).

다른 선지서들처럼 나훔은 니느웨 멸망에 교대적으로 유다의 회복을 전한다. 나훔 1:7, 12-13, 15은 니느웨 심판에 끼어 있는 유다의 구원 메시지다. 여호와께서 니느웨를 유다에 대한 심판 도구로 사용하셨으나 (1:12), 이제는 그녀의 멍에와 결박을 깨뜨리시고 끊으실 것이라고 하신다 (1:13). 다만, 이사야서와 예레미야서에서와 같이 "바벨론에서 나오라"는 명령은 없다(사 48:20; 렘 50:8; 계 18:4[10]). 유다가 앗수르에 포로로 끌려가지

---

[10] 요한계시록 18:4 "Ἐξέλθατε, ὁ λαός μου, ἐξ αὐτῆς, ἵνα μὴ συγκοινωνήσητε ταῖς ἁμαρτίαις αὐτῆς, καὶ ἐκ τῶν πληγῶν αὐτῆς ἵνα μὴ λάβητε"("… 내 백성아, 거기서 나와 그의 죄에 참여하지 말고 그가 받을 재앙들을 받지 말라." 개역개정)

는 않았기 때문이다(비교, 호 11:11 북이스라엘은 앗수르에서 돌아오게 된다는 말씀이 있음).

5. 나가는 말

사도 요한은 구약의 이사야, 예레미야, 나훔(및 하박국, 스바냐) 등에서 세상 나라들을 우상 숭배를 통해 영적으로 음행케 하는 바벨론과 니느웨의 표상을 가져와서 당시 로마의 음행, 나아가서는 끝날의 음녀 바벨론의 멸망을 예언한다. 음녀 바벨론은 세속 정치 세력과 야합한 종교-경제 기구이며 이 여자는 세상의 왕들을 그 무역을 통해 쌓은 재물로 좌지우지하고 사치와 방탕을 온 땅에 만연시킨다.

여왕이요 여주인으로 불리는 바벨론은 그러나, 짐승(적그리스도)과 열 뿔(열 왕)의 미움을 받아 망하고 불의 심판을 받는다. 하나님은 그녀의 무역과 치부와 사치 뿐만 아니라 성도들의 피와 예수 증인들의 피(계 17:6)에 대해 심판하신다. 그녀와 죄가 하늘에 사무쳤기에 하나님은 그녀의 죄에 참여하지 말고 그녀가 받을 재앙들을 받지 말고 거기서 나오라고 당신의 백성에게 명령하신다(계 18:4-5). 이 여자의 인성과 행동을 볼 때 이 여자는 바티칸인 듯하다.[11] 영적 음행을 장려하는 점에서는 WCC(Baar statement, 정

---

11   "… 필자는 역사적으로 참된 교회를 가장 극렬하게 핍박했던 로마 카톨릭 세력을 중심으로 하여 전 세계 종교를 통합하려는 교권 세력이 큰 음녀가 될 것으로 봅니다. 오늘날의 종교 다원주의, 종교 혼합주의, 종교 통합운동이 모두 큰 음녀의 세력으로 뭉치게 될 것입니다. 그런 의미에서 필자는 오늘날 카톨릭의 교황이 이 큰 음녀의 우두머리가 될 것으로 봅니다. 최종적으로 이 음녀는 짐승 적그리스도의 미움을 받아 … 불로 아주 사망을 당하고 맙니다 … 어떤 사람들은 교황이 정권을 잡은 적그리스도가 될 것이라고 주장합니다. 필자는 교황이 아닌 다른 정치적 지도자가 등장할 것으로 봅니다." 정성욱, **『정성욱 교수의 밝고 행복한 종말론』**(서울: 큐리오스, 2016), 283-4. 또한, 214 및 272쪽도 참조하라.

현경의 초혼제 등)와도 비슷하다.[12]

   필자는 마귀적 물질주의와 무역을 통해 사치와 음란을 조장하는 세력도 음녀 바벨론에 해당된다고 본다. 점점 이것들은 하나로 통합되어 구체적 형태로 나타날 것이다.

참고 문헌

래드, G. E. 『요한계시록』. 이남종. 서울: 크리스챤서적, 1993.
박윤선. 『요한계시록』. 신약주석 36. .서울: 영음사, 2011; 초판 1949; 개정 1955.
비일, 그레고리 K. 『요한계시록 하권』. 오광만 옮김. 서울: 새물결플러스, 2016.
송영목. "계 17-18장의 음녀 바벨론에 대한 다차원적-통합적 해석." **신약논단** 12(2005): 99-131.
임진수. "요한계시록의 니골라 추종자들과 황제숭배." *Canon&Culture* 10(2016): 127-55.
정성욱. 『**정성욱 교수의 밝고 행복한 종말론**』. 서울: 큐리오스, 2016.
최덕성. 『**신학충돌: 기독교와 세계교회협의회**』. 서울: 본문과현장사이, 2012.
_____. 『**신학충돌 II: 한국교회와 세계교회협의회**』. 서울: 본문과현장사이, 2013.

---

12 최덕성, 『**신학충돌:기독교와 세계교회협의회**』(서울: 본문과현장사이, 2012)와 『**신학충돌 II: 한국교회와 세계교회협의회**』(서울: 본문과현장사이, 2013)을 보라.